4ESO

GEOGRAFIA I HISTÒRIA

Per activar la teva llicència digital, segueix aquests passos:

1. Entra a **www.construim.cruilladigital.cat**
2. Registra-t'hi.
3. Introdueix el codi que hi ha a l'interior de la coberta.

Aquesta llicència només s'ha d'activar una única vegada.

cruïlla

Com és aquest llibre?

OBERTURA DE BLOC

Les unitats estan agrupades en dos blocs de continguts:

I. El món contemporani

II. El món actual

Cada obertura conté l'índex de les unitats que componen el bloc i una imatge que s'hi refereix.

PRESENTACIÓ DE LA UNITAT

Comença la unitat gaudint d'una imatge motivadora i un text relacionat amb els continguts.

- **Mira més enllà:** text en què s'introdueixen els continguts contextualitzant-los a partir de la imatge de l'entrada; s'hi plantegen preguntes de comprensió lectora, sobre la imatge, de coneixements previs, i sobre valors cívics o qüestions socials d'actualitat.
- **En aquesta unitat aprendràs...:** ruta d'aprenentatge perquè coneguis què aprendràs a cada tema.

DESENVOLUPAMENT DE LA UNITAT

Els continguts es presenten en epígrafs i a partir de situacions pròximes, i se'n destaquen les idees principals.

- **Per saber-ne més:** secció amb curiositats per motivar l'aprenentatge.
- **Fes valer:** text informatiu breu relacionat amb una proposta per treballar estructures de pensament crític.
- Quadres d'**informació addicional** sobre els continguts.
- **Imatges** que acompanyen el text i complementen les explicacions.
- **Activitats** que consoliden l'aprenentatge, treballen amb els mapes i il·lustracions i t'ajuden a reflexionar.
- Enllaços a **activitats interactives**, perquè practiquis i comprenguis els conceptes.

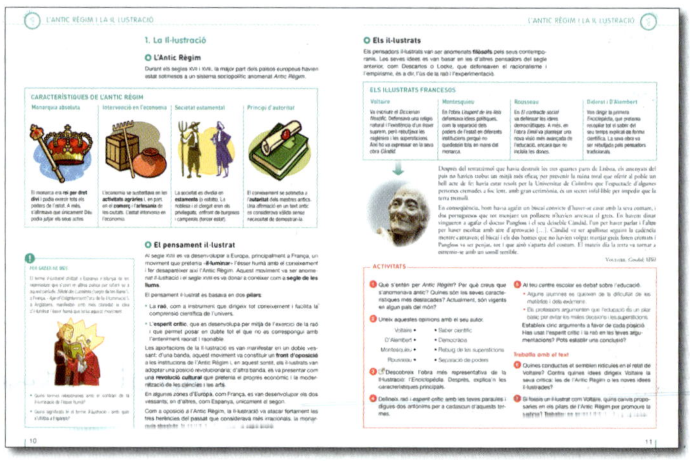

PARA'T A PENSAR

La secció **Para't a pensar** presenta una pregunta per comprendre i ampliar els continguts treballats a la unitat.

- L'apartat inicial ofereix claus per respondre a la pregunta.
- A continuació podràs analitzar un cas concret que il·lustra la pregunta presentada.
- Les activitats t'ajudaran a consolidar el que has après.

FES D'HISTORIADOR

La secció **Fes d'historiador** mostra diverses tècniques pròpies de la matèria de ciències socials, així com una proposta de treball perquè les posis en pràctica.

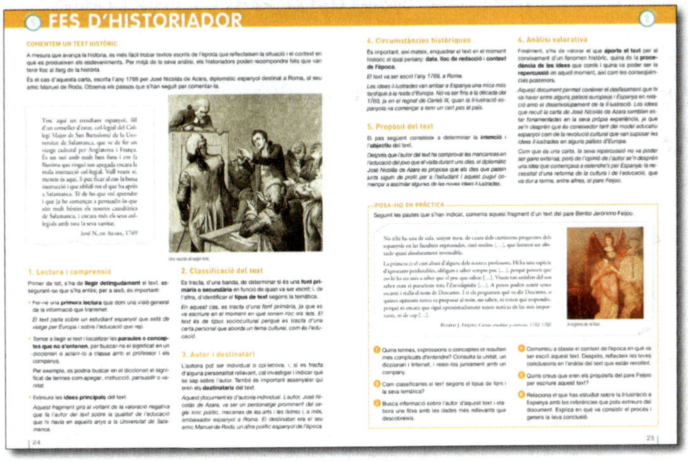

QUÈ HAS APRÈS?

- La secció **Què has après?** ofereix un mapa conceptual dels continguts de la unitat i et pot servir com a repàs final.
- En la secció **Repassa amb l'esquema** podràs comprovar el grau d'adquisició dels coneixements.

POSA'T A PROVA

- Aquesta secció conté un **text** relacionat amb els continguts de la unitat.
- Hi ha **activitats** de comprensió lectora, recerca, anàlisi i relació d'informació.
- **Emprèn** és una proposta per fomentar el treball de manera autònoma i promoure el nostre compromís social.

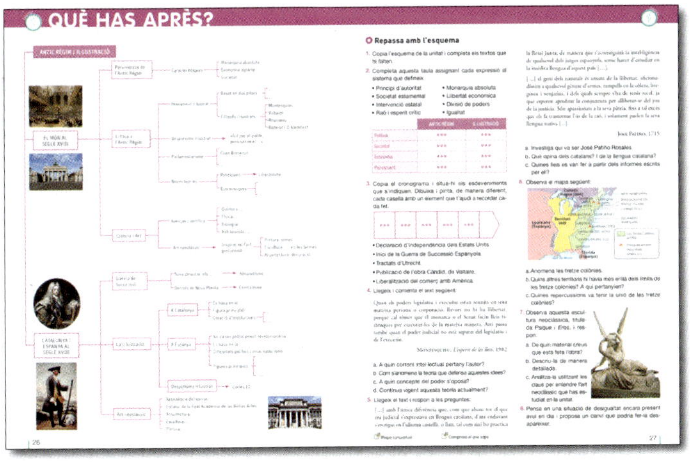

L'ENTORN PERSONAL D'APRENENTATGE

El pictograma et remet a l'Entorn personal d'aprenentatge del projecte Construïm.

Allà hi trobaràs un conjunt de materials per complementar i consolidar els coneixements.

- Continguts en versió digital.
- Una àmplia proposta de recursos multimèdia.
- Una selecció de pàgines web per a la consulta i ampliació dels continguts.
- Activitats de síntesi.
- Activitats interactives i avaluacions.
- Mapes conceptuals interactius.

Per accedir a l'Entorn només has d'activar la teva llicència digital.

ÍNDEX

BLOC I. El món contemporani

7 Els antecedents de la Segona Guerra Mundial 146

8 La Segona Guerra Mundial 170

9 Els anys de la Guerra Freda i la descolonització 194

10 El final de la Guerra Freda 218

BLOC II. El món actual 240

11 El món entre els segles XX i XXI: evolució política 242

12 El segle XXI 264

BLOC I

EL MÓN CONTEMPORANI

UNITAT 1

L'ANTIC RÈGIM I LA IL·LUSTRACIÓ

EN AQUESTA UNITAT APRENDRÀS...

- Què és el moviment de la Il·lustració.
- Quines idees van posar fi a l'Antic Règim.
- Com van avançar la ciència i l'art d'aleshores.
- Les conseqüències de la Guerra de Successió Espanyola.
- Com era Catalunya durant el segle XVIII.
- Les característiques de la Il·lustració i l'art a Catalunya i Espanya.

Mira més enllà

Quines idees van xocar al segle XVIII?

Aquest quadre de Gabriel Lemonnier, ambientat l'any 1755, mostra la reunió de nobles, burgesos, intel·lectuals, clergues i polítics en una casa de París per llegir i comentar una obra del filòsof i escriptor Voltaire.

No és una trobada qualsevol. L'amfitriona, Madame Geoffrin, hi ha congregat les ments més importants de l'època: Diderot i D'Alembert, autors de la primera *Enciclopèdia*; Montesquieu, un defensor de grans canvis polítics, i Rousseau, el gran pensador. També hi assisteixen un príncep i el músic Rameau.

A vegades en un mateix saló podem veure reis i polítics antimonàrquics. Com que són homes dialogants, parlen de ciència, economia, política, art, etc. Només se sotmeten a una norma, a una llei no escrita: han d'argumentar d'una manera raonada i crítica, buscar el progrés, il·luminar el camí del coneixement. I els encarregats de fer-ho són els il·lustrats.

- Per què aquestes persones són anomenades *il·lustrades*?
- Què és una enciclopèdia? Per què va ser tan important que se n'elaborés una? Com busques avui la informació?
- Per l'aspecte que tenen els personatges de la imatge, a quin grup social diries que pertanyen? Hi falta algun altre grup?
- Hi surten tots dos sexes? Com vesteixen?

Però, malgrat aquest tipus de reunions, a mitjan segle XVIII, el rei de França, Lluís XV, exercia un poder absolut. El seu besavi, Lluís XIV, havia afirmat: «L'estat sóc jo.» I el pensador Bossuet, defensor de l'absolutisme, va arribar a escriure que «únicament al príncep incumbeix vetllar pel benestar del poble; a ell competeixen els decrets i les ordenances».

- Creus que aquestes afirmacions eren raonades i crítiques?
- Quin poder atorguen al rei?
- Penses que afavoreixen que la societat avanci? Per què?

Ara com ara no existeix l'absolutisme, però hi ha règims autoritaris. Aquestes formes de govern s'oposen a la democràcia, que considera que el poder resideix en el poble.

- Coneixes algun govern autoritari?
- Espanya ha passat per les fases d'absolutisme i democràcia? Quin sistema polític té l'Estat espanyol actualment? Des de quan?

1. La Il·lustració

L'Antic Règim

Durant els segles XVII i XVIII, la major part dels països europeus havien estat sotmesos a un sistema sociopolític anomenat *Antic Règim*.

CARACTERÍSTIQUES DE L'ANTIC RÈGIM

Monarquia absoluta

El monarca era **rei per dret diví** i podia exercir tots els poders de l'estat. A més, s'afirmava que únicament Déu podia jutjar els seus actes.

Intervenció en l'economia

L'economia se sustentava en les **activitats agràries** i, en part, en el **comerç** i l'**artesania** de les ciutats. L'estat intervenia en l'economia.

Societat estamental

La societat es dividia en **estaments** (o estats). La noblesa i el clergat eren els privilegiats, enfront de burgesos i camperols (tercer estat).

Principi d'autoritat

El coneixement se sotmetia a l'**autoritat** dels mestres antics. Una afirmació en un text antic es considerava vàlida sense necessitat de demostrar-la.

El pensament il·lustrat

Al segle XVIII es va desenvolupar a Europa, principalment a França, un moviment que pretenia «**il·luminar**» l'ésser humà amb el coneixement i fer desaparèixer així l'Antic Règim. Aquest moviment va ser anomenat *Il·lustració* i el segle XVIII es va donar a conéixer com a **segle de les llums**.

El pensament il·lustrat es basava en dos **pilars**:

- La **raó**, com a instrument que dirigeix tot coneixement i facilita la comprensió científica de l'univers.
- L'**esperit crític**, que es desenvolupa per mitjà de l'exercici de la raó i que permet posar en dubte tot el que no es correspongui amb l'enteniment raonat i raonable.

Les aportacions de la Il·lustració es van manifestar en un doble vessant: d'una banda, aquest moviment va constituir un **front d'oposició** a les institucions de l'Antic Règim i, en aquest sentit, els il·lustrats van adoptar una posició revolucionària; d'altra banda, es va presentar com una **revolució cultural** que pretenia el progrés econòmic i la modernització de les ciències i les arts.

En algunes zones d'Europa, com França, es van desenvolupar els dos vessants; en d'altres, com Espanya, únicament el segon.

Com a oposició a l'Antic Règim, la Il·lustració va atacar fortament les tres herències del passat que considerava més irracionals: la monarquia absoluta, la societat estamental i la superstició.

! PER SABER-NE MÉS

El terme *Il·lustració* utilitzat a Espanya s'allunya de les expressions que s'usen en altres països per referir-se a aquest període: *Siècle des Lumières* ('segle de les llums'), a França, i *Age of Enlightenment* ('era de la il·luminació'), a Anglaterra, manifesten amb més claredat la idea d'il·luminar l'ésser humà que tenia aquest moviment.

- Quins termes relacionaries amb el contrari de la il·luminació de l'ésser humà?
- Quins significats té el terme *Il·lustració* i amb quin s'utilitza a Espanya?

Els il·lustrats

Els pensadors il·lustrats van ser anomenats **filòsofs** pels seus contemporanis. Les seves idees es van basar en les d'altres pensadors del segle anterior, com Descartes o Locke, que defensaven el racionalisme i l'empirisme, és a dir, l'ús de la raó i l'experimentació.

ELS IL·LUSTRATS FRANCESOS

Voltaire

Va escriure el *Diccionari filosòfic*. Defensava una religió natural i l'existència d'un ésser suprem, però rebutjava les esglésies i les supersticions. Així ho va expressar en la seva obra *Càndid*.

Montesquieu

En l'obra *L'esperit de les lleis* defensava idees polítiques, com la separació dels poders de l'estat en diferents institucions perquè no quedessin tots en mans del monarca.

Rousseau

En *El contracte social* va defensar les idees democràtiques. A més, en l'obra *Emili* va plantejar una nova visió més avançada de l'educació, encara que no incloïa les dones.

Diderot i D'Alembert

Van dirigir la primera *Enciclopèdia*, que pretenia recopilar tot el saber del seu temps explicat de forma científica. La seva obra va ser rebutjada pels pensadors tradicionals.

Després del terratrèmol que havia destruït les tres quartes parts de Lisboa, els assenyats del país no havien trobat un mitjà més eficaç per prevenir la ruïna total que oferir al poble un bell acte de fe; havia estat resolt per la Universitat de Coïmbra que l'espectacle d'algunes persones cremades a foc lent, amb gran cerimònia, és un secret infal·lible per impedir que la terra tremoli.

En conseqüència, hom havia agafat un biscaí convicte d'haver-se casat amb la seva comare, i dos portuguesos que tot menjant un pollastre n'havien arrencat el greix. En havent dinat vingueren a agafar el doctor Pangloss i el seu deixeble Càndid, l'un per haver parlat i l'altre per haver escoltat amb aire d'aprovació […]. Càndid va ser apallissat seguint la cadència mentre cantaven; el biscaí i els dos homes que no havien volgut menjar greix foren cremats i Pangloss va ser penjat, tot i que això s'aparta del costum. El mateix dia la terra va tornar a estremir-se amb un soroll terrible.

VOLTAIRE, *Càndid*, 1759

ACTIVITATS

1 Què s'entén per *Antic Règim*? Per què creus que s'anomenava *antic*? Quines són les seves característiques més destacades? Actualment, són vigents en algun país del món?

2 Uneix aquestes opinions amb el seu autor.

Voltaire •	• Saber científic
D'Alembert •	• Democràcia
Montesquieu •	• Rebuig de les supersticions
Rousseau •	• Separació de poders

3 Descobreix l'obra més representativa de la Il·lustració: l'*Enciclopèdia*. Després, explica'n les característiques principals.

4 Defineix *raó* i *esperit crític* amb les teves paraules i digues dos antònims per a cadascun d'aquests termes.

5 Al teu centre escolar es debat sobre l'educació.

- Alguns alumnes es queixen de la dificultat de les matèries i dels exàmens.
- Els professors argumenten que l'educació és un pilar bàsic per evitar les males decisions i les supersticions.

Estableix cinc arguments a favor de cada posició. Has usat l'esperit crític i la raó en les teves argumentacions? Pots establir una conclusió?

Treballa amb el text

6 Quines conductes et semblen ridícules en el relat de Voltaire? Contra quines idees dirigeix Voltaire la seva crítica: les de l'Antic Règim o les noves idees il·lustrades?

7 Si fossis un il·lustrat com Voltaire, quins canvis proposaries en els pilars de l'Antic Règim per promoure la justícia? Treballeu en grups i debateu les propostes.

2. La crisi de l'Antic Règim

El liberalisme i els models parlamentaris

Encara que la monarquia absoluta era el sistema polític més comú en l'Europa del segle XVII, havien sorgit nous models polítics inspirats en els principis del **liberalisme**.

El liberalisme afirmava que la **sobirania**, és a dir, l'autoritat per governar un país, residia en el **poble**. Era el poble el que delegava el seu poder en un rei per governar, per la qual cosa cap monarca no ocupava el tron per dret diví.

Aquest principi va establir les **bases de la monarquia parlamentària** i va ser adoptat per primera vegada a la Gran Bretanya i a les Províncies Unides dels Països Baixos. Cadascun d'aquests dos estats va adoptar un **model parlamentari** diferent.

DOS MODELS POLÍTICS

Gran Bretanya

Després d'un període revolucionari al segle XVII, els anglesos van aconseguir que el seu monarca signés una declaració de drets (*Bill of Rights*), que establia un sistema de govern en què el Parlament obtenia amplis poders. Aquesta **monarquia parlamentària** britànica va inspirar els il·lustrats francesos del segle XVIII.

Províncies Unides dels Països Baixos

A les Províncies Unides dels Països Baixos també es va adoptar el parlamentarisme després de la independència de la monarquia hispànica. En aquest cas, la monarquia va ser substituïda per un cap d'estat electiu. Es tractava, doncs, d'una **república parlamentària**.

El despotisme il·lustrat

Al segle XVIII, alguns dels monarques absolutistes europeus van acceptar els **principis de la Il·lustració**, que impulsaven el **progrés econòmic i cultural**, encara que en rebutjaven les idees polítiques. Així, van promoure l'agricultura, la indústria i el comerç i van fer importants obres públiques, a més d'impulsar la cultura i l'educació amb noves escoles i acadèmies.

Aquests monarques són coneguts com a **dèspotes il·lustrats**: *dèspotes* perquè van continuar governant amb l'**absolutisme** més estricte, i *il·lustrats* perquè van demostrar un gran interès per la **modernització econòmica i cultural** dels seus països. És el cas de Frederic II de Prússia, Caterina II de Rússia o Carles III d'Espanya.

El lema d'aquests monarques era «**tot per al poble, però sense el poble**»; és a dir, el monarca havia de governar per augmentar la riquesa i prosperitat dels seus súbdits, però alhora els negava la capacitat de decisió política.

Treballa amb l'esquema

8. Observa l'esquema dels models polítics de la Gran Bretanya i de les Províncies Unides.
   a. Elabora una taula amb les semblances i diferències entre els dos règims.
   b. Fes el mateix exercici afegint el despotisme il·lustrat a la teva taula.
9. Voltaire va afirmar en les seves *Cartes angleses*: «La forma de govern dels anglesos és excel·lent.» Argumenta per què Voltaire preferia aquesta forma de govern.
10. Com funciona actualment el sistema de govern anglès?

Noves teories polítiques i econòmiques

Des del segle XVIII, el liberalisme comprèn **dos grans camps**: un en el pensament polític i un altre en les teories econòmiques.

El liberalisme polític i la crítica de la societat estamental

Les concessions o els avenços del despotisme il·lustrat no van resultar suficients per als pensadors de la Il·lustració. Inspirats en els exemples del parlamentarisme, els pensadors van propugnar que els estats havien de tenir lleis basades en els principis **polítics liberals** i fonamentar-se en la **divisió de poders** enunciada per Montesquieu.

Al segle XVIII es mantenia la societat estamental heretada de l'edat mitjana. La realitat social era, però, molt diferent. El grup social més dinàmic i poderós havia passat a ser la **burgesia**. No obstant això, continuava formant part de l'estament inferior o estat pla, juntament amb les classes populars, de les quals estava cada vegada més distant.

Paral·lelament havia tingut lloc el **descrèdit dels estaments privilegiats** (noblesa i clergat). L'estat pla o tercer estat els mantenia amb els seus impostos i els considerava paràsits socials.

Les noves teories econòmiques

Davant de la intervenció de l'estat en l'economia, els il·lustrats defensaven la liberalització. Es van formular dues **teories econòmiques**:

- La **fisiocràcia**, que argumentava que la principal font de riquesa era l'agricultura i que, per fer que aquesta prosperés, calia assegurar la propietat privada de la terra. El seu principal representant va ser François Quesnay.
- El **liberalisme econòmic**, representat per Adam Smith, que afirmava que els intercanvis en el mercat havien de ser lliures, regits solament per l'**oferta** de productes i la **demanda** dels consumidors.

LA DIVISIÓ DE PODERS

- **Poder legislatiu**: Estudia, discuteix, modifica i vota les lleis → PARLAMENT
- **Poder executiu**: Determina les polítiques que guien l'acció de l'estat → GOVERN
- **Poder judicial**: Interpreta les lleis votades pel poder legislatiu → TRIBUNALS

ACTIVITATS

11 Explica la diferència entre absolutisme i despotisme il·lustrat.

12 Carles III va dir: «Criticar els actes de govern, encara que siguin discutibles, és un delicte.»

a. Què significa aquesta frase?

b. Com pot compaginar-se aquesta opinió i el caràcter il·lustrat del rei?

13 Què defensaven les teories econòmiques de la Il·lustració?

14 Continua vigent alguna de les teories econòmiques del segle XVIII? Per què? Posa'n algun exemple.

Treballa amb l'esquema

15 Analitza l'esquema de dalt sobre la divisió de poders. Què garanteix aquesta divisió?

LA SOCIETAT DE L'ANTIC RÈGIM

Treballa amb la imatge

16 Explica, amb l'ajuda del dibuix i del text, com vivia la burgesia.

17 Per què la burgesia era el grup social que més va impulsar la fi de la societat estamental?

3. La ciència i l'art al segle XVIII

Els avenços científics

Durant el segle XVIII, la ciència va viure un gran desenvolupament. L'aplicació de la raó i de l'esperit crític a la **investigació científica** va fer grans progressos i va propiciar també molts **avenços tècnics**. Grans autors, científics i exploradors de l'època van fer passos decisius en les principals branques científiques.

CIENTÍFICS I EXPLORADORS DEL SEGLE XVIII

Lavoisier

En **química**, Antoine Lavoisier, el creador de la química moderna, va enunciar la llei de la conservació de la matèria.

Newton

En **física**, les grans contribucions d'Isaac Newton sobre mecànica i gravitació es van continuar al segle XVIII.

Linné

En **biologia**, Carl von Linné va dur a terme la primera classificació d'espècies vegetals i animals.

Jenner

En **medicina**, el científic anglès Edward Jenner va desenvolupar la primera vacuna contra la malaltia de la pigota.

Herschel

En el camp de l'**astronomia**, William Herschel, que també va ser músic, va descobrir el planeta Urà.

Cook

La curiositat científica va inspirar també **exploracions** com les de James Cook, que va recórrer l'oceà Pacífic.

Treballa amb la informació

18 Selecciona un avenç científic relacionat amb la Il·lustració i prepara una presentació per als teus companys seguint l'estratègia dels vasos comunicants del dibuix.

a. Quin avenç és? Què buscava el seu autor?
b. En què consisteix? Què aporta?
c. Què es pensava, es feia o se sabia abans?
d. Què opinarien de l'invent els seus contemporanis?
e. Creus que era necessari?
f. Quina conclusió en treus?

El neoclassicisme

Durant el primer terç del segle XVIII, es va estendre per Europa l'*estil rococó*, que reflectia els gustos refinats de l'aristocràcia, sobretot en la decoració dels seus palaus.

La difusió del pensament il·lustrat i el descobriment d'importants jaciments arqueològics, però, van imposar l'allunyament de l'exageració de les decoracions barroques i la recerca de l'equilibri i la serenitat de l'art del **primer Renaixement** i dels seus **orígens grecoromans**.

Aquest estil artístic va rebre el nom de *neoclassicisme*. El nou estil es va basar en tractats i regles que intentaven transmetre la renovada forma de pensar.

La pintura

Es va prestar gran atenció als temes de caràcter heroic, patriòtic i de rectitud moral de l'antiguitat. També hi van destacar el retrat o les escenes de salons i vida quotidiana. Van despuntar els pintors francesos, com **Jacques L. David** i **Jean A. Ingres**.

L'escultura

Es va tornar així mateix als models de l'antiguitat, tant en la senzillesa com en els temes. Les figures buscaven la geometria. Hi va destacar especialment l'escultor italià **Antonio Canova**.

L'arquitectura

En els nous edificis es van aplicar els principis racionalistes il·lustrats:

- **Puresa**. Les formes es van fer **simples** i **lliures** de decoracions innecessàries. S'usaven elements decoratius clàssics, com frontons i columnes.
- **Monumentalitat**. Es van fer noves construccions de grans dimensions, que transmetien sensacions d'**equilibri** i **elegància**.

A Europa es poden esmentar els arquitectes **Jacques-Germain Soufflot**, autor del Panteó de París, a França, i **Karl Langhans**, autor de la Porta de Brandenburg, a Alemanya.

ACTIVITATS

19 Quins van ser els passos més decisius en el desenvolupament de les ciències?

20 Explica per què aquesta obra del pintor Jean A. Ingres pot catalogar-se com a neoclàssica.

J. A. INGRES, *Apoteosi d'Homer*, 1827.

21 Mozart, Haydn i Salieri, són grans compositors del classicisme o del neoclassicisme? Argumenta la resposta.

Porta de Brandenburg (1788-1791). Berlín, Alemanya.

Quin va ser el primer procés revolucionari liberal?

Els filòsofs i pensadors il·lustrats van establir les bases del pensament liberal en els àmbits polític, econòmic i social.

El primer territori on les teories il·lustrades van trobar una aplicació pràctica van ser les colònies que la Gran Bretanya tenia a l'Amèrica del Nord.

1. Les relacions entre els colons britànics de l'Amèrica del Nord i la Gran Bretanya van ser difícils, i van acabar desembocant en un conflicte obert.
2. Les tretze colònies es van proclamar independents basant-se en els principis ideològics liberals. La redacció de la Declaració d'Independència es va encomanar a Thomas Jefferson, que després seria el tercer president dels Estats Units d'Amèrica.
3. La Gran Bretanya i els Estats Units d'Amèrica van ser els primers països que van aplicar la separació de poders. A més, van protegir aquest precepte en els seus textos legals, com la Constitució nord-americana, de manera que qualsevol governant havia d'assumir-la.

Analitza un cas: la independència dels Estats Units d'Amèrica

1. Les colònies americanes i la metròpoli

Els primers colons britànics havien arribat a l'Amèrica del Nord el 1620 a bord del vaixell *Mayflower*. Al segle XVIII ja eren aproximadament tres-cents mil, i les seves relacions amb la metròpoli eren cada vegada més difícils. El principal tema de fricció eren els impostos perquè els colons consideraven il·legals molts dels que els imposava el Parlament britànic, una institució en la qual, d'altra banda, no tenien representants.

Cansats dels impostos sobre el sucre i el te, el desembre del 1773 els colons americans van llançar al mar el carregament de te dels vaixells anglesos que havien atracat al port de Boston.

Així van començar les hostilitats. Després de diversos actes de rebel·lia, les tretze colònies britàniques van publicar el 1776 la Declaració d'Independència. Després d'una llarga guerra, la Gran Bretanya la va acceptar i, el 1783, va signar la Pau de Versalles.

El Boston Tea Party ('motí del te a Boston'), 1773: els colons rebels, disfressats d'indis, van llançar el carregament de te per la borda.

2. El naixement d'una república

Sostenim com a evidents aquestes veritats: que tots els homes són creats iguals; que són dotats pel Creador de certs drets inalienables; que entre aquests hi ha el dret a la vida, a la llibertat i a la recerca de la felicitat; que per garantir aquests drets s'institueixen entre els homes els governs, els quals obtenen els seus poders legítims del consentiment dels governats; que sempre que una forma de govern esdevingui destructora d'aquests principis, el poble té el dret de modificar-la o abolir-la [...].

Nosaltres, per tant, els representants dels Estats Units d'Amèrica [...], en nom i per l'autoritat del bon poble d'aquestes colònies, solemnement fem públic i declarem que aquestes colònies unides són, i han de ser per dret, estats lliures i independents.

Declaració d'Independència dels Tretze Estats, 1776

Els protagonistes de la Revolució Americana redacten la Declaració d'Independència dels Estats Units. En aquest quadre hi ha representats John Adams (1), Thomas Jefferson (2) i Benjamin Franklin (3).

3. Una constitució per governar a tothom

La primera constitució escrita com a tal de la història és la dels Estats Units d'America del Nord de l'any 1787, en la qual es poden llegir els articles següents:

Article I, secció primera. Tots els poders legislatius atorgats en aquesta constitució correspondran a un Congrés dels Estats Units, que es compondrà d'un Senat i una Cambra de Representants.

Article II, secció primera. El poder executiu residirà en el president dels Estats Units.

Article II, secció quarta. El president, el vicepresident i tots els funcionaris civils dels Estats Units seran separats dels seus llocs si són acusats i declarats culpables de traïció, suborn o altres delictes i faltes greus.

Article III, secció primera. El poder judicial dels Estats Units residirà en un Tribunal Suprem i en els tribunals inferiors que el Congrés institueixi i estableixi.

REPASSA I SINTETITZA

1. A quin estat europeu pertanyien les tretze colònies americanes que es van independitzar l'any 1776?

2. En aquesta data, quin règim polític hi havia a la metròpoli? Com valoraven els colons americans el sistema polític britànic? Per què?

3. Quin pensador francès va plantejar la separació de poders?

REFLEXIONA I RELACIONA

4. Com es reflecteix la separació de poders en la Constitució dels Estats Units? Copia i completa l'esquema.

5. Si el president o qualsevol altre càrrec pot ser apartat de les seves funcions, en qui creus que resideix la sobirania segons la Constitució americana? En quin principi polític es basa aquesta afirmació?

6. Estableix cinc arguments raonats que provin que el nostre sistema actual és hereu de la Il·lustració.

INVESTIGA

7. Esbrina quan es va abolir l'esclavitud als Estats Units i quan es va permetre el vot a tots els ciutadans, homes i dones. Creus, llavors, que la Declaració d'Independència i la Constitució protegien igual tots els ciutadans l'any 1776?

8. Busca el lema de l'Estat francès actual. Quins valors defensats en la declaració d'independència americana hi coincideixen? Com va arribar la Il·lustració a Amèrica?

9. L'any 1974, un president dels Estats Units, Richard Nixon, va haver de renunciar a la presidència. Informa't dels motius i escriu un comentari en què relacionis aquest esdeveniment amb un dels articles de la Constitució americana esmentats abans.

M. J. MELÉNDEZ, *Felip V*, 1727.

A. VACCARO, *Carles d'Habsburg*, 1706-1707.

4. La Guerra de Successió Espanyola

Un conflicte dinàstic internacional

Carles II va morir l'any 1700 sense descendència. Des de feia temps, hi havia diversos candidats que buscaven suport per tot Europa per ser-ne els successors, com ara **Felip d'Anjou** (net de Lluís XIV de França) i l'arxiduc **Carles d'Habsburg** (fill de l'emperador Leopold d'Àustria).

En el testament, Carles II va designar com a successor Felip d'Anjou amb el nom de **Felip V**, fet que va provocar que moltes potències europees temessin una unió entre França i Espanya sota la dinastia dels **Borbó**. Per això, la Gran Bretanya, les Províncies Unides i el Sacre Imperi van crear el 1701 (Portugal s'hi va adherir el 1703) la **Gran Aliança de l'Haia**, un tractat que proposava com a rei l'arxiduc Carles.

Va començar, doncs, un conflicte bèl·lic internacional que, alguns anys més tard, va arribar fins a la península Ibèrica. **Catalunya** i la resta dels antics territoris catalanoaragonesos, que recelaven del **model absolutista i centralista** representat per la monarquia borbònica, van donar suport a l'arxiduc Carles, partidari d'un model de **monarquia pactista**.

L'equilibri entre tots dos blocs es va mantenir fins que va succeir un **fet clau**: arran de la mort sense descendència de l'emperador **Josep I d'Àustria** (1711), el seu germà, l'arxiduc, esdevingué nou emperador austríac. Aleshores, la Gran Bretanya i Holanda van témer que l'arxiduc fos rei d'Espanya i emperador austríac alhora, ja que això suposava la creació d'un gran bloc austríac que podria dominar Europa.

La guerra va acabar en l'àmbit internacional amb la **Pau d'Utrecht** (1713-1714), un conjunt de tractats en els quals es feia un repartiment territorial on Espanya cedia territoris a Àustria, la Gran Bretanya i Savoia a canvi del reconeixement de Felip V com a rei.

ACORDS DE LA PAU D'UTRECHT

La Gran Bretanya va obtenir les places de Gibraltar i Menorca, així com importants avantatges comercials a Amèrica.

Felip V va ser reconegut rei d'Espanya, però va haver de renunciar als seus drets sobre el tron francès i a totes les possessions europees de la Corona espanyola, que perdia la seva hegemonia.

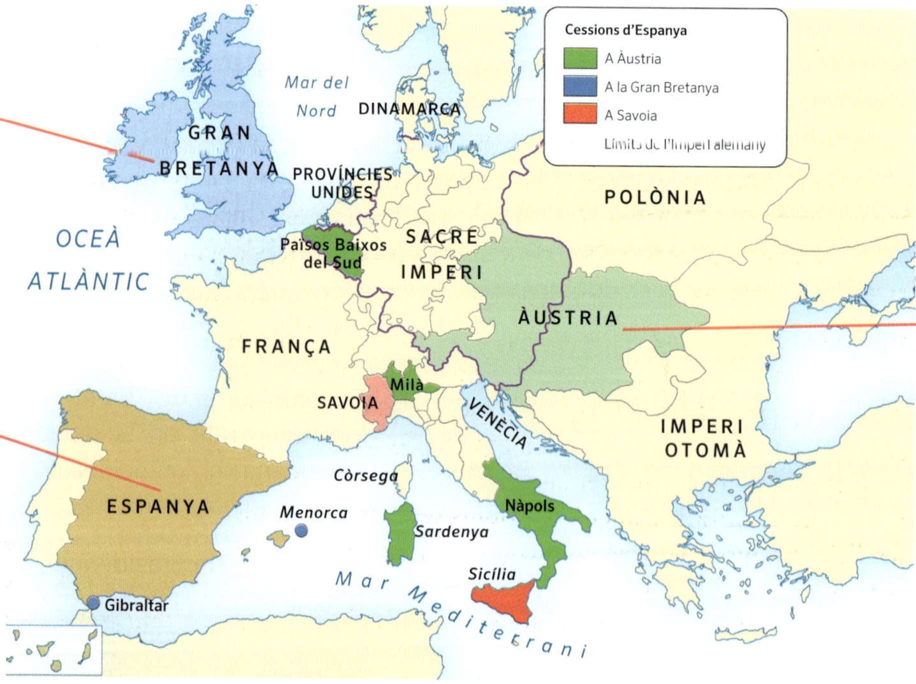

Carles d'Àustria, que llavors ja era emperador, va rebre com a compensació els Països Baixos, Milà, Nàpols i Sardenya.

22 Observa el mapa. Qui va vèncer en la Guerra de Successió Espanyola? Quins territoris va perdre Espanya?

El conflicte als territoris de la Corona catalanoaragonesa

L'any 1705, Catalunya i Anglaterra van signar el **Pacte de Gènova**: els catalans defensarien Carles d'Àustria a canvi de l'ajut militar anglès i del respecte a les constitucions catalanes. L'arxiduc, que va ser coronat rei d'Espanya a Barcelona amb el nom de Carles III, també va rebre el suport d'Aragó i València.

Després de la **batalla d'Almansa** (1707), però, Felip V va conquerir Aragó i València, hi va imposar les lleis castellanes i va abolir les institucions d'aquells territoris.

El 1713, malgrat la retirada de les tropes angleses i austríaques, Catalunya va decidir **continuar la guerra** contra Felip V. Així és com va començar un conflicte desigual que tindria com a desenllaç el setge de Barcelona, que es va iniciar el juliol del 1713 i va acabar l'**11 de setembre del 1714** amb l'assalt de les tropes borbòniques a la ciutat. Una setmana més tard va capitular el castell de Cardona, darrer baluard dels austriacistes.

La construcció de la Ciutadella

Un cop acabat el conflicte, l'enginyer militar flamenc **Joris Prosper van Verboom** va idear un projecte que redefinia les defenses de la ciutat de Barcelona, orientades a controlar tant possibles atacs exteriors com revoltes des de l'interior de la ciutat.

Diversos edificis civils i religiosos van ser reconvertits en casernes militars, però l'element clau del sistema va ser la construcció d'una **ciutadella** militar.

Per construir-la (1716-1717) van haver d'enderrocar una bona part de les cases del **barri de la Ribera**. Aquests enderrocs van haver de fer-los els mateixos ciutadans, obligats a portar les pedres de casa seva fins al lloc on es construïa la nova fortalesa.

ACTIVITATS

23 Quin motiu va originar la guerra?

24 Quin fet va provocar un canvi en l'equilibri entre els dos bàndols?

25 Quins canvis territorials es van produir arran de la pau d'Utrecht?

26 Fes un arbre genealògic de la casa d'Àustria a Espanya que inclogui Carles d'Àustria i Felip d'Anjou.

a. Per què es van anomenar *pactes de família* les aliances entre Espanya i França?

b. Quina relació familiar tenien Felip d'Anjou i Carles II? I l'arxiduc Carles i Carles II?

c. Creus que tenien el mateix dret? Per què?

27 Quin model de monarquia representaven Felip d'Anjou i l'arxiduc Carles? En què es diferenciaven?

28 Per què Catalunya va donar suport a l'arxiduc?

29 Quina és la situació actual dels territoris que Espanya va cedir en la Pau d'Utrecht?

30 Quins edificis van ser enderrocats per poder construir la Ciutadella? Quin ús actual se'n fa?

ELS DECRETS DE NOVA PLANTA

Una de les primeres mesures de Felip V es va fer contra els territoris de la Corona d'Aragó que s'hi havien enfrontat durant la Guerra de Successió. Amb la publicació dels decrets de Nova Planta **van quedar abolits** tots els **furs i privilegis** d'Aragó, Catalunya, València i Mallorca. També se'n van suprimir les **Corts** i es va iniciar un procés de prohibició de la **llengua catalana** en diversos àmbits. Des de llavors, aquests territoris van ser regits per les mateixes lleis que Castella. Aquest procés es coneix com a *centralització*.

Atès que han perdut els regnes d'Aragó i València, i tots els seus habitants, per la rebel·lió que han comès, tots els furs i privilegis de què gaudien [...], i tenint en compte que aquests regnes d'Aragó i València són compresos en el conjunt dels que posseeixo amb poder absolut, s'hi afegeix ara el dret de conquesta que d'aquests han fet les meves armes amb motiu de la seva rebel·lió, i atès, a més, que és un dels principals atributs de la sobirania imposar i derogar les lleis, he jutjat convenient reduir tots els meus regnes d'Espanya a la uniformitat de les lleis de Castella, i abolir i derogar tots els furs i privilegis, pràctiques i costums fins ara observats en els referits regnes d'Aragó i València.

Decret promulgat al Buen Retiro, 29 de juny del 1707

Analitza la informació

- Quins motius s'al·leguen en el decret per justificar la supressió dels furs?
- Per què els decrets de Felip V reben el nom de *Nova Planta*? Explica en què consistia aquesta nova planificació.

! **PER SABER-NE MÉS**

Llegeix el que José Cadalso va escriure de la Catalunya del final del segle XVIII en la seva obra *Cartas marruecas*:

> Els catalans són el poble més industriós d'Espanya. Manufactures, pesques, navegació, comerç, assentaments… són coses a penes conegudes en altres províncies […]. Els camps es conreen, la població augmenta, els cabals creixen i, en definitiva, sembla que aquesta nació està a mil llegües de la gallega, de l'andalusa i de la castellana.
>
> Però els seus genis són poc tractables, únicament dedicats al seu propi guany i interès, i per això alguns els anomenen els holandesos d'Espanya.

- Creus que els catalans eren un poble actiu? Per què?
- Quins aspectes de Catalunya sorprenien positivament l'autor? Què no li agradava, en canvi?

ACTIVITATS

31 Quin paper va tenir la vinya en el creixement econòmic de Catalunya al llarg del segle XVIII?

32 Quina indústria va experimentar un creixement més gran a Catalunya?

33 Què eren les indianes? I els aranzels?

34 Quins productes exportaven des de Catalunya? I quins importaven?

35 Per què contrasta la situació econòmica catalana amb la de la resta d'Espanya?

Treballa amb el gràfic

36 Com creus que es va beneficiar Catalunya de la llibertat de comerç amb Amèrica decretada per Carles III?

37 Busca informació a Internet sobre el procés de destil·lació d'aiguardent. Per què va esdevenir el primer producte d'exportació de Catalunya?

5. La Catalunya del segle XVIII

El progrés econòmic

Malgrat la desfeta política que va suposar la guerra, el segle XVIII va ser una etapa de **creixement econòmic** a Catalunya. El país es va modernitzar i va establir les bases del progrés industrial del segle XIX.

Aquesta transformació econòmica **contrastava** amb la situació que hi havia a la resta d'Espanya, on predominava l'agricultura de rendiments baixos i la majoria de terres pertanyien als privilegiats.

El progrés econòmic de Catalunya, propiciat per la vitalitat dels seus grups socials, es va posar de manifest en **diversos àmbits**:

- **L'expansió de l'agricultura**. La modernització de les explotacions agràries, l'augment de la superfície conreada i la introducció de nous conreus van comportar una **especialització agrària**, sobretot vitivinícola (vins i aiguardents). Aquestes millores van permetre fer créixer els rendiments, diversificar els productes i vendre'n els excedents. A més, van ser estimulades per l'existència dels **censos emfitèutics**, un contracte agrari estable i a llarg termini que permetia al pagès quedar-se una bona part dels rendiments agraris.
- **El creixement de la indústria**. L'expansió agrícola, que feia augmentar la renda de la població, va contribuir a desenvolupar les manufactures tradicionals (llana, seda, pell, ferro i paper) i a crear una indústria cotonera, basada en l'estampació d'**indianes** (teixits de cotó). A més, l'establiment d'**aranzels** (impostos a la importació) va beneficiar les indústries locals.
- **L'augment de l'activitat comercial**. El creixement industrial i, sobretot, la **liberalització del comerç** van fer créixer les exportacions: draps de llana a la resta de la Península, fruita seca al nord d'Europa i, també, indianes, vi i aiguardent a les colònies americanes, de les quals s'importava cafè, tabac, cotó i sucre. Aquest increment del comerç va consolidar l'economia catalana com una **economia de mercat** orientada a l'exportació.

EVOLUCIÓ DEL COMERÇ ENTRE BARCELONA I AMÈRICA

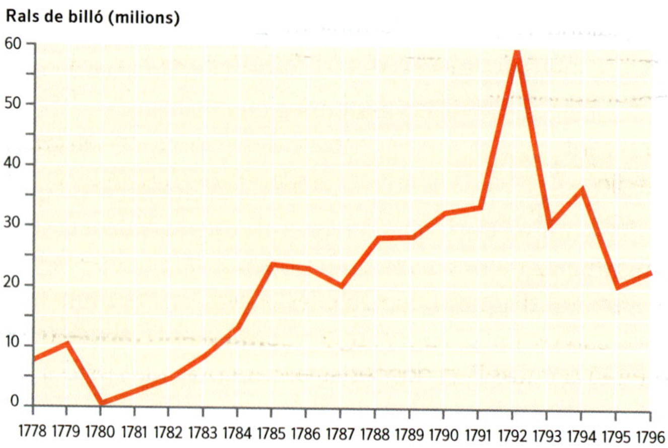

La **burgesia comercial**, activa i pròspera, va **reinvertir** una part dels guanys en l'agricultura i les manufactures, fet que va suposar un gran estímul per a l'economia catalana del segle XVIII.

LES MESURES POLÍTIQUES I ECONÒMIQUES DELS BORBÓ DURANT EL SEGLE XVIII

Els Borbó van implantar el model absolutista francès. Pel que fa a la **política interior**, es van centrar en dos objectius:

- **Enfortir l'absolutisme**. Per aconseguir-ho, van afeblir el poder de la noblesa hereditària i van intentar augmentar el poder del monarca davant del de l'Església. Aquesta política s'anomena **regalisme**.
- **Crear institucions**. Les institucions van adequar-se al nou tipus d'estat centralitzat, com ara les secretaries d'estat, antecedents dels ministeris actuals, i el territori es va organitzar en **províncies**, de manera que es va posar fi a la divisió tradicional dels antics regnes peninsulars.

Influïts per les idees de la Il·lustració, especialment Carles III, van endegar **reformes econòmiques** importants, entre les quals destaquen:

- La **modernització de l'agricultura**. Es van repoblar zones abandonades i es van fer els canals d'Aragó i de Castella.
- El **foment de la indústria**. Es van fundar les reials fàbriques i escoles d'arts i oficis.
- El **desenvolupament del comerç**. Es van suprimir les duanes interiors per al blat i es va permetre el comerç amb Amèrica a tots els ports espanyols (1778), cosa que va posar fi al monopoli de Sevilla i Cadis.
- La **millora de les vies de comunicació**. Es va fer una xarxa radial de carreteres.

F. DE GOYA, *Carles III, caçador*, 1787.

Analitza la informació

- Quines forces s'oposaven al regalisme borbònic? Què volien mantenir?
- Per què la divisió del territori en províncies va posar fi a la divisió tradicional dels antics regnes peninsulars?
- Quines mesures borbòniques van estimular el progrés econòmic de Catalunya durant el segle XVIII? Per què?

El creixement demogràfic

Catalunya, com la resta d'Espanya, va experimentar un gran **creixement demogràfic** durant el segle XVIII. Segons el cens elaborat pel comte de Floridablanca, ministre de Carles III, entre el 1718 i el 1788 la població catalana va passar de tenir mig milió d'habitants a arribar gairebé al milió. Aquest registre va ser el primer cens espanyol de població elaborat segons les tècniques estadístiques modernes.

Aquest increment de la població catalana va ser possible gràcies als avenços mèdics i higiènics, a la fi de les grans epidèmies i a la millora de l'alimentació i del nivell de vida.

A conseqüència d'aquests canvis, Catalunya va passar de disposar d'un règim demogràfic antic, caracteritzat per una alta mortalitat i un estancament de la població, a un **règim demogràfic modern**, constituït per una alta natalitat i un descens (encara que fos lent) de la mortalitat.

De tota manera, el creixement **no va ser uniforme**, ja que es va concentrar sobretot a les zones costaneres i a les ciutats. El país va experimentar una gran urbanització: Barcelona va superar els 100.000 habitants al final del segle.

ACTIVITATS

38. Quina era la població de Catalunya al final del segle XVIII?
39. Quines van ser les causes del creixement demogràfic català?
40. Per què Catalunya va passar de tenir un règim demogràfic antic a un de modern? Què significa aquest canvi demogràfic?

Interior de la Llotja de Barcelona, un edifici que va ser la seu de la Junta de Comerç.

6. La Il·lustració i l'art a Catalunya i Espanya durant el segle XVIII

La Il·lustració a Catalunya

Al segle XVIII, Catalunya tenia un esperit transformador. La burgesia emergent pressionava per **modernitzar les infraestructures**, cosa que va permetre un **desenvolupament econòmic** més gran. Però sovint, aquestes demandes de millora de la indústria i del comerç no trobaven cap resposta de l'Estat borbònic.

Va ser arran d'aquesta situació que els il·lustrats catalans, com ara **Antoni de Capmany**, partidari d'una teoria econòmica basada en el desenvolupament comercial, es van identificar amb el **mercantilisme**. Aquest corrent de pensament defensava que la riquesa d'un estat depenia de la quantitat de **metalls preciosos** de què disposés i que, per aconseguir-los, calia promoure el **comerç exterior**; a més, apostava per fomentar les exportacions i, al mateix temps, reduir les importacions.

El pensament il·lustrat es va estendre gràcies a institucions com la **Reial Acadèmia de les Bones Lletres**, creada el 1729 per instruir el jovent en història de Catalunya, filosofia i literatura, o la **Junta de Comerç**, fundada el 1758 per regir l'activitat comercial i industrial catalana.

Retrat de Gaspar Melchor María de Jovellanos.

La Il·lustració a Espanya

Els il·lustrats espanyols, tot i que compartien amb els il·lustrats catalans la inquietud per modernitzar la societat i l'economia, estaven més preocupats per millorar l'**agricultura**, que consideraven que estava molt endarrerida, i per això insistien en la necessitat d'una **reforma agrària**. En conseqüència, com a reacció al mercantilisme, la Il·lustració espanyola s'identificava més amb la **fisiocràcia**.

A més, la manca d'una burgesia nombrosa a Espanya, el pes dels privilegis nobiliaris i la influència de la mentalitat catòlica **van impedir la difusió dels ideals de la Il·lustració** —com la que es va produir en altres països com França. Però la diferència més significativa és que la Il·lustració espanyola **no tenia el vessant revolucionari** i **d'oposició política** que va caracteritzar la francesa, ja que va col·laborar amb els Borbó —especialment amb Carles III, gran representant del **despotisme il·lustrat**.

Dels il·lustrats espanyols més influents, en destaquen quatre:

- El **pare Feijoo**, que va contribuir d'una manera important a la difusió del pensament il·lustrat.
- **Olavide, Campomanes** i **Jovellanos**, que van participar en la política amb l'objectiu d'imposar-hi les seves idees modernitzadores.

Les principals institucions que van divulgar el pensament il·lustrat van ser les **reials societats d'amics del país**, que fomentaven la millora de l'agricultura, del comerç i de la indústria, i també les **reials acadèmies** (de la llengua, d'història, de belles arts, etc.), que organitzaven i difonien el saber.

ACTIVITATS

41 Quina diferència principal hi havia entre els il·lustrats catalans i els espanyols?

42 I entre la Il·lustració espanyola i la francesa?

43 Per què totes les institucions de foment del pensament il·lustrat eren «reials»?

L'art neoclàssic

La introducció del neoclassicisme a Espanya va trobar una gran **resistència** en la força i la riquesa que havien aconseguit el barroc i el rococó. No obstant això, l'art neoclàssic va acabar imposant-se.

Un dels majors estímuls al neoclassicisme va arribar gràcies a la **Real Academia de Bellas Artes**, que va imposar la recuperació de l'estètica clàssica i la cerca de l'equilibri.

L'impuls més important d'aquest moviment artístic a Espanya es va produir a Madrid durant el regnat de **Carles III**, que va encarregar grans construccions dedicades a la ciència, l'oci i l'ornamentació seguint les normes de l'**Academia**.

L'arquitectura

Els nous edificis aplicaven normes allunyades del moviment i l'excessiva decoració del barroc:

- Es dissenyaven **edificis grandiosos** per impressionar l'espectador. A més, presentaven **formes simples** per transmetre la idea d'equilibri i d'elegància.
- S'usaven **elements decoratius d'origen clàssic**, com ara frontons, entaulaments decorats, columnes clàssiques i grans escalinates.
- Comença a utilitzar-se l'**esgrafiat** a les façanes, amb **escenes mitològiques** o rurals.

A Catalunya, l'arquitectura civil també va ser renovadora i s'hi van fer diferents accions urbanístiques, com ara la construcció de la **Barceloneta**, un barri nou a fora de les muralles de la ciutat.

L'escultura

Les noves escultures pretenien transmetre tant les **expressions serenes** als rostres com els **moviments suaus** de l'antiguitat clàssica.

El **marbre** i el **bronze**, que eren considerats els materials nobles clàssics, es van imposar sobre la fusta policromada del barroc.

La pintura

Com a la resta d'Europa, es van recuperar els **temes mitològics** clàssics, juntament amb els **retrats** i les **escenes històriques**. A més, a Espanya destaquen les representacions **costumistes**.

L'academicisme pictòric del neoclassicisme buscava donar més importància al **dibuix** que al color, i pretenia que les figures i la il·luminació fossin serenes.

Anton R. Mengs, pintor de la cort espanyola de Carles III, és considerat l'introductor del neoclassicisme. També van destacar-hi **José de Madrazo** i, en les seves primeres etapes pictòriques, **Francisco de Goya**. A Catalunya va brillar **Antoni Viladomat**, l'autor que va marcar el pas del barroc cap al neoclacissisme.

ACTIVITATS

44. Amb quina dificultat va topar el neoclassicisme a Espanya?
45. Què tenen en comú l'arquitectura, l'escultura i la pintura neoclàssiques?
46. Localitza en un plànol de Madrid les construccions neoclàssiques realitzades a la ciutat. Per què creus que es diu que el rei Carles III va ser «el millor alcalde de Madrid»?

Treballa amb les imatges

47. Estudia el Museu del Prado.
    a. Per a què es va construir l'edifici?
    b. Quan es va inaugurar com a museu?
    c. Com es reflecteix la ideologia de la Il·lustració en aquest edifici?
    d. Quines característiques neoclàssiques té?
48. Analitza *La mort de Viriat*.
    a. Com van vestits els protagonistes de la pintura de Madrazo?
    b. Qui era Viriat? Per què protagonitza l'obra de Madrazo?

Edifici del Museu del Prado, de Juan de Villanueva.

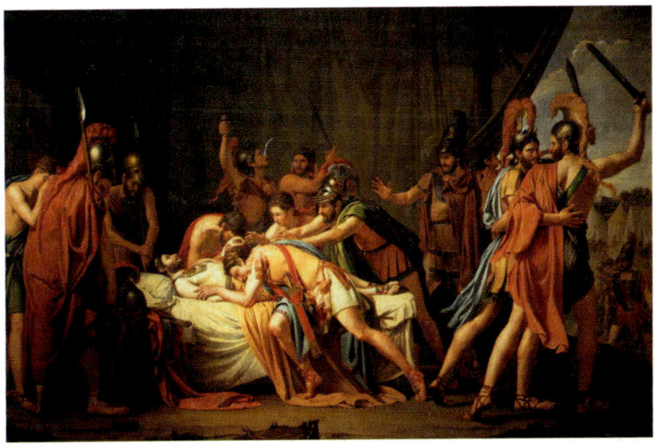

J. DE MADRAZO, *La mort de Viriat*, 1807.

COMENTEM UN TEXT HISTÒRIC

A mesura que avança la història, és més fàcil trobar textos escrits de l'època que reflecteixen la situació i el context en què es produeixen els esdeveniments. Per mitjà de la seva anàlisi, els historiadors poden recompondre fets que van tenir lloc al llarg de la història.

És el cas d'aquesta carta, escrita l'any 1769 per José Nicolás de Azara, diplomàtic espanyol destinat a Roma, al seu amic Manuel de Roda. Observa els passos que s'han seguit per comentar-la.

Tinc aquí un estudiant espanyol, fill d'un conseller d'estat, col·legial del Col·legi Major de San Bartolomé de la Universitat de Salamanca, que ve de fer un viatge cultural per Anglaterra i França. És un noi amb molt bon fons i em fa llàstima que tingui tan apegada encara la mala instrucció col·legial. Vull veure si, mentre és aquí, li puc ficar al cos la bona instrucció i que oblidi tot el que ha après a Salamanca. Té de bo que vol aprendre i que ja he començat a persuadir-lo que són molt bèsties els nostres catedràtics de Salamanca, i encara més els seus col·legials amb tota la seva vanitat.

José N. de Azara, 1769

Una escola al segle XVIII.

1. Lectura i comprensió

Primer de tot, s'ha de **llegir detingudament** el text, assegurant-se que s'ha entès; per a això, és important:

- Fer-ne una **primera lectura** que doni una visió general de la informació que transmet.

  El text parla sobre un estudiant espanyol que està de viatge per Europa i sobre l'educació que rep.

- Tornar a llegir el text i localitzar les **paraules o conceptes que no s'entenen**, per buscar-ne el significat en un diccionari o aclarir-lo a classe amb el professor i els companys.

  Per exemple, es podria buscar en el diccionari el significat de termes com *apegar*, *instrucció*, *persuadir* o *vanitat*.

- Extreure les **idees principals** del text.

  Aquest fragment gira al voltant de la valoració negativa que fa l'autor del text sobre la qualitat de l'educació que hi havia en aquells anys a la Universitat de Salamanca.

2. Classificació del text

Es tracta, d'una banda, de determinar si és una **font primària o secundària** en funció de quan va ser escrit; i, de l'altra, d'identificar el **tipus de text** segons la temàtica.

En aquest cas, es tracta d'una font primària, ja que es va escriure en el moment en què tenien lloc els fets. El text és de tipus sociocultural perquè es tracta d'una carta personal que aborda un tema cultural, com és l'educació.

3. Autor i destinatari

L'autoria pot ser individual o col·lectiva, i, si es tracta d'alguna personalitat rellevant, cal investigar i indicar què se sap sobre l'autor. També és important assenyalar qui eren els **destinataris** del text.

Aquest document és d'autoria individual. L'autor, José Nicolás de Azara, va ser un personatge prominent del segle XVIII: polític, mecenes de les arts i les lletres i, a més, ambaixador espanyol a Roma. El destinatari era el seu amic Manuel de Roda, un altre polític espanyol de l'època.

4. Circumstàncies històriques

És important, així mateix, enquadrar el text en el moment històric al qual pertany: **data**, **lloc de redacció** i **context de l'època**.

El text va ser escrit l'any 1769, a Roma.

Les idees il·lustrades van arribar a Espanya una mica més tard que a la resta d'Europa. No va ser fins a la dècada del 1760, ja en el regnat de Carles III, quan la Il·lustració espanyola va començar a tenir un cert pes al país.

5. Propòsit del text

El pas següent consisteix a determinar la **intenció** i l'**objectiu** del text.

Després que l'autor del text ha comprovat les mancances en l'educació del jove que el visita durant uns dies, el diplomàtic José Nicolás de Azara es proposa que els dies que passin junts siguin de profit per a l'estudiant i aquest pugui començar a assimilar algunes de les noves idees il·lustrades.

6. Anàlisi valorativa

Finalment, s'ha de valorar el que **aporta el text** per al coneixement d'un fenomen històric, quina és la **procedència de les idees** que conté i quina va poder ser la **repercussió** en aquell moment, així com les conseqüències posteriors.

Aquest document permet conèixer el desfasament que hi va haver entre alguns països europeus i Espanya en relació amb el desenvolupament de la Il·lustració. Les idees que recull la carta de José Nicolás de Azara semblen estar fonamentades en la seva pròpia experiència, ja que se'n desprèn que és coneixedor tant del model educatiu espanyol com de la revolució cultural que van suposar les idees il·lustrades en alguns països d'Europa.

Com que és una carta, la seva repercussió no va poder ser gaire extensa; però de l'opinió de l'autor se'n desprèn una idea que començava a estendre's per Espanya: la necessitat d'una reforma de la cultura i de l'educació, que va dur a terme, entre altres, el pare Feijoo.

POSA-HO EN PRÀCTICA

Seguint les pautes que s'han indicat, comenta aquest fragment d'un text del pare Benito Jerónimo Feijoo.

No n'hi ha una de sola, senyor meu, de causa dels curtíssims progressos dels espanyols en les facultats expressades, sinó moltes [...], que formen un obstacle quasi absolutament invencible.

La primera és el curt abast d'alguns dels nostres professors. Hi ha una espècie d'ignorants perdurables, obligats a saber sempre poc [...], perquè pensen que no hi ha res més a saber que el poc que saben [...]. Viuen tan satisfets del seu saber com si posseïssin tota l'*Enciclopèdia* [...]. A penes poden sentir sense escarni i rialla el nom de Descartes. I si els pregunten què va dir Descartes, o quines opinions noves va proposar al món, no saben, ni tenen què respondre, perquè ni encara que sigui aproximadament tenen notícia de les més importants, ni de cap [...].

Benito J. Feijoo, *Cartas eruditas y curiosas*, 1742-1760

Al·legoria de la Raó.

1. Quins termes, expressions o conceptes et resulten més complicats d'entendre? Consulta la unitat, un diccionari i Internet, i resol-los juntament amb un company.
2. Com classificaries el text segons el tipus de font i la seva temàtica?
3. Busca informació sobre l'autor d'aquest text i elabora una fitxa amb les dades més rellevants que descobreixis.
4. Comenteu a classe el context de l'època en què va ser escrit aquest text. Després, reflecteix les teves conclusions en l'anàlisi del text que estàs recollint.
5. Quins creus que eren els propòsits del pare Feijoo per escriure aquest text?
6. Relaciona el que has estudiat sobre la Il·lustració a Espanya amb les referències que pots extreure del document. Explica en què va consistir el procés i genera la teva conclusió.

QUÈ HAS APRÈS?

ANTIC RÈGIM I IL·LUSTRACIÓ

EL MÓN AL SEGLE XVIII

- **Pervivència de l'Antic Règim**
  - Característiques
    - Monarquia absoluta
    - Economia agrària
    - Societat …
- **Crítica a l'Antic Règim**
  - Pensament il·lustrat
    - Basat en dos pilars
      - …
      - …
    - Filòsofs il·lustrats
      - Montesquieu
      - Voltaire
      - Rousseau
      - Diderot i D'Alembert
  - Despotisme il·lustrat → «Tot per al poble, però sense el …»
  - Parlamentarisme
    - Gran Bretanya
    - …
  - Noves teories
    - Polítiques → Liberalisme
    - Econòmiques
      - …
      - …
- **Ciència i Art**
  - Avenços científics
    - Química: …
    - Física: …
    - Biologia: …
    - Astronomia: …
  - Art neoclàssic → Inspirat en l'art grecoromà
    - Pintura: temes …
    - Escultura: … en les formes
    - Arquitectura: decoració …

CATALUNYA I ESPANYA AL SEGLE XVIII

- **Guerra de Successió**
  - Nova dinastia: els … → Absolutisme
  - Decrets de Nova Planta → Centralisme
- **La Il·lustració**
  - A Catalunya
    - Es basa en el …
    - Figura principal: …
    - Creació d'institucions
      - …
      - …
  - A Espanya
    - No va ser políticament revolucionària
    - Es basa en la …
    - Dificultats pel fort conservadorisme
    - Figures principals
      - …
      - …
      - …
  - Despotisme il·lustrat → Carles III
- **Art neoclàssic**
  - Resistència del barroc
  - Estímul de la Real Academia de las Bellas Artes
  - Arquitectura: …
  - Escultura: …
  - Pintura: …

Repassa amb l'esquema

1. Copia l'esquema de la unitat i completa els textos que hi falten.

2. Completa aquesta taula assignant cada expressió al sistema que defineix.

- Principi d'autoritat
- Societat estamental
- Intervenció estatal
- Raó i esperit crític
- Monarquia absoluta
- Llibertat econòmica
- Divisió de poders
- Igualtat

	ANTIC RÈGIM	IL·LUSTRACIÓ
Política	●●●	●●●
Societat	●●●	●●●
Economia	●●●	●●●
Pensament	●●●	●●●

3. Copia el cronograma i situa-hi els esdeveniments que s'indiquen. Dibuixa i pinta, de manera diferent, cada casella amb un element que t'ajudi a recordar cada fet.

●●●	●●●	●●●	●●●	●●●	

- Declaració d'Independència dels Estats Units.
- Inici de la Guerra de Successió Espanyola.
- Tractats d'Utrecht.
- Publicació de l'obra Càndid, de Voltaire.
- Liberalització del comerç amb Amèrica.

4. Llegeix i comenta el text següent:

Quan els poders legislatiu i executiu estan reunits en una mateixa persona o corporació, llavors no hi ha llibertat, perquè cal témer que el monarca o el Senat facin lleis tiràniques per executar-les de la mateixa manera. Així passa també quan el poder judicial no està separat del legislatiu i de l'executiu.

MONTESQUIEU, *L'esperit de les lleis*, 1748

a. A quin corrent intel·lectual pertany l'autor?
b. Com s'anomena la teoria que defensa aquestes idees?
c. A quin concepte del poder s'oposa?
d. Continua vigent aquesta teoria actualment?

5. Llegeix el text i respon a les preguntes:

[…] amb l'única diferència que, com que abans tot el que era judicial s'expressava en llengua catalana, d'ara endavant s'escrigui en l'idioma castellà, o llatí, tal com així ho practica la Reial Junta; de manera que s'aconseguirà la intel·ligència de qualsevol dels jutges espanyols, sense haver d'estudiar en la insòlita llengua d'aquest país […].

[…] el geni dels naturals és amant de la llibertat, aficionadíssim a qualsevol gènere d'armes, rampells en la còlera, bregosos i venjatius, i dels quals sempre s'ha de tenir recel, ja que esperen aprofitar la conjuntura per alliberar-se del jou de la justícia. Són apassionats a la seva pàtria, fins a tal excés que els fa trastornar l'ús de la raó, i solament parlen la seva llengua nativa […].

JOSÉ PATIÑO, 1715

a. Investiga qui va ser Josè Patiño Rosales.
b. Què opina dels catalans? I de la llengua catalana?
c. Quines lleis es van fer a partir dels informes escrits per ell?

6. Observa el mapa següent:

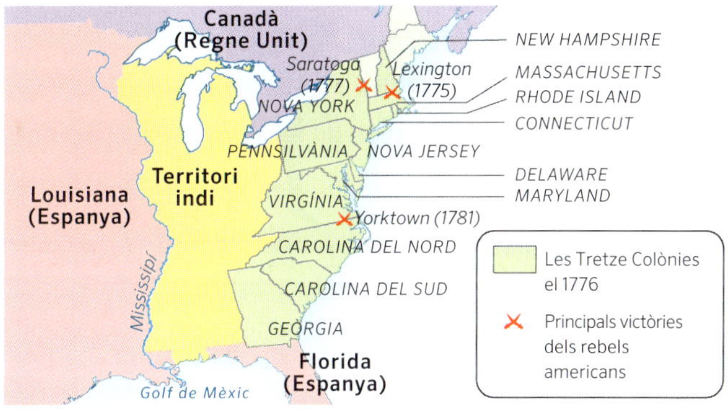

a. Anomena les tretze colònies.
b. Quins altres territoris hi havia més enllà dels límits de les tretze colònies? A qui pertanyien?
c. Quines repercussions va tenir la unió de les tretze colònies?

7. Observa aquesta escultura neoclàssica, titulada *Psique i Eros*, i respon:

a. De quin material creus que està feta l'obra?
b. Descriu-la de manera detallada.
c. Analitza-la utilitzant les claus per entendre l'art neoclàssic que has estudiat en la unitat.

8. Pensa en una situació de desigualtat encara present avui en dia i proposa un canvi que podria fer-la desaparèixer.

Mapa conceptual   Comprova el que saps

POSA'T A PROVA

Quina era la situació de la dona al segle XVIII?

Llegeix atentament el text següent i fes les activitats que es plantegen a continuació.

Madame de Castries era un quart de dona, una espècie de bescuit malgirbat, petita a més no poder, però ben bastida. Hauria pogut passar per una anella no massa grossa: no tenia darrere, ni pit, ni barbeta; molt malencarada, sempre amb aire esperitat i d'ànima en pena; però al costat de tot això la seva fesomia, que traspuava intel·ligència, i no enganyava. Sabia de tot: història, filosofia, matemàtiques, llengües sàvies; però mai no se'n vantava ni semblava que sabés cap altra cosa que parlar el francès; però el seu parlar tenia una precisió, energia, eloqüència, gràcia fins i tot en els temes més comuns [...].

Amable, divertida, alegre, seriosa, adaptable a tothom, encisadora quan volia agradar; feia broma sense afectació amb el darrer acudit, com aquell qui res, i es mofava de les ridiculeses sense deixar-ne passar cap. [...] d'enginy delicat i enamorada de l'enginy quan el trobava del seu grat. Tenia, a més de tot això, un talent de narradora que encisava, i, quan volia improvisar una novel·la, era una font de producció, de varietat i d'entreteniment que astorava.

Duc de SAINT-SIMON, *Memòries*, 1739-1752

COMPRÈN, SINTETITZA I DEDUEIX

1. Busca en un diccionari les paraules del text el significat de les quals desconeguis.
2. Posa un títol al text i explica per què l'has triat.
3. El text està dividit en dues parts, que corresponen als respectius aspectes diferents de Madame de Castries.
   a. Quines són aquestes dues parts?
   b. Resumeix el contingut de cadascuna.
4. Creus que si, en comptes de parlar de Madame de Castries, l'autor hagués parlat d'un home, hauria dedicat tanta atenció al primer d'aquests aspectes? Explica per què.
5. El text està escrit en un moment en què encara no s'havia desenvolupat plenament el moviment de la Il·lustració. No obstant això, en Madame de Castries hi ha molts signes de dona il·lustrada. Quins són?

VALORA EL PATRIMONI

El parc d'El Capricho, a Madrid, el va fer construir María Josefa Pimentel y Téllez-Girón (1750-1834), duquessa de Benavente i d'Osuna. Igual que Madame de Castries, la duquessa d'Osuna va fer de casa seva un punt de reunió d'intel·lectuals i artistes, i es va convertir en mecenes de molts d'ells.

6. Què significa ser una *mecenes*?
7. Relaciona el templet de la imatge que hi ha a sobre amb les característiques estudiades de l'art neoclàssic.

INVESTIGA

8. La duquessa d'Osuna va fer alguns encàrrecs al pintor Goya. En quines obres surt la duquessa representada per aquest artista?
9. La duquessa d'Osuna va ser una de les primeres dones a ser admesa en la Real Sociedad Matritense de Amigos del País. Quina era la funció d'aquestes societats?

APLICA ELS TEUS CONEIXEMENTS

La pel·lícula *Nannerl, la hermana de Mozart* (2010), de René Féret, explica la història de Maria Anna, nena prodigi de la música, igual que el seu germà Wolfgang, però que va haver de renunciar a la seva carrera artística pel fet de ser dona.

La pel·lícula *La duquessa* (2008), de Saul Dibb, està ambientada en l'Anglaterra del segle XVIII i narra la història d'una dona noble, Georgiana Cavendish, que es va relacionar amb grans figures polítiques i literàries de l'època, però que va veure la seva vida privada limitada per la submissió que, llavors, la dona devia al marit.

10. Investiga a Internet i escriu una breu biografia de cadascuna de les protagonistes.

OBSERVA I RAONA

J. S. CHARDIN, *La jove mestra*, 1736-1737.

T. GAINSBOROUGH, *El senyor i la senyora Andrews*, 1750.

11. Què fa la dona del quadre de Chardin? Totes les dones de l'època podrien fer el mateix?

12. Gainsborough va deixar sense pintar en el seu quadre el que té entre les mans la senyora Andrews. L'activitat del senyor Andrews és molt clara, la caça. Què devia fer, però, la senyora Andrews? Imagina què devia tenir la senyora Andrews: un llibre?, una paleta de colors? Seria possible o probable un d'aquests objectes? Per què?

OBSERVA I SINTETITZA

13. La major part de les dones camperoles i les que treballaven en el servei domèstic eren analfabetes.

- **a.** Com era la seva jornada laboral i quines activitats feien?
- **b.** Quines probabilitats tenien de conèixer els avenços culturals i les noves teories científiques dels il·lustrats?

14. Les relacions entre homes i dones al segle XVIII estaven regides per la dependència i la submissió d'aquestes davant de pares, germans i marits.

- **a.** Reflexiona sobre si totes les dones, independentment de la seva classe social, es trobaven en aquesta situació.

UNITAT 2

LES REVOLUCIONS BURGESES

EN AQUESTA UNITAT APRENDRÀS...

- Quines van ser les primeres fases de la Revolució Francesa.
- Per quines etapes va passar França durant la Revolució.
- Les repercussions que va tenir per a Catalunya i Espanya l'expansió de l'Imperi napoleònic.
- Com va quedar el mapa europeu al començament del segle XIX.
- Quina va ser l'herència de la Revolució Francesa en les dècades següents.
- Com va ser l'inici del segle XIX a Catalunya i Espanya.
- Què és el romanticisme com a moviment artístic.

Mira més enllà

On resideix la sobirania nacional?

El quadre que tens a l'esquerra va ser pintat l'any 1790 pel gran representant de la pintura neoclàssica francesa, Jacques-Louis David. L'obra, que fa nou metres per sis metres, reprodueix el moment en què els revolucionaris francesos van jurar que no abandonarien la seva determinació fins a posar fi a l'Antic Règim.

Aquest acte es coneix com el **Jurament del Joc de Pilota**, que dona nom al quadre. El compromís va ser anomenat així pel lloc on es van reunir, un trinquet, després que el rei els expulsés dels salons de palau.

L'Assemblea es va declarar l'autèntica representant del poble francès i va jurar que no se separaria fins a donar una nova constitució a França.

- Al quadre hi ha tres figures que s'abracen en un lloc destacat. Qui creus que representen? Per què s'abracen?
- L'obra té tensió i dramatisme? Quins sentiments creus que s'hi produïen? Hi contribueixen les dimensions del quadre?
- Diries que el pintor va representar els fets amb fidelitat o va fer-ne una interpretació exagerada? Creus que va ser un moment d'exaltació i de grans emocions? Per què?

Un dels principis bàsics de la democràcia és la sobirania popular, que atorga el poder al poble.

- Quin instrument tenen els ciutadans per escollir els seus representants?

En democràcia, el poble té l'ocasió de canviar de governants d'una manera pacífica.

- Com es produeix el relleu de govern a l'Estat espanyol? Passa el mateix en un règim dictatorial? Coneixes algun cas de governants que es perpetuïn en el poder?

L'esclat de la Revolució Francesa

El 1789 va tenir lloc l'esdeveniment amb el qual es considera que va començar l'edat contemporània. Durant el regnat de Lluís XVI va esclatar a França una revolució que va commocionar la resta d'Europa i va iniciar una època que establiria les bases del món actual.

Els Estats Generals

Als anys vuitanta del segle XVIII hi havia a **França** un **malestar** generalitzat. El 1788, el rei Lluís XVI va convocar una reunió dels representants dels tres estaments —noblesa, clergat i estat pla, o tercer estat— que es va anomenar **Estats Generals**.

El propòsit del rei era sol·licitar una **ajuda econòmica** extraordinària que alleugerís la deteriorada situació de les finances.

Els representants de cada estament van acudir a la convocatòria amb uns **quaderns de queixes** en els quals formulaven peticions al rei.

Segons el costum, cada estament es reunia separadament i cadascun tenia un vot. Els representants de l'**estat pla**, que eren tants com els de la noblesa i el clergat junts, van reclamar que la votació no fos per estaments sinó per caps: **cada diputat, un vot**. Aquest va ser el motiu que va fer esclatar el conflicte.

L'Assemblea Nacional

Davant de la negativa del rei a acceptar el vot individual, els diputats del **tercer estat**, que representaven el 96 % de la població, van abandonar els estats generals i es van constituir, per separat, en **Assemblea Nacional**.

Van donar a la seva assemblea l'apel·latiu derivat de la paraula més revolucionària, *nació*, que consideraven com el «conjunt dels ciutadans amb voluntat pròpia». Alguns membres del clergat i de la noblesa també es van unir a la nova assemblea.

Quan es van saber aquests fets, el poble de París va sortir al carrer i el **14 de juliol del 1789** va atacar la fortalesa de la **Bastilla**, fins llavors símbol de l'autoritat reial. Amb la presa d'aquest edifici començava la **revolució popular**.

Els diputats de l'Assemblea Nacional van prendre en molt pocs dies una sèrie de mesures que posarien fi a l'Antic Règim. Aquestes van ser algunes de les **decisions**:

- Redactar la **Constitució civil del clergat**, que reduïa els clergues a la condició civil de ciutadans.
- Proclamar l'**abolició de la societat estamental** i instituir el principi d'igualtat de tots els homes davant de la llei.
- Aprovar la **Declaració dels Drets de l'Home i del Ciutadà**, que recollia els drets naturals i inalienables de les persones.
- Adoptar el lema «**Llibertat, igualtat, fraternitat**».

L'Assemblea es va transformar en **Assemblea Constituent**, ja que el seu objectiu era elaborar una constitució, que es va acabar el 1791 i va ser la primera de la història d'Europa.

Lluís XVI, en jurar-la, va deixar de ser monarca absolut perquè havia de sotmetre's a la **voluntat de la nació** i acceptar la **divisió de poders**.

FRANÇA A FINALS DEL SEGLE XVIII

1787-1788: Crisi financera de l'Estat francès.

1788: Reunió dels Estats Generals.

1790: Constitució civil del clergat.

ASSEMBLEA I CONSTITUCIÓ (1787-1792)

1789: Assemblea Nacional. Assemblea Constituent. Presa de la Bastilla. Fi dels drets senyorials. Declaració dels Drets de l'Home i del Ciutadà.

1791: Constitució. Monarquia constitucional. Fugida fallida de Lluís XVI.

Iales collites, ue van provocar 'alça del preu del ıa, aliment bàsic le les classes opulars.

Desigualtat de la **societat estamental**.

Fallida de les finances de l'Estat, arruïnat pel luxe de la cort i per la despesa que havia suposat l'ajuda als colons nord-americans en la Guerra d'Independència.

Pervivència de la **monarquia absoluta**, a la qual s'oposaven les idees il·lustrades.

ACTIVITATS

1. Respon a les qüestions següents:
   a. Què eren els Estats Generals?
   b. Com funcionaven?
   c. Com va participar el poble en els esdeveniments?
   d. Quines van ser les primeres mesures que va prendre l'Assemblea?
2. Per què, pel fet de jurar la Constitució, Lluís XVI va deixar de ser monarca absolut?
3. Què vol dir l'expressió *assemblea constituent*?
4. La Constitució francesa del 1791 és la primera de la història d'Europa. Quina va ser la primera constitució de la història?
5. Què va suposar la Declaració dels Drets de l'Home i del Ciutadà? Argumenta la resposta.
6. Llegeix el text de la Declaració dels Drets de l'Home i del Ciutadà. En què es basa la igualtat legal? Què vol dir que la sobirania resideix en la nació? Quin article correspon al principi de divisió de poders?

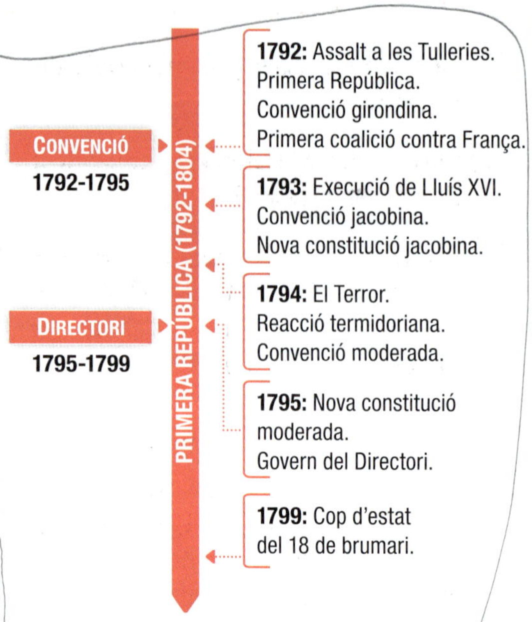

! PER SABER-NE MÉS

En el començament de la Revolució Francesa, alguns membres de la Convenció van treballar en l'elaboració d'un **calendari republicà** que volia eliminar les al·lusions religioses. Aquest calendari va ser assumit pels jacobins fins al 1806, quan Napoleó, mogut per les seves ambicions i l'interès per recuperar les bones relacions amb l'Església, el va abolir.

Al calendari republicà els anys van començar a comptar-se a partir del 22 de setembre del 1792, data d'inici de la República. Els mesos van rebre el nom de fenòmens naturals o de relacionats amb l'agricultura. Cada mes es va dividir en tres fraccions de deu dies i els cinc o sis restants cada any es van afegir al final del calendari i van passar a ser festes nacionals.

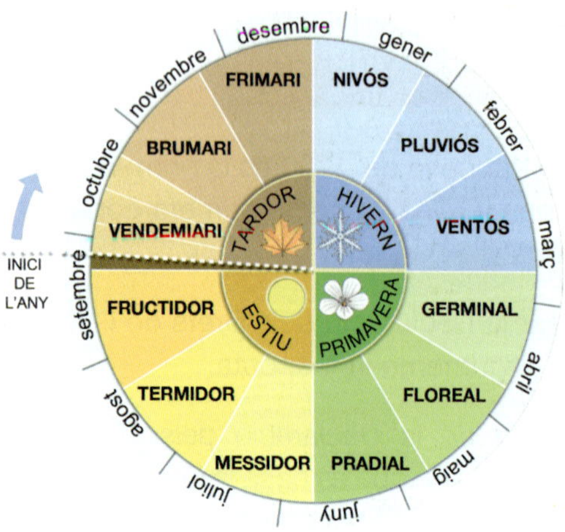

- Quins fenòmens naturals es recullen en el calendari?
- I de relacionats amb l'agricultura?

2. La Primera República i l'Imperi napoleònic

La Convenció i el Terror

Els fets que tenien lloc a França van aterrir els monarques europeus, que veien perillar els seus trons, per la qual cosa van decidir organitzar el que seria la primera **coalició** contra els revolucionaris francesos.

Lluís XVI, a pesar d'haver jurat la Constitució forçat pels esdeveniments, va intentar fugir per reunir-se amb les tropes prussianes que envaïen França, però va ser descobert i acusat de traïció. L'agost del 1792, **el poble va atacar** el palau de **les Tulleries** i la família reial va ser capturada.

Amb la caiguda del rei, va començar la **Primera República Francesa**, governada per una assemblea anomenada **Convenció** en la qual es van formar dos **grups**:

- **Girondins**. Eren anomenats d'aquesta manera perquè procedien del departament francès de la Gironda, representaven l'alta burgesia i havien col·laborat amb la monarquia constitucional de Lluís XVI.
- **Jacobins**. Tenien el suport de la burgesia mitjana i baixa, estaven molt identificats amb les classes populars revolucionàries, compostes pels anomenats *sans-culottes* ('sense calça curta'). Els seus líders eren Danton, Robespierre i Marat.

Lluís XVI va ser guillotinat, i la República, controlada pels jacobins, va entrar en un període violent que seria conegut com el **Terror** i en el qual destaca la figura de Robespierre. En aquest mateix període, l'any 1793, es va publicar la primera **constitució republicana**, que reconeixia el sufragi universal.

El Directori

El juliol del 1794, el **cop d'estat de termidor** va provocar la caiguda de Robespierre, que va ser executat. Un any més tard, la nova **constitució del 1795** va establir que el govern l'exerciria un **Directori** format per cinc membres.

La violència no va acabar aquí, ja que el Directori va dur a terme l'anomenat **Terror Blanc**, la persecució dels líders i partidaris de l'etapa anterior.

Mentrestant, continuaven les coalicions europees contra la França revolucionària. En aquestes guerres va destacar un jove general, **Napoleó Bonaparte**.

Del Consolat a l'Imperi

El 18 de brumari (9 de novembre) del 1799, Napoleó va donar un cop d'estat que va posar **fi al Directori**.

Juntament amb Sieyès i Ducos, va formar un Consolat per governar França de forma col·legiada i evitar dictadures com la de Robespierre.

Napoleó, però, **va concentrar el poder** i es va aprofitar del desig d'estabilitat dels francesos, cansats dels excessos revolucionaris. De primer cònsol va passar a ser cònsol vitalici i, finalment, el 1804, es va proclamar **emperador**.

El govern de Napoleó

Napoleó va posar fi a la revolució pròpiament dita i, també, la va institucionalitzar. Algunes **característiques** del seu govern van ser:

- **Creació del Codi de Napoleó**. Suposava un nou ordre institucional que substituïa la legislació de l'Antic Règim i en el qual va recopilar lleis que serien iguals per a tots els ciutadans.
- **Principi de les carreres obertes al talent**. Aquesta nova mesura permetia als burgesos assumir alts càrrecs, i fins i tot va crear una **nova noblesa** a la qual s'accedia per mèrits, no per naixement.
- **Restabliment de l'ordre**. Va organitzar l'acció policial per mantenir l'ordre públic, va sanejar les finances i va centralitzar l'Administració. A més, va reprendre les relacions amb l'Església catòlica.

Napoleó i Europa

Durant molts anys, Napoleó va controlar Europa directament o indirectament. Va obtenir **victòries** davant dels enemics de França, i va dibuixar un **nou mapa d'Europa** canviant-ne les fronteres. La Gran Bretanya, però, el va **derrotar en la batalla naval de Trafalgar**. Després, en l'anomenat *bloqueig continental*, Napoleó volia asfixiar la Gran Bretanya impedint que comerciés amb els ports del continent.

El **1812**, Napoleó **va envair Rússia**, però l'operació va ser un desastre: l'exèrcit francès va tenir nombroses baixes i, **derrotat**, va haver de retirar-se. Després va perdre la **batalla de Leipzig**, va abdicar i va ser **desterrat a l'illa d'Elba**, al Mediterrani, l'any 1814.

Un any després, el 1815, va tornar i va governar de nou en el període que es coneix com a **Imperi dels Cent Dies**. Finalment, va ser **derrotat definitivament en la batalla de Waterloo**, i desterrat a l'illa de Saint Helena, a l'Atlàntic.

EUROPA EN L'ÈPOCA NAPOLEÒNICA

ACTIVITATS

7. Què distingia els girondins dels jacobins?
8. Quines constitucions hi va haver a França en l'època?
9. Redacta un informe amb el títol *França: de la presa de la Bastilla al Directori*. Amplia la informació que t'hagi interessat més.

Treballa amb el mapa

10. Quins territoris va comprendre l'Imperi napoleònic? Quins estats estaven en la seva òrbita? Quins eren els seus aliats? I els seus enemics principals?

3. La Guerra del Francès

F. BAYEU, *Manuel Godoy, príncep de la Pau*, 1790.

R. MARTÍ, *El sometent del Bruc*, 1860.

DIVISIÓ DE CATALUNYA EN DEPARTAMENTS

El gener del 1812, Napoleó va decretar la divisió de Catalunya en quatre departaments.

11 Fes un esquema amb el nom dels quatre departaments, les seves capitals i els districtes en què es dividia cada departament.

La crisi del regnat de Carles IV

Carles IV, rei d'Espanya entre 1788 i 1808, no va ser un monarca popular. Se li retreia, entre altres coses, que hagués delegat tot el poder al primer ministre, **Manuel Godoy**, odiat per la noblesa.

La política exterior de Carles IV va seguir lligada als **pactes de Família** (aliances entre Espanya i França) fins a l'execució de Lluís XVI, moment en què Espanya va declarar la **guerra a França** (1793-1795).

No obstant això, a partir del 1799, Godoy va donar un gir radical a la política exterior. Es va aliar amb Napoleó Bonaparte per enfrontar-se a la Gran Bretanya i va signar el **Tractat de Fontainebleau** (1807), que autoritzava l'exèrcit francès a travessar Espanya per atacar Portugal, únic aliat dels anglesos. Els francesos, però, van ocupar militarment Espanya.

El descontentament d'una bona part de la població per la presència de les tropes napoleòniques va provocar l'esclat del **motí d'Aranjuez** (1808), promogut pels opositors a Godoy. En l'assalt al Palau Reial, les classes populars van obligar el rei a destituir Godoy i a cedir la corona al seu fill, **Ferran VII**.

Aprofitant aquesta situació de desgovern, Napoleó va citar Carles IV i Ferran VII a **Baiona** (França), on els va fer abdicar i acceptar el nomenament del seu germà Josep Bonaparte com a nou rei d'Espanya amb el nom de **Josep I**. El **2 de maig del 1808**, la població de Madrid es va rebel·lar contra aquesta decisió. Els afusellaments amb què l'exèrcit francès va reprimir la revolta van provocar que l'alçament s'estengués a tot el regne. Havia esclatat la Guerra del Francès (1808-1814).

Desenvolupament de la guerra

Per dirigir la resistència es van crear diverses juntes provincials, de les quals va sorgir la **Junta Central Suprema**, que va governar en nom de Ferran VII, l'únic rei que reconeixien. Al mateix temps, alguns grups espontanis populars es van organitzar en **guerrilles** per lluitar contra els francesos. Però, tot i assolir la victòria a la **batalla de Bailèn** (1808), els resistents no van poder evitar l'ocupació.

El juny del 1808 es va crear la **Junta Suprema de Catalunya**, que va coordinar la formació dels sometents populars, que van aconseguir derrotar els francesos a la **batalla del Bruc** (1808). La resistència a rendir-se davant les tropes napoleòniques de ciutats com Girona, assetjada el 1809, també va contribuir al desgast dels invasors.

Per dividir aquesta oposició, Napoleó **va annexionar Catalunya** a França el 1812. Tot i que volia guanyar-se els catalans defensant-ne l'autonomia i la llengua, no ho va aconseguir, perquè s'hi van continuar enfrontant. Tan sols alguns partidaris, coneguts com a **afrancesats**, van acceptar les noves autoritats, esperant que portessin la modernitat i les noves idees revolucionàries al país.

Finalment, malgrat la presència del mateix Napoleó, **els francesos van ser derrotats**. L'ajuda de les tropes britàniques, dirigides per Wellington, va ser decisiva per vèncer els francesos a **Arapiles** (1812). Al final del 1813, Napoleó va signar el **Tractat de Valençay**, pel qual Ferran VII recuperava la Corona i Napoleó retirava les tropes d'Espanya.

LA CORTS DE CADIS DEL 1812

Poc després d'iniciar-se la guerra, la Junta Central Suprema va convocar unes **corts generals** a Cadis, que no es van aplegar fins a la darreria del 1810. Els diputats van començar a elaborar una **constitució** que, aprovada el 19 de març del 1812, s'inspirava en els principis de la Revolució Francesa i era marcadament liberal:

- Reconeixia la **sobirania nacional**, la **igualtat** davant la llei de tots els ciutadans i els drets a la **llibertat** i la **propietat**.
- Establia una **monarquia parlamentària** i instaurava la **divisió de poders**.
- Establia el **sufragi universal masculí** com a mecanisme d'elecció dels representants de la nació.
- Mantenia el **catolicisme** com a religió oficial de l'Estat.
- Reorganitzava l'exèrcit a través de la creació de la **milícia nacional**, un cos de voluntaris armats.

S. Viniegra, *La promulgació de la Constitució de 1812*, 1912.

A més, les Corts van fer una **tasca de govern** per mitjà d'una sèrie de decrets que garantien la llibertat de premsa, suprimien la Inquisició i els gremis, i establien la llibertat d'indústria i de comerç. Per tot, malgrat que la situació bèl·lica va impedir l'aplicació del que s'havia legislat a Cadis, l'acció de les Corts va significar un canvi profund que **semblava posar fi a l'Antic Règim** a Espanya.

Analitza la informació

- Per què es diu que les Corts de Cadis van promulgar la primera constitució liberal de la història d'Espanya?

ACTIVITATS

12 Quins efectes va tenir per a Espanya el Tractat de Fontainebleau?

13 Què va ser el motí d'Aranjuez? Quines conseqüències va desencadenar?

14 A quin fet creus que es refereix l'expressió *abdicacions de Baiona*? Explica'n els fets i quines repercussions van tenir per a Espanya.

15 Què va fer Napoleó amb Catalunya? Quina era la seva intenció? Com va reaccionar el poble català?

16 Al teu poble o a la teva ciutat hi ha monuments, carrers o tradicions relacionats amb la Guerra del Francès? En coneixes algun que estigui en una altra localitat, comarca o comunitat autònoma? Fes-ne una fitxa i prepara'n una petita exposició.

PARA'T A PENSAR

Com poden ser les revolucions?

La paraula *revolució* té dos significats principals. D'una banda, pot suposar un canvi violent en les institucions.

D'altra banda, però, s'entén com un canvi ràpid i profund en qualsevol assumpte. Quin d'aquests significats creus que es pot aplicar a la Revolució Francesa?

1. Una revolució implica transformacions profundes. Poden ser científiques, tecnològiques o socials i polítiques, com és el cas de la Revolució Francesa.
2. Quan una revolució social triomfa, un grup abans desfavorit ascendeix i es converteix en la nova classe dirigent.
3. Les revolucions no sempre són violentes. N'hi ha hagut amb vessament de sang, com la francesa del 1789, però d'altres han sigut incruentes.
4. L'èxit d'una revolució pot ser degut a la mobilització popular o a l'acció d'un grup molt ben organitzat.

Analitza un cas: les diferents situacions en la Revolució Francesa

1. Grans canvis polítics i socials

En aquest fragment de *Guerra i pau*, obra literària que es desenvolupa durant la invasió napoleònica de Rússia, es parla d'alguns dels canvis revolucionaris de l'època. Un grup d'aristòcrates russos discuteixen en un sopar:

Però Pere continuà el seu discurs sense respondre:

—No —feu, animant-se una vegada més—, Napoleó és gran perquè s'ha posat per damunt de la revolució, n'ha reprimit els abusos i ha retingut tot el que tenia de bo: la igualtat dels ciutadans i la llibertat de paraula i de premsa [...].

—Prou; si hagués pres el poder sense valer-se de l'assassinat i l'hagués tornat al rei legítim, aleshores, sí que el reconeixeríem com un gran home —replicà el vescomte.

—No podia fer-ho. El poble li ha donat el poder perquè li tragués els Borbons del damunt [...]. La revolució ha estat una gran obra —continuà Pere, demostrant per aquesta proposició audaç i provocativa la seva extrema joventut [...].

—La revolució i l'assassinat dels reis és una gran obra! [...].

—No parlo pas de l'execució del rei. Parlo de les idees.

—Sí, de les idees del pillatge, de l'homicidi i de l'assassinat del rei.

—És clar que això foren excessos, però hi ha una cosa més que els excessos. L'important està en els drets de l'home [...], en la igualtat dels ciutadans.

LEV N. TOLSTOI, *Guerra i pau*, 1869

2. La revolució de les dones i ciutadanes

Les dones van exercir durant la Revolució Francesa un paper molt actiu en l'esfera pública. Van fundar clubs patriòtics i van participar en les assemblees revolucionàries; van assumir un gran protagonisme.

El 1791, l'escriptora Olympe de Gouges va publicar la *Declaració dels drets de la dona i de la ciutadana*. Afirmava que la Revolució havia abolit l'esclavitud feudal davant dels senyors, però no la de la dona respecte de l'home. El seu activisme es va fer molest per als líders revolucionaris i va ser guillotinada per oposar-se a l'execució de Lluís XVI.

Olympe de Gouges.

3. L'ús de la violència: el regicidi i el Terror

Execució de Lluís XVI.

A França, alguns revolucionaris van justificar el regicidi i d'altres el van considerar un mal inevitable. Els més radicals, per imposar les seves idees, van optar pel Terror, que va suposar un gran nombre d'execucions en la guillotina. En un dels seus discursos, Robespierre va dir:

> Lluís va dir que el poble de França era rebel i va demanar ajuda als exèrcits estrangers perquè el castiguessin. En plena revolució no té sentit mantenir-lo a la presó o enviar-lo a l'exili. Lluís ha de morir perquè França sobrevisqui.

Un altre líder revolucionari, Danton, opinava de manera similar:

> Els reis d'Europa ens amenacen. Nosaltres els llancem el cap d'un rei. Durant la revolució passa sovint que s'aplaudeixen fets que no s'haurien volgut fer.

D'altra banda, en les actes dels tribunals populars revolucionaris es podien llegir condemnes com aquestes:

> Henriette-Françoise de Marbeuf, cinquanta-cinc anys. Condemnada per esperar l'arribada de soldats enemics i per haver fet preparatius per alimentar-los. Executada.

> Jean-Baptiste Henry, divuit anys, sastre. Condemnat per haver tallat un arbre per a ús propi. Executat.

4. Un moviment que guia a tothom

> Des d'aquest moment i fins que els enemics hagin sigut expulsats de França, tots els ciutadans han de donar suport als seus exèrcits. Els homes joves han d'anar a lluitar; els casats han de fabricar armes i ajudar en el transport i el proveïment; les dones han de fer tendes de campanya i roba, i ajudar en els hospitals; els xiquets han de fabricar benes; els ancians han d'animar a tots a lluitar per la República.
>
> Decret del Govern de la Convenció, 1793

E. Delacroix, *Llibertat guiant el poble*, 1830.

REPASSA I SINTETITZA

1. A quin grup de la Convenció pertanyien Robespierre i Danton? De quina manera justifica cadascun d'ells la mort de Lluís XVI?
2. Danton fa una consideració d'índole política i una altra d'índole moral. Quina és l'una i quina és l'altra?

REFLEXIONA I RELACIONA

3. Els personatges del diàleg de *Guerra i pau* discrepen en les seves opinions sobre les mesures revolucionàries. Quines són les seves posicions? Amb quin d'ells estàs més d'acord?
4. Penses que els delictes que s'exposen en les actes dels tribunals populars eren mereixedors de la pena de mort? Explica si hi ha alguna circumstància històrica que ajudi a entendre les condemnes.
5. Esbrina si durant la Revolució Francesa les dones van aconseguir posar fi a les discriminacions que patien.
6. El suport d'una gran part de la població pot decidir el triomf d'una revolució. De quina manera el Govern de la Convenció anima a defensar la República? Quins altres arguments se t'ocorren per mobilitzar la població?

INVESTIGA

7. Al segle XX, Portugal (Revolució dels Clavells, 1974) i Alemanya (caiguda del Mur de Berlín, 1989) van dur a terme revolucions sense vessament de sang. Busca'n informació i elabora una fitxa breu sobre els fets històrics i la rellevància que van tenir. Si no hi va haver vessament de sang, hi va haver revolució o no? Són possibles les revolucions sense violència física?

4. El Congrés de Viena i la Restauració

Reunió de representants dels estats participants en el Congrés de Viena.

El sistema de la Restauració

Els vencedors de Napoleó es van reunir a **Viena** els anys 1814 i 1815, en un congrés que es proposava **reorganitzar Europa**. Hi estaven representades gairebé totes les nacions europees, però les decisions van correspondre a les grans potències: Àustria, Prússia, Rússia i la Gran Bretanya.

L'organitzador i gran figura del procés va ser el **canceller austríac Metternich**. Davant dels congressistes es presentaven tres possibilitats: respectar l'ordenament imposat per Napoleó, crear un ordre nou o tornar a l'Antic Règim.

Es va optar per aquesta última possibilitat, amb la qual cosa es va inaugurar el sistema conegut com a **Restauració**. El nou règim s'inspirava en els principis següents:

- **Tornar el tron** als monarques que l'havien perdut. Lluís XVIII va tornar a França i Ferran VII a Espanya. Aquest principi polític, anomenat **legitimisme**, va sorgir com a reacció a les idees il·lustrades i liberals, i defensava l'origen dinàstic i diví dels monarques.
- Restablir l'**absolutisme** com a forma de govern. Davant la demanda de constitucions i llibertat de molts ciutadans, alguns monarques van decidir fer petites concessions al poble, recollides en les anomenades **cartes atorgades**. En aquests documents, però, no es reconeixia la sobirania nacional ni la separació de poders.
- Crear la **Santa Aliança** per protegir els monarques davant de la revolució. Si un d'ells era amenaçat, els altres acudirien a ajudar-lo.
- Establir una forta **aliança entre Corona i Església catòlica**. És el que es coneixeria com a *unió entre el tron i l'altar*.

L'INTERVENCIONISME SEGONS METTERNICH

El canceller Metternich va defensar amb contundència el dret dels governants a intervenir amb rapidesa allà on prengués el foc revolucionari.

Cap govern pot atribuir-se el dret d'intervenir en els assumptes d'un altre estat independent. El dret d'intervenció ben entès s'aplica únicament als casos extrems en els quals, a causa de revolucions violentes, l'ordre públic es trobi tan infringit en un estat, que el seu govern perdi la força per mantenir els acords que l'uneixen amb altres estats. I també quan aquests es trobin amenaçats en la seva seguretat i fins i tot en la seva existència mateixa pels moviments i els desordres que són inseparables d'aquestes situacions.

En aquests casos, el dret d'intervenció correspon de manera clara i indubtable a tot govern exposat als perills de ser arrossegat pel torrent revolucionari, com a un particular correspon el dret d'extingir el foc d'una casa pròxima per impedir que arribi a la seva.

KLEMENS VON METTERNICH, *Memòries*, 1881-1886

Retrat del canceller Klemens von Metternich.

Analitza la informació

- Quines idees defensa Metternich en aquest text?
- Es van plasmar aquestes idees en alguna mesura d'ordre pràctic? Quina?
- En quins casos un estat té dret a intervenir en un altre? Quines raons justifiquen aquesta intervenció?

EUROPA DESPRÉS DEL CONGRÉS DE VIENA (1815)

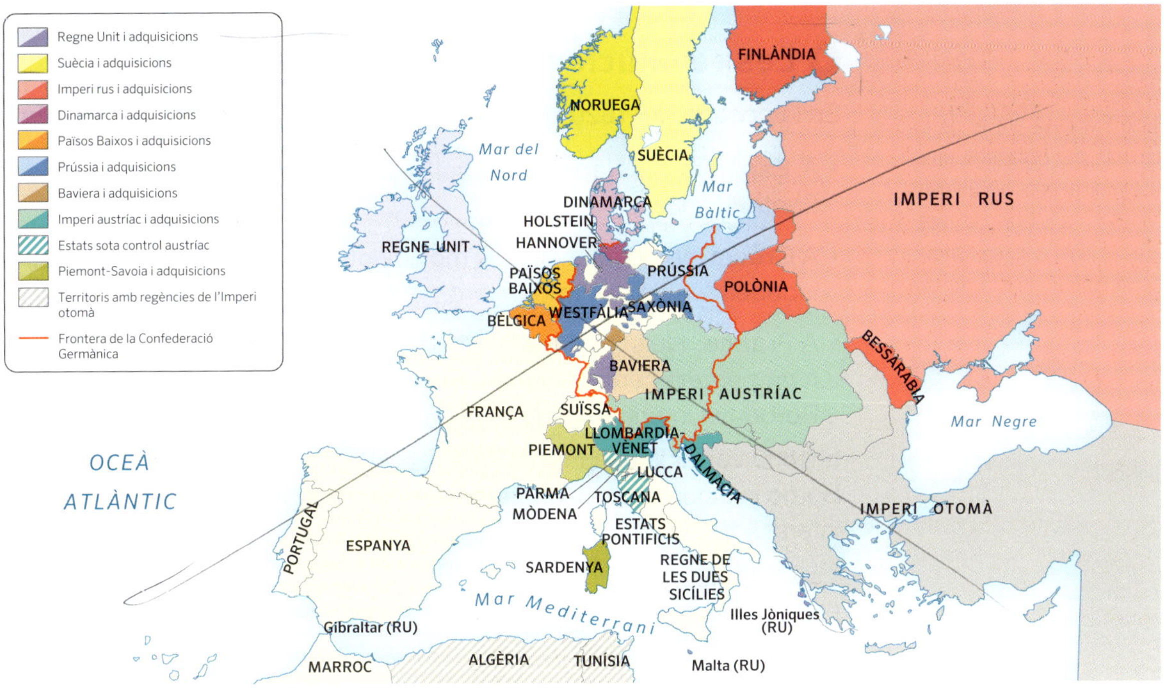

El nou mapa d'Europa

El Congrés de Viena no va restablir els límits territorials anteriors a Napoleó, sinó que va dibuixar un nou mapa d'Europa:

- **França** va tornar a les fronteres que tenia el 1789.
- Les **potències continentals** van guanyar territori però sense que cap destaqués gaire per sobre de les altres.

Aquest era el principal objectiu de la **Gran Bretanya**, que pretenia que a Europa hi hagués un equilibri continental que no suposés una amenaça per al seu domini dels mars.

L'oposició al sistema de la Restauració

Al sistema establert al Congrés de Viena s'hi van oposar dos **principis revolucionaris**:

- **Liberalisme**. El seu objectiu era derrocar l'absolutisme per mitjà de constitucions i parlaments. El liberalisme pròpiament dit exigia sufragi censatari, que excloïa els qui no estiguessin inscrits en un cens de propietaris contribuents.
- **Nacionalisme**. S'oposava al principi de legitimitat monàrquica i exigia la llibertat de les nacions. Es va manifestar d'una manera integradora en el cas d'aquelles nacions que havien quedat dividides en diversos estats i que aspiraven a crear un únic estat nació, com ara els italians i els alemanys, que estaven separats en set estats diferents. I es va manifestar d'una manera disgregadora en el cas d'aquelles nacions que havien quedat integrades en un estat multinacional, sota un sobirà que no acceptaven com a propi i l'autoritat del qual rebutjaven, com ara els polonesos, sotmesos al tsar de Rússia, i els grecs, que formaven part de l'Imperi turc.

ACTIVITATS

17 On i quan es van reunir els vencedors de Napoleó? Quins es consideraven grans potències?

18 En quins principis es va basar el nou sistema?

19 És el mateix la Santa Aliança que la *unió entre el tron i l'altar*? Explica amb les teves paraules el significat de cadascuna d'aquestes denominacions.

20 Escriu una redacció sintetitzada que respongui a aquest títol: *Què van restaurar i què no van restaurar els vencedors de Napoleó?*

21 Quins principis s'oposaven al sistema de la Restauració?

22 Explica amb les teves paraules les dues formes en què es va manifestar el nacionalisme, desenvolupant un exemple de cadascuna.

Treballa amb el mapa

23 Després del Congrés de Viena, com van quedar els territoris francesos respecte de l'època napoleònica: reduïts o ampliats?

FES VALER

La igualtat

Un dels lemes de la Revolució Francesa era el de la igualtat, que significava que tots els ciutadans eren iguals davant de la llei. Aquest principi trencava un dels pilars de l'Antic Règim: el dels privilegis, o lleis específiques per a cada estament o grup social dominant. No obstant això, va tardar molt a fer-se efectiu.

- Quins grups socials o ètnics van continuar estant durant molt de temps discriminats?
- Continuen havent-hi avui situacions de desigualtat davant de la llei? A quins països?

5. Les onades revolucionàries

Les revolucions del 1820 i 1830

En la dècada del **1820** hi va haver revolucions de caràcter liberal.

- A **Espanya** i a **Nàpols** van ser reprimides per la intervenció de la Santa Aliança.
- A **Grècia**, no obstant això, el moviment nacionalista va aconseguir la independència de l'Imperi turc.
- A **França**, Lluís XVIII havia intentat regnar amb un absolutisme atenuat per una carta atorgada que el seu successor, el rei Carles X de Borbó, va intentar deixar sense validesa.

El **1830** va esclatar a França una revolució que va expulsar del tron els Borbó i va nomenar rei **Lluís Felip d'Orleans**. Aquest rei va afavorir els interessos de la burgesia, però no va derrocar l'absolutisme perquè es va limitar a restablir la carta atorgada de Lluís XVIII.

La revolució de França es va estendre, sense èxit, a altres punts d'Europa. Únicament **Bèlgica** va aconseguir independitzar-se del regne dels Països Baixos, on havia estat inclosa juntament amb Holanda pel Congrés de Viena.

L'IMPERI TURC: EL GRAN HOME MALALT

L'expressió *gran home malalt* es va fer d'ús comú en l'Europa del segle XIX per referir-se a l'Imperi turc otomà, que es considerava moribund i l'herència del qual tothom esperava repartir-se.

Al començament del segle XIX, l'Imperi turc s'estenia pel nord d'Àfrica, el Pròxim Orient i la península europea dels Balcans. Tota aquesta extensió estava teòricament dirigida des d'Istanbul per un sultà que governava com un monarca absolut. La realitat era que el seu poder arribava molt afeblit a les regions remotes del seu imperi.

Un territori especialment cobejat era la península dels Balcans: Rússia desitjava una sortida de la seva flota del mar Negre al Mediterrani, Àustria la considerava com la seva zona natural d'expansió i la Gran Bretanya no renunciava al control del Mediterrani oriental.

Quan el 1821 els grecs es van rebel·lar contra el sultà, les potències interessades es van apressar a alçar la bandera de la defensa del dèbil enfront de l'opressor. Derrotat a Navarino, el sultà va haver de reconéixer la **independència de Grècia**. Era la primera de les moltes cessions territorials que hauria d'anar assumint en el futur.

E. DELACROIX, *Matança de Quios*, 1824. Aquesta obra representa un episodi de la guerra d'independència grega que va escandalitzar l'opinió pública europea.

Analitza la informació

- Localitza en un mapa de l'Europa actual la situació geogràfica de la península dels Balcans. Quins països l'ocupen?
- El 1821, quan els grecs es van rebel·lar contra el sultà, per què no va donar suport la Santa Aliança a l'Imperi otomà?

Les revolucions del 1848

El 1848, una nova onada revolucionària va recórrer Europa.

- A **França** va precipitar la caiguda del rei Lluís Felip d'Orleans i la proclamació de la **Segona República**, de la qual va ser elegit president un nebot de Napoleó Bonaparte, **Lluís Napoleó**.
- A la **resta d'Europa** es van barrejar reivindicacions de tipus **liberal** —que ara exigien la democràcia, és a dir, el sufragi universal— i de tipus **nacionalista**, com els intents d'unificació dels estats italians o dels alemanys, que havien quedat separats pel **Congrés de Viena**.

F. SORRIEU, *La república universal*, 1848.

LES REVOLUCIONS LIBERALS

ACTIVITATS

24 En quins anys hi va haver onades revolucionàries europees en la primera meitat del segle XIX? Fes un esquema de cada revolució.

25 Amb la caiguda de Lluís Felip, es va proclamar a França la Segona República. Quina havia sigut la Primera?

26 Busca el significat de les expressions *sufragi censatari* i *sufragi universal* i compara-les. Quina es correspon amb les reivindicacions de la revolució del 1848?

Treballa amb el mapa

27 Amb la informació del mapa, confecciona una llista dels països que van participar en cadascuna de les tres revolucions: 1820, 1830 i 1848.

28 A quina zona d'Europa es concentra el nombre més gran d'esclats revolucionaris? Per què creus que és així?

29 Explica amb les teves paraules quin era el context europeu del començament del segle XIX i com van alterar-lo les revolucions liberals.

PER SABER-NE MÉS

La prohibició de la premsa va ser un dels trets que van caracteritzar l'absolutisme de Ferran VII, tal com es desprèn d'aquest text:

Havent vist amb desgrat el detriment del prudent ús que ha de fer-se de la impremta [...] i ben convençut per mi mateix que els escrits que particularment pateixen aquest vici són els anomenats diaris i alguns fullets, [...] he resolt prohibir tots els que d'aquesta espècie surtin a la llum dins i fora de la cort.

Reial decret de 25 de març de 1815

- Quin dret fonamental abolia el rei en aquest escrit? Per què creus que ho feia?

F. DE GOYA, *Ferran VII a un campament*, posterior a 1815.

El 1820, Ferran VII va ser obligat per Riego a jurar la Constitució de Cadis: «Caminem francament, jo el primer, per la senda constitucional», va declarar solemnement el monarca. Tot seguit va sol·licitar l'ajuda de la Santa Aliança per recobrar el poder absolut. Va executar Riego i va perseguir els liberals.

6. L'enfrontament entre absolutisme i liberalisme

L'absolutisme i el liberalisme a Espanya

Encara que **Ferran VII** havia donat paraula de respectar la **Constitució de Cadis**, en tornar de l'exili es va adonar que la seva reputació entre la població i el suport dels diputats absolutistes, de l'Església i d'una part de l'exèrcit li permetrien **faltar a la seva promesa**. Va suspendre, doncs, la Constitució i tot el que havien ordenat les Corts de Cadis, i va restablir l'**Antic Règim**.

Podem dividir el seu llarg regnat (1814-1833) en **tres etapes**:

- **El Sexenni Absolutista** (1814-1820). Ferran VII va governar com a monarca absolut i va perseguir els liberals, molts dels quals van ser empresonats o van haver d'exiliar-se.
- **El Trienni Liberal** (1820-1823). Un militar liberal, **Rafael del Riego**, va dur a terme un cop d'estat i va obligar el rei a jurar la Constitució. Aquest tipus d'actuacions de sectors liberals de l'exèrcit, molt freqüents al segle XIX, són conegudes com a *pronunciaments*.

  Durant aquesta etapa de govern liberal es van emprendre diverses **reformes**, com ara l'abolició del règim senyorial, la liberalització de la indústria i del comerç, la nacionalització dels béns d'alguns ordes religiosos, la llibertat d'impremta o la supressió de la Inquisició.

  L'abril del 1823, com que Ferran VII estava protegit pels acords de la **Santa Aliança**, aquesta va enviar tropes per oferir-li ajuda, els anomenats **Cent Mil Fills de Sant Lluís**, que van derrotar els liberals i van restablir Ferran VII com a monarca absolut.
- **La Dècada Ominosa** (1823-1833). En els deu anys següents, Ferran VII va tornar a l'absolutisme fins a la seva mort. Un nou intent de cop d'estat, el 1830, va acabar en fracàs.

  Els Cent Mil Fills de Sant Lluís, d'origen francès, es van quedar a Barcelona fins al 1827. La seva presència va ser **força ben acceptada** per la població, que preferia les autoritats franceses a l'absolutisme de Ferran VII. No obstant això, a les zones rurals de Catalunya es van produir durs **enfrontaments** entre **conservadors** i **liberals**.

  El 1827 un sector ultraconservador a Catalunya, format pels **Malcontents**, es va aixecar en armes. Bàsicament eren pagesos arruïnats per les males collites i els forts impostos que es van rebel·lar contra els ministres del rei en defensa de l'absolutisme i la religió. Ferran VII va enviar un exèrcit comandat per Charles d'Espagnac, el capità general de Catalunya (també conegut com a Comte d'Espanya), que va reprimir durament la revolta.

  El problema de la **successió** al tron va centrar els últims anys del regnat. Ferran VII, que no havia tingut descendència masculina, va anul·lar amb la **Pragmàtica Sanció** (1830) l'antiga llei sàlica, que excloïa les dones de la successió, per tal que la seva filla Isabel pogués regnar. Es va acostar progressivament als liberals buscant el seu suport en la qüestió successòria. El germà del rei, l'infant Carles Maria Isidre de Borbó, s'hi va oposar perquè aspirava a ocupar el tron. Els seus partidaris, els **carlins**, no van tardar a revoltar-se.

Definicions

L'emancipació de l'Amèrica espanyola

Arran de la invasió napoleònica del 1808, també van sorgir **juntes** a les colònies americanes. En principi es van fer càrrec del poder en nom de Ferran VII, però el **sentiment independentista** va provocar que ben aviat es neguessin a acceptar l'autoritat de la Junta Central Suprema.

El 1814, les autoritats espanyoles van aconseguir restablir el domini colonial, però a partir del 1816 la **insurrecció armada** va ser general.

Els **exèrcits alliberadors**, en els quals van destacar militars criolls com Simón Bolívar o José de San Martín, van anar derrotant les tropes espanyoles. La batalla decisiva va ser la d'**Ayacucho**, a prop de Lima, el 1824. Finalment, Espanya només va conservar a Amèrica les colònies de Cuba i Puerto Rico.

Bolívar va proposar crear una confederació a semblança de la del nord del continent; no obstant això, el projecte no va tirar endavant i el territori de l'Imperi espanyol es va fraccionar en **nacions independents**.

Les **causes** de la independència de l'Amèrica hispana van ser complexes. Entre aquestes destaquen:

- El **malestar de la burgesia criolla** (de raça blanca, però nascuda a Amèrica). Els criolls consideraven que Espanya era un fre per a l'economia americana i se sentien marginats de la vida política i administrativa colonial.
- L'**èxit de la revolta de les colònies britàniques** de l'Amèrica del Nord, que va acabar amb la independència dels Estats Units el 1776. Tot el procés que van dur a terme va servir posteriorment com a exemple a les colònies espanyoles d'Amèrica.
- La difusió de les **idees il·lustrades** i **dels principis de llibertat** i **d'igualtat** promoguts per la Revolució Francesa.
- La **Guerra del Francès**. L'experiència adquirida durant el conflicte a les juntes de les colònies va servir quan van assumir l'autogovern, un cop tallades les comunicacions amb Espanya.

EL PROCÉS D'INDEPENDÈNCIA DE L'AMÈRICA HISPANA

30 Observa el mapa de la independència d'Amèrica. En quins països es divideix actualment aquest territori?

31 Ordena les dates d'independència de les noves repúbliques.

32 Busca informació sobre els líders de la independència americana. Quins processos d'independència van liderar cadascun d'ells?

ACTIVITATS

33 En quins períodes es divideix el regnat de Ferran VII? Quins anys comprèn cada fase?

34 Per què la Santa Aliança va intervenir a Espanya?

35 Esbrina qui eren els Cent Mil Fills de Sant Lluís. Quina relació van establir a Catalunya?

36 Busca el significat del terme *ominós*. Per què creus que es va fer servir aquest adjectiu per designar l'última etapa del regnat de Ferran VII? A qui podria atribuir-se l'aplicació d'aquest qualificatiu?

37 Explica amb les teves paraules el significat de *pronunciament*, *malcontent* i *crioll*.

38 Per què es va plantejar un conflicte successori al final del regnat de Ferran VII?

39 Investiga qui va ser Charles d'Espagnac i per què a Catalunya en va quedar tan mal record.

40 Quines causes van desencadenar la independència de l'Amèrica espanyola?

7. El romanticisme

Chopin tocant davant de la família aristocràtica dels Radziwiłł.

V. DOMÍNGUEZ BÉCQUER, *Gustavo Adolfo Bécquer*, 1862.

R. ROTHWELL, *Mary Wollstonecraft Shelley*, 1840.

L'època de les onades revolucionàries va coincidir amb un nou moviment artístic molt unit a les idees liberals i nacionalistes.

Els artistes romàntics es van oposar al neoclassicisme, que consideraven fred i amb un excés de normes acadèmiques que limitaven la llibertat del creador. Aquesta exigència de **llibertat** creativa es corresponia amb la de llibertats polítiques.

Els ideals nacionals van inspirar el **gust** pels temes relacionats amb l'**edat mitjana**, en la qual ells pensaven que estava l'origen dels pobles.

La música

En música, potser l'expressió artística que s'identifica més amb el romanticisme, van destacar **Franz Liszt** i **Frédéric Chopin**, les composicions dels quals expressaven el sofriment i l'ànsia de llibertat dels seus pobles; no és casual que tant l'un com l'altre fossin de nacions (Hongria i Polònia, respectivament) que es consideraven oprimides. També hi van destacar els romàntics alemanys, com Johannes Brahms o Richard Wagner.

La literatura

En literatura, el romanticisme es va manifestar sobretot en la poesia i en la novel·la històrica. Hi destaquen **Gustavo Adolfo Bécquer, Lord Byron, Percy B. Shelley** o **Mary W. Shelley**, autora de *Frankenstein*.

L'arquitectura

El principi impulsor de l'arquitectura del moment era la llibertat de l'artista, que podia **barrejar** segons el seu propi criteri els **elements arquitectònics**, procedents d'estils diferents, que li semblessin més d'acord amb els seus objectius.

La predilecció del romanticisme per l'edat mitjana va inspirar un corrent arquitectònic que imitava els estils del passat, dins del qual va destacar l'estil **neogòtic**, una recreació del gòtic medieval, del qual és exponent el palau de Westminster, a Londres.

A Espanya va tenir una gran acollida l'anomenat **estil neomudèjar**, que utilitzava elements típics de l'arquitectura califal.

Palau de Westminster, a Londres.

L'escultura

En l'escultura també es van mantenir els **valors estètics clàssics** aplicats a temes romàntics.

Un bon exemple d'això és el grup escultòric *La Marsellesa*, de François Rude, que adorna l'Arc de Triomf de París, una construcció neoclàssica.

F. RUDE, *La Marsellesa*, 1836.

La pintura

En pintura, els temes preferits van ser el **paisatge** i els **esdeveniments històrics**.

El paisatge, vist des del sentimentalisme romàntic, es representava com una naturalesa agitada pels fenòmens atmosfèrics o com a escenari de ruïnes d'edificis medievals.

Les **tempestes** i els **temporals** tenien una gran acceptació.

A la pintura històrica hi pertanyen els quadres més famosos del romanticisme, com *El rai de la 'Medusa'*, de Théodore Géricault.

El pintor **Eugène Delacroix** va exposar el 1831 un quadre titulat *Llibertat guiant el poble*, que enaltia la revolució que havia tingut lloc a París l'any anterior. Va tenir un gran èxit i els parisencs feien cues interminables per contemplar-lo.

El nou rei, Lluís Felip d'Orleans, es va mostrar molt complagut amb la creació de l'artista; no obstant això, quan la seva popularitat va decaure entre les masses, el va fer retirar.

Anys després, coincidint amb la revolució del 1848, el quadre va sortir una altra vegada a la llum, i va tornar a guanyar-se l'admiració dels revolucionaris i de les noves autoritats.

ACTIVITATS

41 Quina relació hi ha entre l'art romàntic i les revolucions?

42 Observa la reproducció del quadre *Llibertat guiant el poble* que hi ha a la pàgina 39 i descriu l'escena i la intenció del pintor. Per què creus que l'obra es va exposar, es va retirar i va tornar a ser exposada?

43 Quins són els trets principals del romanticisme musical?

LA PINTURA ROMÀNTICA I LA SEVA INFLUÈNCIA REVOLUCIONÀRIA

El 1819, el pintor francès Géricault va exposar el quadre *El rai de la 'Medusa'*. Explicava la història d'un vaixell, la fragata *Medusa*, que havia naufragat en un viatge del Senegal a França. El seu capità, un aristòcrata incompetent, n'havia rebut el comandament després de restablir la Restauració la norma segons la qual els càrrecs s'assignaven a les famílies nobles. La seva imperícia va fer que el vaixell encallés. Tant el capità com l'oficialitat i els passatgers d'un cert rang es van posar fora de perill en els bots salvavides, i van abandonar els 147 nàufrags restants.

Després de dues setmanes a la deriva en un rai improvisat, només va haver-hi dotze supervivents. En el relat de les seves peripècies es descrivien escenes terribles que van commoure l'opinió pública i van servir a l'oposició liberal per atacar la noblesa de l'Antic Règim, exalçada per la Restauració.

T. GÉRICAULT, *El rai de la 'Medusa'*, 1819.

Analitza la informació

- Quina crítica, social i política, es desprenia del quadre de Géricault?
- Podria avui un quadre tenir aquesta mateixa influència política, o seria un altre mitjà d'expressió artística l'adequat per exercir aquest paper? Per què?

EXTRAIEM INFORMACIÓ PERIODÍSTICA D'UNA OBRA D'ART

Al començament del segle XIX ja existia la premsa. Publicacions com les gasetes informaven dels últims esdeveniments, ressenyaven els espectacles que es representaven en els teatres i, fins i tot, publicaven anuncis. Era una informació accessible solament a uns quants: aquells que sabien llegir i tenien mitjans per comprar els diaris.

En conseqüència, en les publicacions hi havia poques notícies referides al que feien o pensaven les classes populars. Només en algunes ocasions, com la que va tenir lloc amb motiu de la gran fam que va assolar Madrid l'any 1812 a conseqüència de la guerra, els pobres eren els protagonistes de la informació.

No obstant això, aquestes classes populars cobren protagonisme en un altre tipus de documents. Un exemple el trobem en aquestes dues pintures, que estan entre les més conegudes de Francisco de Goya.

F. DE GOYA, *El dos de maig de 1808 a Madrid*, 1814.

F. DE GOYA, *El tres de maig de 1808 a Madrid*, 1814.

Ara n'extreurem la informació periodística que proporcionen. Per fer-ho, seguirem els passos següents:

1. Relació entre l'autor i el seu context històric

Per valorar la **credibilitat de la informació** que ens transmeten aquestes obres d'art que veiem, és necessari establir la relació entre **l'autor** i el seu **context** històric.

L'emoció que provoquen aquestes pintures és tal, que moltes biografies de Goya solen mostrar-les com a exemples del seu patriotisme. La veritat és que la realitat és més complexa. Quan va començar la guerra, Goya era un ancià de seixanta-quatre anys, de salut precària. Va estar a Madrid durant l'ocupació francesa i va ser pintor de cambra de Josep Bonaparte, de qui va rebre una condecoració i, fins i tot, l'encàrrec de seleccionar els millors quadres de les col·leccions reials (els que avui formen el Museu del Prado) per enviar-los a París.

El gener del 1814, després de la retirada dels francesos, Goya va demanar al Consell de Regència ajuda econòmica per pintar una sèrie de quadres que representessin les gestes patriòtiques durant la guerra. El Consell hi va accedir, i Goya va pintar dos llenços, El dos de maig de 1808 *i* El tres de maig de 1808*, obres que van ser mostrades a Ferran VII quan aquest va entrar a Madrid, al maig d'aquell any. També el 1814, per congraciar-se amb el sobirà, Goya va pintar dos retrats de Ferran VII.*

Prèviament, Goya havia elaborat una sèrie de gravats, Els desastres de la guerra*, que es van publicar pòstumament. En publicacions espanyoles apareixen com una mostra de la crueltat dels exèrcits francesos, però en publicacions franceses es reprodueixen en sentit contrari, com a prova de la brutalitat de la guerrilla patriota, ja que un dels més famosos,* Gran gesta, amb morts!*, representa un grup de soldats francesos mutilats. En realitat, el que Goya sembla voler dir amb aquestes obres és que la crueltat no entén de bàndols.*

2. Anàlisi del tema i del moment històric

És important també establir la relació que hi ha entre **els esdeveniments** que representen les obres i el **moment històric** en el qual s'emmarquen. Pot ser que necessitis **informació addicional**, que hauràs de buscar.

El primer quadre porta per títol El dos de maig de 1808 a Madrid*, també conegut com* La càrrega dels mamelucs. *El segon,* El tres de maig a Madrid*, rep el nom d'*Els afusellaments de la Moncloa.

Corresponen, per tant, a les dues primeres jornades de la Guerra del Francès, és a dir, a l'alçament del poble de Madrid contra els francesos i a les seves conseqüències immediates.

3. Extracció d'informació periodística

Aquests quadres presenten una sèrie de fets que formen la **crònica** del que va passar a Madrid el 2 i 3 de maig del 1808. El primer ens ofereix aquesta informació:

- *Els qui es van enfrontar als francesos eren gent del poble, tret que deduïm de la seva forma de vestir.*
- *També hi havia entre els insurrectes algun soldat, perquè en veiem un que jeu en l'angle inferior esquerre al costat del seu sabre.*
- *L'enfrontament va ser molt desigual perquè, mentre els francesos tenen cavalls i bones armes, els rebels lluiten a peu sense més armes que ganivets i navalles o, fins i tot, només amb les mans.*
- *La lluita va ser molt violenta i sagnant.*

El segon quadre ens ofereix la informació del que va passar la matinada següent, de la qual es desprenen aquestes conclusions:

- *La repressió va ser ràpida, i va començar la nit de la lluita. En conseqüència, els afusellaments van tenir lloc sense judici ni garanties perquè no hi havia temps per a això (i tampoc intenció, se suposa).*
- *Els botxins són els francesos, els quals reconeixem per l'uniforme.*
- *Les víctimes van ser gent del poble, que tornem a identificar per la vestimenta que porten.*
- *També hi havia entre ells algun frare, si s'ha de jutjar per l'hàbit i per la tonsura (rasurada circular dels cabells).*

POSA-HO EN PRÀCTICA

Aquest quadre representa l'afusellament del general Torrijos, un liberal espanyol que havia estat exiliat a la Gran Bretanya des de la fi del Trienni Liberal. Coincidint amb les revolucions del 1830 a Europa, va organitzar una expedició que pretenia reproduir un cop d'estat similar al de Riego per posar fi a l'absolutisme de Ferran VII, però va fracassar. Ara analitzarem la informació periodística que aporta aquest quadre.

A. GISBERT, *Afusellament de Torrijos i els seus companys*, 1888.

1. Antoni Gisbert pinta el quadre entre el 1886 i el 1888, i és considerat en la història de l'art un gran exaltador del liberalisme. Valora la seva autoritat com a cronista segons aquestes dades.
2. Situa el tema en el seu context històric.
3. Extrau la informació que proporciona.
4. Utilitzant tot el que has après, redacta una crònica de premsa que respongui al títol *Història d'un èxit i un fracàs: la revolució del 1830 a Europa i a Espanya.*

QUÈ HAS APRÈS?

UNITAT 2

LES REVOLUCIONS BURGESES

- LES REVOLUCIONS
  - Revolució Francesa
    - 1789-1792: Assemblea Nacional i Constitució
    - 1792-1795: La República
      - Convenció
      - Directori
    - 1795-1799: Consolat a l'imperi
  - Imperi napoleònic
    - Restabliment de l'ordre intern
    - Domini d'Europa
    - Principals victòries
      - ...
      - ...
    - Principals derrotes
      - Batalla de Leipzig
      - Batalla de Waterloo

- LA REACCIÓ
  - La Restauració
    - Congrés de Viena
    - Sistema de la ...restauració
    - Nou mapa d'Europa
    - Tornada del monarca anterior → legitimisme
  - Oposició al sistema
    - Liberalisme — Onades revolucionàries
      - ...
      - ...
      - ...
    - Nacionalisme
      - Disgregador
      - ...

- CATALUNYA I ESPANYA
  - La Guerra del Francès
    - Tractat de ...
    - Motí d'Aranjuez
    - Abdicacions de ...
      - ...
      - Ferran VII
    - Nou rei d'Espanya: ...
    - Alçament popular del 2 de maig
    - Principals derrotes franceses
      - ...
      - ...
  - Regnat de Ferran VII
    - Etapes
      - Sexenni ...
      - Trienni ...
      - Dècada ...
    - Intervenció de la ... → Cent Mil Fills de ...
    - Catalunya
      - Enfrontaments entre ... i ...
      - Revolta dels ...
    - Emancipació de les colònies americanes
      - Causes
        - ...
        - ...
        - ...
        - ...
      - Liderada per
        - ...
        - ...

- EL ROMANTICISME
  - Lligat a les ideologies
    - ...
    - ...
  - Es va oposar a ...
  - L'ideari
    - Llibertat de l'artista
    - Exaltació dels ...
    - Temes
      - Edat mitjana
      - ...

Repassa amb l'esquema

1. Copia el mapa conceptual i completa la informació que hi falta.
2. Llegeix i comenta el text següent:

> El pla d'aquest escrit és molt simple. Ens plantegem tres preguntes.
>
> 1a Què és el tercer estat? Tot.
>
> 2a Què ha sigut fins al present en l'ordre polític? Res.
>
> 3a Què demana? Arribar a ser alguna cosa.
>
> [...] Què és el tercer estat? Tot, però un tot travat i oprimit. I què seria sense l'ordre privilegiat? Tot, però un tot lliure i esponerós [...]. Què és una nació? Un cos d'associats que viuen sota una llei comuna i representats per una mateixa legislatura. El tercer estat comprèn tot el que pertany a la nació, i tot el que no és el tercer estat no pot contemplar-se com a representant de la nació.
>
> Què és el tercer estat? Tot.
>
> EMMANUEL J. SIEYÈS, *Què és el tercer estat?*, 1789

a. En quin context històric s'emmarca el text?

b. Quines idees defensa?

c. Quines van ser les conseqüències d'aquest pensament?

3. Ordena cronològicament aquests esdeveniments i indica l'any en què van passar.
   - Mort de Ferran VII d'Espanya.
   - Presa de la Bastilla.
   - Alçament del 2 de maig a Madrid.
   - Caiguda dels Borbó a França.
   - Pronunciament de Riego.
   - Celebració del Congrés de Viena.
4. La Constitució de Baiona, del 1808, va sorgir del poder del rei Josep Bonaparte; per tant, no es considera una constitució, sinó una carta atorgada.

a. Quina és la diferència principal entre una carta atorgada i una constitució? Explica-ho.

b. En quines circumstàncies històriques es va redactar la Constitució de Baiona? I la de Cadis?

Josep Bonaparte.

Mapa conceptual

Comprova el que saps

5. Indica si les afirmacions següents són vertaderes o falses, i corregeix les que siguin falses.

a. La Restauració és el sistema que proposava deixar de costat els principis de l'Antic Règim després de la caiguda de Napoleó.

b. La batalla d'Ayacucho va ser la batalla decisiva en el procés d'emancipació de les colònies americanes d'Espanya.

c. El liberalisme va ser un dels principis revolucionaris oposats al sistema establert en el Congrés de Viena.

d. El romanticisme és un moviment artístic contrari a les idees liberals i nacionalistes.

e. L'any 1830, el militar liberal Rafael Riego va encapçalar un cop d'estat i va obligar el rei a jurar la Constitució.

f. El sufragi universal promovia el vot únicament entre les persones inscrites en un cens de propietaris.

6. Copia aquesta taula i completa-la amb les característiques principals de les revolucions del començament del segle XIX.

1820	1830	1848
●●●	●●●	●●●

7. Observa atentament aquesta imatge:

A. MAYER, *Batalla de Trafalgar*, 1836.

a. Explica quan i en quines circumstàncies va tenir lloc la batalla representada en aquest quadre.

b. Quines conseqüències va tenir per al desenvolupament de les guerres napoleòniques?

8. Què saps sobre els esdeveniments més destacats del segles XVIII i XIX?

Com va viure el poble català la Guerra del Francès?

La Guerra del Francès va comportar un període de fam i misèria a molts indrets de Catalunya. L'oposició de la població a l'ocupació napoleònica tenia com a resposta la repressió i el saqueig de les tropes franceses. Moltes ciutats van ser assetjades i saquejades. La brutalitat dels ocupants s'incrementava a mesura que la resistència dels ciutadans augmentava.

La guerra que fins ara hem fet a Catalunya ha estat una veritable escola de ferocitat i de desmoralització. El dret de represàlia contra les atrocitats bàrbares perpetrades pels espanyols ha causat que les iniquitats i els horrors es vegin també consumats pel nostre bàndol. El fet que els generals sovint hagin ordenat o tolerat els saquejos, les devastacions, els incendis, ha desmoralitzat en bona part les nostres tropes. [...] La conducta dels nostres generals Duhesme i Lechi no ha estat, ni és, la més conforme a la justícia i la bona moral. [...] Moltes circumstàncies tan imponents, com la sang, el foc, les devastacions, els robatoris, la necessitat i l'exemple dels caps suprems, han embrutit i corromput en gran manera les milícies.

GABRIELE PEPE, 21 de novembre del 1808

J. B. FLAUGIER, *Batalla de Molins de Rei*, 1809.

TREBALLA AMB EL TEXT

1. Com descriu aquest capità de l'exèrcit francès el comportament dels seus soldats a Catalunya?
2. Com considera que és l'actitud dels seus generals?
3. El capità Pepe es va distingir pel seu heroisme i les seves virtuts militars. Creus que aquest text i el seu comportament al camp de batalla estan relacionats?

CONEIX ELS PERSONATGES

Com veus, l'episodi del qual s'ha tret el text es refereix a Duhesme.

Busca informació sobre aquest personatge i relaciona'l amb el moment que queda recollit en el text.

INVESTIGA

De vegades, les tropes franceses eren ajudades per partides de *brivalles* i *caragirats*, és a dir, de catalans partidaris dels francesos que afavorien militarment les tropes amb la intenció d'obtenir-ne beneficis econòmics.

No hi ha dubte que el 1812 es va formar l'anomenada Companyia de Caçadors Distingits de Catalunya, coneguda comunament com a *brivalla*. I què era aquesta companyia? El mateix nom català ja ho insinua: gent vil, vagabunda, escòria de la república, tenien tots els vicis. [...] molts dels malfactors que hi entraven [a les presons] els deixaven anar amb la condició que s'allistessin en aquesta companyia. [...] La majoria eren desertors de l'exèrcit espanyol. [...] Aquest va ser l'únic cos català que va tenir Barcelona durant el seu captiveri a favor dels francesos, si és que pot anomenar-se cos un conjunt de membres podrits.

ANTONI MOLINER, *Catalunya contra Napoleó: la Guerra del francès (1808-1814)*, 2007

4. Què era la brivalla?
5. Quin any es va formar?
6. Qui en formava part? D'on provenien?
7. Com creus que la veia la població, igual que considerava els soldats francesos o pitjor? Per què?

TREBALLA AMB DADES

Fixa't en aquestes dades:

Pèrdues humanes durant el setge de Tarragona (del 3 de maig del 1811 al 19 d'agost del 1813)			
Pèrdues	Presoners	Ferits	Morts
Setge	1.900	3.200	2.250
Assalt	6.300	5.450	5.700
Per ferides			1.900
Ofegats			300
Execucions			750
Total	8.200	8.650	10.900

A. MOLINER, *Catalunya contra Napoleó: la Guerra del Francès (1808-1814)*, 2007

8. Quants presoners hi va haver a Tarragona en aquest període? I ferits? I morts?
9. Hi ha més pèrdues humanes durant els cinquanta-sis dies de setge o durant els tres dies d'assalt? Per què?
10. Tarragona va passar de tenir 10.000 habitants el 1800 a 30.000 habitants el 1810. Quin va ser el motiu? Què va ser Tarragona durant aquell període?

ORGANITZA LA INFORMACIÓ

Aquest esquema mostra els aspectes de la vida quotidiana que són afectats cada vegada que hi ha una guerra (en aquest cas, exemplificat per la Guerra del Francès).

Copia'l i completa'l amb la informació que creus que hi falta.

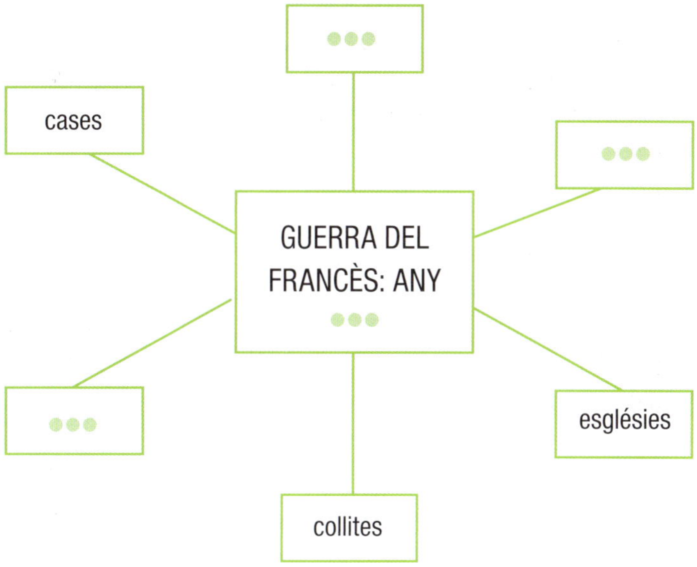

OBSERVA I SINTETITZA

11. Tots els qui van donar suport al regnat de Josep I es van anomenar *afrancesats*.
    a. Per què se'ls va donar aquest nom?
    b. Era una forma pejorativa de referir-s'hi o, per contra, es tractava d'un honor? Explica per què.
12. Per quins motius creus que aquest grup de persones es veien atretes pels ideals que promulgaven els francesos?
13. Creus que aquest grup era ben vist i valorat dins de la resta de la societat civil espanyola? Per què?

UNITAT 3

LA REVOLUCIÓ INDUSTRIAL

EN AQUESTA UNITAT APRENDRÀS...

- Per què va començar la Revolució Industrial a la Gran Bretanya.
- Com i quan es va estendre a la resta del món.
- Que la Revolució Industrial no es va produir al mateix temps en tots els països.
- Quines transformacions socials va suposar la Revolució Industrial.
- Les característiques que va tenir el realisme en l'art.
- Com van ser els inicis del moviment obrer.
- Com va ser la industrialització de Catalunya i l'aparició del moviment obrer.

Mira més enllà

Quines conseqüències té el desenvolupament industrial?

El gravat de Gustave Doré que tens a l'esquerra representa un dels barris obrers que van sorgir a Londres com a conseqüència de la Revolució Industrial. Aquestes barriades eren als suburbis de les ciutats, a prop de les fàbriques on treballaven els obrers. Les persones convivien en un espai reduït. Fixa't en la construcció i l'ordenació dels habitatges.

Mira l'angle superior dret de l'escena: hi ha el ferrocarril, un dels protagonistes de la nova època.

- Quins efectes podia tenir la convivència en un espai tan limitat?
- Quines característiques tenien els habitatges?
- Per què el ferrocarril va ser tan important?

Eric Hobsbawm, un dels grans historiadors del segle XX, afirma en la seva obra *Indústria i imperi* que «la Revolució Industrial assenyala la transformació més fonamental experimentada per la vida humana en la història del món registrada en documents escrits. Durant un curt període, aquesta revolució va coincidir amb la història d'un sol país, la Gran Bretanya. Hi ha un moment de la història universal en què la Gran Bretanya pot ser descrita com l'únic taller del món».

- Recordes alguna altra revolució que hagi estat transcendental per a la història de la humanitat i de la qual no es conserven documents escrits?
- Què creus que vol dir que la Gran Bretanya es va convertir en «l'únic taller del món»?

Avui dia, moltes persones que vivien en zones rurals han emigrat a les ciutats per trobar-hi una millor qualitat de vida. Però la majoria d'aquests emigrants habiten a la perifèria de les ciutats en barris marginats o degradats.

- Trobes alguna similitud entre aquesta realitat d'avui i la de la Revolució Industrial del XIX?
- Creus que el desenvolupament ha d'anar necessàriament acompanyat de conseqüències negatives per a una gran part de la població?
- Què es podria fer per reduir o evitar aquestes conseqüències negatives?

1. Els orígens de la Revolució Industrial

La Revolució Industrial va consistir en un procés **de creixement continu i accelerat** de l'economia que va transformar tots els àmbits de la vida humana com no ho havia fet mai cap altre esdeveniment des del neolític. No va ser un procés aïllat, sinó que va venir acompanyat d'altres revolucions, com l'**agrària** i la **demogràfica**.

La revolució agrària britànica

Al llarg dels segles XVII i XVIII van tenir lloc a Europa una sèrie de transformacions que van modernitzar l'agricultura i la ramaderia i van incrementar la producció.

Les **causes** d'aquest fenomen van ser diverses:

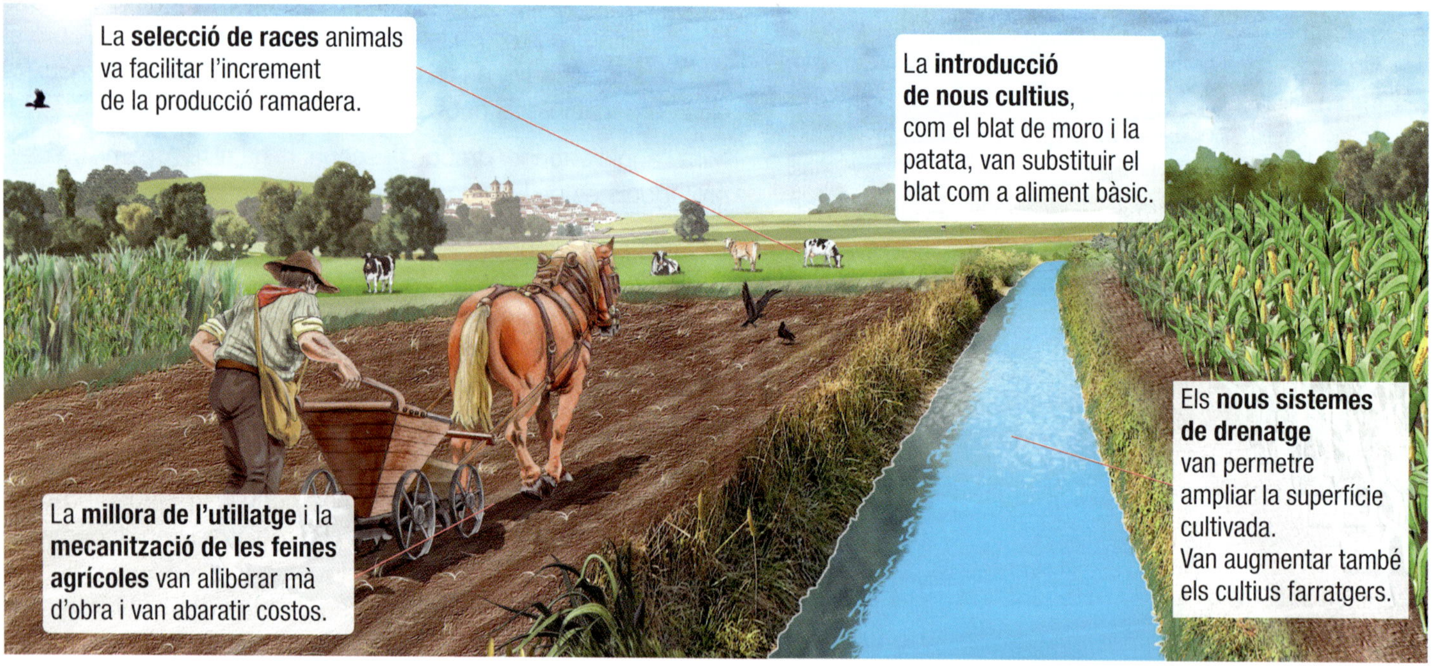

A més d'aquestes transformacions en l'agricultura i la ramaderia, a la Gran Bretanya hi va haver una sèrie de **reformes legals** que serien determinants en la **modernització de l'agricultura**.

Les reformes legals van tenir el punt de partida en l'aprovació pel Parlament de lleis que permetien als grans propietaris apropiar-se dels terrenys comunals i tancar-los *(enclosure acts)*.

Aquests grans propietaris (a diferència de la noblesa tradicional d'altres països, que balafiava les rendes en despeses sumptuàries) tenien una mentalitat pràctica i emprenedora que els impulsava a **modernitzar les seves explotacions** amb la finalitat d'obtenir el màxim benefici.

Els efectes immediats d'aquestes transformacions van ser nefastos per a la pagesia, que es va veure privada de les pastures comunals pels tancaments i sense feina per la mecanització del camp.

D'aquesta manera, molts camperols es van veure obligats a emigrar a la ciutat, on la naixent indústria demanava mà d'obra barata i no qualificada. Aquesta migració es coneix amb el nom d'**èxode rural**.

LA REVOLUCIÓ DEMOGRÀFICA

Fins al segle XVIII va predominar l'anomenat **règim demogràfic antic**. Es caracteritzava per un creixement lent de la població, amb altes taxes de mortalitat i de fecunditat.

Al segle XVIII es va iniciar un procés **de creixement demogràfic**. Les causes principals van ser l'augment de la producció d'aliments (gràcies a la revolució agrària) i els avenços científics i higiènics, que van permetre lluitar contra algunes malalties.

Les característiques de la nova etapa van ser la disminució de la mortalitat catastròfica, l'augment de l'esperança de vida i l'increment de les migracions.

Analitza la informació

- Com va evolucionar la taxa de mortalitat?

Apunts

La Revolució Industrial a la Gran Bretanya

La diferència bàsica entre l'economia preindustrial i la industrial és que en la primera l'energia principal és la **força muscular** (humana o animal), mentre que en la segona el treball s'efectua amb **màquines** que consumeixen altres **fonts d'energia**, com carbó, electricitat o petroli.

Des del segle XVII, a la Gran Bretanya tenien lloc una sèrie de canvis que, a més dels enumerats, van contribuir a l'origen de la Revolució Industrial. Aquests **factors** van ser:

- **L'existència d'abundants jaciments de carbó i de mineral de ferro**. El carbó era la font d'energia més utilitzada, mentre que el ferro es va constituir en la base per al desenvolupament del ferrocarril i la construcció de maquinària.
- **L'expansió del comerç**. La Gran Bretanya, des de la derrota de Napoleó, dominava els mars. Controlava les rutes transoceàniques i podia transportar mercaderies per tot el món. A la mateixa illa, es van construir canals de navegació. Els comerciants es van enriquir i es van buscar instruments de producció que permetessin fabricar cada vegada més barat.
- **La disponibilitat de capital suficient**. La industrialització requeria grans inversions de capital, que va ser obtingut dels beneficis agraris i comercials.
- **Els canvis en les teories econòmiques**. Els principis en els quals es basava el liberalisme econòmic, com el lliure comerç, la propietat privada i la no-intervenció de l'estat en l'economia, van possibilitar la consecució de grans beneficis empresarials.

La Revolució Industrial va venir de la mà d'un nou sistema econòmic conegut com a **capitalisme**.

ACTIVITATS

1. Quins factors van afavorir que la Revolució Industrial s'iniciés a la Gran Bretanya?
2. Com va evolucionar la feina de la pagesia respecte de l'obrer en l'era industrial?
3. El sistema Norfolk va ser una de les millores agràries que es van dur a terme a la primera meitat del segle XVIII a la Gran Bretanya. Per què es va anomenar així? En què consistia? Quines millores va introduir aquest nou sistema? Què va aconseguir?

INVENT DECISIU: LA MÀQUINA DE VAPOR

La Revolució Industrial no va ser en els seus orígens el resultat d'un descobriment científic excepcional, sinó la conseqüència d'una sèrie de millores successives introduïdes per **tècnics** i **enginyers** i basades en l'experiència.

L'invent clau de la **Primera Revolució Industrial** va ser la màquina de vapor. Tot i que era utilitzada des de feia temps per extreure aigua de les galeries de les mines, el mecanisme era imperfecte i el rendiment mediocre, fins que el 1769 **James Watt** va patentar una màquina que, amb menys consum de combustible, produïa un corrent continu de vapor capaç de fer girar una roda a ritme constant.

L'energia del vapor va suposar un canvi revolucionari. Es va aplicar a diverses indústries, com la tèxtil, la siderúrgia i el ferrocarril. D'altra banda, va propiciar el desenvolupament de la mineria, ja que es necessitava carbó mineral per fer-la funcionar.

Una màquina de vapor era capaç de fer un treball comparable al de molts homes o animals, sense parades per descansar.

Analitza la informació

- Quines millores va aconseguir Watt en la màquina de vapor?
- Com va facilitar el treball dels obrers la màquina?

AVENÇOS TECNOLÒGICS

ALTS FORNS

1709
Abraham Darby I va utilitzar a escala industrial el carbó de coc en un alt forn.

LLANÇADORA VOLANT

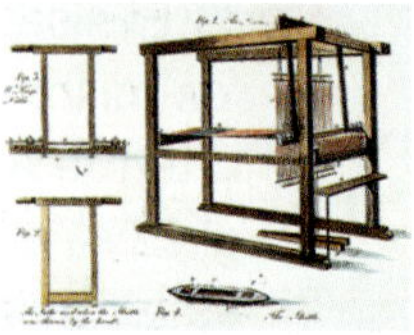

1733
John Kay va inventar la llançadora volant, que permetia teixir el cotó a gran velocitat.

CONSTRUCCIÓ EN FERRO

1779
Abraham Darby III va alçar el primer pont de ferro sobre el riu Severn, al Regne Unit.

CONVERTIDOR BESSEMER

1855
Henry Bessemer va inventar el convertidor que permetria fabricar acer.

TELÈFON

1857
Antonio Meucci va inventar el telèfon. El primer que el va patentar va ser Graham Bell.

BOMBETA

1878
Thomas A. Edison va ser el primer que va patentar una bombeta incandescent.

MOTOR DE GASOLINA

1886
Karl Benz va patentar el primer vehicle automotor de combustió interna.

CINEMATÒGRAF

1895
Els **germans Auguste i Louis Lumière** van patentar el cinematògraf a França.

2. El desenvolupament de la indústria i el transport

La mineria del carbó i la indústria siderúrgica

El sector siderúrgic estava íntimament lligat a la producció de **carbó**. La utilització del carbó permetia aconseguir temperatures molt elevades en els alts forns, on es fonia el metall.

Els nous procediments tècnics, com la fabricació d'acer, van ajudar a obtenir materials de més bona qualitat.

Per estalviar despeses, els **alts forns** solien situar-se en **conques hulleres** o prop de jaciments de **ferro**.

L'expansió de la **màquina de vapor** i la construcció de **ferrocarrils** van proporcionar a la indústria siderúrgica una demanda creixent de ferro i d'acer.

La indústria tèxtil

Juntament amb la indústria siderúrgica, el sector que va tenir una transformació més gran al començament de la Revolució Industrial va ser el tèxtil.

A la Gran Bretanya hi havia una artesania tèxtil tradicional basada en el treball de la **llana** en filoses i en telers manuals. El primer pas que portaria a l'aparició d'un sector tèxtil modern van ser les **mesures proteccionistes** per dificultar la competència que representaven els excel·lents teixits indis de cotó.

Aquesta política va animar els inversors a importar la matèria primera i produir a la Gran Bretanya. D'aquesta manera, la llana passava a un segon pla i sorgia una **indústria cotonera** britànica.

Mentrestant, una sèrie d'**invents** havien aconseguit **mecanitzar** les tasques de filar i teixir. L'aplicació a aquests enginys de l'energia hidràulica, primer, i de la màquina de vapor, després, va **multiplicar la producció** a un ritme vertiginós.

Van néixer d'aquesta manera les primeres **factories**, en les quals un elevat nombre d'**obrers**, sobretot dones, manejaven màquines que produïen enormes quantitats de teixit a un preu tan baix que cap producte tradicional no hi podia competir. Localitats com Manchester van multiplicar la població per vint en menys d'un segle.

En aquesta època, la producció es va traslladar dels tallers artesanals, en els quals treballava un reduït nombre d'obrers, a fàbriques tèxtils, com la del gravat.

Taula

La revolució dels transports i les comunicacions

La Revolució Industrial va comportar l'auge del **comerç** i del **transport**, ja que les indústries demanaven **matèries primeres** i els **productes manufacturats** havien d'arribar fins als consumidors.

Des que es van inventar els carruatges tirats per animals, feia mil·lennis, el transport terrestre a penes havia millorat. Les carreteres eren deficients; el transport de viatgers era lent, incòmode i perillós, i el de mercaderies, molt car.

Les transformacions van començar amb la construcció de **canals** i la millora de les **carreteres**; no obstant això, el canvi més radical va ser el **ferrocarril**, és a dir, l'aplicació de la màquina de vapor al transport.

El 1830, la locomotora de **George Stephenson** va permetre construir la primera línia que unia Manchester, centre de la indústria cotonera, amb el port de Liverpool.

En les dècades següents, la *febre del ferrocarril* es va apoderar dels països més avançats.

La màquina de vapor també es va aplicar a la **navegació**, sobretot a la **fluvial**, i es va vèncer així la dificultat que fins llavors havia suposat el transport contra corrent.

La revolució del transport va precipitar altres canvis en les comunicacions: es va desenvolupar el sistema **postal**, al qual per primera vegada podia accedir el gran públic, i Samuel Morse va inventar el **telègraf elèctric**; el 1844 es va fer la primera transmissió instantània de missatges entre dues ciutats unides per cable, Washington i Baltimore.

ACTIVITATS

4. Com va néixer la indústria cotonera britànica? Com es va aconseguir augmentar-ne la producció?
5. Explica per mitjà d'exemples com va afectar la Revolució Industrial al comerç.
6. Quins canvis hi va haver en les comunicacions?
7. Defineix els termes següents:
   - Indústria tèxtil
   - Conca hullera
   - Indústria siderúrgica
   - Matèries primeres
   - Alts forns

PER SABER-NE MÉS

Les vies de ferro o acer van ser, juntament amb la locomotora, una de les innovacions tecnològiques més importants del segle XIX.

L'any 1836, l'enginyer anglès Charles Blacker Vignoles va introduir a Europa un model de carril que havia sigut ideat pel nord-americà John Stevens i que es va popularitzar ràpidament.

L'anomenat **carril Vignoles** és el que s'utilitza avui dia. Es compon de tres parts: el **cap de carril**, que és la part superior i constitueix la superfície de rodolament; el **patí**, que és la base del carril, més ample que el cap; i l'**ànima**, que és la superfície que posa en contacte les dues parts esmentades.

- Cap a quins territoris es va estendre el ferrocarril als Estats Units? Busca informació a Internet i explica quines conseqüències creus que va tenir aquesta expansió del ferrocarril.
- Observa aquesta taula, que representa els quilòmetres de xarxa ferroviària construïda als països més industrialitzats. Si el total mundial representa el 100 % dels quilòmetres de xarxa ferroviària construïda, quin percentatge representa cadascun dels països indicats?

PAÏSOS	QUILÒMETRES	ANY
Gran Bretanya	10.500	1850
Alemanya	5.800	1850
França	3.000	1850
Estats Units	14.500	1850
Rússia	470	1851
Total mundial	35.000	1851

Font: J. PAREDES (coord.), *Historia universal contemporánea.*

3. La Segona Revolució Industrial

Cap a **mitjans del segle XIX**, només es podia parlar d'industrialització a **la Gran Bretanya**, a **Bèlgica** i en algunes zones aïllades de França, Alemanya, Itàlia o Espanya. La indústria predominant era la **tèxtil**.

No obstant això, en l'últim quart del segle es va entrar en l'anomenada **segona fase de la Revolució Industrial**, amb canvis importants en el tipus d'indústries, en els transports i en el comportament del capital.

Els canvis en la indústria i el transport

Si la indústria tèxtil havia sigut la predominant en la primera fase de la Revolució Industrial, ara creixia la **siderúrgica**.

Al mateix temps, al carbó com a font d'energia principal se n'hi van afegir altres de noves com el **petroli** o l'**electricitat**.

Pel que fa als **mitjans de transport**, es va estendre enormement la xarxa ferroviària, es va incorporar el vapor de manera generalitzada a la navegació i van aparèixer les locomotores elèctriques, l'automòbil i l'avió.

Aquests **nous invents** van ser possibles gràcies als grans avenços de la ciència i de la tècnica.

Tots els països, especialment els més desenvolupats, rivalitzaven per establir **institucions acadèmiques** que potenciessin el saber científic, que es va expressar, entre altres èxits, en les grans obres d'enginyeria. La nova societat donava mostres d'un poder tècnic desconegut fins a aquell moment.

El gran capitalisme

Els canvis suscitats per la segona fase de la Revolució Industrial van propiciar l'aparició del gran capitalisme o **capitalisme financer**.

Les **característiques** d'aquest sistema són les següents:

- **La creació de societats anònimes**. A través de la compra i venda d'accions, van facilitar els processos de concentració de companyies, els **trusts**, sistema que va portar a la fallida moltes de les petites i mitjanes empreses.
- **El desenvolupament de la banca i l'evolució dels diners**. Es va generalitzar l'ús de bitllets i dipòsits bancaris, que van facilitar les transaccions comercials.
- **Les noves formes d'organització del treball**. Es van reduir els costos de producció mitjançant la fabricació en sèrie, com, per exemple, el **taylorisme**, mètode que divideix el procés de fabricació en tasques cronometrades.
- **La tendència cap al proteccionisme**. El **lliurecanvisme**, o lliure comerç, és a dir, l'intercanvi de béns i matèries primeres entre països sense restriccions duaneres o aranzels que havia caracteritzat la primera fase, va ser gradualment substituït per una política econòmica proteccionista. Per mitjà d'**aranzels a la importació**, cada país va intentar protegir els seus productes davant de la competència de les indústries estrangeres.

AVENÇOS CIENTÍFICS

MENDELÉIEV

En **química**, va destacar Dmitri **Mendeléiev**. La seva principal aportació va ser l'establiment de l'anomenat *sistema periòdic* dels elements químics.

MAXWELL

En **física, James C. Maxwell** va fer contribucions fonamentals. La principal aportació va ser la teoria electromagnètica.

DARWIN

En **biologia, Charles Darwin** va introduir un rigorós mètode d'observació i experimentació amb què va formular la teoria evolucionista en forma de lleis.

PASTEUR

En **medicina, Louis Pasteur** va presentar, entre altres descobriments, el procés tèrmic per eliminar microorganismes en els líquids. També va desenvolupar la vacuna contra la ràbia.

Extensió de la Revolució Industrial

A la fi del segle XIX, la Revolució Industrial s'havia convertit en un fenomen mundial en un triple sentit: es van industrialitzar nous països, es van generar nous fluxos d'intercanvi comercial i hi va haver grans moviments de població.

REPERCUSSIONS DE LA INDUSTRIALITZACIÓ AL MÓN

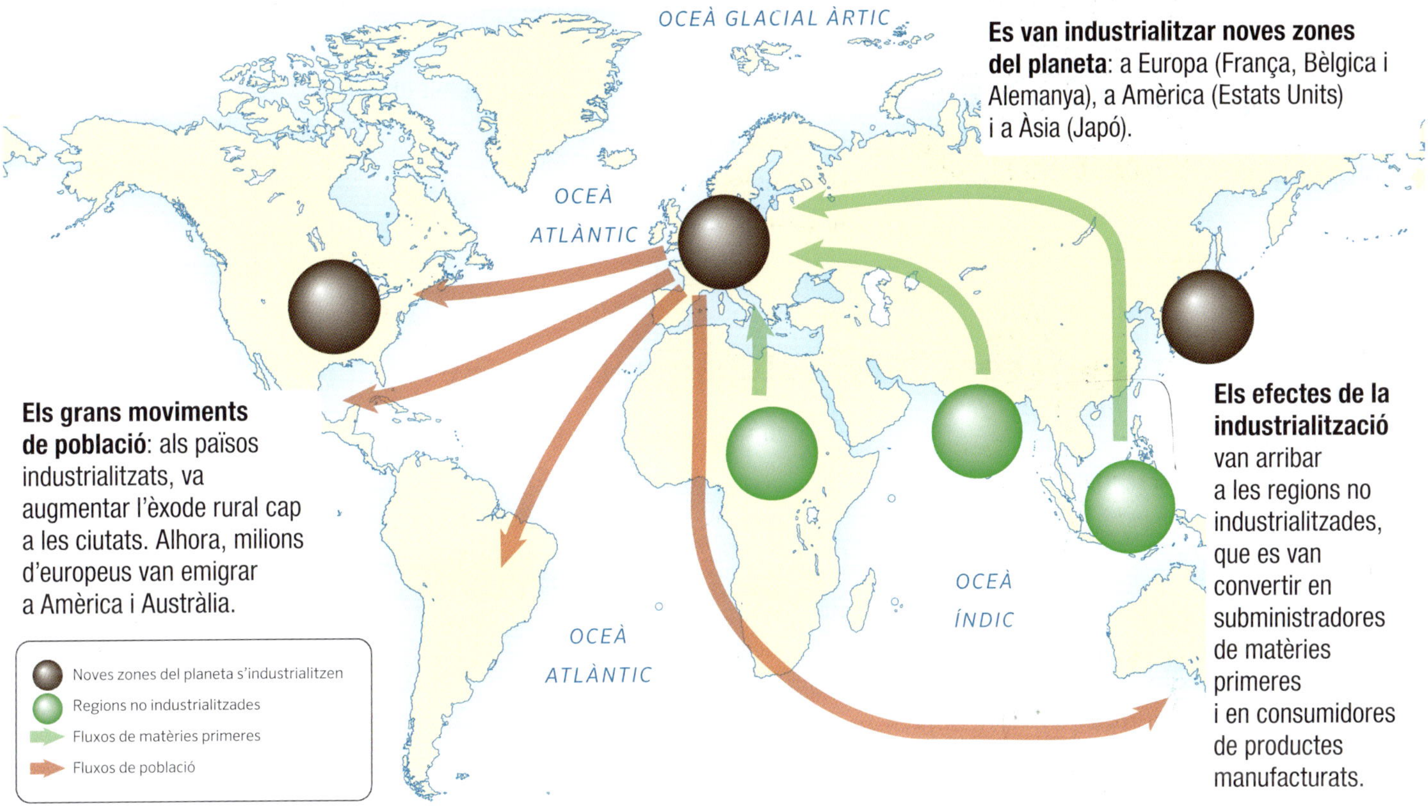

Es van industrialitzar noves zones del planeta: a Europa (França, Bèlgica i Alemanya), a Amèrica (Estats Units) i a Àsia (Japó).

Els grans moviments de població: als països industrialitzats, va augmentar l'èxode rural cap a les ciutats. Alhora, milions d'europeus van emigrar a Amèrica i Austràlia.

Els efectes de la industrialització van arribar a les regions no industrialitzades, que es van convertir en subministradores de matèries primeres i en consumidores de productes manufacturats.

ACTIVITATS

8 En la novel·la *Teresa dels Urberville*, de Thomas Hardy, la grangera protagonista va amb el seu xicot a portar la llet a l'estació de ferrocarril. Entre ells té lloc aquest diàleg:

—Demà se la beuran per esmorzar els londinencs, veritat? —va preguntar Teresa.

—Gent desconeguda que no hem vist mai.

—Sí. M'imagino que així serà.

—Cavallers i dames, diplomàtics i militars, artesans, comerciants i nens que no han vist mai una vaca.

—Això és.

—Gent que no sap res de nosaltres ni d'on ve la llet.

Situa el diàleg en el seu moment històric i explica quins canvis originen els comentaris que fan Teresa i el seu xicot.

9 En què es distingeix el taylorisme del treball artesanal?

10 Observa el mapa i explica quines zones del món proporcionaven matèries primeres a les regions industrialitzades.

11 Explica amb les teves paraules aquests conceptes i les seves característiques en aquest període històric: *lliurecanvisme*, *paper moneda*, *capital*, *banca*, *societat anònima*.

12 Busca informació a Internet sobre l'origen dels bancs i explica amb les teves paraules en què consistia la lletra de canvi.

13 Penses que actualment és possible suprimir els diners en efectiu? Busca informació sobre altres mitjans de pagament i debat amb els companys els pros i els contres d'aquesta situació.

Va tenir lloc al mateix temps la Revolució Industrial a tots els països?

La Revolució Industrial no es correspon amb el desenvolupament d'un determinat sector econòmic en un territori, sinó que obeeix a un fenomen més global que implica canvis profunds en les estructures socioeconòmiques dels països.

Al llarg del segle XIX, el procés industrialitzador es va estendre de la Gran Bretanya a altres zones europees i extraeuropees, com els Estats Units i el Japó, però altres territoris hi van accedir més tard.

1. La pervivència d'estructures econòmiques heretades de l'edat mitjana va dificultar el procés d'industrialització en la major part dels països europeus.
2. Les circumstàncies sociopolítiques i el grau de desenvolupament de cada país van condicionar l'inici de la industrialització.
3. La industrialització va ser impulsada pels estats que van tirar endavant la construcció de xarxes ferroviàries per estimular altres indústries i facilitar el trànsit de mercaderies i, més tard, el de persones.

Analitza un cas: el lent desenvolupament de la Revolució Industrial a Espanya

1. Una societat eminentment agrària

Espanya, a les portes del segon terç del segle XIX, és un país eminentment agrari, l'economia de mercat del qual està en un nivell embrionari. Les normes emanades de les Corts de Cadis o del Trienni Liberal (1820-1823) encaminades a trencar les estructures de caràcter medieval (senyorius, primogenitures, gremis, etc.) no van obtenir efectivitat a causa del sobtat retorn restaurador. En aquest país, el nucli de burgesia industrial catalana, el més reduït de Biscaia, el comercial de Cadis, no són encara altra cosa que illots que, si bé prefiguren el futur, no incideixen decisivament en el si d'una societat de trets arcaics.

Manuel Tuñón de Lara, *El movimiento obrero en la historia de España*, 1977

En moltes zones d'Europa la sega continuava fent-se com en l'edat mitjana.

2. Fracàs o retard de la industrialització?

Fracàs industrialitzador, *retard industrial* i *industrialització incompleta* són expressions a les quals acudeixen sovint els historiadors per fer referència al segle XIX espanyol. La indústria no es va estancar, però el desenvolupament va ser massa lent. Espanya es va quedar ressagada del procés que tenia lloc en altres països europeus. Podríem establir les etapes següents en el desenvolupament industrial:

- Del 1808 al 1830, estancament industrial com a conseqüència del pobre mercat interior, els esdeveniments polítics (Guerra del Francès, independència de les colònies americanes), l'escassetat de recursos i l'absència de noves tècniques de la Revolució Industrial.
- Del 1830 al 1860, inici de la industrialització en els sectors tèxtil i del ferro.
- Del 1860 al 1913, períodes de crisi amb etapes de fort creixement.

Javier Paredes (coord.), *Historia contemporánea de España (siglo XIX)*, 1998

3. El sector ferroviari com a impulsor de la indústria

La primera línia fèrria espanyola es va inaugurar el 1848 entre Barcelona i Mataró. El 1851 es va posar en marxa la línia que unia Madrid amb Aranjuez.

Aquestes iniciatives van ser minoritàries, i abans del 1855 la xarxa ferroviària tenia poc més de quatre-cents quilòmetres.

A partir del 1855, la construcció de ferrocarrils espanyols es va desenvolupar gràcies a la promulgació de la Llei general de ferrocarrils.

La xarxa bàsica del ferrocarril es va construir en la dècada següent gràcies a l'impuls d'aquesta llei.

La nova llei regulava l'explotació i la inversió, i donava tot tipus de facilitats a les companyies a fi d'atreure inversions, per mitjà de subvencions estatals.

Aquesta situació va animar l'entrada de capital estranger, majoritàriament d'origen francès.

Per a la construcció de les noves línies es van constituir nombroses companyies ferroviàries privades.

La configuració de la xarxa va imitar el model radial de carreteres, amb Madrid com a centre.

A partir de l'any 1868, la major part de les ciutats espanyoles estan connectades.

Fer ferrocarrils quan hi ha poc per portar-hi és obrar com el metge que, sense tenir pacients per visitar, es compra un carruatge.

El Economista, 1856

REPASSA I SINTETITZA

1. Quina era la situació de la indústria a Espanya cap al 1830? Com podia dificultar la industrialització el fet que Espanya fos un país agrari i d'estructures polítiques arcaiques?
2. A què es refereix el text quan diu que el procés de modernització va ser obstaculitzat «pel sobtat retorn restaurador»?
3. Segons la teva opinió, hi va haver fracàs o retard en la industrialització espanyola?
4. Com van poder dificultar la industrialització els esdeveniments polítics que s'hi esmenten? Creus que la situació econòmica exigiria un canvi polític? Per qui estaria impulsat?

REFLEXIONA I RELACIONA

5. El primer ferrocarril espanyol, construït l'any 1848, unia Barcelona i Mataró, dos enclavaments en els quals hi havia indústria. Però el segon, de l'any 1851, unia Madrid i Aranjuez, i a penes tenia una altra utilitat que traslladar la família reial i els seus acompanyants d'un dels seus palaus a un altre. Aquests primers ferrocarrils, obeeixen a criteris econòmics?
6. Observa la xarxa de ferrocarrils espanyols cap al 1870. Quin disseny hi va predominar?
7. Explica què vol dir el text d'*El Economista*.

INVESTIGA

8. Com va evolucionar el sistema de comunicacions d'Espanya amb l'arribada del ferrocarril?

4. Repercussions socials i culturals de la Revolució Industrial

Una nova divisió social

La Revolució Industrial es va iniciar sobre la base que els mitjans de producció (màquines, fàbriques, etc.) pertanyien a qui hi posava el capital, i era a aquest a qui anirien a parar tots els beneficis. L'obrer oferia la seva força de treball i, a canvi, rebia un salari.

El nou sistema capitalista va dividir la societat en dues **classes socials**:

- **Burgesia**. Dedicada als negocis i a les professions liberals; va ocupar el lloc de les classes altes que abans havia pertanyut a la noblesa.
- **Proletariat**. Aquest terme s'aplicava als qui treballaven en fàbriques o mines; aquests obrers compartien la categoria de *classes baixes* amb el servei domèstic i els petits comerciants.

De mica en mica es desenvoluparia una **classe mitjana** el principal afany de la qual seria escalar posicions fins a la cúspide social i distingir-se així del proletariat.

LA CIUTAT INDUSTRIAL

Tradicionalment, les ciutats havien estat limitades per les muralles i no hi havia una clara diferenciació social per barris. La Revolució Industrial va derrocar les muralles i va separar les classes socials en barris diferents.

Els **eixamples burgesos** estaven dotats de serveis i comoditats, com el subministrament d'aigua, el clavegueram o la il·luminació amb gas. Els habitatges eren amplis i estaven ben ventilats i els carrers permetien un trànsit fluid de carruatges.

Els barris burgesos estaven separats dels barris obrers per amplis bulevards que dificultaven la construcció de barricades, alhora que facilitaven les maniobres de les forces de l'ordre.

Els **suburbis obrers** eren conjunts d'habitatges insalubres sense a penes planificació. Les famílies obreres s'amuntegaven en habitacions sense llum ni ventilació, i en pèssimes condicions d'higiene.

Els habitatges es construïen al costat de les indústries, i la contaminació de les xemeneies de les fàbriques tenyia els carrers d'un trist color gris. Les malalties endèmiques eren freqüents, i l'esperança de vida dels seus habitants, molt inferior a la dels barris burgesos o, fins i tot, a la de la població rural.

Als eixamples del segle XIX es van construir palauets com a lloc de residència de les classes altes.

A les zones industrials, els barris obrers estaven situats prop de les fàbriques.

Analitza la informació

- Quina funció tenien els bulevards?
- Descriu com eren els habitatges dels suburbis obrers.

El realisme i la nova arquitectura

En les **arts plàstiques**, l'esperit dels nous temps va tenir la seva expressió en el **realisme**, un moviment artístic que pretenia reflectir la realitat tal com era, sense visions romàntiques. Centrava l'atenció en la vida quotidiana i en els contrastos socials, i rebutjava els temes heroics que havien agradat tant en l'època anterior.

L'**arquitectura** va experimentar una gran transformació gràcies als avenços de la Revolució Industrial. Es van utilitzar nous materials, com el ferro i el vidre, i per a les **exposicions universals** que se celebraven per promocionar els productes innovadors i originals d'un país, es van construir grans **pavellons** amb aquests materials. La primera es va celebrar a Londres l'any 1851.

Les **estacions de ferrocarril** van ser una altra de les mostres de la nova arquitectura del ferro. El fet d'estar situades enmig de les ciutats causava un gran impacte visual en el medi urbà.

L'Arc de Triomf de Barcelona, obra de l'arquitecte Josep Vilaseca i Casanovas, va ser construït arran de l'Exposició Universal del 1888 com a porta d'accés al recinte firal.

LA PINTURA REALISTA

G. COURBET, *Els picapedrers*, 1849.

Els pintors realistes sentien predilecció pel paisatge i el retrat. A més, la vida quotidiana i la representació dels contrastos socials van desplaçar les escenes històriques. Els principals pintors realistes van ser **Jean-François Millet**, especialitzat en escenes camperoles; **Camille Corot**, que va anticipar alguns trets de l'impressionisme, i **Gustave Courbet**.

L'exposició al públic d'aquesta pintura de Courbet, el 1849, va produir un gran escàndol, perquè com podrien ser dos humils obrers els protagonistes d'una obra d'art? Courbet es rebel·lava contra els temes heroics anteriors. En defensa de la seva posició, el pintor va dir: «Pintar és fonamentalment una activitat concreta, un art concret, i ha d'aplicar-se a coses que existeixen realment.»

Analitza la informació

- Courbet va triar com a protagonistes de la seva pintura un vell i un nen, i a més no els va posar cara. Quina intenció creus que tenia?
- Assenyala característiques del realisme presents en aquesta pintura. Per què el quadre de Courbet va causar tant d'escàndol?

ACTIVITATS

14 Quines van ser les classes socials sorgides de la Revolució Industrial?

15 Què va caracteritzar el realisme en les arts plàstiques?

16 Quines diferències establiries entre romanticisme i realisme?

17 Quins edificis i monuments fets per a l'Exposició Universal de Barcelona l'any 1888 han perdurat? Són elements significatius de la ciutat?

5. Els orígens del moviment obrer

Les vagues pretenien aconseguir millores en les condicions de vida i de treball dels obrers.

Les primeres reaccions obreres

El primer gest de protesta dels treballadors va ser el **luddisme**, un moviment sorgit a la Gran Bretanya al començament del segle XIX que tenia per objecte **destruir les màquines**, considerades culpables de treure'ls la feina. El nom del moviment és degut a un personatge anomenat Ned Ludd, que signava les cartes d'amenaça als patrons, però que, pel que sembla, no va existir mai.

També a la Gran Bretanya es van formar els **primers sindicats**, anomenats *trade unions* ('unions d'oficis').

El principal mitjà de pressió dels treballadors van ser les vagues, prohibides i reprimides durament per l'exèrcit al servei dels patrons.

El socialisme utòpic

No només els proletaris van considerar que el capitalisme els explotava. També hi va haver intel·lectuals que van prendre partit per ells. Entre els primers hi havia els anomenats **socialistes utòpics**, que tenien propostes benintencionades però irrealitzables.

Els més destacats van ser tres:

- **Henri de Saint-Simon**. Advocava per un estat que planifiqués l'economia i va donar suport a la reforma racional de la producció per posar fi a les desigualtats socials.
- **Robert Owen**. Va denunciar les dures condicions de treball de la classe obrera. Va proposar formar **cooperatives d'obrers** que treballarien i viurien en ciutats ideals de col·laboració i suport mutu.
- **Charles Fourier**. Era molt crític amb la nova societat industrial. Va estar a favor de la lliure associació, que va tractar de posar en marxa amb els anomenats **falansteris**.

Les propostes del socialisme utòpic no van anar més enllà d'alguns experiments aïllats.

PER SABER-NE MÉS

Els **falansteris** eren comunitats rurals autosuficients, que pretenien ser la base de la transformació de la societat. Totes les persones que hi habitaven, un màxim de dues mil, ho feien voluntàriament, i compartien habitatge i feina.

Els falansteris estaven envoltats de boscos, granges i fàbriques.

El sistema productiu estava basat en tres elements: treball, capital i talent o treball intel·lectual.

Aquesta utopia seria posada en pràctica, sense èxit, a mitjans del segle XIX a França i als Estats Units.

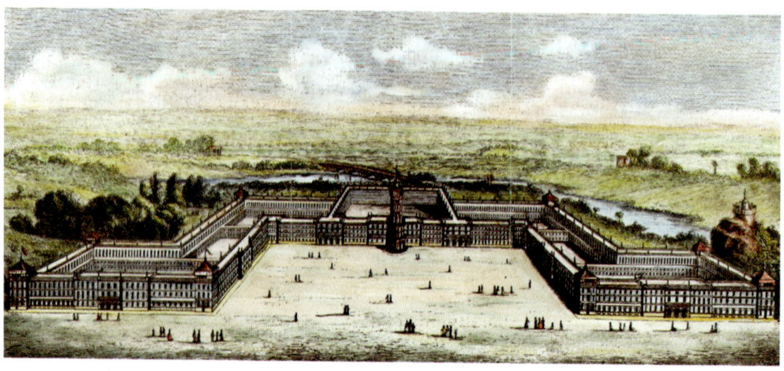

- Imagina que decideixes viure en un falansteri. Elabora un diari personal on anotis totes les emocions i sentiments que et produeix viure en una comunitat d'aquest tipus.

El socialisme científic. El marxisme

El *socialisme científic* és el nom amb el qual es va buscar distingir el marxisme del filòsof alemany Karl Marx de la resta dels corrents socialistes que hi havia al segle XIX, els quals, pel fet d'incloure solucions no científiques, són anomenats *socialisme utòpic*. Marx va proposar dur a terme un **estudi científic de l'economia i de la societat** que havia de concloure amb un canvi total en el mode de producció.

Segons el marxisme, en totes les societats històriques hi havia hagut una classe oprimida i una classe opressora entre les quals s'havia desenvolupat la **lluita de classes**. En les societats antigues, el sistema que va predominar va ser l'esclavista (amos i esclaus); en la societat medieval, el feudal (senyors i serfs), i en les societats modernes, el capitalista.

En el **sistema capitalista**, la **burgesia** era la classe opressora, i el **proletariat**, l'oprimida. Segons Marx, s'hauria de treure a la burgesia la propietat privada dels mitjans de producció i convertir-los en col·lectius; així s'arribaria a una societat sense oprimits ni opressors. La revolució social era l'únic camí per aconseguir-ho.

L'obra de Karl Marx comprèn diferents disciplines, com la història, la filosofia i l'economia.

EL MANIFEST COMUNISTA

En aquest document del 1848 s'exposen les directrius de la teoria i la pràctica revolucionàries: el reconeixement de la lluita de classes com a llei i motor fonamental de qualsevol societat; la missió del proletariat en el derrocament final del capitalisme; l'abolició de la propietat privada dels mitjans de producció i l'establiment de la propietat col·lectiva, i la crítica als corrents del socialisme no marxista.

En el fragment següent, **Marx** i **Friedrich Engels**, un altre filòsof socialista alemany, exposen el seu punt de vista sobre el desenvolupament de les classes socials:

> La moderna societat burgesa, sorgida de l'ensulsiada de la societat feudal, no ha eliminat els contrastos entre classes. Només ha creat noves classes, noves condicions d'opressió, noves formes de lluita al lloc de les velles [...]. Avui, tota la societat es divideix cada vegada més en dos grans camps enemics, en dues grans classes directament enfrontades: la burgesia i el proletariat [...]. Però la burgesia no ha fabricat solament les armes que li porten la mort; també ha creat els homes que empunyaran aquestes armes, els treballadors moderns, *els proletaris*. En la mateixa mesura que es desenvolupa la burgesia, és a dir, el capital, es desenvolupa també el proletariat [...].

Analitza la informació

- Per quin procediment el creixement de la burgesia va acompanyat inevitablement del creixement del proletariat?

ACTIVITATS

18 Copia i completa un diagrama de Venn per explicar les diferències entre socialisme utòpic i socialisme científic. En la intersecció indica les característiques comunes als dos tipus.

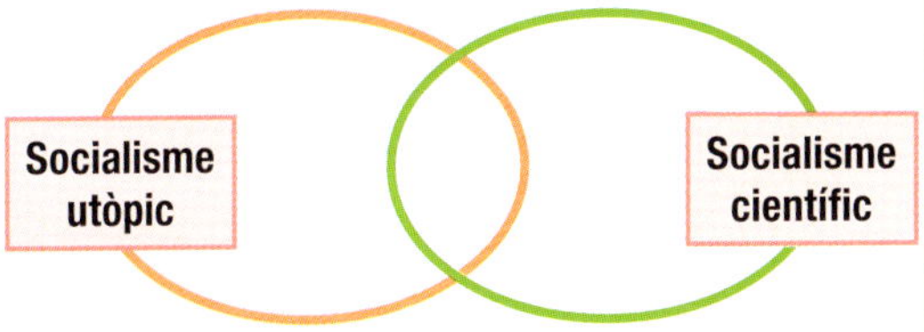

19 Quines conseqüències creus que va tenir la destrucció de màquines?

20 Un historiador, comparant la vida dels camperols amb la dels obrers industrials, deia:

> Una vegada abandonat el camp, pràcticament ningú hi torna. Els que es fan obrers de les manufactures voldrien tornar-hi, però no poden. Actualment, s'han creat nous oficis que a penes exigeixen aprenentatge. En aquests oficis, el vertader obrer és la màquina.

Per què voldrien tornar al camp? Per què no podrien fer-ho?

6. La industrialització de Catalunya

El procés d'industrialització de Catalunya

El procés d'industrialització català va iniciar-se al segle XVIII, lligat a la **indústria cotonera** i les fàbriques d'indianes que havien incrementat la seva producció i havien incorporat les primeres filadores mecàniques. Però durant les dues primeres dècades del segle XIX, **aquest procés va ser aturat** a causa de la Guerra del Francès, que va significar un desgavell econòmic i l'entrada de productes estrangers, i sobretot a causa de la pèrdua dels mercats colonials.

La situació va començar a millorar a partir del 1830, quan les reformes liberals i el capital procedent del comerç i de l'agricultura van permetre **mecanitzar** la indústria catalana, fins al punt que Catalunya va esdevenir la **fàbrica d'Espanya** i la indústria tèxtil catalana es va convertir en una de les més importants del món. També hi va haver altres sectors destacats, com ara el metal·lúrgic, amb indústries com La Maquinista Terrestre i Marítima, que elaborava la maquinària que la indústria catalana necessitava per créixer, i el químic, que fabricava sabons, colorants i adobs.

La primera **màquina de vapor** es va instal·lar a la fàbrica tèxtil Bonaplata de Barcelona el 1833, i sembla que el primer **teler mecànic** va establir-se a Sallent l'any 1828. Les màquines de filar tradicionals, com ara les **berguedanes**, van ser substituïdes per les **mulgènues** *(mule-jennies)* durant els anys trenta i quaranta, la qual cosa va permetre incrementar significativament la producció de fil. Durant la dècada dels anys cinquanta va començar la substitució de les mulgènues per les **selfactines** i les **contínues**, unes filadores més modernes que requerien menys mà d'obra a les fàbriques, fet que va topar amb l'oposició dels obrers. També durant els anys quaranta va iniciar-se la construcció de la **xarxa de ferrocarril**.

Fins a la dècada del 1860, el model d'organització de la producció industrial predominant a Catalunya es basava en els **vapors**. Els vapors, que eren fàbriques de teixits que utilitzaven l'energia del carbó, estaven situats a les ciutats, sobretot al costat de les estacions de ferrocarril i dels ports per poder obtenir fàcilment el carbó i el cotó. Però l'escassetat de carbó que hi havia a Catalunya, juntament amb la manca de cotó *(fam de cotó)* originada per la Guerra de Secessió als Estats Units, va provocar que la indústria tèxtil catalana adoptés un altre model.

Així, doncs, a partir de la dècada del 1870, els vapors van anar perdent pes en favor de les **colònies industrials**. Una colònia industrial era un conjunt d'instal·lacions industrials que feia servir l'energia hidràulica i que estava separat dels nuclis de població, amb cases per a obrers i encarregats, església, escola, economat i altres dependències. La substitució energètica que comportava aquest nou model, sumada a la millora de la maquinària i a la transformació dels edificis industrials, va significar l'inici d'una nova etapa d'expansió, coneguda com a **febre d'or**, que va proporcionar a Catalunya una gran prosperitat fins als primers anys vuitanta.

Però les bases d'aquesta expansió eren febles i, a partir del 1885, hi va haver els primers símptomes de crisi, de manera que va començar una etapa de dificultats que culminaria de forma dramàtica amb la pèrdua de les darreres colònies espanyoles a Amèrica el **1898**.

PER SABER-NE MÉS

La indústria catalana es va veure obligada a adreçar-se a un **mercat** reduït i mal articulat com era l'espanyol. A més, patia la **competència** dels productes estrangers, sobretot dels britànics.

Per aquest motiu, la burgesia industrial catalana va reclamar al govern central **lleis proteccionistes** que afavorissin la venda dels productes catalans a la resta de l'Estat. Amb aquest objectiu es van crear diverses institucions per defensar el proteccionisme, com ara el **Foment del Treball Nacional**.

Però aquestes demandes proteccionistes no van ser ateses per l'**Estat liberal espanyol**, que es va configurar durant el segon terç del segle XIX i que partia d'un pensament lliurecanvista i antiindustrialista.

- Quines diferències hi ha entre el proteccionisme i el lliurecanvisme?

LA INDÚSTRIA COTONERA CATALANA (1864)

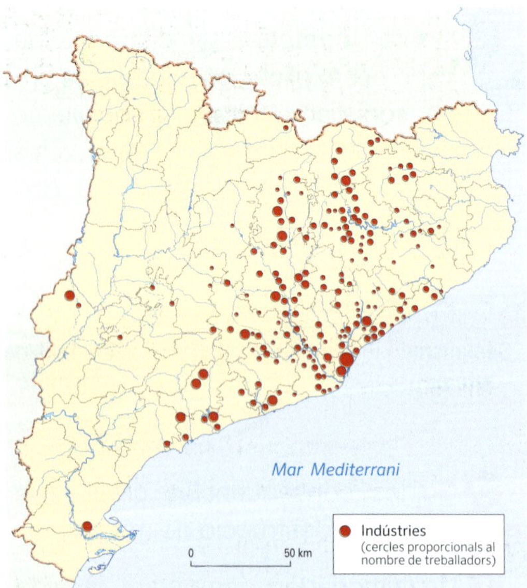

La industrialització a Catalunya va topar amb un problema greu: la manca de carbó, que era la matèria primera necessària per a les màquines de vapor. Per això l'energia hidràulica va tenir tanta importància.

21 On es concentrava la indústria cotonera catalana el 1864? Per què? Justifica la resposta.

22 Investiga com funcionava una colònia industrial. Quins avantatges i quins inconvenients tenien les colònies industrials respecte dels vapors?

Esquema a classe

Cap a una nova societat

En la Catalunya del segle XIX, el grup social més nombrós encara era el de la **pagesia**, però arran dels canvis econòmics la **burgesia** i el **proletariat** es van desenvolupar com en cap altre lloc de l'Estat.

Mentre que a la resta d'Espanya pervivien els grans terratinents i la burgesia reinvertia en terres i títols nobiliaris, a Catalunya la burgesia estava formada per banquers, armadors, comerciants i empresaris industrials. Era un grup molt actiu, que es va implicar en la defensa de la propietat i el proteccionisme. A més, es va fer càrrec de la protecció de la cultura i les arts.

La industrialització també va provocar el desenvolupament d'una **classe obrera**, concentrada en ciutats industrials com Barcelona, Sabadell, Manresa o Reus, i a les colònies industrials de les ribes del Llobregat, el Cardener i el Ter.

Al final del segle XIX, la relació entre la burgesia i els obrers es va anar tensant cada vegada més, de manera que Catalunya es va convertir en un dels **focus més actius del moviment obrer** a Espanya i a Europa. Barcelona era coneguda com a **ciutat de les bombes** pels atemptats que hi succeïen. Al darrere d'aquestes accions hi havia activistes anarquistes, que atacaven la burgesia i els seus símbols. Un dels atemptats que va tenir més ressò va ser el de la bomba del Liceu.

S. Rusiñol, *La fàbrica*,1889.

Interior del Gran Teatre del Liceu de Barcelona, just després de l'atemptat, el 7 de novembre de 1893.

El moviment obrer a Catalunya

Les primeres manifestacions del moviment obrer a Catalunya van tenir un caràcter espontani, barrejades amb demandes de tipus liberal. Sovint es concretaven en **revoltes urbanes**, anomenades *bullangues*, i en la **crema de maquinària**, mal vista per uns obrers que consideraven que les màquines els treien el lloc de treball. Un exemple d'això és la revolta que va provocar l'incendi que va destruir la fàbrica Bonaplata el 1835.

El 1840 va néixer la **Societat de Protecció Mútua de Teixidors de Cotó**, vinculada al **socialisme utòpic** i al **cooperativisme**. Amb l'objectiu de donar mecanismes d'ajuda als treballadors de la indústria cotonera, es va convertir en la primera associació obrera de l'Estat, i en només dos anys va assolir trenta mil afiliats.

A la segona meitat del segle XIX, les dures condicions de vida i de treball van portar els obrers a fer un pas endavant. Van organitzar-se per reivindicar certes millores, com ara la prohibició del treball infantil, la jornada laboral de vuit hores, l'increment dels sous i la protecció davant els accidents laborals. En aquest sentit, el 1868 es va crear la **Federació de Les Tres Classes de Vapor**, un sindicat que agrupava diferents oficis del sector tèxtil i que es va associar a l'AIT.

El socialisme i l'anarquisme també van guanyar protagonisme entre els obrers catalans. Tot i que la **Unió General de Treballadors** (UGT), un sindicat socialista, es va fundar a Barcelona el 1888, al final del XIX l'**anarquisme era predominant** dins el moviment obrer català.

ACTIVITATS

23. Quins problemes tenia la indústria catalana al segle XIX? Com es van intentar resoldre?
24. Quins sectors industrials van destacar a Catalunya durant el segle XIX?
25. Explica amb les teves paraules el significat d'aquestes expressions: *fàbrica d'Espanya*, *fam de cotó*, *febre d'or* i *ciutat de les bombes*.
26. Quins trets diferenciaven la burgesia catalana de la de la resta de l'Estat?
27. Investiga què eren les bullangues.
28. Com es deia el moviment d'obrers que atacava les màquines?
29. Quina de les associacions obreres esmentades continua existint?

FES D'HISTORIADOR

UTILITZEM LA LITERATURA COM A FONT HISTÒRICA

La societat sorgida de la Revolució Industrial va ser representada en l'art i en la literatura. El segle XIX va ser el gran segle de la novel·la, que mai no havia aconseguit un nivell mitjà de qualitat tan alt ni havia assolit tanta difusió i atenció.

Paral·lelament, mai no hi havia hagut tants lectors. La burgesia i les classes mitjanes, amb la nova capacitat de consum de què disposaven, se sumaven a la lectura de novel·les, i també les classes baixes, ja que en les poblacions urbanes havia disminuït l'analfabetisme respecte de les camperoles.

Aquestes novel·les són per als historiadors una riquíssima font d'informació: els autors van ser testimonis i cronistes del seu temps i la seva fiabilitat és molt gran; els seus lectors, que vivien la mateixa realitat, no haurien acceptat falsificacions.

Moltes vegades, en moments així, havia contemplat Henriette amb llàstima els caminants aïllats que es dirigien a Londres per la carretera pròxima, cansats, amb els peus nafrats, mirant amb temor cap a la ciutat immensa que se'ls presentava davant, com si pressentissin que la seva pròpia misèria hi estaria dins igual com una gota d'aigua en el mar [...]. Cada dia passaven per davant de la casa d'Henriette aquesta classe de viatgers; però sempre, pensava ella, passaven en una sola direcció: sempre cap a la gran ciutat. Mai tornaven [...]. Carn d'hospital, de cementeri, de presó, de riu, de manicomi, de vici i de mort [...]. Passaven en direcció al monstre que bramava a la llunyania i es perdien per sempre.

CHARLES DICKENS, *Dombey i fill*, 1846-1848

H. DAUMIER, *Els emigrants*,1852-1855. La pintura reflecteix l'èxode de les classes treballadores a la recerca de millors condicions de vida.

1. Lectura i comprensió

Primer de tot, **llegim detingudament** el text. Per a això, és important:

Localitzar **les paraules o els conceptes que no entenguem**. El llenguatge literari utilitza expressions i **figures literàries** que poden canviar el significat de les paraules.

Per exemple, «una gota d'aigua en el mar», «carn d'hospital», «monstre que bramava a la llunyania».

2. Extracció de la informació principal

- Resumim la **idea principal** del text.

  Dickens ens parla en aquest fragment d'un dels fenòmens més característics de la Revolució Industrial, l'èxode rural: l'arribada de treballadors a la gran ciutat i les condicions de misèria en què es trobaven.

- Extraiem les **dades** que conté el fragment de text, que presentem per mitjà de **citacions** del mateix text.

  El que veu Henriette és que el desplaçament del camp a la ciutat era un fenomen constant (passen «cada dia»). Observa també la duresa dels desplaçaments («caminants», «cansats», «amb els peus nafrats») i ens diu que sap que és un viatge sense tornada, que «passaven en una sola direcció». I que molts d'ells serien «carn d'hospital, de cementeri [...]».

3. Anàlisi de l'obra i de l'autor

Per completar les dades que hem obtingut del fragment, recollim la informació que ens proporciona la mateixa obra i el seu autor.

- D'entrada, indiquem el **gènere** de l'obra.

  En aquest cas és una novel·la publicada per lliuraments mensuals a la premsa entre els anys 1846 i 1848.

- N'expliquem breument l'**argument**.

  Explica la història del comerciant Dombey, que té una firma financera a la ciutat de Londres. La seva màxima aspiració és tenir un hereu perquè continuï el negoci familiar.

- Presentem una informació breu sobre l'**autor** de l'obra. L'escriptor viu en una època determinada, està influït per la mentalitat del seu temps i sol pertànyer a un corrent literari.

  Charles Dickens va ser un novel·lista i periodista britànic nascut el 1812. Va pertànyer al realisme literari. En la seva infància va treballar en una fàbrica de sabates, on va conèixer les dures condicions laborals. Aquest fet va marcar l'argument de les seves novel·les, en les quals critica les conseqüències socials de la Revolució Industrial.

  Totes aquestes dades ajuden a conèixer la manera de pensar de la societat que es retrata en l'obra.

4. Relació amb el context històric

El context històric de l'obra ofereix informació abundant.

- Ens aturem en referències històriques expresses, així com en dates i personatges històrics.

  En aquest cas, ens fixem en la data de publicació: 1846-1848. Juntament amb la idea principal del text, es pot determinar que fa referència als aspectes socials de la industrialització.

- Presentem la informació sobre la societat reflectida en la novel·la.

  Els viatgers als quals al·ludeix Henriette són camperols que es convertiran, en arribar a la ciutat, en proletariat.

- Hi afegim altres informacions històriques que proporciona el text, o que se'n poden deduir, sobre el sistema econòmic, la política o la mentalitat de l'època.

  Deduïm que el sistema econòmic és el capitalista en el marc d'una ciutat industrial. L'obra tracta el tema del desenvolupament del sector ferroviari a la Gran Bretanya.

Charles Dickens va publicar la major part de les seves novel·les en capítols mensuals.

Les novel·les per fascicles es van fer molt populars al llarg del segle XIX.

POSA-HO EN PRÀCTICA

Seguint les pautes que s'han indicat, comenta els fragments següents d'aquestes novel·les:

> A la fàbrica on treballava jo, obliguen els seus homes a comprometre's a no donar un penic al sindicat ni als vaguistes perquè no passin gana [...].
>
> Però jo pertanyo al sindicat; i crec que és l'única cosa que beneficia el treballador. I he sigut vaguista i sé què és passar gana; així és que, si aconsegueixo un xíling, sis penics seran per a ells si m'ho demanen.
>
> ELIZABETH GASKELL, *Nord i sud*, 1855

> Maheu era el qui patia més. Dalt de tot la temperatura arribava a trenta-cinc graus; l'aire no circulava i, a la llarga, s'hi sentia un ofec mortal. Per veure-s'hi havia hagut de penjar la llàntia en un clau, prop del seu cap, i aquesta llàntia, que li escalfava la closca, acabava encenent-li la sang. El que més el turmentava, però, era la humitat. Al damunt d'ell [...] el rocam suava aigua.
>
> ÉMILE ZOLA, *Germinal*, 1885

1. Quins termes o expressions dels dos textos et resulten complicats d'entendre? Consulta la unitat.
2. Extreu les idees principals dels dos textos. Elabora un esquema amb la informació de cada text i assenyala quina validesa tenen per conèixer la història del moment.
3. Busca informació i redacta una fitxa sobre cadascuna de les obres, els seus arguments i els seus autors.
4. El lloc de treball en els dos textos és diferent. No obstant això, com són les condicions laborals dels protagonistes?
5. Quin és el paper de la literatura com a font històrica avui dia?

UNITAT 3

QUÈ HAS APRÈS?

LA REVOLUCIÓ INDUSTRIAL

- **CARACTERÍSTIQUES**
  - Primera Revolució Industrial
    - S'inicia a la Gran Bretanya
    - Condició prèvia → La revolució ... Agraria Britanica
    - Font d'energia → ...
    - Indústria predominant → ...
    - Nous mitjans de transport
      - ...
      - ...
  - Segona Revolució Industrial
    - Noves fonts d'energia
      - Petroli
      - ... electricitat
    - Indústria predominant → ... Siderurgica
    - Nous mitjans de transport
      - Locomotores elèctriques
      - Automòbil
      - Avió
    - Nous països industrialitzats
      - Europa
        - ... França
        - ... Belgica
        - ... Alemanya
      - Amèrica → ... Estats Units
      - Àsia → Japó

- **SOCIETAT**
  - Estructura
    - Noves classes socials
      - ... Burgesia
      - ... Proletariat
      - ... Classe Mitjana
    - Creixement de la població
    - Creixement urbà
      - Eixamples burgesos
      - Suburbis obrers
  - Moviment obrer
    - Primeres manifestacions → Luddisme
    - Primers sindicats → ... Trad
    - Socialisme utòpic:
      - Owen
      - ... Saint Simons
    - Socialisme científic: manifest comunista
      - ... Marx
      - Engels

- **INDUSTRIALITZACIÓ DE CATALUNYA**
  - Economia bàsicament agrària
    - Endarreriment tecnològic
  - Indústria tèxtil
    - Localització
      - Costa ... Brava
      - ... Colònies industrials
    - Fonts energia
      - Vapor
      - ... Idraulica
    - Problemes
      - Manca de carbó
      - Mercat poc desenvolupat → ...
      - Transports insuficients → Xarxa ... de ferrocarril escassa
  - Nova societat
    - Grup social majoritari → Pagesia
    - Grups socials en ascens
      - Burgesia
      - ... Proletariat → Moviment obrer

Repassa amb l'esquema

1. Copia l'esquema de la unitat i completa els textos que hi falten.

2. Llegeix aquest text i fes les activitats.

«D'oceà a oceà», diuen els americans, i aquestes paraules haurien de ser la denominació general del gran ferrocarril que travessa els Estats Units d'Amèrica per la banda més ampla. En realitat, però, el Pacific Rail Road es divideix en dues parts: Central Pacific, entre San Francisco i Ogden, i Union Pacific, entre Ogden i Omaha. Allí enllacen cinc línies diferents, que comuniquen Omaha amb Nova York.

Nova York i San Francisco es troben, doncs, actualment, unides per una via fèrria ininterrompuda d'almenys tres mil setcentes vuitanta-sis milles [...]. Abans, en les circumstàncies més favorables, calien sis mesos per anar de Nova York a San Francisco. Ara n'hi ha prou amb set dies.

JULES VERNE, *La volta al món en vuitanta dies*, 1873

a. Resumeix el que diu el text.

b. Relaciona-ho amb el moment històric al qual es refereix.

c. Fes una relació dels beneficis de la línia de ferrocarril.

3. Explica el significat dels termes següents:

socialisme utòpic, manifest comunista, lliurecanvisme, Realisme, proletariat, exposicions universals

4. En aquesta imatge es presenta el Palau de Cristall, del parc d'El Retiro, a Madrid. Busca informació i contesta les preguntes següents:

a. Aquest tipus de construccions formaven part d'un conjunt d'edificis més extens. Quin era aquest conjunt d'edificis? Per a què es feien?

b. Quins materials es van utilitzar en la construcció?

c. Actualment, quina és la funció de l'edifici?

5. En una novel·la de mitjans del segle XIX hi ha aquest diàleg entre un acomodat agricultor anglès i el seu hoste:

—Estic llegint *Agricultural Chemistry* —va dir el baronet— perquè em faré càrrec personalment d'una de les meves granges, per veure si puc establir un bon model de treball entre els meus arrendataris.

—És un gran error —va interrompre el senyor Brooke— ficar-se a mecanitzar les terres i a convertir els estables en salons. No servirà de res. Va haver-hi un temps en què jo també m'inclinava per la ciència, però vaig veure que no funcionava.

GEORGE ELIOT, *Middlemarch*, 1874

a. Quina posició manté cadascun dels interlocutors?

b. A qui ha donat la raó la història i per què?

6. Copia i completa la taula següent:

	AVENÇOS CIENTÍFICS	ECONOMIA	POLÍTICA	SOCIETAT
1850-1859	●●●	●●●	●●●	●●●
1880-1889	●●●	●●●	●●●	●●●
1890-1899	●●●	●●●	●●●	●●●

a. Busca informació sobre els avenços científics i tecnològics i sobre els esdeveniments econòmics, socials i polítics més importants que van tenir lloc en aquestes dècades.

b. Elabora en forma de titular de premsa alguns dels esdeveniments assenyalats.

7. Llegeix la notícia sobre l'incendi de la fàbrica Bonaplata de Barcelona per part dels obrers i respon:

I quan totes les nacions d'Europa recompensin amb generositat els inventors d'un descobriment que acceleri els motors de les màquines de vapor per donar més vigor a la indústria [...]; quan sense el vapor serem sempre i necessàriament tributaris de la indústria estrangera perquè mai no hi podrem rivalitzar ni competir [...]: no és un enemic del poble el que indueix a cremar les màquines de vapor? [...] Podrem mai sense el vapor fabricar les manufactures que hem de comprar ara a l'estranger? I en què s'ocuparien els braços del jornaler espanyol?

El Vapor, 10 d'agost del 1835

a. Quina opinió defensa el diari sobre els fets?

b. Quina imatge dona del grau d'industrialització d'Espanya en aquest moment?

c. Quins avantatges diu que tindrà la industrialització sobre l'economia i el treball?

Mapa conceptual

Comprova el que saps

Com treballaven les dones i els nens durant la Revolució Industrial?

Llegeix el text següent i fes les activitats que es plantegen a continuació.

–I quin és el nivell dels salaris en aquesta part del món, Lord Marney? –va preguntar Mister Lys.

–Guanyen vuit xílings a la setmana.

–Pot viure un treballador amb una família, potser de vuit fills, amb vuit xílings a la setmana?

–Sobre això –va dir Lord Marney–, he descobert que com més alts són els salaris, pitjor és l'obrer. Només es gasten els diners en les cerveseries.

–Però què vol que faci un pobre home –va dir Mister Lys– després del seu treball diari si torna a sa casa i no troba una llar?: el foc apagat, el menjar sense preparar; la companya de la seva vida, fatigada pel treball a la fàbrica, encara absent o potser al llit, exhausta. Hem apartat la dona de la seva esfera; pot ser que hàgim rebaixat els salaris en introduir-la al mercat de treball; però, en aquestes circumstàncies, allò que anomenem vida familiar és una condició impossible de dur a terme per a la gent d'aquest país i, per tant, no ens ha de sorprendre que busquin un refugi en la cerveseria.

BENJAMIN DISRAELI, *Sybil o les dues nacions*, 1845

ANALITZA LA IMATGE

No solament la dona s'havia incorporat al treball a les fàbriques, sinó que també ho havien fet els nens. A la imatge de sota en veiem alguns treballant en una mina.

5. Les dones i els nens cobraven salaris més baixos que els homes adults. Creus que aquesta discriminació salarial continua passant actualment? Raona la resposta.
6. Informa't sobre les condicions de vida que tenia la classe proletària a les ciutats industrials durant el segle XIX.

COMPRÈN, SINTETITZA I DEDUEIX

1. Quines opinions es donen en el text sobre els salaris i la qualitat de vida de la classe obrera?
2. Què vol dir que s'ha «apartat la dona de la seva esfera»?
3. Quin era, segons aquesta descripció, el rol de la dona en la nova societat industrial?
4. Quin efecte va tenir sobre els salaris la incorporació de les dones al treball a les fàbriques?

APRÈN AMB EL CINEMA

La pel·lícula *Germinal* (1993), de Claude Berri, basada en una novel·la d'Émile Zola (publicada el 1885), retrata les dures condicions de treball a les mines en el segle XIX.

També aborda l'explotació laboral infantil i la discriminació de la dona, les formes d'organització i lluita del proletariat i el desenvolupament i la difusió d'ideologies.

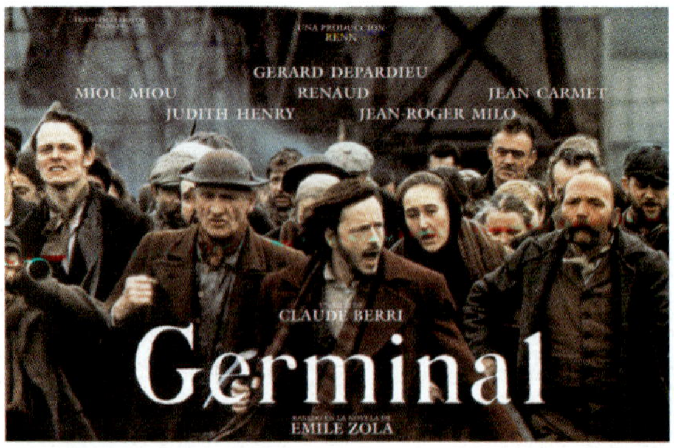

Una altra pel·lícula, *En terra d'homes* (2005), de Niki Caro, està inspirada en fets reals, ocorreguts l'any 1989, i delata la discriminació sexual que patien les dones en una mina als Estats Units.

7. Explica quin paper tenien les dones en cada pel·lícula i, després, elabora un informe sobre la discriminació laboral de les dones actualment.

REFLEXIONA

El 24 d'abril de l'any 2013 es va esfondrar a la ciutat de Dacca, a Bangla Desh, una fàbrica tèxtil que proporcionava manufactures a les grans cadenes de moda internacionals. Hi van morir més de mil persones –la majoria dones– i en van resultar ferides dues mil cinc-centes.

La tragèdia va evidenciar que les condicions de treball eren semblants o pitjors que les de la Revolució Industrial del segle XIX. Es calcula que al món funcionen quatre mil fàbriques en aquestes condicions, on treballen dos milions d'obreres (en la major part de fàbriques són dones).

A la frontera de Mèxic amb els Estats Units, les maquiladores cobren una sisena part del salari mitjà de l'altre costat de la frontera i exerceixen la seva feina en condicions pèssimes. Algunes personalitats de la moda, com Stella McCartney, dissenyen col·leccions ECO i fomenten iniciatives com l'ETI (iniciativa de comerç ètic), que lluita per millorar les condicions laborals d'aquestes treballadores.

Les peces identificades amb l'etiqueta de comerç just garanteixen que han estat fabricades respectant el medi ambient, la salubritat del treball i unes condicions salarials justes.

8. En el text es parla que les condicions de treball a la fàbrica tèxtil de Bangla Desh eren semblants a les del segle XIX o fins i tot molt pitjors. Relaciona aquesta afirmació amb el que has estudiat i explica en quina situació laboral es trobaven les dones que treballaven a la fàbrica esfondrada de Dacca.
9. Busca informació sobre les maquiladores. Quin tipus de feina fan? Com són les seves condicions laborals?
10. Fes una presentació interactiva sobre el procés d'elaboració i venda d'una peça que porti un etiquetatge de comerç just. Reflexiona sobre les repercussions de comprar roba amb aquestes característiques.

OBSERVA I SINTETITZA

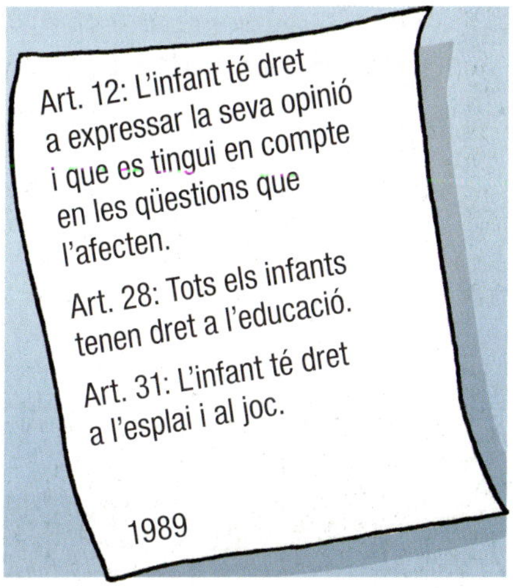

11. Al segle XIX, des d'edats molt precoces, els nens havien de començar a treballar; com repercutia això en la seva educació i formació?

12. En les condicions de treball descrites, com creus que es veien afectades la salut, l'esperança de vida i el benestar general dels nens?

UNITAT 4

LES GRANS POTÈNCIES I L'IMPERIALISME

EN AQUESTA UNITAT APRENDRÀS...

- Com van ser les unificacions d'Itàlia i Alemanya.
- Quines eren les grans potències al final del segle XIX.
- Què s'entén per *imperialisme* i com es va desenvolupar el procés colonitzador.
- Quins canvis socials es van produir a l'època.
- Quines transformacions van experimentar els estils artístics.
- Com va transcórrer el regnat d'Isabel II i què va passar després que fos derrocat.
- Com era el sistema de la Restauració i què va suposar el Desastre del 98.

Mira més enllà

L'inici de la globalització?

La il·lustració d'en Joseph Ferdinand Keppler que tens a l'esquerra mostra la disputa de diversos animals per una presa caiguda, un drac, en el qual hi ha escrit «XINA». Cada animal representa un dels grans països (d'esquerra a dreta i de dalt a baix: els Estats Units, Rússia, el Japó, Alemanya, França, el Regne Unit, Àustria i Itàlia). Tots volen repartir-se molt més que la Xina: es disposen a repartir-se el món. És l'anomenada època de les grans potències i dels imperialismes.

- Per quin motiu el drac té cara humana i una trena ben llarga? Per què ha caigut i es troba enmig de les potències?
- Quin animal representa cadascun dels països que surten en la caricatura? Per què alguns porten corona i d'altres no? Què tenen en comú? Quina és la seva actitud?
- Per què en l'escena no hi ha Espanya?

L'home europeu se sentia cridat a emprendre una missió civilitzadora; volia estendre arreu tot el que hi havia d'important en el seu món. Però en el desenvolupament d'aquest procés va trencar les estructures socials i econòmiques dels territoris colonitzats.

- Com va afectar el colonialisme els països colonitzats?

El 17 de novembre del 1863, la Societat Antropològica de Londres va celebrar una de les seves sessions. En l'acta d'aquesta reunió es va recollir, entre d'altres, la conclusió següent: «Que el negre només pot ser humanitzat i civilitzat pels europeus.»

- Com qualificaries aquesta conclusió?
- Com va poder ser utilitzada pels partidaris de l'imperialisme?

Per primera vegada en la història, l'any 1900 era possible parlar d'economia mundial. Però no tots els pobles participaven en els mateixos termes en aquella evolució global. Els *occidentals* eren els que n'obtenien els beneficis més grans.

- Creus que avui dia es pot parlar d'economia mundial? I de desequilibris semblants a aquells que es descriuen en el text?

1. L'auge del nacionalisme a Europa

Otto von Bismarck va ser conegut com el *Canceller de Ferro* per la seva determinació a l'hora de crear un sistema d'aliances internacionals, que van permetre la supremacia d'Alemanya.

Entre el 1848 i el 1870, **el mapa d'Europa es va modificar** per la competència de les potències continentals per l'hegemonia i pel nacionalisme insatisfet de nacions sense estat propi, com Alemanya, Itàlia o Polònia.

França: el Segon Imperi

El 1851, el president de la República, Lluís Bonaparte, va encapçalar un cop d'estat, es va proclamar emperador amb el nom de **Napoleó III** i va instaurar el Segon Imperi.

Aquest règim era una síntesi de liberalisme i ordre. El seu prestigi es basava en l'herència dinàstica i en una política exterior agressiva. Entre el 1851 i el 1870, Napoleó III va intervenir en totes les **crisis entre les grans potències**.

La unificació d'Alemanya

Després del fracàs del 1848, el **nacionalisme alemany** es va dividir en dos:

- Els partidaris de la **gran Alemanya**, agrupada entorn d'Àustria, potència catòlica el monarca de la qual havia sigut emperador del Sacre Imperi fins al 1806.
- Els que preferien una **petita Alemanya** dirigida per **Prússia**, potència protestant, sense Àustria.

EL PROCÉS D'UNIFICACIÓ ALEMANYA

El canceller prussià **Otto von Bismarck** va aconseguir la unificació a través d'una sèrie de **guerres** amb els estats veïns:

- **Guerra dels Ducats** (1864), que va enfrontar Àustria i Prússia contra Dinamarca per la possessió dels ducats de Schleswig i Holstein, de parla alemanya.
- **Guerra Austroprussiana** (1866), a propòsit de l'administració d'aquests ducats. Prússia es va imposar després d'una curta campanya, en la qual va demostrar la seva superioritat militar i va aconseguir la unificació del nord d'Alemanya.
- **Guerra Francoprussiana** (1870-1871). L'enfortiment de Prússia va incrementar la rivalitat amb França. Els prussians van vèncer Napoleó III en la batalla de Sedan i van envair França. La pau es va signar el gener del 1871.

El rei de Prússia, **Guillem I**, va ser proclamat **kàiser** en el mateix Palau de Versalles. El **Segon Reich** o Imperi alemany tindria una estructura federal. Alemanya es va annexionar dues províncies franceses de llengua alemanya, **Alsàcia i Lorena**.

Analitza la informació

- En quines etapes es va desenvolupar la unificació d'Alemanya?
- Qui va ser la figura més representativa de la unificació?

La unificació italiana

El cas d'Itàlia era molt complex, a causa de l'ocupació del nord-est de la península Itàlica per una potència estrangera, Àustria, i la presència dels **Estats Pontificis**, que obligava el nacionalisme a enfrontar-se al poder temporal del Papa.

L'estat que va canalitzar el sentiment nacionalista va ser el **Piemont**, el monarca del qual, **Víctor Manuel II**, era rei de Sardenya. El protagonista de la unificació va ser el primer ministre piemontès **Cavour**, que va recollir els fruits de les idees republicanes de Giuseppe **Mazzini** i de les gestes militars de Giuseppe **Garibaldi** i els seus camises vermelles.

Camillo Benso, comte de Cavour.

LES FASES DE LA UNIFICACIÓ D'ITÀLIA

Les **etapes** del procés d'unificació van ser:

- **Annexió de la Llombardia** (1859)

  Es va aconseguir després de derrotar Àustria amb suport de la França de Napoleó III. No obstant això, Venècia va quedar en mans austríaques.

- **Incorporació del regne de les Dues Sicílies** (1860-1861)

  Insurrecció nacionalista en els ducats de **Parma, Mòdena** i **Toscana**, i en **la Romanya** papal. Es van celebrar plebiscits que van sancionar l'annexió d'aquests territoris al Piemont.

  Al mateix temps, un exèrcit de voluntaris (els camises vermelles) encapçalats per Garibaldi va conquistar el **regne de les Dues Sicílies** (Nàpols i Sicília). Mentrestant, els piemontesos van envair l'**Úmbria** i les **Marques** (Estats de l'Església). Després d'annexionar-se aquests territoris, Víctor Manuel es va proclamar **rei d'Itàlia** (1861).

- **Incorporació del Vènet** (1866)

  Agregat pel regne d'Itàlia després de la derrota austríaca en la guerra contra Prússia.

- **Incorporació de Roma** (1870)

  Aprofitant la Guerra Francoprussiana, les tropes italianes van entrar a **Roma**. El papa **Pius IX**, en protesta per l'ocupació, es va proclamar presoner al Vaticà.

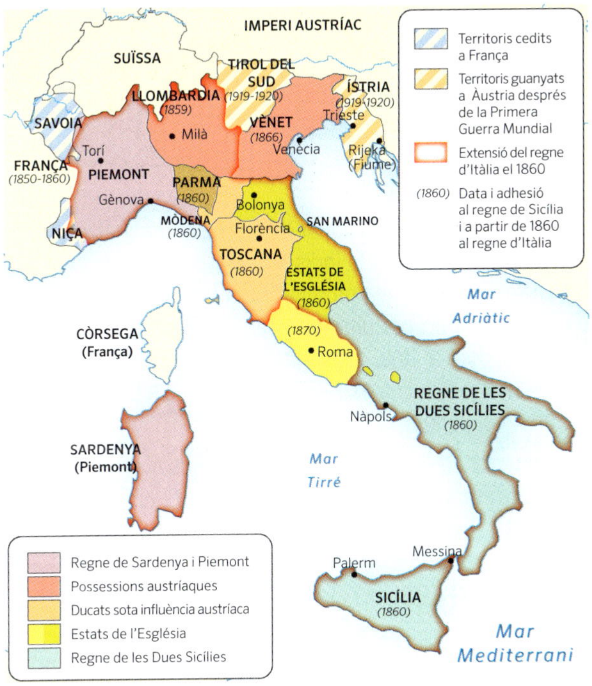

Analitza la informació

- Quants estats hi havia abans de la unificació?
- Quin paper va exercir França en la unificació italiana? Com va ajudar Prússia al procés unificador italià?

ACTIVITATS

1. Consulta i compara els mapes interactius de les unificacions d'Alemanya i d'Itàlia. Després, digues les similituds i les diferències entre les dues.
2. Quin va ser el model d'estat que va implantar Napoleó III?
3. Busca informació sobre Bismarck i sobre Garibaldi, i escriu una biografia breu de cadascun.
4. Respon a les preguntes que hi ha a continuació sobre l'òpera *Nabucco* de Giuseppe Verdi.

   a) A quin període musical va pertànyer Giuseppe Verdi?

   b) Quin és el tema principal de l'obra? Per què creus que es va convertir en un símbol de la unificació?

   c) Què és el *Risorgimento* italià?

2. Les grans potències europees

Després de les unificacions d'Itàlia i d'Alemanya, Europa havia experimentat canvis profunds. Ara s'asseien a la taula de les grans potències tres imperis en decadència (l'austrohongarès, el rus i el turc); dos estats nous (Itàlia i Alemanya); una França que construïa una nova república, i un Regne Unit cada vegada més abocat als seus interessos ultramarins.

La reina Victòria

El kàiser Guillem I

La República Francesa

Regne Unit

Del 1837 al 1901 va regnar Victòria I. L'Anglaterra victoriana va exercir la indiscutible **hegemonia econòmica** a escala mundial i va expandir el seu enorme **imperi** per ultramar. Tan sols va trobar competidors al final del segle XIX a Alemanya o en noves potències extraeuropees com els Estats Units o el Japó.

A l'interior, la política britànica es va basar en l'**alternança** entre el partit conservador i el partit liberal.

França

Després de la caiguda de Napoleó III es va proclamar la **Tercera República**. L'aprovació de la Constitució el 1875 va donar pas a una època de **prosperitat, estabilitat** i desenvolupament cultural. Es van ampliar els **drets civils** (sufragi universal masculí) i es va legalitzar el moviment obrer.

Imperi alemany

Després de la unificació, Alemanya es va transformar en una **gran potència**. L'imperi es va organitzar entorn de Prússia i Guillem I. El canceller **Bismarck** es va convertir en àrbitre de les relacions internacionals europees entre el 1870 i el 1890.

Alemanya es va organitzar com un **sistema parlamentari** bicameral. La seva avançada **legislació social** va aconseguir, a més, mantenir les demandes obreres en posicions moderades, defensades sobretot pel **partit socialdemòcrata**.

L'emperador Francesc Josep

El tsar Alexandre II

El sultà otomà Abdul Hamid II

Grans imperis

A més de les potències occidentals, pervivien al centre i est d'Europa l'Imperi **austrohongarès**, el **rus** i l'**otomà**, que estaven en un clar estat de decadència.

Els principals problemes dels grans imperis provenien de les **diverses nacionalitats** que els componien i que reclamaven ara la independència, i també de l'estructura política, econòmica i social que els constituïa, que havia evolucionat molt poc al llarg del segle XIX.

Treballa amb el mapa

5. Quins trets van caracteritzar la política exterior d'Alemanya després de la unificació?

6. Indica alguns elements clau de la política britànica.

7. Tria un dels tres imperis de l'est d'Europa i investiga sobre les nacionalitats i l'àmbit territorial que comprèn.

ELS DRETS DELS COLONITZATS

El 28 de juny del 1885, l'Assemblea Nacional de França va tenir un enfrontament entre dos dels seus representants.

DIPUTAT 1: Quina classe de civilització és aquesta que s'imposa a canonades?

DIPUTAT 2: Senyors! Cal dir obertament que, en realitat, les races superiors tenen un dret respecte de les races inferiors.

DIPUTAT 1: S'atreveix a dir això al país en què es van proclamar els Drets de l'Home?

DIPUTAT 2: Repeteixo que hi ha un dret per a les races superiors, perquè hi ha també un deure. Tenen el deure de civilitzar les races inferiors.

Analitza la informació

- Resumeix les posicions de cadascun dels diputats.
- A quina declaració es refereixen?
- Creus que el diputat 1 diu que els seus oponents són hipòcrites? Per què?

FES VALER

Respecte a les cultures

En el procés d'expansió colonial europea, els altres pobles eren considerats inferiors i necessitats de tutela i protecció.

En el nostre món globalitzat hem de tendir a una entesa mútua. No es tracta d'imposar un model cultural, sinó de reconéixer i respectar altres cultures inspirant-nos en criteris ètics.

Observa com es va manifestar el concepte de supremacia de la raça blanca en la cultura de l'època.

3. L'imperialisme: l'expansió colonial

El nou imperialisme

A partir del segle XV, els europeus van construir grans imperis colonials a ultramar, sobretot a Amèrica. Aquest **primer colonialisme** va entrar en crisi després de la independència dels Estats Units. Al començament del segle XIX, la majoria d'aquestes colònies ja s'havia emancipat.

Encara que la **nova fase** d'expansió colonial va començar cap al 1830, va ser a partir del 1870 quan els imperis van arribar al màxim apogeu, i es van assegurar el domini econòmic i cultural (i, en moltes ocasions, també el control polític directe) sobre la resta del món.

Les causes econòmiques

La Revolució Industrial va proporcionar als europeus els **mitjans** necessaris per reforçar el seu poder sobre el conjunt de la humanitat gràcies a **la superioritat tècnica, organitzativa i econòmica** que tenien, sense que les societats tradicionals poguessin defensar-se amb èxit si no es transformaven a fons. Però, a més, hi havia importants motius econòmics que impulsaven l'expansió colonial:

- Les colònies subministraven a la metròpoli **matèries primeres i mà d'obra barata** per extreure-les; al seu torn, eren també **mercats** (que la metròpoli s'assegurava amb mesures proteccionistes) per a les seves manufactures.
- Els europeus, que acumulaven el 60 % de les reserves d'or de tot el món, buscaven territoris per poder invertir el seu **excedent de capital** per obtenir la màxima rendibilitat.

Les xarxes del colonialisme, però, s'estenien també a **països sobirans** que devien grans capitals als europeus, com l'Imperi otomà o el xinès, situació que permetia que les potències creditores els imposessin la política duanera o monetària. Europa era com un immens banc que cobrava les rendes de tot el planeta.

Els monarques britànics visiten l'Índia l'any 1911.

El factor demogràfic

La transició al règim demogràfic modern va produir una autèntica **explosió blanca**: entre el 1850 i el 1914, la població europea va augmentar un 75 %, a pesar de l'**emigració** cap a **ultramar**. Algunes colònies, majoritàriament de clima temperat, absorbien bona part de l'excedent demogràfic de la metròpoli: aquesta era la funció del **Canadà** o **Austràlia** en el cas britànic, d'**Algèria** en el francès o de **Cuba** en l'espanyol; però la major part dels emigrants europeus s'establia en antigues colònies que ja eren independents, com els **Estats Units**, el **Brasil** o l'**Argentina**.

L'augment de la pressió demogràfica per la immigració europea impulsava la conquesta efectiva i la colonització de territoris ocupats per **pobles indígenes**, com en el cas de l'oest americà.

Les societats resultants, configurades segons el model europeu, es convertien en **exportadores** d'aliments i matèries primeres.

L'emigració de població europea es va dirigir cap a les colònies i, sobretot, als països independents d'Amèrica.

Motius polítics

En l'imperialisme hi influïen també motius polítics:

- Algunes colònies no tenien interès econòmic, però estaven en **una situació estratègica** que permetia el domini de les rutes marines, com els enclavaments britànics de Gibraltar, Malta o Aden.
- Les colònies donaven **prestigi**: es considerava que la possessió d'un imperi era condició per accedir a l'estatus de gran potència.

Entre el 1870 i el 1890, l'**escalada imperialista** va portar al repartiment dels territoris susceptibles de colonització. Al final de segle, quan aquests territoris es van acabar, hi va haver un augment de la **tensió internacional**, amb crisis, com l'incident de Fashoda entre França i el Regne Unit (1898), i guerres, en què les grans potències agredien les més dèbils per arrabassar-los les colònies, com en la **Guerra Hispanonord-americana** del 1898.

La coartada ideològica

L'imperialisme resulta incomprensible si s'ignora la coartada intel·lectual per justificar-lo: el **racisme**. Els europeus d'aquesta època estaven convençuts que la raça blanca era superior i que tenien el dret, i fins i tot el deure, de dominar tota la humanitat.

!

PER SABER-NE MÉS

Al llarg del segle XIX, nombroses manifestacions culturals van mostrar la ideologia racista que va imperar entre les potències colonitzadores i que va justificar les accions fetes a les colònies.

Aquestes manifestacions, fonamentades en el concepte de **supremacia de la raça** blanca, van continuar tenint lloc durant el segle XX. Un exemple significatiu d'això és el còmic *Tintín al Congo*, que es va publicar setmanalment des del maig del 1930 fins al juny del 1931. Era el segon volum de *Les aventures de Tintín*, la sèrie d'historietes il·lustrades creada pel dibuixant Georges Rémi, més conegut amb el pseudònim *Hergé*. Narra la història del jove reporter Tintín i el seu gos, Milú, que són enviats al Congo per fer un reportatge sobre aquest país. Al final del segle XX, el còmic va rebre diverses crítiques per la seva visió dels congolesos, que era titllada de racista, motiu pel qual va ser portat als tribunals.

- Quin és el país d'origen de l'autor del còmic? Quin vincle hi ha entre aquest país i el Congo?
- Si l'autor no va visitar mai aquesta regió africana, per què creus que plasma aquesta imatge dels congolesos?
- Si algú et preguntés si una raça és superior a una altra, què li contestaries? Per què?

ACTIVITATS

8. Quines van ser les causes econòmiques de l'imperialisme?
9. Com va afectar alguns països sobirans d'Àsia?
10. Explica com hi va contribuir el factor demogràfic.
11. Quins motius polítics hi van influir?
12. Com es va justificar intel·lectualment l'imperialisme?
13. El 1860, un colonitzador va escriure sobre els colonitzats: «Tracteu-los com a nens.» Escriu un comentari sobre les implicacions d'aquest consell.
14. Busca informació sobre l'incident de Fashoda i redacta'n un informe breu.
15. En què es diferencia l'imperialisme del colonialisme tradicional? Investiga-ho.

4. L'imperialisme: els imperis colonials i les noves potències

L'expansió europea

Al segle XIX, les potències europees van conquistar extensos territoris de la resta del món. Generalment, el domini de les colònies va estar precedit d'exploracions geogràfiques i viatges científics.

- A **Àfrica**, les exploracions geogràfiques, com les de Livingstone i Stanley, l'activitat dels missioners i l'interès pels recursos africans van portar els europeus a dominar el continent.

  Per evitar conflictes entre les potències, el 1885 es va celebrar la **Conferència de Berlín** per al repartiment d'Àfrica.

- A **Àsia**, la penetració imperialista va ser encapçalada pel **Regne Unit**, que es va assentar en la península de l'Hindustan, Birmània i Malàisia; **Rússia**, que es va expandir per l'Àsia central i Sibèria; i **França**, que va ocupar la Indoxina. A més, els **Països Baixos** van mantenir el control sobre les illes d'Indonèsia.

  A la **Xina**, els britànics van aconseguir concessions comercials després de les **Guerres de l'Opi**, encara que la presència estrangera va provocar revoltes nacionalistes.

- A **Oceania**, la presència occidental va començar amb l'establiment dels **britànics** a Austràlia, des d'on van passar a Nova Zelanda. Els **francesos** van aconseguir el domini de diverses illes de Polinèsia; a aquests els van seguir els **alemanys**, que van comprar a Espanya les illes Mariannes i les Palau.

PER SABER-NE MÉS

El periodista Henry M. Stanley es va fer famós per un episodi ocorregut el 1871. Feia tres anys que no hi havia notícies d'un missioner britànic perdut a l'interior d'Àfrica, el doctor David Livingstone. Stanley va organitzar una expedició i es va endinsar en territoris inexplorats. Es diu que, quan finalment el va trobar, es va treure el barret i el va saludar amb aquestes paraules: «El doctor Livingstone, suposo.» La frase ha quedat com a exemple de la flegma o impassibilitat britànica. Stanley va tornar després a Àfrica, on va explorar els llacs Victòria i Albert i va recórrer el riu Congo.

Trobada entre el periodista Stanley i el missioner Livingstone.

- Livingstone es va convertir en representant del que s'han anomenat *les tres ces*: cristianisme, civilització i comerç. Explica la relació que establien els colonialistes entre aquests tres conceptes.

ELS IMPERIS COLONIALS EL 1914

L'expansió de les potències extraeuropees

A la segona meitat del segle XIX, altres països industrialitzats es van incorporar a la carrera pel repartiment del món:

- **Els Estats Units**. Es van expandir cap a l'oest de l'Amèrica del Nord a costa de la població indígena, alhora que, invocant la **doctrina Monroe** («Amèrica per als americans»), van proclamar el seu dret a intervenir a l'Amèrica del Sud i el Carib. Posteriorment, van ocupar l'arxipèlag de Hawaii i, després de derrotar Espanya el 1898, van aconseguir el domini de Puerto Rico i les Filipines.

  El 1904, el president Theodore Roosevelt va declarar el continent americà com a àrea de legítima expansió nord-americana.

- **El Japó**. La **Revolució Meiji** (1868) va precipitar la caiguda del règim feudal japonès i l'establiment d'un sistema polític similar a l'europeu. Això va afavorir la industrialització del Japó i l'expansió per Corea i la Xina. Per a això, el Japó va derrotar els xinesos el 1895 i els russos l'any 1905. Aquestes victòries van possibilitar el domini japonès de Formosa (Taiwan), les illes Pescadores (Penghu) i Corea.

Treballa amb el mapa

16 Observa el mapa. Quins països europeus tenien colònies a Àfrica? I a Àsia? Quins estats no europeus van seguir processos d'expansió i cap a quins territoris?

17 Tria un imperi colonial i enumera'n totes les colònies.

PARA'T A PENSAR

Com es va dur a terme el domini dels territoris?

La Revolució Industrial havia suposat un pas de gegant en el desenvolupament de l'economia i de la societat: més producció, més aliments, menys mortalitat, millors mitjans de transport, etc. Per tot això, els europeus se sentien orgullosos i superiors. Volien estendre els èxits i els beneficis de la seva civilització a altres cultures, que consideraven endarrerides.

1. El ferrocarril es va convertir en el mitjà de transport essencial per estendre la conquesta de territoris i assegurar el subministrament de matèries primeres.
2. Els tractats amb els caps indígenes es van fer amb criteris de desigualtat i sense tenir en compte els interessos dels pobles indígenes.
3. A la febre expansionista s'hi van unir també potències extraeuropees com el Japó i els Estats Units.
4. La major part dels territoris dels països africans i asiàtics actuals han heretat els límits fronterers dissenyats pels països que els van colonitzar.

Analitza un cas: l'imperialisme anglosaxó

1. Les noves vies de comunicació

En la novel·la *Kim*, publicada l'any 1901, l'escriptor anglès Rudyard Kipling explica les aventures d'un orfe que recorre l'Índia acompanyant un lama (un mestre budista). En un passatge arriben a una estació de ferrocarril. Allà es desenvolupa aquesta escena:

> El lama va recular davant la porta oberta i atapeïda de gent d'un vagó de tercera classe. «No valdria més anar-hi caminant?», va dir amb timidesa.
>
> Un robust artesà sikh va treure la seva cara barbuda. «Té por? No tingueu por! Recordo quan el tren me'n feia, de por. Entreu. Aquesta cosa és obra del Govern.»

En un altre punt, el seu viatge transita per una carretera. El descriu així:

> I realment la Grand Trunk Road és un espectacle fascinant. S'estén en línia recta, resistint l'intens trànsit indi sense embussar-se durant mil cinc-centes milles [equivalents a uns dos mil quatre-cents quilòmetres], un riu de vida com no n'hi ha cap altre enlloc del món.

Portada de la novel·la *Kim*.

2. Tractats desiguals

Explotació d'homes a Àfrica al principi del segle XX.

El 1884, Stanley va signar, en nom de l'Associació Internacional Africana (una empresa colonitzadora), un tractat amb els caps de les tribus del Congo. Aquestes són algunes de les seves clàusules:

> Els caps de Mafela i de Ngombi reconeixen que l'Associació Internacional Africana s'estableixi als seus països per al progrés de la civilització i del comerç. Cedeixen ara i per sempre a l'Associació la sobirania i tots els drets de govern sobre els seus territoris [...]. Tots els camins terrestres o vies fluvials que recorren el territori, el dret d'imposar peatges, la costa, els drets de pesca, mines i boscos són d'absoluta propietat de l'Associació. L'Associació s'obliga a pagar als caps una peça de tela per mes.

3. L'expansió d'una altra potència anglosaxona

Yancey, un dels protagonistes de la novel·la *Cimarron*, explica que acaba de tornar de la carrera, un dels episodis més coneguts de la conquesta de l'oest nord-americà: milers de colons van ser convocats un dia a una carrera; el qui arribés primer a una terra se la quedava en propietat.

Arribem per fi al límit assenyalat. Ningú no podia trepitjar la nova terra fins al migdia de l'endemà quan sonessin els tirs anunciadors de la sortida. Dos milions d'acres [un acre equival a poc més de quatre mil metres quadrats] anaven a ser cedits graciosament. Al migdia es donaria el senyal [...]. Colonitzar un nou país requereix generacions senceres i centenars d'anys; aquest seria habitable en una nit [...]. Ahir un erm (llevat d'algunes tribus d'indis) i avui un imperi.

EDNA FERBER, *Cimarron*, 1929

4. Els efectes a l'Àfrica actual

REFLEXIONA

1. Quins factors van permetre que Europa dominés el món?
2. Segons els textos de *Kim*, quins avenços de la civilització occidental havien arribat a l'Índia? Com encaixaven en les tradicions del país?
3. Què opines dels termes del tractat signat entre Stanley i els caps del Congo?
4. A *Cimarron* es parla d'un «erm (llevat d'algunes tribus d'indis)». Et sembla que era un erm?

RELACIONA

5. Situa cadascun dels textos en el context històric corresponent i explica quina relació tenen.
6. Observa el mapa de les fronteres africanes actuals i el tipus de línies que les separen. Creus que es van traçar amb criteris geogràfics i ètnics, o amb uns altres? Redacta un informe sobre els efectes previsibles d'aquesta manera de traçar les fronteres.

La reforma urbanística de París va ser dissenyada pel baró Haussmann entre els anys 1853 i 1869.

5. La societat de la segona meitat del segle XIX

Fruit de la Segona Revolució Industrial va sorgir una societat caracteritzada pel **predomini de la vida urbana** sobre la rural i per una composició peculiar.

- **Burgesia i noblesa**. Aquests dos grups s'havien aliat; la burgesia revolucionària de l'època romàntica s'havia convertit en una **classe conservadora**.
- **Classes mitjanes**. Amb el creixement de les ciutats, el sector de serveis va augmentar a un ritme més ràpid encara que l'industrial. Lligades a aquest sector, guanyaven pes així les classes mitjanes, que esmorteïen les tensions entre les classes altes i les baixes.
- **Pagesia i proletariat**. La pagesia havia disminuït a un ritme accelerat, al mateix temps que augmentava el proletariat. Cap al 1900, la classe obrera constituïa gairebé la meitat de la població britànica, i més d'un terç de l'alemanya i la francesa.

Un estat del benestar

Mentre s'estenia el sufragi universal masculí, l'estat començava tímidament a ocupar-se del **benestar** de la població, en part per frenar els progressos del socialisme. Es van elaborar les primeres lleis d'**ensenyament obligatori** i van sorgir iniciatives per implantar **sistemes d'assegurances de malaltia i de vellesa**. Els avenços en la salut pública i l'urbanisme (enllumenat i clavegueram) van contribuir a erradicar les pitjors xacres dels **barris obrers**.

A la segona meitat del segle XIX, el **moviment obrer** va tractar de crear una agrupació internacional de la classe obrera per mitjà d'**associacions internacionals**.

LA PRIMERA INTERNACIONAL

El 1864 es va fundar a Londres l'**Associació Internacional de Treballadors** (AIT), o Internacional. Ben aviat s'hi van manifestar **dues tendències oposades**:

- **Marxistes**. Creien en la victòria ineludible del proletariat en la lluita contra la burgesia i pretenien que la classe obrera s'organitzés en partits polítics revolucionaris per assolir el poder.
- **Anarquistes**. Eren seguidors de **Mikhaïl Bakunin**, pretenien abolir tota autoritat i rebutjaven la lluita política.

El 1872 es va consumar la ruptura entre els dos grups: els anarquistes van abandonar la Internacional, que acabaria dissolent-se al cap de poc de temps.

Mikhaïl Bakunin.

LA SEGONA INTERNACIONAL

El 1889 es va fundar la Segona Internacional o Internacional Socialista (a partir de llavors, *socialista* va significar el mateix que *marxista*). Dins de la Internacional va sorgir una tendència **socialdemòcrata**, que predominava en el socialisme alemany, el més poderós d'Europa.

El principal motiu de tensió dins del socialisme d'aquesta època va ser la disputa entre els partidaris del **caràcter internacionalista** de la classe obrera i els que buscaven un **compromís amb el nacionalisme**. Entre els primers va destacar la figura de **Rosa Luxemburg**.

En una època de tensió internacional, un dels objectius bàsics de la Internacional era aconseguir la **unió de la classe obrera** per damunt dels conflictes entre països.

Rosa Luxemburg.

El moviment d'emancipació de la dona

La Revolució Industrial va propiciar **canvis demogràfics** transcendentals que van facilitar l'**emancipació femenina**: va disminuir la mortalitat infantil, es va reduir el nombre de fills per dona, es va retardar l'edat del matrimoni i va descendir la natalitat.

El tret més significatiu no era que accedissin al món laboral, perquè **les dones sempre havien treballat**; de fet, eren una aclaparadora majoria en la primera indústria moderna, la cotonera. La novetat era que ara podien optar a una **educació** útil que els obrira el camí cap a professions qualificades i llocs de responsabilitat.

Una autèntica revolució silenciosa va obrir a la dona les portes de l'ensenyament secundari: reservat als homes fins a la dècada del 1880, vint anys més tard el nombre d'alumnes dels dos sexes ja tendia a igualar-se en països com el Regne Unit. En aquell moment, cada vegada més dones accedien a la **universitat**.

Les **professions** considerades aptes per a elles estaven relacionades amb rols tradicionals, com l'atenció de nens o malalts, però aviat hi va haver pioneres en dominis fins aleshores reservats a l'home. Moltes escrivien, i cada vegada n'hi havia més que es dedicaven a la ciència o la política, sobretot en el moviment obrer. El 1914 ja hi havia quatre dones que havien rebut el premi Nobel, fundat el 1899. Una d'elles, Maria Skłodowska, més coneguda com a Marie Curie, va ser la primera persona que el va obtenir dues vegades.

Encara que aquest procés va començar per la classe mitjana, el canvi es va evidenciar en tota la societat. L'auge del sector de serveis va obrir noves possibilitats a l'**ocupació femenina**: dependentes, mecanògrafes, operadores de telèfon. Per primera vegada, moltes dones de la classe treballadora eren **econòmicament independents**.

Aquests canvis socials van tenir repercussió política a través del **moviment sufragista**, que des de la dècada del 1890 exigia el dret de vot per a les dones. Llevat de casos aïllats, aquest objectiu no es va aconseguir fins després del 1914.

Des del final del segle XIX, el moviment sufragista es va enfrontar a una forta oposició en pràcticament tots els països.

Les dones constituïen la majoria de la mà d'obra en moltes indústries.

ACTIVITATS

18 Quines transformacions van tenir lloc en les classes socials del final del segle XIX?

19 Quines van ser les dues tendències que es van manifestar en la Primera Internacional?

20 A quina ideologia va correspondre la Segona Internacional? Quin va ser el principal motiu de disputa que hi va sorgir?

21 Per què l'estat del benestar podia servir de fre a l'avenç del socialisme?

22 Quins avantatges tenia la internacionalització del moviment obrer?

23 En què havia canviat la situació de les dones, com a ciutadanes, en els aspectes culturals i laborals?

24 Tria un dels personatges femenins que s'esmenten a la unitat, busca'n informació complementària i redacta una fitxa biogràfica.

V. LÓPEZ, *Isabel II nena*, 1842.

LA RENAIXENÇA

Al llarg del segle XVIII i al començament del XIX, l'ús del català com a llengua de cultura i llengua literària va anar disminuint. En aquest context, cap a la dècada del 1830 va sorgir un **moviment cultural i de conscienciació política** vinculat al romanticisme, conegut com a Renaixença. Aquest moviment reivindicava l'**ús del català** com a llengua de cultura i literària. A més, va mostrar un **renovat interès pel passat històric** de Catalunya i un sentiment de recuperació cultural que va incloure totes les classes socials del país.

El punt de partida de la Renaixença va ser la publicació de l'obra *La pàtria*, de **Bonaventura Carles Aribau**, el 1833. El 1859 es va promoure la restauració dels **Jocs Florals**, un concurs literari que premiava textos poètics escrits en català. Aquest certamen, celebrat en el passat medieval català, va contribuir notablement a recuperar el català com a llengua de prestigi i, alhora, va fer conèixer autors com Jacint Verdaguer i Àngel Guimerà.

Els polítics i intel·lectuals catalans van donar suport a aquestes iniciatives de recuperació cultural. L'evolució d'aquest pensament va donar origen al **catalanisme polític** en el darrer terç del segle XIX.

Analitza la informació

- Quin període de la història de Catalunya va ser un referent per a la Renaixença? Per què?

6. La monarquia isabelina i el Sexenni Democràtic

El regnat d'Isabel II

Quan Ferran VII va morir el **1833**, la seva filla **Isabel**, que tenia tres anys, va heretar el tron. El seu regnat es pot dividir en diferents períodes:

- **Regència de Maria Cristina** (1833-1840). La regent va topar amb l'oposició frontal dels **carlins**, partidaris que la corona passés a Carles, germà de Ferran. Darrere d'aquest **conflicte dinàstic** hi havia un **enfrontament civil** entre els sectors liberals (amb suport a les ciutats) i els sectors absolutistes (amb suport a les zones rurals de Catalunya, el País Valencià, el País Basc i Navarra). La Primera Guerra Carlina va durar fins al 1839 i va acabar amb victòria dels liberals. Malgrat la derrota dels absolutistes, el carlisme es va mantenir gairebé tot el segle XIX.

  Tot i el triomf dels liberals sobre els absolutistes, **el liberalisme es va dividir en moderats i progressistes**. Els moderats defensaven una sobirania compartida entre el rei i les Corts, una administració centralitzada i un sufragi censatari. Els progressistes promulgaven la sobirania nacional, més autonomia municipal i un sufragi censatari més ampli.

  Aquests últims van portar endavant un projecte de **desamortització** liderat per **Juan Álvarez Mendizábal** (1837) pel qual les terres de l'Església i dels municipis es convertien en propietat privada. En termes econòmics, la desamortització va tenir resultats positius, però també va comportar efectes negatius, sobretot pel que fa al patrimoni artístic, ja que molts monestirs van quedar abandonats i en ruïnes.

- **Regència d'Espartero** (1840-1843). L'autoritarisme amb què va governar el general li va valer una gran oposició. Els incidents més greus van ser a Catalunya el 1842, quan es va anunciar la implantació d'un aranzel lliurecanvista que obria al mercat els teixits anglesos. Arran d'aquest fet es va produir una revolta a Barcelona, reprimida amb el bombardeig de la ciutat.

- **Governs moderats** (1843-1854). El 1843, **Isabel II** va ser proclamada major d'edat amb tretze anys i va començar a regnar directament amb el suport dels liberals moderats, liderats pel general **Ramón María Narváez**. Es va produir la Segona Guerra Carlina, principalment a Catalunya.

- **Bienni Progressista** (1854-1856). El 1854, el general **Leopoldo O'Donnell** va fer un pronunciament que va originar un breu període de govern progressista, amb noves desamortitzacions liderades per **Pascual Madoz**.

- **Crisi de la monarquia isabelina** (1856-1868). El 1856, el mateix O'Donnell va posar fi al govern progressista amb un nou pronunciament. Des d'aleshores, es va anar alternant en el govern amb el moderat Narváez. Els escàndols a la Cort i l'oposició dels partits demòcrates i republicans van enderrocar el regnat d'Isabel el **1868**.

El Sexenni Democràtic (1868-1874)

El 1868, la **Revolució Gloriosa** va enderrocar Isabel II. La història política dels sis anys següents, immersos en una gran confusió, es divideix en diversos períodes:

- **Revolució i Constitució** (1868-1869). Es va aprovar la Constitució del 1869, que finalment definia la **monarquia parlamentària** com a forma de govern. El moviment republicà i federalista, que a Catalunya tenia un gran suport entre les classes urbanes, propugnava una reforma descentralitzadora de l'Estat. Aprofitant el buit de poder, va protagonitzar insurreccions el 1869 i el 1870.
- **Recerca d'un rei** (1869-1870). Després de diverses candidatures fallides, i malgrat l'oposició republicana, **Amadeu de Savoia** va ser escollit gràcies al suport del general **Joan Prim**, però el general va ser assassinat abans que el rei arribés a Madrid.
- **Monarquia democràtica d'Amadeu I** (1871-1873). Sense Prim, el regnat va començar amb dificultats greus. Els progressistes es van dividir en dues tendències: els constitucionalistes i els radicals. En el camp contrari, els carlins, els alfonsins i els republicans es van unir per enderrocar el rei. Finalment, el febrer del 1873 Amadeu va abdicar i va abandonar Espanya.
- **República federal** (1873-1874). El 1873 es va proclamar la **Primera República**. La guerra de Cuba, la Tercera Guerra Carlina, les divisions entre els republicans i l'acció dels radicals van provocar molta intranquil·litat social i una greu inestabilitat política (quatre presidents en onze mesos).
- **República autoritària** (1874). Al gener, un cop d'estat va dissoldre les Corts i el general **Francisco Serrano** va exercir el poder autoritàriament. Al final de l'any, un pronunciament va proclamar la **restauració dels Borbó** en la persona d'**Alfons XII**, fill d'Isabel II.

Joan Prim va ser víctima d'un atemptat el 27 de desembre del 1870.

ACTIVITATS

25. Què era el carlisme? Què reclamava? Quantes guerres carlines hi va haver?
26. Quines diferències fonamentals hi havia entre els moderats i els progressistes?
27. En què consistia la desamortització?
28. Fes un esquema sobre els principals partits polítics espanyols durant el segle XIX.
29. Investiga què va ser la Revolució Gloriosa del setembre del 1868.
30. Elabora un eix cronològic dels períodes del Sexenni Democràtic.
31. Esbrina qui van ser els quatre presidents de la Primera República.
32. Fes una llista dels pronunciaments que es van produir al llarg del segle XIX.

PER SABER-NE MÉS

Aquestes són les principals constitucions promulgades entre el 1812 i el 1874:

Disposicions	1812	1837	1845	1869
Tipus de sobirania	Sobirania nacional	Sobirania nacional	Sobirania compartida	Sobirania nacional
Drets del ciutadà	Drets individuals	Drets individuals	Drets limitats	Drets individuals
Poders legislatiu, executiu i judicial	El rei té el poder executiu i comparteix el legislatiu amb les Corts	Divisió de poders	El rei té poder executiu i legislatiu	Divisió de poders
Estructura de les Corts	Corts unicamerals	Corts bicamerals	Corts bicamerals	Corts bicamerals
Tipus de sufragi	Sufragi universal masculí indirecte	Sufragi censatari	Sufragi censatari molt restringit	Sufragi universal masculí
Confessionalitat de l'Estat	Estat catòlic	Estat catòlic	Estat catòlic	Estat catòlic. Llibertat de culte per a altres religions

- Quines diferències hi ha entre la *sobirania nacional* i la *sobirania compartida*?
- Com recull cada constitució la divisió de poders?
- Quines constitucions eren més conservadores i quines més progressistes? Per què?
- Relaciona cada constitució amb l'etapa històrica corresponent.

MEMORIAL DE GREUGES

El 1885, els catalanistes van presentar davant el rei Alfons XII un **memorial de greuges** (com els greuges de les Corts medievals catalanes i els que s'havien presentat el 1760 a Carles III) per denunciar situacions que es donaven a Catalunya a causa de la manca de sensibilitat del Govern. Es van notificar, entre d'altres, la situació de marginació de la llengua catalana, l'atac al dret civil català i la manca de polítiques proteccionistes que afavorissin la indústria tèxtil catalana davant les importacions britàniques.

El que nosaltres desitgem, senyor, és que a Espanya s'implanti un sistema regional adequat a les condicions [...] un sistema ja seguit a Espanya en els dies de la nostra grandesa. [...]

Tan sols podem fer servir la nostra llengua a les nostres llars i en converses familiars; bandejada de les escoles, també ho ha estat més tard de la contractació pública i dels tribunals, en els quals moltes vegades, per molt il·lustrats que siguin, ni els jutges entenen els testimonis i els processats, ni aquests entenen els jutges. [...]

Com ha de competir la nostra indústria feble i contrariada amb la més robusta, pletòrica, de la nació britànica [...] amb els seus quaranta-cinc milions de fusos transforma cada any, en general, en nombres fins, tres milions i mig de bales de cotó, és a dir, més de la meitat del que es produeix a l'Amèrica del Nord [...]. La lluita és desigual, sens dubte: no és difícil predir de quina de les dues parts serà la victòria [...].

Memòria en defensa dels interessos morals i materials de Catalunya, 1885

Analitza la informació

- Quina organització d'Espanya proposen?
- Quina consideren que és la situació de la llengua catalana?
- Quina és la situació de la indústria, segons el text? Quines propostes demanaven en aquest sentit?

Valentí Almirall.

Enric Prat de la Riba.

7. La Restauració monàrquica i la crisi del 1898

La Restauració dels Borbó

Els Borbó van tornar a regnar a Espanya l'any 1875 amb **Alfons XII**. El sistema polític que es va establir aleshores es coneix com a **Restauració**. En aquest tipus de sistema, dos partits, el **Conservador** (liderat per Antonio Cánovas del Castillo) i el **Liberal** (encapçalat per Mateo Sagasta), es van anar alternant en el govern en allò que s'ha anomenat **torn pacífic**, un sistema d'alternança basat en el frau electoral. Encara que es va aconseguir apartar els militars de la vida política, el poder continuava en mans de l'oligarquia.

Molts corrents polítics, representats per republicans, socialistes, nacionalistes catalans i bascos se'n sentien exclosos. A més, la **injustícia social** va propiciar l'auge de l'anarquisme entre els obrers catalans i els camperols andalusos.

El catalanisme polític

Durant el darrer terç del segle XIX, al moviment de recuperació cultural de la Renaixença va afegir-s'hi un corrent de pensament polític que reclamava un paper propi de Catalunya dins la política de l'Estat. El **federalisme** era el moviment que havia dirigit aquestes aspiracions durant el Sexenni Democràtic, però el fracàs de la Primera República va fer que alguns dels seus representants fessin el pas cap a un nou moviment, el **catalanisme**.

Un d'ells va ser **Valentí Almirall**, que el 1879 va fundar el ***Diari Català***, la primera publicació diària escrita íntegrament en català i considerada l'inici del catalanisme polític. En aquests primers anys, el catalanisme es va centrar en la creació d'una organització que aglutinés partits catalans que no depenguessin de cap partit d'àmbit estatal. El projecte va fructificar el 1882 amb la creació del **Cercle Català**.

El catalanisme d'Almirall, d'un caràcter **progressista** i **republicà**, buscava estendre's per tota la societat. Però la introducció del socialisme i l'anarquisme entre els obrers va dificultar-ne l'expansió. La burgesia, que mantenia certes expectatives amb la Restauració, va optar per un catalanisme **conservador** de base catòlica.

Arran de l'atac del Govern espanyol al dret civil català (única pervivència legal pròpia des del 1714), va néixer el 1892 la **Unió Catalanista**, que proposava una nova organització descentralitzada d'Espanya en les anomenades **Bases de Manresa**. Aquesta iniciativa va ajudar a consolidar el moviment polític catalanista al final del segle XIX i va donar fruit, el 1901, a la **Lliga Regionalista**. Dirigida per **Enric Prat de la Riba**, la Lliga era un partit catalanista conservador que va esdevenir hegemònic a Catalunya a principis del segle XX.

El desastre del 98

A la fi del segle XIX, l'**imperialisme** va entrar en la fase més agressiva. Com s'ha dit anteriorment, no hi havia pràcticament cap territori que no estigués controlat pels europeus, de manera que les potències més **fortes** van optar per prendre les possessions a les més **dèbils**.

Espanya no era una gran potència, però conservava algunes colònies al Carib i al Pacífic: **Cuba, Puerto Rico** i **les Filipines**, últims territoris del que havia estat un gran imperi i amb els quals Catalunya havia tingut una relació comercial important al llarg de tot el segle XIX.

Cuba era molt rica gràcies a la canya de sucre. Després de dues **guerres**, mentre els independentistes estaven a punt d'aconseguir el seu objectiu, a les Filipines es duia a terme una altra rebel·lió antiespanyola. Els successius governs de l'estat espanyol no tenien mitjans per mantenir aquests dominis, però l'**orgull nacional** els impedia fer-hi reformes o concedir-ne la independència. Per motius comercials, la **burgesia catalana** també volia mantenir l'illa sota la jurisdicció espanyola. Però els **sectors anarquistes** i **socialistes** del moviment obrer, juntament amb els catalanistes, es van oposar a la guerra.

D'altra banda, els **Estats Units** van desenvolupar una **política expansionista**, especialment cap a l'**Amèrica Llatina**. El 1898, l'explosió del vaixell nord-americà *Maine* al port de l'Havana va servir d'excusa per declarar la guerra a Espanya.

El **conflicte contra els Estats Units** va durar tres mesos i va acabar amb una derrota humiliant: Puerto Rico i les Filipines van passar a mans nord-americanes, mentre que Cuba es va convertir en una república sota tutela nord-americana. Els Estats Units, antiga colònia convertida ara en la primera economia mundial, s'estrenava com a **potència imperialista**.

Embarcament de les tropes cap a Cuba al port de Barcelona.

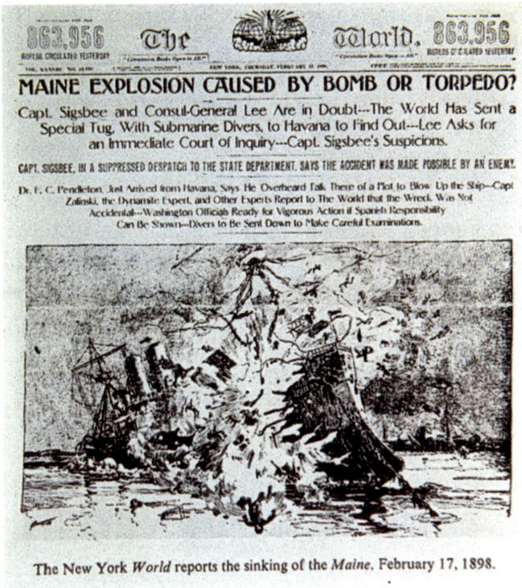

863,956 The World. 863,956

MAINE EXPLOSION CAUSED BY BOMB OR TORPEDO?

Capt. Sigsbee and Consul-General Lee Are in Doubt—The World Has Sent a Special Tug, With Submarine Divers, to Havana to Find Out—Lee Asks for an Immediate Court of Inquiry—Capt. Sigsbee's Suspicions.

CAPT. SIGSBEE, IN A SUPPRESSED DESPATCH TO THE STATE DEPARTMENT, SAYS THE ACCIDENT WAS MADE POSSIBLE BY AN ENEMY.

Dr. E. C. Pendleton, Just Arrived from Havana, Says He Overheard Talk There of a Plot to Blow Up the Ship—Capt. Zalinski, the Dynamite Expert, and Other Experts Report to The World that the Wreck Was Not Accidental—Washington Officials Ready for Vigorous Action if Spanish Responsibility Can Be Shown—Divers to Be Sent Down to Make Careful Examinations.

The New York *World* reports the sinking of the *Maine*, February 17, 1898.

Portada del diari *The World* sobre l'enfonsament del *Maine*.

ACTIVITATS

33 Investiga què va ser el caciquisme. Quina relació té amb l'alternança de poder entre conservadors i liberals durant la Restauració?

34 Quins van ser els líders polítics que es van alternar el poder?

35 Quan es va desenvolupar el catalanisme com a moviment polític?

36 Fes un eix cronològic dels principals esdeveniments del catalanisme polític al segle XIX.

37 Esbrina què van ser les Bases de Manresa i quines reivindicacions s'hi van portar a terme.

38 Per què els governs espanyols s'aferraven a Cuba? Quins motius van portar els Estats Units a entrar en la guerra?

Treballa amb la imatge

39 A qui representen el cocodril, el nen i l'home?

40 Què diu l'home al nen? Com definiries la seva actitud cap al nen?

"That wicked man is going to gobble you up, my child!"

8. L'impressionisme i el postimpressionisme

L'impressionisme

La primera **exposició impressionista** es va celebrar el 1874 a París, i va produir un gran escàndol per l'originalitat de les seves propostes i el contrast amb els estereotips de moda en la pintura acadèmica. En aquest **Salon des Refusés** (Saló dels Rebutjats), anomenat així perquè l'Acadèmia havia rebutjat exposar-los en el saló oficial, es presentava un quadre de Monet titulat *Impressió, sol naixent*, que donaria nom al moviment.

L'estil dels impressionistes estava influït per avenços científics i tècnics en el camp de l'**òptica** i la **fotografia** i inspirat pel descobriment d'arts desconegudes fins llavors a Europa, especialment el de les **estampes japoneses**. D'aquesta manera, es va desenvolupar una nova forma de comprendre la bellesa o la llum. Els **trets** més destacats d'aquest moviment són els següents:

PER SABER-NE MÉS

L'**art dels països asiàtics** va ser molt apreciat pels europeus d'aquesta època. Els burgesos s'enorgullien de tenir a casa una estampa japonesa, un gerro xinès o un paravent oriental. Aquesta influència va arribar fins als pintors impressionistes, que van incorporar al seu estil característiques de l'art japonès com les línies que tancaven superfícies llises de colors plans o l'abandó de la perspectiva tradicional. També van utilitzar tècniques orientals, com el dibuix amb ploma.

- Quines circumstàncies històriques expliquen la relació entre moviments artístics europeus i asiàtics?

La **llum** es converteix en protagonista del quadre i els contorns es desdibuixen; els impressionistes, com els fotògrafs, no representaven els objectes banyats de llum, sinó la llum mateixa.

Els artistes surten dels seus estudis per pintar a l'**aire lliure**, amb la intenció de captar el **moment fugaç**, perquè el mateix objecte canvia totalment d'aspecte segons l'hora del dia o les estacions.

C. MONET, *Estació de Saint-Lazare*, 1877.

L'interès pel moviment es manifesta a través d'**enquadraments** originals que anticipen de vegades els moviments de la càmera cinematogràfica.

La **pinzellada** es fa més solta i complexa. Els pintors investiguen les sensacions cromàtiques i eviten utilitzar colors compostos, sinó taques de **colors purs** o **complementaris**, que es mesclen en la retina i produeixen impressions de gran originalitat.

Édouard Manet, gran coneixedor dels clàssics, va ser el precursor d'aquesta escola i va servir de pont amb el realisme. Entre els impressionistes destaquen **Claude Monet** i **Camille Pissarro**, grans paisatgistes; **Pierre-Auguste Renoir**, cronista de la vida parisenca; i **Edgar Degas**, apassionat pel món de les ballarines i original escultor.

També en l'**escultura** hi va haver una ruptura amb la tradició, de la qual és bon exponent **Auguste Rodin**, que revolucionaria la concepció escultòrica: les seves superfícies, aparentment inacabades, en bronze, transmetien un enorme dramatisme que contrastava amb la fredor de les estàtues de marbre polit de l'art acadèmic.

El postimpressionisme

Partint dels èxits de l'impressionisme, la generació següent de pintors va portar la ruptura amb la tradició fins a les últimes conseqüències i, així, va obrir el pas als moviments avantguardistes del segle XX.

Dins de l'etiqueta de postimpressionistes s'hi inclou un grup d'artistes molt originals, que van desenvolupar la seva obra a partir del 1880 i que no componen pròpiament una escola:

- **Paul Gauguin**. Apassionat per l'art popular i les cultures exòtiques d'Àfrica i la Polinèsia, va introduir als seus quadres colors plans, vius i contrastats, anticipant-se al fauvisme.
- **Vincent van Gogh**. Holandès establert a França, modificava les formes dels objectes en funció de l'emoció subjectiva de l'artista, i avançava així els principis de l'expressionisme.
- **Henri de Toulouse-Lautrec**. Pintor i litografista, va ser un altre precursor de l'expressionisme, per l'interès que mostrava per la forma i el moviment.
- **Paul Cézanne**. Augura, mitjançant l'estudi de les formes i els volums, la revolució cubista que s'iniciaria al segle XX.

Cézanne usa diferents punts de vista en la sèrie de pintures sobre la muntanya Sainte-Victoire.

El modernisme i l'escola de Chicago

En l'**arquitectura** de fi de segle es van desenvolupar corrents molt diferents però que coincidien a rebutjar les tendències predominants en les dècades prèvies: l'eclecticisme i l'historicisme.

- A final de segle es va propagar per Europa un estil decoratiu en el qual predominaven els motius vegetals i les línies ondulants: era el **modernisme**, o ***art nouveau***, en el qual destaca l'obra d'**Antoni Gaudí**.
- L'**enginyeria** va aconseguir grans èxits en la construcció amb ferro forjat. Per commemorar el centenari de la Revolució, es va celebrar a París l'Exposició Universal, per la qual es va alçar, davant de l'escàndol de molts, la imponent estructura metàl·lica de la **torre Eiffel**.
- A Amèrica, l'**escola de Chicago** va desenvolupar una arquitectura utilitarista, que aprofitava al màxim els avantatges que oferien els nous materials. L'elevat preu del sòl al centre de les ciutats va comportar la construcció dels primers **gratacels**.

El 1883, l'arquitecte Antoni Gaudí assumeix la construcció del temple de la Sagrada Família, a Barcelona.

ACTIVITATS

41. Què predomina en la pintura *Estació de Saint-Lazare*, el dibuix o el color? Quines sensacions et produeix la contemplació d'aquesta obra?
42. Resumeix les característiques principals de l'impressionisme. Quina va ser portada fins a les últimes conseqüències pels postimpressionistes?
43. Relaciona els pintors impressionistes i postimpressionistes amb algunes de les seves obres.
44. Elabora una fitxa artística de la Sagrada Família de Gaudí.
45. Quin significat té l'expressió *arquitectura utilitarista*?

CONTRASTEM FONTS DIVERSES SOBRE UN MATEIX FENOMEN

Els historiadors no poden acceptar com a vàlida una font sense haver-la contrastat des de tots els punts de vista. Més que l'extensió o la quantitat, n'han de tenir en compte la credibilitat, especialment quan estudien una qüestió delicada i sensible. I pocs temes són en aquest aspecte tan delicats com el de l'imperialisme, que va afectar cultures tan diverses i que, encara avui, deixa sentir els seus efectes.

1. Recerca de diferents fonts

Les fonts que es presenten a continuació són **de tipus textual**. Totes dues es refereixen al **Congo belga** i comparteixen un mateix **context històric**: l'any 1880, l'Associació Internacional del Congo, presidida pel rei Leopold de Bèlgica, va dur a terme la colonització d'aquest territori. Es tracta d'un episodi de l'imperialisme molt significatiu perquè és una zona que, avui dia, continua sotmesa a violentes tensions i conflictes.

(1)

Hem aconseguit reduir la pigota a l'Àfrica central gràcies a la vacuna. Hem detingut el comerç d'esclaus i prohibit la importació d'alcohol, al mateix temps que construíem vaixells de vapor i ferrocarrils i hi introduíem el telègraf. Ara hi enviem vehicles de motor. I això tan sols és el començament. Hem reduït pràcticament al no-res el territori de la barbàrie. Ara lluitem contra la terrible malaltia de la son [...]. Confiem en l'ajuda de Déu totpoderós per erradicar aquesta plaga. Per tractar amb una raça que ha sigut caníbal durant milers d'anys, és necessari usar mètodes que aconsegueixin sacsejar-los la peresa i fer-los comprendre la santedat del treball.

«Entrevista amb el rei Leopold», *Publisher Press*, 1906

(2)

Poc després de l'alba [...] els soldats van arribar disparant i amenaçant el cap del poblat amb els fusells. Es van precipitar a les cases i van arrossegar la gent. Tres o quatre van entrar a la nostra i em van capturar a mi, al meu marit i a la meva germana. Ens van arrossegar al camí i ens van lligar amb una corda al voltant del coll perquè no ens escapéssim. Tots ploràvem perquè sabíem que ens portaven com a esclaus. Els soldats ens colpejaven [...], no teníem què menjar [...]. Així va seguir la cosa, dia rere dia, fins a la cinquena jornada, en què els soldats van agafar el bebè de la meva germana, el van llançar a l'herba i el van deixar morir, i a ella la van obligar a transportar uns atuells.

Relat d'Ilanga a Edgar Canisius, a ADAM HOCHSCHILD, *El fantasma del rei Leopold*, 1998

2. Comparació de les fonts

- Segons l'**origen**, les fonts històriques poden ser **primàries**, si procedeixen de l'època que s'està investigant, o **secundàries**, si han sigut elaborades amb posterioritat (normalment, per historiadors).

  *El **text 1** constitueix una font primària perquè és contemporània al procés colonitzador i s'entrevista en un diari un actor principal dels fets que narra.*

  *El **text 2** s'ha tret d'una publicació històrica i podria catalogar-se com a font secundària; no obstant això, recull un relat que una indígena va explicar a Edgar Canisius, que va viure en l'època de la colonització del Congo.*

- Segons la **temàtica**, poden ser de diversos tipus: econòmiques, polítiques, socials, religioses, culturals, etc.

  *En el **text 1** predomina el discurs polític: totes les accions beneficioses fetes pels colonitzadors. I també el cultural, ja que s'enalteix el valor de la civilització europea. El **text 2** és un relat vivencial, amb una gran càrrega emotiva, sobre com va ser la conquesta i els efectes negatius que va tenir per a un poblat indígena.*

- Segons la **intencionalitat**, poden ser simplement informatives o també crítiques, satíriques, panegíriques (d'elogi a algú) i normatives (en el cas de les fonts jurídiques).

  *El **text 1** és el punt de vista dels colonitzadors. El rei Leopold justifica les seves accions a Àfrica. S'hi ofereix una visió positiva de la colonització perquè exalça els avenços científics i tècnics que van portar els europeus a Àfrica.*

  *En el **text 2** s'ofereix una visió negativa de l'imperialisme, a través del testimoni d'una de les indígenes afectades recollit per un viatger nord-americà.*

Leopold II de Bèlgica.

3. Contrastació amb altres tipus de fonts

A més de les fonts textuals o escrites, segons el suport en què es presenten, també poden ser gràfiques o estadístiques, cartogràfiques, iconogràfiques, materials i orals.

La **fotografia** és un tipus de **font iconogràfica**. A partir de la segona meitat del segle XIX, es va perfeccionar i es va utilitzar cada vegada més com a document històric.

La fotografia capta un instant real i aquí es troba la importància que té, ja que manté una relació emocional amb el fet que reprodueix.

En aquesta fotografia s'observa un missioner envoltat de joves indígenes. La seva arribada causa expectació al poblat. La difusió del cristianisme va permetre dur a terme activitats humanitàries. Les missions van oferir a molts d'ells protecció davant de les dures condicions socials i econòmiques imposades per la societat blanca dominant. A vegades, però, les missions també van afavorir l'expansió i el control de territoris que van possibilitar establir l'administració colonial.

POSA-HO EN PRÀCTICA

Llegeix aquests textos i contesta les qüestions.

(1) El text següent forma part del sermó d'un bisbe anglicà sobre la superioritat moral dels britànics.

No és costum del poble britànic edificar magnífiques construccions com a emblema del seu poder i grandesa. La vocació que considera més elevada és deixar com a empremta de la seva relació amb nacions inferiors marques d'ensenyament moral i formació religiosa, aconseguir que una nació de nens vegi en què consisteix ser homes; formar la humanitat en els hàbits de veritat, moralitat i justícia, en comptes de deixar-la en la imbecil·litat de la mentida i la infància perpètua; i, sobretot, haver contribuït a comunicar-los aquesta superioritat moral, el major do que ens ha atorgat Déu.

Samuel Wilberforce (bisbe d'Oxford, 1853), a DAVID NEWSOME, *El món segons els victorians*, 2001

(2) Aquest text és el fragment d'una carta dirigida per un governador xinès a la reina Victòria l'any 1839; en la carta li demana que prohibeixi als comerciants anglesos introduir opi de contraban a la Xina.

Suposeu que gent d'un altre país portessin opi per vendre'l a Anglaterra i seduïssin el vostre poble perquè en comprés i en fumés; segurament, Sa Honorable Majestat deploraria tal cosa i se'n sentiria indignada. Hem sabut, a més, que ni a Londres ni a Escòcia ni a Irlanda es produeix opi. Només en algunes parts de l'Índia, que estan sota el vostre control, els cultius d'opi s'estenen de turó en turó. En veritat, Vós, oh, Majestat!, podeu erradicar els cultius d'opi d'aquests llocs. Qualsevol que gosi cultivar opi ha de ser castigat. Aquesta seria realment una mesura magnànima i benèfica que contribuiria al bé comú i posaria fi al mal.

Carta del governador xinès Lin Zixu a la reina Victòria, a SSU-YU TÊNG i JOHN FAIRBANK, *China's response to the West*, 1954

1. Resumeix la idea principal de cada text i esmenta'n les dades que et semblin més interessants.
2. Després, compara els dos textos i busca els punts en comú i les diferències ideològiques, culturals i de punt de vista que hi ha entre els dos.
3. Indica el tipus de font històrica dels dos textos tenint en compte el suport, l'origen, la temàtica i la intencionalitat.
4. Redacta una conclusió sobre la justificació moral de l'imperialisme segons els colonitzadors i els colonitzats.

UNITAT 4 QUÈ HAS APRÈS?

LES GRANS POTÈNCIES I L'IMPERIALISME

- LES GRANS POTÈNCIES
  - Unificacions
    - Itàlia
    - Alemanya: Imperi alemany (II Reich): Bismarck
  - Regne Unit → Època ...victoriana
  - França
    - Segon Imperi → Napoleó
    - Tercera ...república
  - Tres imperis decadents → ...
    - austrohongarès
    - rus
    - otomà
- L'IMPERIALISME
  - Causes
    - Econòmiques
    - Avenços tècnics i ...
    - Factor ...
    - Polítiques
  - Expansió europea
    - Colònies a ...ultramar
  - Potències imperialistes extraeuropees
    - ...malta
    - ...adén
- LA SOCIETAT I L'ART

  - Societat
    - Burgesia
    - ...
    - Moviment sufragista
  - Moviment obrer
    - Primera Internacional → Marxista i ...
    - Segona Internacional → Socialdemòcrata
  - Art
    - Arquitectura → Escola de Chicago
    - Escultura → Rodin
    - Pintura → Impressionisme i ...
- CATALUNYA I ESPANYA

  - Regnat d'Isabel II
    - Oposició dels ...
    - Etapes
      - Regència de ...
      - Regència de ...
      - Governs moderats
      - Bienni Progressista
      - Crisi de la ...
    - Divisió dels liberals
      - Moderats → Sobirania compartida
      - Progressistes → Sobirania ...
    - La Renaixença
  - Sexenni Democràtic
    - Períodes
      - Revolució ... → General Prim
      - Constituent
      - Recerca d'un rei
      - Regnat de ...
      - Primera República
        - Federal
        - ...
  - Restauració
    - Regnat de ...
    - Torn pacífic
      - Cánovas
      - ...
    - Caciquisme
    - Catalanisme
      - Federalisme i republicanisme
      - Valentí ...
      - Bases de Manresa
  - El desastre del 98 → Pèrdua de les colònies

Repassa amb l'esquema

1. Copia l'esquema de la unitat i completa els textos que hi falten.
2. L'opinió següent correspon a un polític britànic, Lord Chamberlain: «Jo crec que la raça britànica és la més gran de les races imperials que he conegut.»

   Explica les conseqüències històriques d'opinions com aquesta o altres de semblants.
3. Creus que els canvis econòmics i socials de la Revolució Industrial van poder impulsar canvis polítics? De quin tipus? Explica-ho.
4. Segons el teu criteri, situa de més a menys importància aquests factors de l'imperialisme:
   - Mercats
   - Prestigi nacional
   - Situació estratègica
   - Excedent de capitals
   - Racisme
   - Creixement demogràfic

   Explica per què els has ordenat així. Després, al costat de cada factor, escriu de quin tipus és (econòmic, polític, social o ideològic).
5. Cap al 1800, Napoleó Bonaparte s'havia referit despectivament a la Gran Bretanya amb l'expressió «nació de botiguers».
   a. A què creus que es referia Napoleó? Per què li donava un sentit despectiu?
   b. Quines conseqüències va tenir aquesta disposició comercial del poble britànic en la història posterior del Regne Unit?
   c. Creus que un empresari britànic del final del segle XIX consideraria aquesta expressió com un insult? Per què?
6. Observa aquestes dues obres d'art:

C. MONET, *La catedral de Rouen a ple sol*, 1892-1894.

C. MONET, *La catedral de Rouen al matí*, 1892-1894.

   a. Elabora la fitxa artística de cada pintura.
   b. Per què Monet pinta varies vegades una catedral? Quines diferències hi ha entre les dues pintures?

Mapa conceptual

Comprova el que saps

7. Llegeix aquests articles de les constitucions espanyoles del 1845 i el 1869.

Constitució del 1845

Isabel II, per la gràcia de Déu i de la Constitució de la monarquia espanyola, reina de les Espanyes: a tots els qui la vegin i entenguin, sabeu: Que essent la nostra voluntat i la de les Corts del Regne [...] hem decretat i sancionat la següent Constitució de la monarquia espanyola.

Constitució del 1869

La sobirania resideix essencialment en la nació, de la qual emanen tots els poders. [...] La potestat de fer les lleis resideix en les Corts.

   a. Quins principis polítics conté cada article?
   b. En quin context polític van ser redactats?

8. Llegeix l'escrit que l'historiador i polític Víctor Balaguer va adreçar a l'Ajuntament de Barcelona davant la necessitat de posar nom als carrers del nou Eixample de la ciutat.

Li suplico que es digni a batejar els carrers que s'han d'obrir amb noms que recordin alguns dels grans fets de valor, de noblesa, de virtut, d'abnegació i de patriotisme, i que es puguin presentar com a exemples i com a models a les generacions futures. A Barcelona no hi ha ni un carrer que recordi el nom de [...] les Corts Catalanes, en memòria d'aquelles nobles assemblees i dels patriòtics parlaments, models de veritable llibertat constitucional; el de la Diputació i el del Consell de Cent, en memòria d'aquelles institucions venerables que amb encert, prudència i abnegació constituïen la salvaguarda de les lleis i l'escut de la pàtria; el dels Almogàvers i el de la Coronela, en memòria de les milícies que van donar tants dies de glòria al país; [...] el de València, el de Mallorca i el d'Aragó, els tres regnes que, juntament amb Catalunya, formaven la Corona d'Aragó amb un llaç federal; el de Nàpols, Sardenya, Sicília, Atenes, Còrsega, Calàbria, Rosselló i Provença, terres adquirides i conquerides gràcies al valor dels nostres avantpassats; [...] i, finalment, el de molts altres fets i el de moltes altres persones il·lustres que aquí no continuo esmentant [...].

FABIÀ ESTAPÉ, *Vida y obra de Ildefonso Cerdà*, 1971 (adaptació)

   a. Què demana Víctor Balaguer al consistori barceloní?
   b. A quin moviment pertanyia Víctor Balaguer? Justifica la resposta.

POSA'T A PROVA

Les ciutats, eren un reflex de les classes socials?

Llegeix aquest fragment d'una novel·la que es desenvolupa en uns grans magatzems i fes les activitats.

Allò era un autèntic espoli de teles; les senyores entraven a sac als magatzems, amb una fam de luxe que s'esplaiava en ornaments envejats i somiats, amb tanta alegria de trobar-se en el món dels draps que hi volien viure sumides com si fos l'aire tebi que necessitaven respirar.

Mouret va acabar d'explicar al baró el funcionament del gran comerç modern. Li va revelar l'art d'explotar la dona. Tal era la finalitat última a què tot s'encaminava: la contínua renovació del capital; l'acumulació de mercaderies; la temptació del gènere barat; els preus marcats que inspiraven confiança. Per allò que es barallaven i competien els magatzems era per la dona. Despertaven en ella noves apetències. Els magatzems multiplicaven les compres, democratitzaven el luxe i es convertien, així, en causa de temibles balafiaments, que desbarataven els pressupostos familiars i afavorien les bogeries de la moda, cada vegada més costoses.

ÉMILE ZOLA, *El paradís de les dames*, 1883

A mitjans del segle XIX es van inaugurar a París els primers grans magatzems: Le Bon Marché, Printemps, La Samaritaine. La ciutat creixia: es posaven en circulació els primers autobusos i tramvies tirats per cavalls; es derrocaven barris antics per construir els grans bulevards, i es consumia pràcticament sense límits.

COMPRÈN EL TEXT

1. Quina era la situació política de França en els anys posteriors al 1850?
2. Resumeix el contingut del text. El to que fa servir l'autor, és admiratiu o crític?
3. Aquesta nova dona que consumeix d'aquesta manera no procedeix de les classes camperoles preindustrials. En quina posició de la nova societat la situaries? Quines circumstàncies econòmiques feien possible aquesta enorme disponibilitat de mercaderies?
4. Compara la situació que descriu el text amb la realitat actual. Quins aspectes hi trobes similars?

ANALITZA LES IMATGES

Observa les imatges següents i reflexiona-hi.

Aquesta pintura és una de les obres més conegudes del pintor impressionista Camille Pissarro. Pertany a una sèrie de pintures que representen la vida urbana plena de transeünts i carruatges.

C. PISSARRO, *Boulevard Montmartre*, 1897.

Aquest edifici és un dels grans magatzems parisencs més emblemàtics. El seu eslògan més famós era: «A La Samaritaine trobarà de tot.» Actualment, està tancat per remodelació.

5. Quina sensació et produeix el quadre de Pissarro?
6. Compara'l amb una imatge del París actual.

RELACIONA LA INFORMACIÓ

Llegeix aquest text que reflecteix la importància que va tenir l'imperialisme a Europa i respon a les qüestions que s'hi plantegen.

Ahir vaig estar en un barri obrer de Londres i vaig assistir a una assemblea d'aturats. Hi vaig sentir discursos exaltats, que eren només un clam demanant «pa!, pa!», i reflexionant sobre aquesta escena em vaig convèncer més que mai de la importància de l'imperialisme [...]. La idea que jo acaricio representa la solució del problema social: per salvar els quaranta milions d'habitants del Regne Unit d'una sagnant guerra civil, nosaltres, els polítics colonials, hem d'apropiar-nos nous territoris per assentar-hi l'excés de població, per trobar nous mercats en els quals col·locar els béns produïts en fàbriques i mines. L'imperi, ho he dit sempre, és una qüestió d'estómac. Si no voleu la guerra civil, heu de convertir-vos en imperialistes.

Cecil Rhodes, a Vladimir Il'ič Lenin, *L'imperialisme, fase superior del capitalisme*, 1916

Monument en memòria de la reina Victòria a Calcuta (Índia), construït entre el 1906 i el 1921. Està adornat amb senderes vorejades d'arbres a l'interior d'esplèndids parcs i llacs. Conté magnífiques estàtues, entre les quals hi ha la de la mateixa reina.

7. Quines classes socials es descriuen en el text?
8. Hi ha alguna relació entre aquestes classes i les dames de París que surten al text de la pàgina anterior?
9. Per què tem Rhodes una guerra civil? Qui s'hi enfrontarien?
10. Per què l'imperialisme evitaria aquesta guerra? Estàs d'acord amb el que exposa Rhodes? Raona la resposta i explica-la als companys.
11. Les noves classes socials sorgides de la industrialització, eren una exclusiva dels països colonitzadors?
12. L'any 1876, la reina Victòria es va proclamar emperadriu de l'Índia i el país va ser qualificat com *la joia de la Corona*. Què significa aquesta expressió?
13. Tant les dames de París com els obrers de Londres i els habitants de l'Índia depenien, encara que no ho sabessin, de la política imperialista. Podries explicar de quina manera en depenien els uns i els altres?

OBSERVA I SINTETITZA

14. Quan l'explorador diu a l'indígena «...i tenim magnífiques ciutats», a què es refereix?
15. A les ciutats actuals, hi ha classes socials diferenciades? Quins barris habita cadascuna? Raona la resposta.
16. Creus que es tracta d'un únic lloc en tres moments diferents o de tres llocs diferents? Explica per què.
17. Què es qüestiona el personatge de la segona vinyeta? Per què?

UNITAT 5

L'INICI DEL SEGLE XX

EN AQUESTA UNITAT APRENDRÀS...

- Com era Europa a les portes de la Gran Guerra.
- Com va esclatar la Primera Guerra Mundial i quines etapes va tenir.
- L'evolució de Rússia durant el conflicte.
- Com va acabar la guerra i com es va restablir i organitzar la pau.
- Quina era la situació a Espanya a l'inici del segle XX.

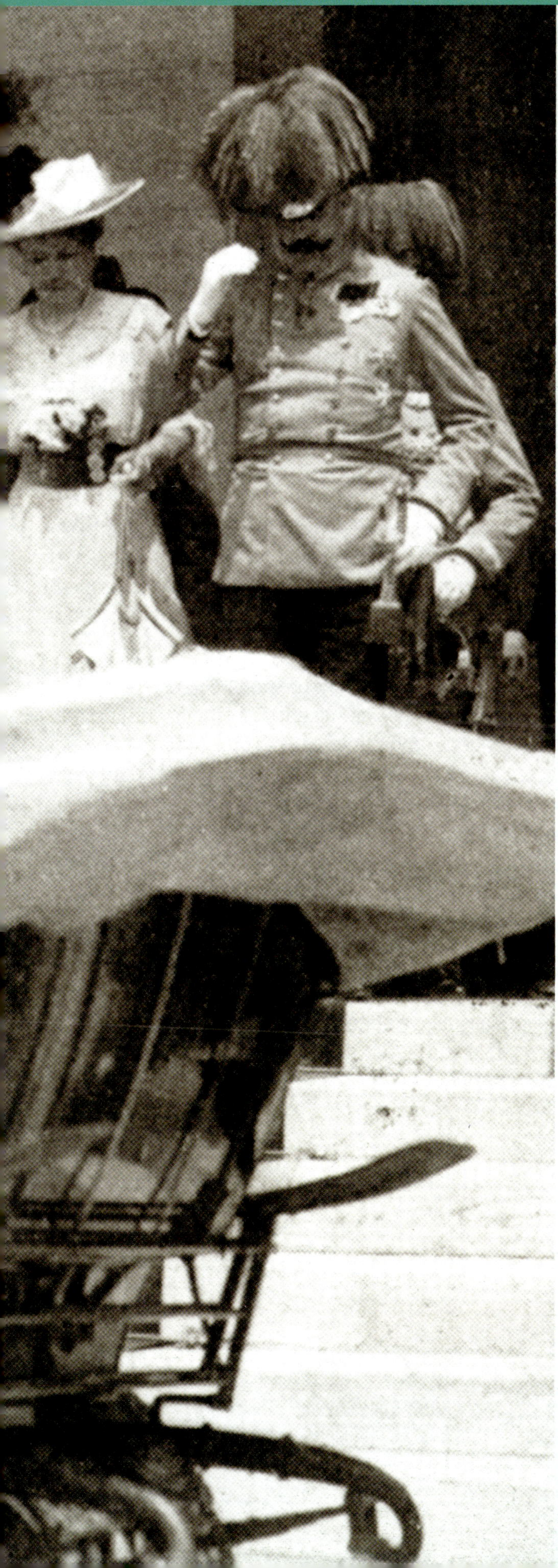

Mira més enllà

Què va canviar el món l'estiu del 1914?

L'estiu del 1914, mentre les classes acomodades preparaven les vacances i els camperols s'afanyaven a fer la collita, una notícia procedent d'un racó remot dels Balcans va fer que el món sencer s'aguantés l'alè.

L'atemptat a Sarajevo, capital de Bòsnia, contra l'arxiduc Francesc Ferran, hereu de l'Imperi austrohongarès, i la seva esposa va desencadenar un engranatge diabòlic que portaria, a penes en un mes, a l'inici de la Gran Guerra. I res no tornaria a ser com abans...

Bòsnia, ocupada per Àustria-Hongria, era reclamada per Sèrbia. L'assassinat va ser l'espurna que va fer esclatar el conflicte, tot i que ja feia temps que la guerra es covava i les seves causes eren molt més profundes.

- Quines motivacions creus que tenia l'assassí? I els seus caps?
- Coneixes altres atemptats que hagin provocat conflictes?

El 23 de juliol, després de consultar el seu aliat alemany, l'Imperi austrohongarès va plantejar al Govern serbi un ultimàtum: les exigències eren tan dures que resultava gairebé impossible que fos acceptat. El dia 28, l'Imperi va declarar la guerra a Sèrbia.

- Creus que el culpable d'aquesta guerra va ser un sol país? Com es podria haver impedit?

A la fotografia de l'esquerra es pot veure l'arxiduc i la seva esposa en el moment de pujar al cotxe on moririen. Sofia Chotek era esposa morganàtica (era noble, però no de família reial i, per tant, no heretaria el títol d'emperadriu, ni pertanyeria a la família imperial). En la cort era considerada de rang inferior, però a Sarajevo va morir al costat del seu marit.

- Quina actitud mostren les persones de la fotografia davant de la parella imperial?
- Aquests tipus de matrimonis, són possibles en les monarquies actuals?
- Actualment, quines dones coneixes que tinguin poder polític?

L'any 1914 ja hi havia cotxes i telèfons, però les dones no podien votar i la noblesa conservava molts privilegis. Tot i les revolucions liberals, els valors de l'Antic Règim continuaven vigents a bona part d'Europa.

- El món de la preguerra, tenia coses positives? Quines creus que havien de desaparèixer?

1. Les tensions de la Pau Armada

La Belle Époque

Belle Époque és el nom que els europeus van donar a les dècades pacífiques i pròsperes que van precedir la Primera Guerra Mundial.

L'inici del segle va coincidir amb una fase d'expansió econòmica i avenç científic, però també amb signes de creixent **competència econòmica** i d'augment de les **tensions nacionals**, **colonials** i **imperialistes**.

La **Segona Revolució Industrial** impulsava les potències més avançades a adquirir colònies que serviren com a territoris productors de **matèries primeres** i de **mercats** reservats a les seves manufactures. Al principi del segle XX, però, l'expansió colonial s'havia esgotat: l'única manera d'aconseguir nous territoris era arrabassar-los a una altra potència.

Litografia de Toulouse-Lautrec del 1896 que representa la vida i l'ambient de l'època en els bars parisencs.

Una època de revolucions

La condició obrera millorava en les societats avançades: els **partits socialdemòcrates** abandonaven la via revolucionària i participaven en eleccions per impulsar reformes; no obstant això, la situació era diferent en altres països més endarrerits: Rússia i la Xina entraven en un període de convulsions del qual sortirien convertides en grans potències.

- **Rússia**. El tsar Nicolau II governava com un monarca absolut: la massa camperola vivia en un ambient de misèria i violència, com demostren les massacres de jueus (anomenades *pogroms*) que es van dur a terme; les classes mitjanes anhelaven reformes, i la ràpida industrialització suscitava recels a l'exterior i malestar social a l'interior.

  La derrota davant del Japó el 1904 va generar disturbis. Una manifestació reprimida amb violència (l'anomenat *Diumenge Sagnant*) va iniciar la **Revolució del 1905**, sufocada amb duresa. El tsar va haver de concedir una assemblea consultiva d'aparença parlamentària, la **Duma**.

- **Xina**. El 1900, la rebel·lió dels **bòxers**, dirigida contra les concessions a les potències imperialistes, va ser sufocada per una coalició estrangera. La dinastia manxú va quedar totalment desacreditada. El 1911 es va proclamar una república que posava fi a un imperi mil·lenari.

Treballa amb l'eix

1. Aquest eix representa alguns dels esdeveniments que van marcar el camí cap a la guerra. Fes una llista dels països implicats i assenyala quines aliances es van formar entre aquests països.

LA PAU ARMADA (1880-1914)

- **1882** Triple Aliança: Alemanya, Àustria-Hongria i Itàlia.
- **1890** Dimissió del canceller Bismarck.
- **1900** Revolució antiimperialista dels bòxers a la Xina.
- **1904** Guerra Russojaponesa. Derrota russa. Entesa Cordial: França i el Regne Unit.
- **1905** Diumenge Sagnant a Rússia. Duma. Primera crisi marroquina.
- **1907** Triple Entesa: França, el Regne Unit i Rússia.
- **1908** Àustria-Hongria s'annexiona Bòsnia i Hercegovina.
- **1911** Segona crisi marroquina.
- **1912-1913** Primera i segona guerres balcàniques.

El camí cap a la guerra

Un dels signes més alarmants de la Belle Époque era la **carrera armamentística**: amb una calma aparent, els estats concertaven aliances i augmentaven els arsenals: era la Pau Armada. Les **potències** es vigilaven amb desconfiança perquè les ambicions colonials enfrontaven les unes contra les altres.

- **Regne Unit**. Després de dominar els oceans des de segles, desconfiava del creixement de la flota alemanya.
- **Alemanya**. Temia l'enfortiment de Rússia i aspirava a construir-se un imperi a Àfrica i el Pacífic, en zones reclamades per britànics o francesos. Per aconseguir-ho, pretenia arrabassar al Regne Unit l'hegemonia naval.
- **França**. Volia defensar el seu imperi colonial i somiava recuperar les províncies perdudes l'any 1871.
- **Àustria-Hongria** i **Rússia**. Competien per l'hegemonia als **Balcans**, on es disputaven territoris que havien pertanyut a l'**Imperi otomà**. El paneslavisme, o unió de tots els eslaus, era fomentat per Rússia i temut per l'Imperi austrohongarès, on els eslaus, tot i ser-ne la majoria, se sentien relegats.
- **Itàlia** i **el Japó**. Consideraven que se'ls havia tractat injustament en el repartiment colonial i pretenien expandir-se.

Les **apetències imperialistes** de les potències eren incompatibles entre si i conduïen de manera segura cap a una guerra. El que va convertir aquest conflicte esperat en una **gran guerra** (el primer conflicte mundial) va ser la formació de **dues potents coalicions rivals**:

- **Triple Aliança**. Formada pels imperis centrals (Alemanya i Àustria-Hongria) i Itàlia, encara que aquesta canviaria d'aliats l'any 1915.
- **Triple Entesa**. Els acords entre França i Rússia tenien el suport reticent del Regne Unit. Aquestes tres potències tenien poc en comú a part del temor a les ambicions alemanyes.

La guerra podia haver esclatat en qualsevol dels moments de tensió d'aquells anys: les **crisis marroquines** del 1905 i 1911 entre francesos i alemanys; la **crisi bosniana** del 1908 entre austríacs i russos, o les **dues guerres balcàniques** del 1912 i 1913, per les quals l'Imperi otomà va perdre gran part dels territoris europeus.

PER SABER-NE MÉS

Els descobriments de **Max Planck**, des del 1900, que van portar a la formulació de la mecànica quàntica, i els d'**Albert Einstein** sobre la teoria de la relativitat el 1905 van iniciar una profunda **revolució científica**.

La nova física va canviar el paradigma científic vigent i va influir en el pensament com ho van fer els descobriments de Copèrnic o Newton en el seu moment. Paral·lelament, la tecnologia assolia èxits espectaculars en àmbits com el dels nous materials o el transport.

El progrés, però, podia tenir conseqüències nefastes en la mesura que aquests invents podrien aplicar-se a finalitats bèl·liques.

Infants de marina observant l'enlairament d'un zepelí de començament del segle XX.

- Busca informació sobre quins van ser els avenços científics que van influir més en el desenvolupament de la Primera Guerra Mundial.

ACTIVITATS

2. Què caracteritzava la Belle Époque? Per què s'anomena també aquest període *Pau Armada*?
3. Quines relacions hi ha entre la Segona Revolució Industrial i la Primera Guerra Mundial?
4. Quina era la situació de Rússia i la Xina el 1900?
5. Quins interessos enfrontaven les potències? Explica per què aquests interessos eren incompatibles i les enfrontaven entre si.
6. Quines aliances s'havien format en vigílies de la guerra? Quins països en formaven part? Fes un esquema per explicar-ho.
7. Es pot dir que l'acumulació d'errors d'importància limitada va produir una catàstrofe com l'esclat de la guerra? Justifica la resposta.
8. Quins conflictes van precedir l'esclat de la Primera Guerra Mundial?

Caricatura alemanya que representa França, Rússia i Anglaterra humiliades per Alemanya i Àustria davant d'altres països.

2. La Gran Guerra

L'esclat del conflicte

El 28 de juny del 1914 va ser assassinat l'arxiduc Francesc Ferran d'Àustria. Se sospitava que els serveis secrets serbis, i potser els russos, podien estar darrere de l'atemptat.

Alemanya va veure l'ocasió de debilitar Rússia, que donava suport a Sèrbia, abans que no es fes massa forta, i va incitar el seu aliat, l'Imperi austrohongarès, a ser intransigent. Sèrbia es va assegurar el suport rus, i Rússia, l'aliança francesa. En aquest moment, només el Regne Unit i Itàlia quedaven al marge de l'imminent conflicte.

Viena va enviar un dur **ultimàtum** a Sèrbia. A Rússia hi va haver mobilització general, amb el lògic nerviosisme alemany. Es van succeir declaracions de guerra entre les **potències centrals** d'Alemanya i Àustria-Hongria contra els **aliats de l'Entesa**: Sèrbia, Rússia i França; el Regne Unit s'hi va unir quan Alemanya va ocupar Bèlgica.

La guerra de moviments (1914)

Els estrategs creien que la guerra seria breu: el **pla alemany** buscava evitar la lluita simultània en **dos fronts**. Consistia a derrotar **França** en el **front occidental** abans d'enfrontar-se en l'**oriental** a **Rússia**, de la qual s'esperava que reaccionés amb lentitud.

Els alemanys van atacar **Bèlgica** per sorpresa, que era neutral, la van travessar i van aconseguir arribar fins a les proximitats de París. Però el contraatac francès amb suport britànic **va paralitzar l'ofensiva**. A més, els russos van reaccionar abans del que es preveia. A pesar de les victòries alemanyes en el front oriental, la situació a la tardor del 1914 era d'**estancament**: així continuaria fins al final del conflicte.

LA PRIMERA GUERRA MUNDIAL A EUROPA

Treballa amb el mapa

9. Quins països d'Europa no van participar en la Gran Guerra?
10. Quines zones van envair les potències centrals durant la guerra?

La guerra de posicions (1915-1917)

Els dos bàndols van intentar trencar l'equilibri obrint nous fronts i incorporant **nous contendents**:

- **Les potències centrals**. L'**Imperi otomà** i **Bulgària** els van fer costat. Els russos van atacar els turcs des del **Caucas**, mentre que els aliats animaven la **rebel·lió dels àrabs** de l'Imperi. A l'interior de l'Imperi otomà, la persecució de les minories cristianes que simpatitzaven amb els aliats va desembocar en el **genocidi** de més d'un milió i mig de civils **armenis**.
- **El bàndol aliat**. S'hi van incorporar **Itàlia** i **Romania**. L'entrada de la primera s'esperava com a decisiva, però només va servir per obrir un nou i sagnant front a la seva frontera nord-oriental amb Àustria.

A pesar del gran cost de vides humanes, l'**obertura de nous fronts** no va alleujar la tensió sobre l'occidental. Allà, tot i l'ús de noves armes, a penes s'aconseguia avançar uns quants quilòmetres i això a costa de massacres terribles, com les de Verdun, Somme o Ieper.

Es va posar de manifest que els dos bàndols estaven tan igualats que venceria aquell que resistís més. La guerra va entrar en una **fase de desgast**: cada contendent atacava amb tots els mitjans disponibles, mentre **enfonsava econòmicament** l'enemic. Alemanya, que tenia escassetat d'aliments i de matèries primeres a causa del seu aïllament, dificultava el **proveïment** marítim dels aliats atacant els vaixells neutrals amb la seva flota de **submarins**.

L'equilibri de forces va començar a trontollar el 1917 a causa de dos **fets transcendentals**, però de signe contrari:

- **L'esclat de la Revolució Russa**. Aquest esdeveniment va beneficiar les potències centrals, que ja podien emprendre converses de pau separadament amb Rússia des d'una posició de força. A més, la deserció del seu soci oriental va debilitar els aliats.
- **La declaració de guerra dels Estats Units a Alemanya**. Va ser la resposta nord-americana als atacs submarins indiscriminats. Encara que l'aportació militar americana va ser limitada, la seva potència econòmica va revitalitzar els exhaustos contendents del bàndol aliat.

El fracàs de l'ofensiva alemanya (1918)

Al començament del 1918, les potències centrals van obtenir algunes victòries en el front italià i van neutralitzar Rússia amb la **Pau de Brest-Litovsk**, que els va proporcionar grans guanys territorials. No obstant això, la situació en la **rereguarda alemanya** era tan greu que es temia un esclat revolucionari similar al rus.

L'alt comandament alemany va decidir jugar l'última basa. A l'estiu va llançar una **gran ofensiva a França** per trencar el front abans que arribés l'ajuda americana, però francesos i britànics van resistir.

La tardor del 1918, els esgotats aliats d'Alemanya van anar abandonant la lluita, mentre que a les ciutats alemanyes es formaven consells revolucionaris d'obrers i soldats, segons el model soviètic. Davant de la imminència del col·lapse, l'exèrcit va donar la guerra per perduda: el kàiser va abdicar i es va proclamar la **república**. L'11 de novembre, Alemanya demanava un **armistici**.

LA PROPAGANDA DE LA GUERRA I EL PAPER DE LES DONES

El 1914, els governs creien que la guerra seria curta, com demostra aquesta proclama del 2 d'agost a les dones franceses:

La guerra ha sigut desencadenada per Alemanya, a pesar dels esforços de França, Rússia i Anglaterra per mantenir la pau. A la crida de la pàtria, hi han acudit els vostres pares, els vostres fills i els vostres esposos [...]. La marxa a l'exèrcit de tots aquells que puguin portar armes obliga a interrompre els treballs als camps; els camps estan sense collir; s'aproxima el temps de la verema.

En nom del Govern de la República, en nom de la nació sencera agrupada darrere seu, faig una crida a la vostra valentia, a la dels nens als quals només la seva edat i el seu coratge priven del combat.

Alceu-vos, doncs, dones franceses, nens, filles i fills de la pàtria! Reemplaceu al camp de treball aquells que són al camp de batalla! Prepareu-vos per mostrar-los demà la terra cultivada, les collites emmagatzemades, els camps sembrats!

Visca la República! Visca França!

Analitza la informació

- A qui culpa el text de la guerra? A qui es dirigeix? Qui fa aquesta proclama?
- Explica com va influir la guerra en la situació de les dones.

ACTIVITATS

11 Explica quines eren les circumstàncies que van fer que l'atemptat de Sarajevo desemboqués en un conflicte mundial.

12 Què va fallar en el pla alemany per acabar ràpidament la guerra el 1914? I el 1918?

13 Exposa les raons que expliquen l'estancament en els tres primers anys de la guerra i els canvis que van tenir lloc a partir del 1917.

14 Comprova tot el que has après sobre la Gran Guerra.

PARA'T A PENSAR

Quina era l'opinió pública sobre la guerra?

L'esclat de la guerra va ser rebut amb entusiasme. El segle XIX havia sigut relativament pacífic: des del 1815 no hi havia guerres globals. L'opinió pública ignorava que la capacitat destructiva de l'armament s'havia multiplicat. De res no servia el coratge contra els gasos. Aquesta percepció va canviar a mesura que avançava el conflicte.

1. Al principi, el xovinisme, o nacionalisme exaltat, es va estendre per tot Europa: al Regne Unit es va anomenar *jingoism*. El racisme i el masclisme en formaven part: es rendia culte a la força i a la violència com a signes de «nacions virils» i de «races superiors».
2. Més tard, l'absurditat de la guerra va despertar la consciència pacifista de tota una generació, que va lluitar amb l'esperança que la Gran Guerra fos l'última.
3. La fotografia, la literatura, la pintura i el cinema, que es van inspirar en aquest conflicte, van contribuir a canviar per sempre la percepció de la guerra.

Analitza un cas: l'evolució de la percepció de la Gran Guerra

1. L'entusiasme per la guerra

Jessie Pope va ser una poeta que va destacar pel seu entusiasme bel·licista. Els seus poemes van tenir molta repercussió perquè acusava de covardia els joves que no s'afanyaven a allistar-se.

La crida

Qui hi ha per les trinxeres?
Hi ets tu, fill meu?
Qui seguirà el francès?
Seràs tu, fill meu?
Qui està impacient per començar?
Qui sortirà a guanyar?
I qui pensa a salvar la pell?
Per ventura ets tu, fill meu? [...]

Qui està impacient per carregar i disparar?
Tu, fill meu?
Qui anhela ser declarat apte?
Qui vol mostrar el seu valor?
I qui prefereix esperar una mica?
No seràs tu, fill meu? [...]

Qui fornirà les files dels vencedors?
Seràs tu, fill meu?
I quan desfilin les tropes,
amb els estendards i els tambors tocant,
qui mirarà avergonyit?
Seràs tu, fill meu?

JESSIE POPE, 1915

2. L'actitud pacifista

Wilfred Owen va ser el més important dels anomenats *poetes de guerra.* Aquest famós poema pacifista pren el títol d'una frase llatina, que significa 'és dolç i honorable morir per la pàtria'.

Dulce et decorum est

Encorbats com vells captaires sota els sacs,
sancallosos, tossint com velles xarugues, renegàvem entre el llot,
fins que ens vam girar d'esquena a les flames que ens seguien
i vam començar a fer via, atuïts, cap al repòs.
Molts marxaven adormits. Havien perdut les botes,
però seguien endavant, coixos i amb els peus sagnants;
cecs, borratxos de fatiga, sords fins i tot als xiulets
de les granades cansades que esclataven al darrere.

Gas! GAS! Afanyeu-vos, nois! –Un èxtasi graponer
per trobar les caretes i posar-nos-les a temps;
però encara hi havia algú que bramava i ranquejava,
com si estigués atrapat entre flames, o a la calç...
Borrós, a través del vidre i d'una espessa llum tèrbola,
com si fos sota un mar verd, el vaig veure ofegar-se.

En cada somni, davant dels meus ulls impotents,
se m'acosta corrent, asfixiant-se, ofegant-se.

Si en alguns somnis sufocants tu també anessis
darrere del carro on el vam llençar,
i veiessis els ulls blancs que se li recargolaven
i la cara que penjava com el vòmit d'un dimoni;
si a cada sotragada sentissis el doll de sang
que li sortia a raig fet dels pulmons plens de bromera,
escabrós com un càncer i amarg com l'excreció
d'unes úlceres incurables en unes llengües innocents...
tu, amic meu, no diries amb tanta fogositat
als vailets que anhelen desesperadament la glòria,
la vella Mentida: *Dulce et decorum est*
pro patria mori.

WILFRED OWEN, 1918

3. La realitat pintada

John Singer Sargent era un pintor nord-americà establert a Londres. Durant l'agost del 1918, just quan Wilfred Owen tornava al front de França, Sargent el visitava per pintar una obra encarregada pel Ministeri de la Guerra.

Se suposa que l'obra havia de servir per elevar la moral de la població i celebrar la cooperació entre els aliats de manera èpica, però la trobada amb un grup de soldats cecs va impressionar tant l'artista, que va oblidar les instruccions i va pintar aquella trista escena. El seu quadre *Gasejats* (1919) mostra les conseqüències d'un atac de gas mostassa: un tòxic que ataca les mucoses, especialment les dels ulls, i destrueix les vies respiratòries.

Tenint en compte que el quadre es va concloure després de l'armistici, en un ambient exaltat i eufòric per la victòria, no va ser ben rebut; als supervivents, en canvi, els va semblar una manera molt bella de pintar l'horror.

REPASSA I SINTETITZA

1. Els poemes de Jessie Pope, a més d'animar els homes a allistar-se a l'exèrcit, suposaven una manera subtil de qualificar de covards els qui es resistien a sumar-se a l'exèrcit o en dubtaven.
   a. Quina idea donaven aquests versos del combat?
   b. Quines raons invocaven per anar-hi?
   c. Com penses que podien influir els seus versos en la moral dels joves britànics?
2. Quin missatge transmet Owen en el poema?

RELACIONA

3. Wilfred Owen va pensar a dedicar el poema a Jessie Pope. Per què volia fer-ho? Compara els dos poemes i indica quins versos estan relacionats entre si.
4. Owen, que havia sigut ferit, podria haver-se quedat al sanatori, però va demanar de tornar amb els seus camarades l'últim estiu de la guerra. Va caure als vint-i-cinc anys a França, una setmana abans de l'armistici. Per què va voler tornar a les trinxeres?
5. Quina relació tenen el quadre de Sargent i el poema d'Owen? Explica el caràcter simbòlic d'aquesta fila de cecs que avancen a les palpentes.

INVESTIGA

6. Els sofriments de la Gran Guerra van il·luminar una generació de pacifistes. Però també hi va haver qui en va extreure la lliçó oposada, com els feixistes, que consideraven la guerra benèfica i necessària.

   Als anys trenta, el pacifisme de molts britànics i francesos impulsaria els seus governs a no intervenir en la Guerra Civil Espanyola i a intentar evitar a tot preu un conflicte amb Hitler i Mussolini.

   Consideres que tota guerra ha d'evitar-se costi el que costi? Raona la resposta, i busca arguments a favor i en contra d'aquesta tesi.

La família imperial russa abans de la Revolució. Van morir a Iekaterinburg (als Urals) el juliol del 1918 afusellats a mans dels bolxevics.

3. La Revolució Russa

Rússia era la més dèbil de les potències. El règim tsarista no havia aprofitat la lliçó de la Revolució del 1905 per emprendre reformes. El bloqueig que havia produït la guerra va portar la població al límit de la seva resistència, i va fer inevitable un esclat social.

La revolució de febrer del 1917

Quan es va iniciar la guerra, l'Imperi rus va mobilitzar milions de soldats, però el **proveïment** era pèssim. La **baixa moral** de les tropes, sense equipament i mal dirigides, feia témer un col·lapse del front.

La dedicació de la indústria a fabricar armament va empitjorar encara més el nivell de vida de la població.

El tsar, molt impopular, es va negar a emprendre reformes inajornables, fins que es va quedar sense suports.

El febrer del 1917 (març a Occident, ja que a Rússia regia el calendari julià), una manifestació d'obreres contra la carestia va iniciar un alçament a la capital, Petrograd.

La monarquia es va esfondrar a penes sense resistència, i va donar pas a un **doble poder**:

- Un **govern provisional**, successor de la Duma, que va assumir el poder esperant la convocatòria d'una assemblea constituent. Va prometre als aliats que Rússia continuaria la guerra.
- Un **consell o soviet d'obrers i soldats**, partidari de la pau i d'una profunda transformació social. Ben aviat, el moviment de creació de soviets es va estendre per tot el país.

EL PROGRAMA BOLXEVIC

Cartell de la Revolució Russa.

Els soviets tenien el suport de les tropes, però la **divisió entre els partits obrers** va impedir que prenguessin el poder.

La majoria dels socialistes pensaven que Rússia era un país massa endarrerit, i que la revolució proletària no triomfaria sense un període previ d'acord amb la burgesia, representada pel govern provisional.

Per ajudar el **partit bolxevic**, que era la facció més extrema del partit socialdemòcrata rus i favorable a la pau, el Govern alemany va permetre el pas pel seu territori de **Lenin**, el seu líder, exiliat a Suïssa.

Quan va arribar a Petrograd a la primavera del 1917, Lenin va resumir el programa bolxevic en les anomenades **Tesis d'Abril**:

- Lliurament del poder suprem als soviets.
- Sortida immediata de la guerra, a qualsevol preu.
- Redistribució de les terres i col·lectivització de les indústries.

Analitza la informació

- Per què molts socialistes creien que la revolució proletària era impossible a Rússia?
- Quin objectiu perseguien les Tesis d'Abril?

LES FASES DE LA REVOLUCIÓ RUSSA

La Revolució d'Octubre

A l'estiu del 1917 es va establir un nou govern provisional presidit pel socialista moderat **Kerenski**, que va intentar prosseguir la guerra. No obstant això, l'ajornament de les eleccions constituents i el cansament derivat de les hostilitats el van fer impopular.

A l'octubre (novembre del calendari occidental), els bolxevics van aconseguir el poder a Petrograd. Kerenski va fugir i els membres del Govern van ser detinguts.

El Congrés dels Soviets, dominat ara pels bolxevics, va assumir el poder. Es va formar un **govern de comissaris del poble** que buscava el suport popular amb el començament immediat de negociacions de pau i l'abolició de la propietat de la terra.

Però, en les eleccions democràtiques a l'**assemblea constituent** del gener del 1918, els bolxevics (més tard **Partit Comunista**) no van obtenir majoria i Lenin va ordenar dissoldre-la a penes inaugurada.

La guerra civil (1918-1921)

El març del 1918 es va signar la **Pau de Brest-Litovsk**, per la qual Rússia abandonava la guerra i acceptava importants pèrdues territorials.

A causa de la debilitat del règim, els pobles no russos de l'antic imperi es van independitzar. Va esclatar una **guerra civil** en la qual el govern bolxevic es va enfrontar a un heterogeni conglomerat de tropes contrarevolucionàries, els **blancs**, als quals va derrotar el 1921.

El **triomf bolxevic** en la guerra civil es va assentar sobre dos pilars: l'**Exèrcit Roig**, creat per Trotski, que va restablir el control sobre la major part del país; la **policia política** o **Txeca**, que va dirigir la repressió a l'interior, on va instaurar un règim de terror. Més endavant es va anomenar *Comitè per a la Seguretat de l'Estat* (conegut com a *KGB*).

ACTIVITATS

15. Qui eren els bolxevics? En què consistia el seu programa?
16. Elabora un cronograma amb els esdeveniments més importants de la Revolució Russa.

•••	•••	•••	•••	•••

17. Qui són els personatges clau de la Revolució Russa? Quin paper hi va exercir cadascun?
18. Exposa les raons que van fer popular el programa polític dels bolxevics.
19. La Revolució Russa és un dels esdeveniments capitals del segle XX, però n'hi ha opinions molt divergents. Busca informació sobre quines van ser les posicions enfrontades i elabora un informe sobre el tema.
20. Com va influir la guerra en l'esclat de la Revolució Russa? Com va determinar al seu torn el curs del conflicte el desenvolupament d'aquesta revolució?

Una sessió de la Societat de Nacions.

4. L'organització de la pau

Els catorze punts de Wilson

El gener del 1918, el president dels Estats Units, Woodrow Wilson, va formular catorze punts en què assenyalava els **principis** que havien de regir l'**ordenació d'Europa** després de la guerra. Les seves idees bàsiques eren:

- **La llibertat de navegació i de comerç**, ja que l'atac alemany a vaixells neutrals havia sigut precisament el motiu de l'entrada dels Estats Units en la guerra.
- **El reconeixement del dret dels pobles a l'autodeterminació**, que va conduir a la dissolució dels imperis plurinacionals i al disseny d'un nou mapa d'Europa. Aquest dret no es va aplicar a les colònies.
- **La renúncia a la diplomàcia secreta**, a la qual es culpava de l'inici de les hostilitats, encara que en realitat no deixaria mai de practicar-se.
- **La fundació d'una Societat de Nacions** per solucionar els conflictes de manera pacífica.

Els alemanys van dirigir a Wilson la **petició d'armistici** amb l'esperança de negociar amb ell una pau més benigna d'acord amb aquests punts. No obstant això, en les negociacions va prevaler finalment la posició francesa, més intransigent, que exigia **reparacions** pels danys que havia tingut.

Rússia no va participar en les negociacions i va ser tractada com a perdedora. Els **territoris perifèrics** que havien pertanyut a l'Imperi rus (les noves repúbliques de Finlàndia, Estònia, Letònia i Lituània, i les regions annexionades a Polònia i Romania) havien d'actuar com una barrera preventiva que impedís el contagi comunista.

EUROPA L'ANY 1921

Treballa amb el mapa

21 Quins països nous van sorgir després de la guerra?

22 Com va canviar el mapa europeu després de la Primera Guerra Mundial? Quins països van aparèixer? Quins estats van desaparèixer?

Els tractats de pau

Les negociacions que van posar fi a la Gran Guerra es coneixen com a **Pau de París**, encara que els diferents tractats que estipulaven les **condicions** imposades a cadascun dels **derrotats** conserven el nom dels palaus pròxims a la capital francesa en els quals es van signar:

- **Tractat de Versalles**. Alemanya es va veure obligada a assumir la **responsabilitat** de la guerra. A més de tornar **Alsàcia** i **Lorena** a França, havia de pagar **reparacions**; com a garantia del pagament va haver d'acceptar l'ocupació del Sarre. També va perdre territoris a l'est: Prússia Oriental quedava aïllada de la resta del país pel **corredor de Danzig**, que proporcionava a **Polònia** una nova sortida al Bàltic. Alemanya va lliurar les seves colònies, i se li va imposar la desmilitarització de Renània i la reducció de l'exèrcit i dels arsenals.
- **Tractat de Saint-Germain-en-Laye**. L'Imperi austrohongarès es va desmembrar. Va néixer l'estat de **Txecoslovàquia**, que integrava minories alemanyes i hongareses. Sèrbia, ara **Iugoslàvia**, incloïa croats, bosnians i eslovens. **Itàlia** només va obtenir petits guanys territorials.
- **Tractat de Trianon**. Romania va créixer amb territoris d'Hongria i de Rússia. **Hongria** i **Àustria** (a la qual es vetava la unió amb Alemanya) quedaven reduïdes a petits països sense sortida al mar.
- **Tractat de Neuilly**. Bulgària va haver de lliurar a Grècia la costa que posseïa a l'Egeu.
- **Tractat de Sèvres**. L'Imperi otomà va desaparèixer i va ser substituït per la **República Turca**. Els seus **territoris àrabs** van ser repartits com a mandats entre britànics i francesos.

Aquesta imatge retrata els anomenats *quatre grans*, els primers ministres de les nacions vencedores que es van reunir a París per acordar els tractats de pau. D'esquerra a dreta, David Lloyd George (Regne Unit), Vittorio Emanuele Orlando (Itàlia), Georges Clemenceau (França) i Woodrow Wilson (Estats Units).

El balanç de la Gran Guerra

La Primera Guerra Mundial va produir la **mortalitat més elevada** coneguda en un conflicte fins llavors, uns deu milions de vides humanes perdudes, a més de vint milions de ferits i invàlids.

Europa va quedar molt afeblida políticament i moralment. Encara que els vencedors conservaven, i fins i tot augmentaven, els seus imperis, la missió pacificadora utilitzada com a coartada per a la colonització quedava desmentida.

S'ha dit que aquesta guerra va ser «**el suïcidi d'Europa**», el declivi posterior de la qual va contrastar amb l'**auge de potències no europees**, com els Estats Units o el Japó.

La pau també va estar plena d'**errors**. Un d'aquests errors va ser que va arribar massa tard, quan ja hi havia tants odis i desitjos de revenja acumulats que va resultar impossible establir un ordre durador.

L'immens anhel pacifista no va resistir ni una generació. Una de les raons d'aquest fracàs va ser la **feblesa** de la **Societat de Nacions**.

Aquest organisme havia nascut greument compromès perquè el seu impulsor, el president Wilson, no va arribar a aconseguir la participació dels **Estats Units**, on aflorava un sentiment **aïllacionista**. Tampoc no s'hi va invitar l'URSS, i països derrotats com Alemanya i Turquia no hi van ser admesos fins anys més tard.

ACTIVITATS

23. Explica què són els catorze punts de Wilson i quin paper van exercir en la fi de la guerra.
24. Resumeix les conseqüències no territorials dels tractats de pau de París.
25. Explica per què es diu que la pau va estar plena d'errors. Quins problemes van sorgir posteriorment?

Barricades a la Setmana Tràgica de Barcelona.

5. El declivi de la Restauració

El començament del regnat d'Alfons XIII

Des de la mort d'Alfons XII, el 1885, la seva muller, **Maria Cristina d'Habsburg**, va assumir la regència. Durant aquest període continuava l'alternança de poder entre els conservadors i els liberals, aleshores liderats per **Antonio Maura** i **José Canalejas**, respectivament.

Quan el 1902 Alfons XIII va assumir el poder, el país experimentava profundes **transformacions socials**. Les ciutats creixien a causa de l'èxode rural i el **proletariat urbà** reclamava condicions laborals dignes, però topava amb la resistència de les classes acomodades, que controlaven els ressorts del poder. Alguns polítics, com ara els **regeneracionistes**, encapçalats per Joaquín Costa, van emprendre algunes reformes tímides, però no van aconseguir regenerar el sistema.

La **conflictivitat social** era latent a Catalunya, que havia acollit bona part del proletariat urbà. El 1909 va esclatar un brot revolucionari: la **Setmana Tràgica**. Els reservistes catalans van ser mobilitzats per reforçar les tropes del Marroc i tot Barcelona es va omplir de barricades per protestar contra les lleves: els fills de famílies benestants evitaven el servei militar a canvi de diners, mentre que els treballadors havien d'anar a lluitar. La revolta va ser sufocada amb un vessament de sang i amb l'afusellament del pedagog anarquista **Francesc Ferrer i Guàrdia**, acusat d'instigar la revolta.

Els anys de crisi

Durant la Gran Guerra, la indústria catalana es va beneficiar de la **neutralitat d'Espanya**: les exportacions van augmentar i les reserves d'or es van multiplicar. El desenvolupament econòmic, però, que afavoria la burgesia industrial i els grans propietaris agrícoles, **va empitjorar encara més la vida de les classes populars**, ja que la demanda externa feia pujar els preus més de pressa que els salaris.

El 1917 es va posar de manifest la **crisi** del sistema de la **Restauració**, en la qual van coincidir tres processos diferents, però interrelacionats:

- **Crisi militar**. Hi havia **rivalitat** entre els militars destinats a la Península i els que feien carrera ràpidament al protectorat del Marroc. Els descontents exigien reformes i la modernització de l'exèrcit.
- **Crisi política**. Com que el govern conservador d'**Eduardo Dato** no volia reunir les Corts perquè no hi tenia prou majoria, l'oposició va convocar a Barcelona una **Assemblea de Parlamentaris** per assumir les competències de les Corts.
- **Crisi social**. Els sindicats anarquista (CNT) i socialista (UGT) van convocar una **vaga general revolucionària**. Atemorits per l'esclat social i amb la mirada fixada en els esdeveniments de Rússia, els militars i els polítics van ajornar les seves demandes i van donar suport al Govern en la **dura repressió** dels vaguistes.

Els anys següents van ser destacats per una gran **violència política**, sobretot a Barcelona. La ciutat era coneguda com a *Rosa de Foc*, ja que sovint hi havia atemptats anarquistes i represàlies de pistolers a sou de la patronal. Va ser el període del **pistolerisme** (1917-1923).

!

PER SABER-NE MÉS

El Rif, una regió muntanyosa del **nord del Marroc**, no havia estat ocupat per França a causa de l'escàs valor econòmic i de l'hostilitat britànica, que no volia cap altra potència a prop de l'estret de Gibraltar; però Alemanya també hi estava interessada.

El 1906, en la **Conferència d'Algesires**, els britànics i els francesos van aconseguir allunyar Alemanya oferint a Espanya un protectorat al nord del Marroc.

El **protectorat**, però, va ser costós, a causa de la resistència de la població rifenya i de la dotació deficient de l'exèrcit espanyol. Va haver-hi nombroses matances en tots dos bàndols. El 1921, una operació imprudent, encoratjada pel rei però desconeguda pel Govern, va desembocar en el **Desastre d'Annual**, una emboscada en la qual van morir milers de quintos de les classes populars.

El desastre d'Annual a la guerra del Marroc.

- Per què va començar la guerra del Marroc? Quin va ser l'episodi més important d'aquest conflicte?

L'evolució del catalanisme polític

La **Lliga Regionalista** d'Enric Prat de la Riba, fundada el 1901, va aconseguir posar fi al bipartidisme entre els conservadors i els liberals a Catalunya i es va convertir en el partit majoritari durant les primeres dècades del segle XX. Davant d'aquest fet, el Govern espanyol va intentar limitar el creixement del catalanisme polític amb la **Llei de jurisdiccions**, que permetia als militars actuar en cas que es posés en perill la unitat d'Espanya.

Després dels **fets del *Cu-cut!***, els diferents sectors del catalanisme van reaccionar contra aquesta llei i es van unir, l'any 1906, en una coalició electoral: la **Solidaritat Catalana**. Aquest moviment unitari va guanyar clarament les eleccions provincials i generals del 1907. Amb tot, les discrepàncies entre els sectors conservadors i progressistes arran de la Setmana Tràgica van fer que la coalició es desmembrés al cap de poc temps.

La Mancomunitat de Catalunya

Amb l'objectiu de recuperar la unitat territorial trencada per la divisió provincial del 1833, des del 1911 la Lliga Regionalista va impulsar la creació de la **Mancomunitat de Catalunya**. Aquesta entitat política, que agrupava les quatre diputacions provincials, va permetre que per primer cop des del 1714 hi hagués un ens que representés el conjunt del territori català.

Tot i que era de tipus administratiu i no tenia cap competència pròpia, la Mancomunitat va anar assumint les tasques que principalment feien les diputacions i va ser el **motor de la modernització social i cultural** del país en diversos aspectes.

Pel que fa a l'evolució, se'n diferencien dues **etapes**:

- La presidència d'**Enric Prat de la Riba** (1914-1917). Es va centrar a dotar tots els municipis de xarxa de telèfon i carreteres, així com de serveis culturals bàsics (escola i biblioteca). Molts pobles catalans d'aquell moment no tenien cap d'aquests elements.
- La presidència de **Josep Puig i Cadafalch** (1917-1923). Va prosseguir l'obra de l'etapa anterior, però no va incorporar-hi iniciatives destacables.

Tot i que disposava d'un projecte d'Estatut d'autonomia per a Catalunya, la conflictivitat social entre la burgesia i la classe obrera va fer que la Mancomunitat s'anés **acostant cap als col·lectius més conservadors** del catalanisme. Aquests sectors van optar per participar en la governabilitat de l'Estat. Així és com un membre de la Lliga, Francesc **Cambó**, va esdevenir ministre del govern monàrquic.

Finalment, la Mancomunitat **va ser dissolta el 1925** durant la dictadura del general **Miguel Primo de Rivera**. S'acabava així el primer intent del catalanisme per assolir una certa autonomia política i finalitzava, també, l'hegemonia de la Lliga Regionalista dins del catalanisme.

ELS FETS DEL *CU-CUT!*

AL *FRONTÓN CONDAL*
–¿Qué se celebra aquí, que hay tanta gente?
–El Banquet de la Victoria.
–¿De la victoria? Ah, vaya, serán paisanos.

El novembre del 1905, la Lliga Regionalista celebrava els resultats de les eleccions municipals. Un acudit publicat en el setmanari satíric *Cu-cut!* va ferir l'orgull dels militars, que van assaltar la seu d'aquesta publicació i la del diari *La Veu de Catalunya*, òrgan de premsa de la Lliga Regionalista. El Govern espanyol, en comptes de castigar els militars, va impulsar la Llei de jurisdiccions per evitar el creixement del catalanisme.

Analitza la informació

- Per què l'acudit de la caricatura va ferir l'orgull dels militars? Esbrina-ho.

ACTIVITATS

26 Quins canvis socials i econòmics tenien lloc a Espanya a l'inici del segle XX?

27 Quins fets van provocar la Setmana Tràgica?

28 Qui va ser Francesc Ferrer i Guàrdia? Quin paper va tenir a la Setmana Tràgica?

29 Quins processos van coincidir el 1917 a Espanya? Explica per mitjà d'un esquema com van intervenir tots els factors en la crisi.

30 Quines repercussions va tenir la vaga de La Canadenca el 1919?

31 Com es va desenvolupar la crisi social durant el regnat d'Alfons XIII?

32 Què era la Solidaritat Catalana? Per què es va crear? Per què es va dissoldre?

33 Valora la creació de la Mancomunitat de Catalunya i la seva obra en el seu context.

ESTUDIEM EL CANVI HISTÒRIC A TRAVÉS DE LA TECNOLOGIA

Un dels objectius de la història és descriure, analitzar i explicar el canvi històric i la transformació de les formes de vida, de les mentalitats i de les societats a través del temps.

D'aquesta anàlisi se'n desprèn que la influència del canvi històric s'exerceix sempre en diversos sentits: així, l'avenç tecnològic repercuteix en la societat en contribuir a la seva evolució, i, al seu torn, l'evolució social condiciona la direcció que adopta el progrés tècnic.

Un dels procediments més utilitzats per il·lustrar el canvi històric és analitzar l'evolució dels instruments, els aparells, les tècniques o els mitjans de transport al llarg d'un període. Ara estudiarem aquesta dimensió històrica del progrés tecnològic amb l'exemple de l'automòbil: no oblidem que la Primera Guerra Mundial va esclatar a bord d'un automòbil!

1. Anàlisi de l'evolució de l'exemple

El primer pas consisteix a **investigar** com eren els automòbils al començament del segle XX. Busca informació de com en va ser l'**evolució**, ordena **cronològicament** els diferents models i descriu-ne les **característiques** principals.

a. ***L'automòbil en la Belle Époque***

La fotografia mostra el que sembla un cotxe de cavalls sense els animals. Els primers automòbils resultaven molt cars i eren una manera de mostrar l'estatus social elevat dels seus propietaris.

b. ***Els taxis del Marne***

Fins al 1914, la majoria dels automòbils en ús eren taxis o vehicles de luxe, poc adaptats a la guerra. Amb el conflicte es van haver d'utilitzar per traslladar soldats fins al front.

c. ***Altres tipus de vehicles***

Durant la guerra, els automòbils van sorprendre per la utilitat, com per exemple les ambulàncies.

En l'àmbit dels subministraments, el paper del camió, que fins a la guerra havia sigut tan sols una versió millorada del carro de cavalls, hi va resultar determinant.

d. ***El carro de combat***

Aviat va sorgir la idea de combinar l'automòbil amb l'armament, muntant-hi metralladores. El disseny definitiu, però, el que va transformar l'automòbil en tanc, es va aconseguir en afegir-hi blindatge i erugues, millores amb què podia avançar sobre les trinxeres.

2. Relació amb el context històric

A continuació, podem **relacionar** la informació obtinguda amb els **fets històrics** que hem estudiat al llarg de la unitat, així com amb la **resta de les transformacions** socials.

a. ***Començament del segle XX***

Els primers automòbils eren molt cars perquè estaven fabricats de manera pràcticament artesanal, amb materials nobles, i mostraven la riquesa dels seus propietaris. Per això, el disseny s'orientava sobretot a l'exhibició dels passatgers en detriment de la seva seguretat. En qualsevol cas, cap al 1900, l'automòbil a penes havia canviat la vida de les persones.

b. ***La Primera Guerra Mundial***

Això, però, va canviar de cop el setembre del 1914. Les tropes alemanyes havien arribat a les portes de París, però la sort de la capital es decidiria a la batalla del Marne. Els trens conduïen reclutes de tots els racons de França fins a les estacions de París, i com que des d'allà fins al front quedaven unes desenes de quilòmetres, el general Gallieni va ordenar la mobilització dels taxis de la ciutat.

Encara que militarment l'acció dels taxistes no va ser determinant, en el camp de la propaganda va tenir una enorme repercussió: el Govern mostrava la seva voluntat de mobilitzar tots els recursos de la nació per guanyar la guerra.

Per la seva banda, Marie Curie, descobridora de la radioactivitat, va acostar per mitjà d'ambulàncies els aparells de raigs X fins a les trinxeres.

A la batalla de Verdun, la posició francesa, pràcticament envoltada per l'enemic, va poder resistir gràcies als camions que recorrien de manera ininterrompuda la coneguda com a Via Sagrada *portant subministraments al front.*

Durant la guerra, les fàbriques d'automòbils van saber treure partit de la producció de carros de combat. Un dels factors que van contribuir a la derrota alemanya en l'ofensiva de la primavera del 1918 va ser precisament que els aliats disposaven del carro de combat lleuger Renault FT.

3. Valoració de l'evolució fins avui dia

Finalment, és convenient **completar l'evolució de l'exemple** que estem analitzant fins a arribar a **avui dia**, per valorar el canvi històric que ha suposat.

L'evolució de l'automòbil continuarà després de la guerra, quan aquest mitjà de transport definitivament arribi a totes les classes socials. La revolució del que es va anomenar primer utilitari, el model Ford T, havia començat en realitat als Estats Units, abans de la guerra, amb mètodes de producció en sèrie per construir a gran escala models barats. L'automòbil es feia accessible a les classes mitjanes.

El canvi, però, no va arribar a Europa fins després de la guerra, quan les marques europees van començar a produir també a gran escala automòbils útils i barats.

Com a signe dels temps, a França es va redactar, el 1921, el primer codi de circulació, i un any després es va introduir el permís de conduir; a Espanya, país més endarrerit socialment, va caldre esperar fins a la Segona República (1934).

POSA-HO EN PRÀCTICA

Tu també deus haver observat al llarg de la teva vida canvis tecnològics com els que va experimentar l'automòbil en les primeres dècades del segle XX. Pensa, per exemple, en el cas del telèfon mòbil: cada nou model millora les prestacions de l'anterior i hi afegeix funcionalitats noves. Si mires cap enrere, veuràs com ha anat canviant la nostra vida, la forma de comunicar-nos o de relacionar-nos.

1. Busca imatges que reflecteixin l'evolució dels telèfons mòbils en els últims vint anys, ordena-les cronològicament i descriu les principals diferències que hi aprecies.
2. Demana als membres grans de la teva família que t'expliquin com recorden els primers telèfons mòbils: l'aparença i grandària, la funcionalitat i les utilitats, qüestions tècniques, l'acceptació dels usuaris, qui tenia telèfons mòbils quan van començar a comercialitzar-se. Saps què es feia si algú havia de telefonar i es trobava fora de casa?
3. Amb la informació obtinguda, elabora un informe sobre el telèfon mòbil. Fes una breu introducció de la història d'aquest aparell, des dels primers models fins avui, i exposa les funcions que compleix actualment i que abans eren impensables. Reflexiona sobre els canvis que ha suposat en la vida quotidiana de les persones.

QUÈ HAS APRÈS?

L'INICI DEL SEGLE XX

- **LES TENSIONS DE LA PAU ARMADA**
  - La Belle Époque
    - Expansió econòmica: Segona Revolució ...
    - Tensions nacionals, colonials i ...
  - Una època de revolucions
    - Rússia: ...
    - Xina: ...
  - La Pau Armada
    - Carrera de ...
    - Les coalicions rivals
      - La ... Aliança
      - La Triple ...

- **LA GRAN GUERRA**
  - La guerra de ... (1914) → L'estancament
  - La guerra de posicions (1915-1917)
    - Nous contendents
      - Potències centrals: ... i ...
      - Bàndol aliat: ... i ...
    - Fase de desgast
    - Ruptura de l'equilibri: any ...
      - Revolució ...
      - ... dels Estats Units
  - El final de la guerra
    - El fracàs de l'ofensiva
    - L'armistici

- **LA REVOLUCIÓ RUSSA**
  - La Revolució de Febrer
    - El Govern ...
    - El Consell o ...
  - La Revolució d'Octubre
    - Les Tesis d'...
    - Els bolxevics prenen el poder
    - La pau de ...
    - La guerra civil. Victòria comunista gràcies a:
      - L'Exèrcit ...
      - La Txeca

- **L'ORGANITZACIÓ DE LA PAU**
  - Els ... punts de Wilson
  - Els tractats de pau
    - Tractat de ...: Alemanya desarmada i reduïda
    - Tractats de Saint-Germain i Trianon: dissolució de l'Imperi ...
    - Sèvres: divisió de l'Imperi ...
  - Balanç de la guerra
    - Els morts, els ferits, la destrucció
    - Els errors
    - La feblesa de la ...

- **DECLIVI DE LA RESTAURACIÓ**
  - Regnat d'Alfons XIII
    - Conflictivitat social: Setmana ... (1909)
    - Any de crisi (1917-1923)
      - Militar: Desastre d'...
      - Política: Assemblea de Parlamentaris
      - Social: Pistolerisme
  - Evolució del catalanisme
    - Domini de la Lliga Regionalista
    - Creació de la Mancomunitat de Catalunya
      - Enric Prat de la Riba
      - Josep Puig i Cadafalch

Repassa amb l'esquema

1. Copia l'esquema de la unitat i completa les parts que hi falten.
2. Ordena aquests esdeveniments en un cronograma:

   Revolució Russa - Petició d'armistici alemany - Crisi del Marroc - Fi de l'Imperi xinès - Invasió de Bèlgica - Atemptat de Sarajevo - Primera guerra balcànica

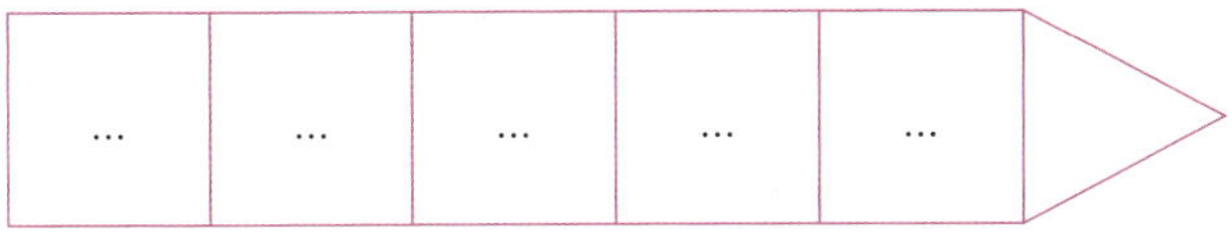

3. Corregeix aquestes afirmacions:
   a. El pla de l'alt comandament alemany consistia a atacar Rússia abans que França hagués pogut mobilitzar-se.
   b. La Triple Aliança va declarar la guerra a la Triple Entesa el 1914.
   c. La Revolució Russa va beneficiar els aliats.
   d. La invasió austríaca de Sèrbia va provocar la intervenció britànica en la guerra.
   e. La revolució bolxevic d'octubre del 1917 va derrocar l'autarquia tsarista.
4. Relaciona els conceptes següents:

Atemptat de Sarajevo •	• Tractat de Saint-Germain
Creació de Txecoslovàquia •	• Revolució de Febrer
Corredor de Danzig •	• Tractat de Versalles
Soviet de Petrograd •	• Tractat de Sèvres
Mandat britànic a Palestina •	• Ultimàtum austrohongarès

5. Indica quins d'aquests personatges eren comunistes. Explica quin va ser el paper de cadascun en la Revolució Russa.

Nicolau II.

Kerenski.

Lenin.

Trotski.

6. Compara el mapa d'Alemanya el 1914 de la pàgina 106 amb el mapa de l'any 1921 de la pàgina 112. Quins canvis van tenir lloc entre aquests anys?
7. El 1920, el mariscal francès Foch, un dels artífexs de la victòria aliada, descrivia així la Pau de París:

   «Això no és una pau: és un armistici de vint anys.»

   a. Va tenir raó en la seva predicció? Explica per què.
   b. Quines van ser, segons la teva opinió, les causes de la precarietat de la Pau de París?
8. Descriu els esdeveniments següents: el Desastre del 98, la Setmana Tràgica, la vaga general del 1917 i el Desastre d'Annual.
9. Llegeix aquest text sobre l'assassinat de Salvador Seguí, *el Noi del Sucre*, i respon a les preguntes.

   [...] La seva va ser una llarga requisitòria contra Alfons XIII i la seva camarilla de generals i polítics que aquells dies apareixien com a responsables del Desastre d'Annual, en aquells turons pelats del Rif.

   Seguí va ser dur, implacablement detallista sobre els veritables responsables del Desastre d'Annual, i va afirmar el seu propòsit de portar el contingut d'aquella conferència a tots els escenaris del país. Jo només vaig pensar: «Si no et maten.»

   I va ser així. El van matar els de la camarilla del rei. Van utilitzar l'equip de pistolers d'Homs. [...]

   Les accions justicieres i vindicatives [contra l'assassinat de Salvador Seguí] van iniciar-se amb l'audàcia dels que no estaven disposats a desaparèixer ni a caure de genolls. Primer va ser al carrer de la Portaferrissa, de Barcelona, seu principal del requetè català. Els anarcosindicalistes [...] van irrompre disparant les pistoles i deixant un reguitzell de morts. A Manresa, en un enfrontament entre companys i els caps dels Sindicats Lliures, quatre d'ells van quedar greument ferits. A València, l'exgovernador de Barcelona Maestre Laborda va sucumbir a un atemptat. A Lleó, a l'exgovernador de Bilbao, Regueral, li va passar el mateix. I un final idèntic va tenir el cardenal Soldevila, a Saragossa.

   JUAN GARCÍA OLIVER, *El eco de los pasos* [adaptació], 1978

   a. Segons l'autor del text, quines són les causes de l'assassinat del Noi del Sucre? Qui el va cometre?
   b. Quina va ser la reacció dels companys de sindicat arreu de l'Estat?
   c. Com s'anomena el període d'assassinats i atemptats especialment intens a Catalunya?

Mapa conceptual

Comprova el que saps

UNITAT 5

POSA'T A PROVA

Per què Alemanya va perdre la guerra?

Llegeix el text següent, escrit després de la guerra per un novel·lista alemany, i a continuació fes les activitats.

Tardor. Dels soldats vells, ja no en queden gaires. Soc el darrer dels set de la nostra classe. Tots parlen de pau i d'armistici. Tots esperen. Si torna a venir un desengany, hi haurà una catàstrofe. La il·lusió és massa forta; no l'abandonaran pas sense explotar. Si no ve la pau, vindrà la revolució.

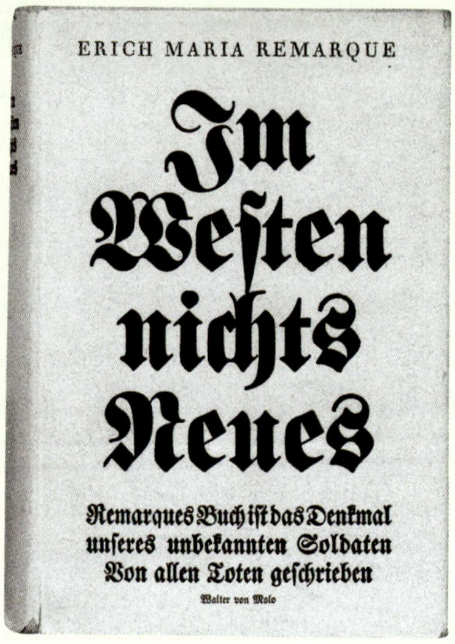

Tinc catorze dies de repòs perquè he engolit un xic de gas. Tot el dia sec al sol en un jardinet. L'armistici arribarà aviat; jo també ho crec, ara. Aleshores podrem tornar a casa.

Aquí s'encallen els meus pensaments i no poden anar més enllà. Allò que se m'emporta amb més força són sentiments. És l'afany de viure, l'enyorança, la sang, l'embriaguesa de veure'm salvat. Això, però, no són finalitats.

Si haguéssim tornat a casa el 1916, el dolor i la força del que havíem viscut haurien desfermat una tempesta. Si hi tornem ara, estem fatigats, desfets, calcinats, sense arrel i sense esperança. Ja no podrem orientar-nos, retrobar-nos a nosaltres mateixos.

Tampoc ningú no ens comprendrà, ja que tenim davant nostre una generació que, certament, ha passat aquests anys en comú amb nosaltres, però que ja tenia llar i professió i ara torna a les seves antigues posicions, on oblidarà la guerra; i, al darrere, en puja una altra, semblant a la que formàvem nosaltres abans, que ens serà estranya i ens arraconarà. Ens som sobrers a nosaltres mateixos. Ens farem grans; alguns s'adaptaran, d'altres es resignaran i molts quedaran absolutament desemparats. S'escolaran els anys i, a la fi, sucumbirem.

Tot això, però, potser només m'ho fan pensar la melangia i el trasbals, que es dissipararan quan em trobaré, de nou, dessota els pollancres i escoltaré el dolç remoreig del seu fullatge. No pot pas ser que s'hagi esvaït totalment aquella tendresa que omplia d'inquietud la nostra sang, aquella incertesa, aquell esbalaïment, aquell anhel de futur, els mil rostres de l'esdevenidor, la melodia dels somnis i dels llibres, la frisança i el pressentiment de les dones...

ERICH M. REMARQUE, *Res de nou a l'oest*, 1929

TREBALLA AMB EL TEXT

1. El personatge que escriu aquest suposat diari és un soldat alemany; i l'any, 1918, poc abans del final dels combats. Quins indicis en el text et permeten deduir-ho així?
2. Respon a les preguntes següents:
   a. Quin era l'estat d'ànim que hi havia a les trinxeres alemanyes?
   b. Què hauria passat, segons el narrador, si la guerra s'hagués acabat el 1916?
   c. Quin futur preveu el soldat per a la seva generació una vegada que s'acabi la guerra?
3. Indica quina de les afirmacions següents és vertadera i quina falsa; en aquest últim cas, escriu com en seria la forma correcta.
   a. La moral dels soldats alemanys era molt alta al final de la guerra.
   b. L'armistici es va signar a la tardor del 1916.
   c. La guerra es va acabar amb la invasió total d'Alemanya.

RELACIONA LA INFORMACIÓ

La novel·la acaba així:

Va caure per l'octubre del 1918, un dia tan tranquil, tan quiet per a tot el front, que el comunicat oficial es limità a la frase *Res de nou a l'oest*.

Havia caigut bocaterrós i es va quedar, com dormint, sobre el terra. En girar-lo, es veia que no devia haver sofert gaire. El seu rostre tenia una expressió tan serena, que semblava com si estigués content d'haver acabat així.

4. Per què l'autor fa servir la frase de l'informe oficial per titular el seu llibre? Què vol donar a entendre?
5. La població alemanya pensava que anava guanyant la guerra, quan va arribar la notícia de l'armistici. Aquesta opinió, era fruit de la propaganda només? Quins fets abonaven aquesta visió? Creus que era la mateixa que es tenia al front? I entre els seus enemics?
6. Generalment es pensa que una guerra es guanya o es perd amb una batalla decisiva. És el cas de la Primera Guerra Mundial? Exposa i justifica el teu punt de vista.

ENCADENA ELS TEUS CONEIXEMENTS

Durant la guerra, el kàiser Guillem II havia confiat el poder a l'alt comandament de l'exèrcit. El 9 de novembre del 1918, seguint els consells dels militars, el kàiser va abdicar, es va exiliar i va deixar al Govern de la República la petició de l'armistici.

7. Per què penses que l'alt comandament va recomanar l'abdicació? Sobre qui volia que recaigués la responsabilitat de la derrota?
8. Quina va ser, segons la teva opinió, la responsabilitat de la derrota alemanya en relació amb aquests esdeveniments?
   a. Invasió militar de Bèlgica el 1914
   b. Guerra submarina total del 1917
   c. Gran ofensiva del 1918
9. El 1917, Lenin, el líder bolxevic, era a Suïssa. El Govern alemany li va permetre creuar amb tren el seu territori per arribar a Rússia. Quines creus que van ser les raons que van portar les autoritats germanes a prendre aquesta decisió? Va ser encertada per a Alemanya? Respon tenint en compte els efectes a curt i a mitjà termini.

REPRESENTA LES CAUSES I CONSEQÜÈNCIES

Copia aquest esquema i completa'l.

10. Per a això, primer de tot, recorda quins són els principals esdeveniments de cada etapa de la Gran Guerra.
11. Després, ordena els fets que has seleccionat segons que siguin causes que van contribuir a la derrota alemanya o bé circumstàncies que van afavorir Alemanya.
12. Finalment, detalla quines van ser les conseqüències de la derrota d'Alemanya en la Primera Guerra Mundial.

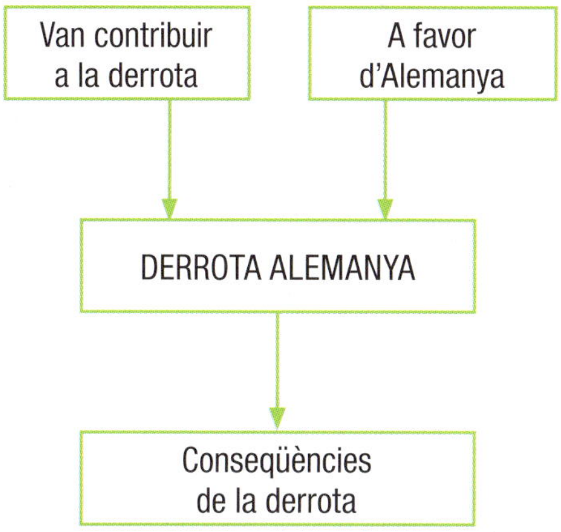

OBSERVA I SINTETITZA

13. Observa les vinyetes. Quins signes representen la derrota d'Alemanya?
14. Et sembla que la situació que es presenta en l'última vinyeta reflecteix una societat derrotada en una guerra o, per contra, un poble victoriós? Explica per què.
15. A què podia ser deguda llavors aquesta actitud de la societat berlinesa del començament dels anys vint?
16. Aquest quadre de George Grosz es diu *Dia gris* i va ser pintat el 1921. Mostra també la situació d'Alemanya després de la derrota.

    Busca informació sobre el pintor, descriu l'escena que presenta el quadre i fes-ne la teva anàlisi.

UNITAT 6

EL PERÍODE D'ENTREGUERRES

EN AQUESTA UNITAT APRENDRÀS...

- Com va canviar el món després de la Gran Guerra.
- Quina forma de govern predominava durant els anys vint.
- Els nous règims polítics que van sorgir en el període d'entreguerres.
- Quins canvis socials es van produir en els anys vint.
- En què va consistir el crac del 1929.
- Com van ser els darrers anys de la monarquia d'Alfons XIII.
- Com era l'art de les avantguardes.

Mira més enllà

Les arts mostren els costums socials?

Durant els anys vint es va produir una explosió de goig: la joventut que havia sobreviscut a la guerra volia divertir-se. Molts músics afroamericans, que havien desembarcat a Europa com a soldats, van preferir quedar-s'hi després de la guerra, ja que a França no hi havia segregació racial.

El 1925 va arribar a París Josephine Baker, la reina dels anys bojos i la primera dona negra que va protagonitzar un llargmetratge. El seu èxit va resultar aclaparador. A la fotografia de l'esquerra és l'estrella d'un musical.

En els anys vint van avançar dos processos de canvi social que marcarien el segle: l'emancipació de la dona i la lluita contra la discriminació racial.

- Com creus que Josephine Baker simbolitza els dos canvis?
- Avui dia s'ha aconseguit la igualtat total entre l'home i la dona? I entre les diferents ètnies?

El 1927 es va estrenar la primera pel·lícula sonora de la història, *The jazz singer*, l'èxit de la qual va significar el final del cinema mut. El que avui ens crida més l'atenció és que el protagonista, que era blanc, es pintava la cara de color negre per cantar jazz. Però a principi de segle, en el teatre i el cinema, la majoria dels papers de personatges negres eren interpretats per actors blancs.

- Per què ho feien així? Et sembla raonable? Per què?

Les arts escèniques i la música són una bona mostra de l'evolució dels costums socials.

- Observa la imatge. Quins aspectes creus que serien escandalosos d'un musical com aquest per a una persona amb la mentalitat d'abans de la Gran Guerra? Per què?
- Quins costums socials actuals diries que sorprenen més la generació dels teus avis?

La hiperinflació alemanya del 1922 i el 1923 va suposar la pèrdua pràcticament total del valor dels diners. Va arribar un moment en què els zeros no cabien en un segell de correus.

1. L'impacte de la Gran Guerra

Les transformacions econòmiques

La Gran Guerra va ser la **primera guerra** total perquè va afectar tota la nació i no solament els soldats. Va canviar la forma de concebre el **paper de l'estat** en l'economia.

El liberalisme clàssic deixava en mans del mercat la regulació econòmica, però durant el conflicte bèl·lic les autoritats es van veure obligades a racionar el consum, planificar la producció o mobilitzar mà d'obra.

La guerra va suposar la **fallida** de tots els bel·ligerants. Els països vencedors havien contret un **deute** enorme (sobretot, amb els Estats Units), que esperaven pagar amb les **reparacions** exigides als vençuts. Però els països derrotats no podien fer front als pagaments.

La conseqüència va ser la **hiperinflació**, que durant el 1922 i el 1923 va destruir el teixit socioeconòmic d'Alemanya i dels seus antics aliats. Com a conseqüència d'això, els estalviadors es van quedar en la ruïna, mentre que els deutors en van sortir beneficiats, ja que els deutes van perdre el valor que tenien inicialment.

Si abans de la guerra Europa importava més del que exportava, en la postguerra es va haver d'**augmentar les exportacions** i **disminuir el consum**. Però exportar era més difícil: a més dels **Estats Units**, la primera potència econòmica, altres països, com l'Argentina, Austràlia o el Japó, la gran potència asiàtica, havien aprofitat la guerra per guanyar espai en el mercat mundial. També Espanya, afavorida per la seva neutralitat, va experimentar un notable auge industrial.

La crisi demogràfica: la pandèmia de grip

Les baixes de la guerra s'havien estimat en deu milions, però durant el 1918 i el 1919 una pandèmia de grip va causar a tot el món entre cinquanta i cent milions de víctimes més. Encara que les xifres són aproximades, perquè no hi ha estadístiques fiables fora d'Europa i de l'Amèrica del Nord, es tracta sens dubte d'**un dels desastres demogràfics més grans** de la història de la humanitat.

Es creu que l'origen va ser una mutació del virus de la grip aviària a Àsia. Els primers casos es van detectar en una caserna dels Estats Units on hi havia tropes que després van ser destinades a França: l'agent infecciós hi va viatjar conjuntament i així es va estendre per Europa. Els anys de penalitats havien afeblit la població, i aquesta epidèmia va generar una **altíssima taxa de mortalitat**.

L'armistici va coincidir amb l'**apogeu de l'epidèmia**. La desmobilització de les tropes colonials va disseminar la mort pel món: va ser una autèntica pandèmia que es va propagar per tot el planeta.

Els governs dels països en guerra van exercir la censura sobre els mitjans de comunicació per evitar el pànic, de manera que només es parlava, tímidament, de «febres».

Des de França la grip va passar a Espanya, on, com que es tractava d'un país neutral i amb relativa llibertat de premsa, va començar a ser anomenada pel seu nom; per això es va batejar erròniament com a *grip espanyola*, i amb aquest nom equivocat es coneix encara.

LA SOCIETAT DE MASSES

El conflicte va ser una guerra total que va sotmetre la població a un sofriment sense precedents. Els governs van utilitzar la **censura** i la **propaganda** en una escala desconeguda fins llavors per influir en la moral.

La guerra va fer desaparèixer el **prestigi** de les classes dirigents que havien conduït els seus països al desastre: l'austeritat imposada per aguantar el desgast bèl·lic **va condemnar els luxes** sobre els quals les classes privilegiades basaven la seva influència, i que ara semblaven egoistes i antipatriòtics.

Les empremtes del feudalisme, encara perceptibles en part del centre i l'est d'Europa, es van esfumar. Tot i que les revoltes comunistes o anarquistes van ser sufocades (excepte a Rússia), la societat de la postguerra seria molt més **igualitària**: era una societat de masses.

Analitza la informació

- Per què van perdre prestigi les classes dirigents?

El nou paper de la dona

Durant la Gran Guerra, la mobilització dels homes en el front va obligar a utilitzar **reserves de mà d'obra femenina** en la rereguarda. D'aquesta manera, per necessitat, van obtenir les dones el que, per dret, havien reclamat debades: els llocs de responsabilitat reservats als homes.

L'eficàcia de les dones en la rereguarda va desmentir les teories d'inferioritat intel·lectual sobre les quals es basava la discriminació. Després de la guerra, les dones van obtenir el **sufragi** en molts països d'Europa i Amèrica.

Simultàniament hi havia una revolució en l'**educació**. Cada vegada eren més les dones que accedien a estudis mitjans o superiors i optaven a feines més bones. Era l'època de les **pioneres**, en què dones d'extraordinari talent aconseguien consolidar-se en el món de la ciència, la cultura o l'art.

El canvi, però, no només afectava aquests casos excepcionals. Els avenços tècnics i econòmics obrien **noves perspectives laborals**. Va ser en aquests nous camps, encara no copats pels homes, on les dones van poder fer-se un buit, o fins i tot ser majoria. Així van aparèixer **oficis predominantment femenins**, com les operadores de telèfon o les mecanògrafes. Aquestes ocupacions, encara que més mal pagades que les masculines, permetien que dones de classe mitjana poguessin **emancipar-se** econòmicament.

Tots aquests canvis es van reflectir en el seu aspecte. El **vestuari femení** es va simplificar i es va fer més **còmode** i **pràctic**. La moda era portar els cabells curts. Les joves van començar a practicar **esport** a l'aire lliure, per la qual cosa va estar en voga la **pell bronzejada** allà on abans s'havia exigit a les senyoretes una pell blanca.

Com a símbol de la nova època, va aparèixer la figura de les *flappers*; amb aquest nom es coneixien les noies modernes, alegres i desinhibides, aficionades als nous balls, que, per a escàndol dels més conservadors, adoptaven un comportament considerat fins aleshores masculí.

T. DE LEMPICKA, *Autoretrat en el Bugatti verd*, 1925. Algunes dones, com aquesta pintora polonesa, començaven a obrir-se camí en activitats tradicionalment masculines.

ACTIVITATS

1. Enumera les conseqüències econòmiques de la guerra.
2. Pensa en els mitjans que podien utilitzar els governs dels països bel·ligerants per influir sobre la població durant la guerra, i analitza si es poden seguir utilitzant avui dia.
3. Quins països van sortir beneficiats de la guerra? Explica per què.
4. Explica quins factors extraordinaris creus que van influir en la gravetat de l'epidèmia de grip del 1918 i el 1919. En les circumstàncies actuals, és més probable o, per contra, més improbable un fenomen semblant? Justifica la resposta.
5. Explica quines raons van contribuir al canvi que hi va haver com a conseqüència de la guerra en la situació de la dona.

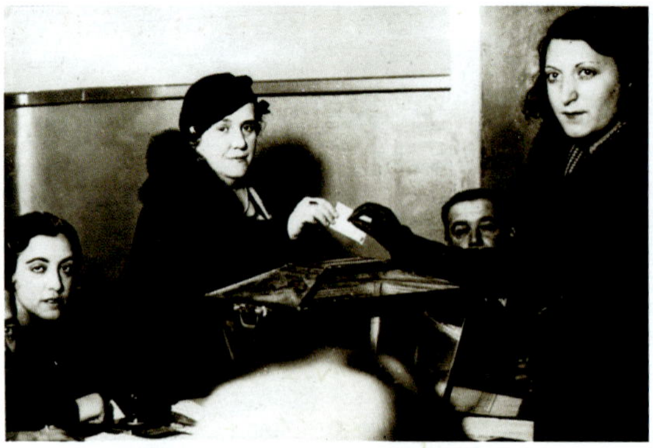

Les dones van irrompre en l'àmbit polític gràcies al sufragi femení, que els va permetre votar. Al mateix temps, la seva presència s'incrementava en tots els aspectes de la vida pública.

2. Política i diplomàcia dels anys vint

L'avenç de la democràcia

La major part dels estats que van néixer de la dissolució dels imperis després de la Primera Guerra Mundial van ser **repúbliques democràtiques**.

En alguns països, el nombre de votants va doblar gràcies al **vot femení**. Però aquest progrés de la democràcia va ser temporal, i va coincidir amb l'aparició d'ideologies polítiques noves que, des de l'esquerra o des de la dreta, posaven en dubte el sistema democràtic: el **comunisme** i el **feixisme**.

La creació d'estats en la Pau de París no va solucionar el problema de les **minories**, sinó que el va multiplicar: països com Polònia, Txecoslovàquia i, sobretot, Iugoslàvia reproduïen en menor proporció el caràcter plurinacional de l'Imperi austrohongarès. A més, el mapa es va omplir de **territoris en disputa**, reclamats per diversos països, com ara Danzig.

La **fragmentació** de les forces polítiques dificultava el govern d'aquestes **fràgils democràcies**, que s'enfrontaven tant a l'agitació comunista com als cops militars de la dreta. Al final de la dècada, en molts països de l'est i del sud d'Europa van erigir-se els **règims autoritaris**.

L'EXPECTATIVA DEL CANVI

6 Quina idea transmet aquest cartell sobre la nova república alemanya?

7 Qui representa cadascun dels personatges del cartell?

La República de Weimar

El 1918, el proletariat alemany havia forçat el kàiser Guillem II a abdicar. Semblava que a Alemanya es produiria una revolució. Però un pacte entre diferents partits polítics i sectors de l'exèrcit va evitar-la i va instaurar una república democràtica, la **República de Weimar**, que adopta el nom de la ciutat on es va reunir la seva assemblea constituent. Els **socialdemòcrates** van ser el partit hegemònic de bon principi, i van aixecar una forta expectativa de canvi en la societat alemanya.

De tota manera, aviat es va veure que la nova república no tindria el camí gens fàcil. Les clàusules del Tractat de Versalles i el context general de crisi econòmica van fer que sorgís una **forta oposició al nou règim**, tant des de l'esquerra com des de la dreta:

- El gener del 1919, els **comunistes**, encapçalats per la Lliga Espartaquista de Rosa Luxemburg, van intentar fer una **revolució** seguint l'exemple de la que havien fet els bolxevics a Rússia. Els alçaments van ser reprimits amb duresa per part del govern i de l'exèrcit. Després del fracàs d'aquesta revolta, els líders comunistes alemanys van ser assassinats i, des d'aleshores, les posicions dels comunistes i les dels socialdemòcrates van ser irreconciliables.
- L'**extrema dreta** va propagar la llegenda de la «punyalada per l'esquena» adduint que la derrota en la Gran Guerra no era deguda als errors militars alemanys, sinó a la traïció de socialistes i jueus. El 1923, un agitador d'origen austríac, **Adolf Hitler**, va fracassar en l'intent de fer un cop d'estat *(putsch de Munic)*. A la presó va escriure *Mein Kampf* (*La meva lluita*), un llibre ple d'odi cap al Tractat de Versalles, la democràcia, el comunisme i els jueus.

ACTIVITATS

8 Per què es parla d'«avenç de la democràcia» després de la guerra? Explica les raons per les quals aquest progrés no va durar.

9 Per què el nou mapa d'Europa va donar origen a un problema de minories ètniques?

10 A quins problemes polítics es va enfrontar la República de Weimar? Quins fenòmens econòmics van influir en la seva evolució?

De Versalles a Locarno

Els primers anys de postguerra van estar marcats pel descontentament dels vençuts i per l'interès dels vencedors per mantenir la vigència del Tractat de Versalles. La intransigència dels vencedors en la qüestió del **pagament de compensacions**, superiors a les possibilitats reals dels derrotats, va comportar l'**ocupació francobelga del Ruhr** el 1923.

La hiperinflació castigava tot el continent, especialment Alemanya, i Europa vivia una **nova situació prebèl·lica**. Els esforços per impedir una nova guerra van cristal·litzar en:

- El **Pla Dawes**. Ideat pels Estats Units el 1924, va suavitzar les condicions de pagament de les reparacions de guerra a les quals estava sotmesa Alemanya; alhora, França abandonava el Rhur.
- Els **Acords de Locarno**. Signats el 1925, la seva base era l'entesa francoalemanya: Alemanya renunciava a Alsàcia i Lorena, els dos estats reconeixien les fronteres i establien una zona desmilitaritzada a Renània; també es relaxaven més les condicions de pagament del deute.

El clima de reconciliació i d'acord assolit a Locarno va suposar el moment de **màxima distensió** entre les dues guerres mundials i va significar l'apogeu de la **Societat de Nacions**. També pot considerar-se el precedent de l'esperit europeista que s'imposaria després de la Segona Guerra Mundial.

EL DESCONTENTAMENT DELS VENÇUTS

11 Quina idea vol transmetre aquest cartell sobre l'ocupació del Ruhr?

12 Quina ideologia va aprofitar el descontentament dels vençuts? Justifica-la resposta.

Els Estats Units als anys vint

Després de la guerra, als Estats Units va triomfar l'**aïllacionisme**. El Congrés va rebutjar els Acords de Pau de Versalles i va refusar ser membre de la Societat de Nacions. El país, allunyat dels assumptes europeus, va consolidar la seva hegemonia sobre el que considerava l'esfera d'influència: l'**Amèrica Llatina** i el **Pacífic**, on xocava amb les ambicions del Japó, que posseïa una flota que feia ombra a la nord-americana.

En política interior, amb el partit Republicà al poder, predominava un **fort conservadorisme**, que es va reflectir en la repressió del moviment obrer, el proteccionisme econòmic, la limitació de la immigració i la promulgació de la llei seca, que afavoria els negocis de la màfia.

Van ser també els anys d'auge del **Ku Klux Klan**. Aquesta organització violentament racista, xenòfoba i anticatòlica havia sorgit al final de la Guerra de Secessió, però va ser prohibida el 1871. A la dècada dels anys vint va renéixer, impulsada per la pel·lícula *El naixement d'una nació*, i va posar de manifest que la conflictivitat racial encara era present en molts estats.

Cerimònia d'iniciació del Ku Klux Klan.

ACTIVITATS

13 Què va ser el Pla Dawes i quines conseqüències va tenir?

14 Explica quin canvi va suposar en les relacions internacionals l'esperit de Locarno. Per què pot considerar-se un precedent de l'europeisme?

15 Fes un esquema de la situació política a l'Europa d'entreguerres.

16 Resumeix els trets que van caracteritzar els Estats Units durant els anys vint.

17 Què pretenia el Ku Klux Klan? Per què creus que va sorgir aquesta organització? Encara existeix actualment?

Lev Trotski va ser el creador de l'Exèrcit Roig d'Obrers i Camperols, vencedor en la guerra civil.

3. Els nous règims polítics

Malgrat l'avenç aparent del model democràtic americà, els anys vint van assistir al naixement d'ideologies que es presentaven com a **alternatives al sistema liberal**, en els dos extrems de l'espectre polític: a **Rússia**, la construcció d'un estat **comunista**: l'URSS; a **Itàlia**, l'establiment del primer règim de caire **feixista**.

La fundació de l'URSS

L'any 1922, el Soviet Suprem va aprovar la fundació de la **Unió de Repúbliques Socialistes Soviètiques** (URSS). Un any abans, a causa de la rebel·lió dels camperols contra les confiscacions de les collites i les protestes de la població davant del descens del nivell de vida, el Govern, dirigit per Lenin, havia abandonat el **comunisme de guerra**.

En lloc seu, es va posar en pràctica la **NEP** (Nova Política Econòmica), que admetia un mercat reduït i tolerava negocis privats a petita escala. Les condicions de vida de la població van millorar considerablement gràcies a l'augment dels excedents agrícoles.

El 1919 s'havia fundat la **Tercera Internacional**, o **Komintern**, per estendre la revolució per tot el món. Els partits que s'hi van adherir van prendre el nom de **comunistes**.

El socialisme en un sol país

A la mort de Lenin, el 1924, va començar una lluita per la successió entre Iòssif **Stalin**, que controlava la **maquinària del partit**, i Lev **Trotski**, que tenia la basa d'haver fundat l'**Exèrcit Roig**, vencedor en la guerra civil.

La diferència entre els dos dirigents consistia sobretot en la tàctica: **Trotski** propugnava la **revolució permanent**, en la qual l'URSS havia de ser la plataforma des d'on en un futur pròxim es difondria la revolució a la resta del món; **Stalin** va imposar l'estratègia del **socialisme en un sol país**, és a dir, els proletaris del món havien de contribuir, primer de tot, a la consolidació del comunisme a Rússia.

Finalment, el 1929 Stalin va sortir vencedor de la pugna, i Trotski va haver d'exiliar-se. Anys més tard seria assassinat a Mèxic a mans d'un agent estalinista, el barceloní Ramon Mercader.

A. GERASIMOV, *Stalin i Voroixilov al Kremlin*, 1938. Aleksandr Gerasimov va ser el pintor oficial de la repressora era de Stalin. En pintures hagiogràfiques com aquesta va desenvolupar fins al límit el culte a la personalitat del líder.

El feixisme, una ideologia nova

A diferència dels corrents conservadors tradicionals, que rebutjaven el nacionalisme i el liberalisme, el feixisme era **antiliberal**, però defensava un **nacionalisme exacerbat** i **xenòfob**. A més, utilitzava **mètodes moderns de propaganda**, s'interessava per la tecnologia i menyspreava **valors tradicionals** com la religió. Els seus principals trets són:

- **Supremacia del partit i el líder**. L'**estat** s'identifica amb el **partit**, i aquest amb el **líder**. El partit és un **moviment de masses** que pretén representar la voluntat popular millor que la democràcia. Les altres opcions polítiques són perseguides.
- **Primacia de l'estat**. Rebutja els drets de l'individu enfront de l'**estat**. Desapareix la noció de ciutadà i d'estat de dret.
- **Racisme**. La nació es defineix segons **criteris racials**: els grups que no els compleixen en són exclosos i, fins i tot, exterminats.
- **Autarquia**. Accepta el capitalisme, però propugna un proteccionisme extrem que tendeix a l'**autarquia** (autosuficiència econòmica).
- **Política exterior agressiva**. Reclama el seu **espai vital** i propugna l'expansió de la seva àrea de domini a costa d'altres pobles, als quals sotmet i, de vegades, aniquila.
- **Corporativisme**. Nega les diferències de classe i defensa la intervenció de l'estat en la vida laboral per mitjà de la creació de corporacions que agrupen empresaris i treballadors en una mateixa organització.

A. GAURO, *Retrat de Benito Mussolini amb Roma al fons*, 1930. El feixisme substitueix la llibertat per l'obediència cega al líder; renegant de la igualtat, proclama la desigualtat dels grups humans i la superioritat d'uns pobles sobre els altres; i, en comptes de fraternitat, s'arroga el dret dels éssers superiors a sotmetre, esclavitzar o exterminar els que consideren inferiors, dèbils o degenerats.

El feixisme italià

El primer règim feixista es va instaurar a Itàlia l'any 1922. Tot i que el país havia participat en la guerra del costat dels vencedors, els nacionalistes estaven descontents amb les compensacions territorials. El feixisme va agitar la bandera de la **frustració colonial** i de l'**irredentisme**, és a dir, la reclamació de territoris fronterers que considerava propis, com Trieste.

Els feixistes es van servir de la inquietud que despertaven les vagues i les ocupacions de terres, i es van aprofitar del **temor** de les classes acomodades a la Revolució Russa. Per atacar el moviment obrer, **Benito Mussolini** va fundar una organització paramilitar que es transformaria en el **Partit Feixista**. El 1922, després d'una violenta campanya d'agitació, i malgrat el seu fracàs electoral, Mussolini va organitzar una demostració de força: la **Marxa sobre Roma**.

El Govern va dimitir i el rei va recórrer a Mussolini, que va instaurar una **dictadura** per mitjà de la **manipulació electoral** i l'**eliminació de l'oposició**. El règim va adquirir trets totalitaris:

- Mussolini es va proclamar ***duce***, o **cabdill suprem**. No obstant això, va mantenir la monarquia i va emprendre una política d'entesa amb l'Església catòlica, que va culminar en els **Pactes del Laterà** (1929).
- Es va adoptar una **política exterior agressiva**, destinada a la conquesta d'un imperi a Àfrica i el Mediterrani.
- Es van fundar **sindicats corporatius**, i es van fomentar l'agricultura i el desenvolupament industrial **autàrquic**.

ACTIVITATS

18 Quines noves ideologies es presentaven com a alternatives al sistema liberal? Quins trets totalitaris van adquirir els règims que van originar?

19 Descriu la relació que hi ha entre el sorgiment d'aquestes noves ideologies polítiques i la Primera Guerra Mundial.

20 Quin paper exerceix l'estat en els règims feixistes?

21 Explica les diferències entre els projectes de Trotski i Stalin. Amb quines bases comptava cadascun?

22 Elabora un mapa conceptual amb les principals característiques del feixisme, compara-les amb els valors bàsics del liberalisme (*llibertat*, *igualtat* i *fraternitat*) i explica de quina manera s'oposa el feixisme a cadascun d'aquests principis.

4. Els feliços anys vint

G. GROSZ, *Metròpolis*, 1916-1917. El neó va donar a les ciutats com París, Berlín o Nova York la lluentor que s'associa a aquesta etapa. Així va veure Berlín el pintor alemany George Grosz.

La societat de consum i l'electricitat

Fins als anys vint, molts dels avenços de la Segona Revolució Industrial havien quedat limitats a les classes acomodades; ara, aquestes **innovacions** s'estenien a la resta de la societat.

Una de les raons d'aquest fenomen va ser la **racionalització** de la producció, que en va **abaratir** els costos. El treball es va organitzar per ser més **eficient**, gràcies als mètodes del **taylorisme**. A més, la producció es va estandarditzar i es va **massificar**.

La pujada del nivell de vida es traduïa en **nous hàbits de consum** entre les classes populars. Gràcies al **crèdit** i a la **venda a terminis**, els luxes d'abans quedaven ara a l'abast de molts. Les empreses van utilitzar la **publicitat**, aplicant en part els mètodes de propaganda assajats durant la guerra. La **moda** era un altre mètode de fomentar el consum.

Abans de la guerra, l'**electricitat** havia tingut sobretot un ús industrial. Ara s'ampliava la **xarxa de distribució**. A les grans ciutats, la **il·luminació elèctrica** va substituir els antics fanals de gas. A les llars, l'electricitat va fer possible la popularització dels **electrodomèstics**; com que les tasques de la casa es considerava que eren pròpies de la dona, l'arribada dels nous aparells va alliberar moltes mestresses de casa d'una part de la seva feina i va reduir el nombre de dones treballadores dedicades al **servei domèstic**.

Les dificultats de proveïment durant la guerra havien obligat a fabricar substituts. Quan van acabar les hostilitats, moltes matèries primeres naturals, com el cuir, el cautxú o la fusta, van ser substituïdes per **materials sintètics**, més barats i lleugers, com el plàstic o teixits com el raió.

LA DÈCADA VERTIGINOSA

L'**avió**, perfeccionat durant la guerra, va permetre que s'obrissin les primeres línies aèries.

Els vint van ser la dècada de la velocitat. Les escenes d'aquells anys ens mostren l'**agitació de les grans ciutats**, tan diferent de l'ambient afable d'abans de la guerra.

Els **automòbils** es van fer més assequibles i més ràpids, al mateix temps que el petroli es convertia en una font d'energia essencial.

La ràdio

Encara que **Marconi** havia inventat la ràdio a la fi del segle XIX, va ser-ne l'ús militar durant la guerra el factor que va contribuir a la seva evolució i millora tècnica: els anys vint van ser l'**edat d'or de la ràdio**.

Es van multiplicar les emissores, al mateix temps que els aparells conquistaven les llars de **classe mitjana**. La ràdio va ser així el primer **mitjà modern de comunicació**. Per primera vegada, milions de persones podien sentir simultàniament la mateixa cançó, el mateix serial o el mateix discurs.

La ràdio es va convertir en el primer mitjà de comunicació de masses capaç d'arribar a tota la població d'un país.

El cinema

Poc abans de la guerra es van instal·lar a Hollywood, un barri de Los Angeles, els primers estudis cinematogràfics. Els llargmetratges nord-americans van ser **èxits mundials**.

El cinema, però, no solament era un negoci; era també un poderós **factor de canvi social**. Per primera vegada, els espectadors de qualsevol lloc contemplaven estils de vida molt diferents del seu.

A partir d'aquest moment, la gent volia vestir-se, pentinar-se o comportar-se com les **estrelles** de Hollywood.

Molt ràpidament, la vida privada dels famosos es va convertir en objecte d'atenció mundial. El cinema, però, igual que la ràdio, podia utilitzar-se també amb finalitats **propagandístiques**.

L'ERA DEL JAZZ

Després de la Gran Guerra, l'influx cultural dels Estats Units es va fer global. El jazz es va convertir en **el primer fenomen artístic nord-americà exportat** a la resta del planeta. Gràcies al gramòfon i a la ràdio, la seva difusió va superar la de qualsevol estil popular anterior.

Molts músics de jazz eren **afroamericans**; no obstant això, als clubs de moda tenien prohibida l'entrada com a clients. Els crims del Ku Klux Klan tenyien de sang els Estats Units, alhora que el jazz de grans músics, com Duke Ellington o Louis Armstrong, dominava les ones de la ràdio. La cantant Billie Holiday va popularitzar *Strange fruit*, un himne de la lluita pels drets civils que denunciava el crim racista per antonomàsia, el linxament:

Els arbres del sud donen una fruita estranya:
sang a les fulles i sang a l'arrel,
cossos negres balancejant-se en la brisa del sud,
fruita estranya que penja dels xops.

Analitza la informació

- Per què els afroamericans no podien entrar als clubs de moda?
- Billie Holiday interpreta *Strange fruit*. A quina fruita estranya es referia?

ACTIVITATS

23 Quines novetats tècniques van fer possible la creació d'una societat de consum als anys vint?

24 Explica com va influir en la vida quotidiana l'arribada de l'electricitat a les llars.

25 Explica quina relació pot establir-se entre l'auge de la ràdio i el sorgiment de noves formes polítiques.

26 Quins eren els trets característics del jazz? Què va tenir de nova l'expansió mundial d'aquest estil musical?

27 Elabora un informe sobre l'època daurada de l'aviació durant el període d'entreguerres.

28 Informa't sobre la primera etapa daurada del cinema de Hollywood. Explica com podia influir en la vida quotidiana de la gent aquest fenomen cultural. Creus que continua fent-ho actualment?

El creixement econòmic va afavorir la construcció de grans gratacels, com aquests de la ciutat de Nova York.

5. De la prosperitat al crac

Una economia fràgil

A pesar de l'esplendor aparent, la prosperitat dels anys vint se sustentava en una base fràgil. La riquesa estava **repartida** de manera molt **desigual**. Les classes mitjanes se sentien atretes pel nivell de vida de les altes, un nivell que el **cinema** els permetia imaginar i que la **publicitat** els animava a aconseguir. No obstant això, estaven lluny de poder permetre-s'ho, llevat que demanessin crèdits. L'**abundància de crèdit** va disparar el **consum**, però aquesta prosperitat aparent es basava en l'**endeutament**.

Un dels sectors en què es feia més visible la insuficiència del sistema era l'**agricultura**. Durant la guerra, molts països neutrals o allunyats dels combats havien **augmentat la superfície cultivable** per atendre la demanda dels bel·ligerants. Quan va acabar la guerra, la producció es va disparar i els preus van caure en picat. Molts agricultors es van arruïnar i van perdre les terres.

A Europa, la destrucció i la ruïna causades per la guerra van quedar ocultes gràcies als crèdits. Els **derrotats** es veien obligats a pagar quantioses reparacions de guerra als **aliats**. Aquests, al seu torn, estaven endeutats, sobretot amb els **Estats Units**. A més, els americans prestaven diners a **Alemanya i als seus antics socis**. L'aparent recuperació es basava, doncs, sobre un precari **flux triangular de capitals**.

És cert que el pilar que ho sostenia tot era la **primera economia del planeta**, la nord-americana, que al final dels anys vint semblava més sòlida que mai; però es tractava d'un miratge.

La bombolla especuladora

El desencadenant de la crisi va ser una bombolla d'**especulació** en la Borsa de Nova York, la més gran del món. Els guanys eren tan profitosos que es va generar un ambient d'**eufòria**.

Molts **petits estalviadors** que mai abans no havien invertit en accions es van llançar al mercat borsari. Això va fer pujar les **cotitzacions**, i aquesta pujada va animar encara més gent a comprar accions d'empreses que ni tan sols coneixien: en molts casos, demanaven **préstecs** pensant que les alces constants els permetrien tornar el capital i obtenir guanys fàcils.

En canvi, la inversió en l'**economia productiva** va descendir perquè era més fàcil guanyar diners comprant i venent accions. Per a què volien muntar un negoci, amb tot l'esforç i risc que això suposa, si en pocs mesos, venent i comprant accions, es podien multiplicar els diners en la borsa? L'actor i humorista Groucho Marx descrivia així la situació:

> Un món molt més interessant que el de l'espectacle em va cridar l'atenció, a mi i al país sencer. Era una coseta que es deia borsa [...]. Si, per exemple, compràveu vuitanta mil dòlars d'accions només s'havien de pagar en metàl·lic vint mil dòlars. La resta la devies a l'agent de borsa [...]. El mercat pujava amunt i amunt [...]. El més sorprenent de la borsa del 1929 és que ningú no es venia mai cap acció. La gent només comprava [...] obsessionats a fer-se rics, llençaven els seus sous de no res a Wall Street.
>
> GROUCHO MARX, *Groucho i jo*, 1971

! PER SABER-NE MÉS

En economia, es parla de *bombolla* quan el preu d'una cosa puja de manera exagerada únicament per causa de l'especulació. Com que el preu de les coses està condicionat per la llei de l'oferta i la demanda, si la demanda augmenta de manera inusual i sense motiu aparent els preus es disparen, i això atreu nous inversors.

Els preus pugen perquè tots creuen que continuaran pujant, i així cada vegada més gent s'anima a comprar. Aquestes pujades, però, no impliquen més productivitat ni més innovacions tecnològiques: tot és mera il·lusió.

- Per què creus que es fa servir la paraula *bombolla* per referir-se a aquest tipus de cicles de creixement de l'economia? Què passa al final?

El crac del 1929

Res no justificava aquesta pujada espectacular de la borsa: les empreses **no havien vist augmentats els beneficis** ni tenien previsions de creixement.

Quan alguns inversors es van adonar de la **fragilitat de la bombolla**, van començar a vendre per recuperar al més aviat possible el seu capital. Les vendes van fer baixar les accions. Com que molts especuladors només volien guanys ràpids i fàcils, els descensos els van impulsar a vendre. Llavors, el valor de les accions es va **enfonsar**.

El **28 d'octubre del 1929**, conegut com a **Dijous Negre**, es va estendre el **pànic** en la Borsa de Nova York. En unes hores es van perdre milions de dòlars. El dilluns i el dimarts següents van continuar les caigudes, situació que va arrossegar milers de persones a la ruïna.

Això no era el pitjor, però: les empreses feien fallida i centenars de milers de treballadors es van trobar al carrer de la nit al dia. I en uns pocs mesos, els afectats eren milions: el somni de la prosperitat sense límits havia acabat en un malson.

ÍNDEX DOW JONES 1928-1932

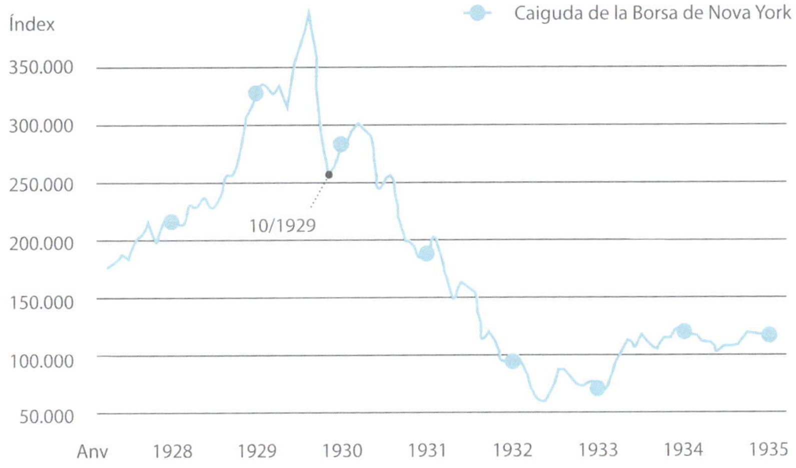

Treballa amb el gràfic

29 A partir d'aquest gràfic de la Borsa de Nova York, resumeix el que va passar en els anys anteriors i posteriors al crac del 1929.

30 Consulta la informació sobre la crisi financera del 1929 i les conseqüències que va tenir a escala mundial. Després, respon a les preguntes i comprova quant saps sobre el crac del 1929.

L'ESCLAT DE LA BOMBOLLA

Wall Street els dies del crac.

El pànic que va comportar l'esclat de la bombolla financera és descrit per Groucho Marx d'aquesta manera:

> Un dia, les cotitzacions van començar a oscil·lar. Uns quants, els més nerviosos, es van espantar [...]. De la mateixa manera que al començament de l'alça tothom volia comprar, la gent es va posar a vendre [...]. Al principi, les vendes es feien d'una manera ordenada, però el pànic va fer fora el seny [...]. Wall Street va llançar la tovallola i es va enfonsar. [...] El dia de l'esfondrada final, el meu amic, antic conseller financer i negociant de mena, Max Gordon, em va telefonar de Nova York. [...] L'única cosa que va dir va ser: «Marx, s'ha acabat la gresca!» I, abans no li hagués pogut respondre, ja havia penjat.
>
> Groucho Marx, *Groucho i jo*, 1971

Analitza la informació

- En què es basava la pujada constant de la borsa abans del crac? Per què un dia va canviar de signe?

ACTIVITATS

31 Resumeix i explica per què la prosperitat dels anys vint se sustentava sobre una base fràgil.

32 En què consistia el flux triangular de capitals entre Alemanya, els Estats Units i els aliats?

33 Defineix en què consisteix una bombolla, i explica de quina manera va influir en l'esclat de la crisi borsària del 1929.

34 Per què, després del crac de la borsa, va augmentar l'atur? Quin efecte va tenir això sobre l'economia?

35 Explica la relació entre els deutes causats per la guerra i la fragilitat de l'economia dels anys vint.

36 Exposa els motius pels quals l'especulació perjudica l'economia.

PARA'T A PENSAR

Quins factors intervenen en les crisis econòmiques?

Cada cert temps hi ha crisis econòmiques profundes seguides de llargues depressions. En cada cas, els factors que indueixen la crisi poden ser molt diversos, però els economistes han identificat certs paral·lelismes entre situacions aparentment diferents.

1. Encara que les crisis econòmiques tenen lloc per una acumulació de factors al llarg d'un temps determinat, sempre hi ha un desencadenant, una causa última que fa que es dispari la situació de crisi.
2. En molts casos, una situació de deutes elevats no controlada (o, fins i tot, promoguda) per la banca és un element clau en l'inici d'una crisi. Quan els deutors no poden pagar, la crisi resulta inevitable.
3. Les diferències econòmiques excessives afecten de manera molt negativa el creixement general de l'economia i generen desigualtats socials.
4. Els canvis tecnològics segueixen ritmes de creixement i de crisi que poden estar relacionats amb les fases de crisi econòmica.

Analitza un cas: similituds entre la crisi del 1929 i la recessió des del 2008

1. El desencadenant

El desencadenant de la crisi del 1929 va ser una bombolla borsària, mentre que el de la crisi del 2008 va ser la bombolla immobiliària d'hipoteques d'alt risc o *subprime* (és a dir, préstecs per damunt del valor de la propietat, de manera que la seva venda no cobreix el capital).

En els dos casos, les entitats financeres van assumir riscos elevats; no obstant això, l'any 1929 els estats no van intervenir per salvar-les, mentre que en la crisi recent la major part dels bancs i caixes d'estalvi van ser rescatats amb fons públics, a través de bancs centrals nacionals o del Banc Central Europeu (BCE).

A més, des del 1945 es van crear el Banc Mundial i el Fons Monetari Internacional (FMI), la finalitat dels quals és evitar que es torni a repetir el col·lapse del sistema monetari internacional dels anys trenta.

Als anys vint, els bancs van assumir riscos excessius, que els van portar a la fallida amb la crisi.

2. El deute i el sistema financer

Un altre paral·lelisme és l'alt nivell d'endeutament.

- Als anys vint, als emprèstits contrets pels governs durant la guerra s'hi unien els préstecs de les famílies.
- Ara, la majoria dels països desenvolupats mantenen sistemes de benestar social, encara que gran part del deute dels Estats Units és degut a la despesa militar.
- D'altra banda, en el món actual hi ha una part del mercat financer que es troba fora del control de l'Administració: es tracta de l'anomenat *sistema bancari a l'ombra*, és a dir, els fons sobirans, els paradisos fiscals, etc.

3. La bretxa entre rics i pobres

Els anys vint van ser anys de prosperitat, però no per a tothom; la bretxa entre rics i pobres va créixer més que mai. Molts criticaven aquesta desigualtat per motius ètics o polítics. L'economista britànic John Maynard Keynes va demostrar que aquesta situació tenia, a més, efectes econòmics desastrosos: a partir d'un cert límit, els guanys dels rics es destinen a l'especulació, no a la inversió ni al consum; per contra, un petit augment en la renda disponible de la classe mitjana i treballadora incrementa el consum, fet que beneficia tant les empreses, que poden invertir, com l'estat, que pot recaptar més, i tot això contribueix a la prosperitat general.

Espectadors al Royal Horse Show Richmond.

La desigualtat creixent i escandalosa és, avui dia, un fet: no sols entre classes socials sinó també entre països. L'1 % més ric de la població acumula la meitat de la riquesa del planeta, és a dir, tant com el 99 % restant; i el 70 % més pobre de la humanitat posseeix a penes un 3 % de la riquesa mundial.

4. Els ritmes de la innovació tecnològica

Avui es creu que una de les causes profundes de la crisi del 1929 va ser l'esgotament de les innovacions tecnològiques de la Segona Revolució Industrial. L'esplendor tecnològica aparent de la dècada dels vint va ser deguda a la popularització aleshores d'invencions ja antigues; per exemple, la bombeta elèctrica s'havia patentat el 1880, el motor d'explosió el 1886, el cinema el 1895 i la ràdio el 1900.

Molts creuen que la fase ascendent del cicle actual va començar cap al 1990, amb el desenvolupament d'Internet i de les telecomunicacions, i que el 2008, quan l'ús de l'ordinador portàtil o del telèfon mòbil ja s'havia generalitzat, aquesta tecnologia havia arribat al límit de rendibilitat.

ANALITZA I REFLEXIONA

1. Busca més informació sobre la crisi del 1929 i la del 2008, i elabora un esquema amb les semblances i diferències entre les dues.

2. Segons la premsa, una estrella de l'esport pot guanyar en un any uns cinquanta milions d'euros: l'equivalent als ingressos d'aproximadament dues mil cinc-centes famílies de classe mitjana. Imaginem-nos com podria influir aquesta situació en un sector concret: l'automobilístic.

   Tenint en compte que les famílies solen canviar de cotxe cada cinc anys, en un any la cinquena part d'aquestes famílies comprarien a terminis un cotxe de vint mil euros aproximadament. En aquest mateix any, l'esportista podria comprar-se tres cotxes d'alta gamma, per un preu deu vegades superior. En el primer cas, la indústria de l'automòbil hauria venut cinc-centes unitats, per un preu total de deu milions d'euros; en l'altre cas, tindríem tres unitats, per uns sis-cents mil euros.

   A més, però, si els ingressos de l'esportista es multipliquessin per dos, la seva despesa en cotxes segurament no es duplicaria, ja que hauria arribat al límit de les seves necessitats. Per contra, si dupliquem l'import destinat a les famílies, el consum es multiplica de manera pràcticament automàtica; per exemple, fent que canviïn de cotxe cada menys temps.

   Pensa en altres exemples de consum (viatges, menjar, roba) i inventa un cas semblant al de l'exemple. Imagina que pots distribuir fins a un cert punt la riquesa. De quina manera podria ser millor per a tothom?

3. Una diferència entre la crisi actual i les anteriors és que avui estem arribant al punt límit dels recursos del planeta: només és possible i desitjable un creixement sostenible. Quin tipus de revolució tecnològica et sembla que hauria d'impulsar la següent fase de creixement? Pensa tant en fonts d'energia com en materials i en el sector de serveis.

6. Els darrers anys de la monarquia

La dictadura de Primo de Rivera

El general Primo de Rivera (dreta) es va convertir en dictador gràcies al suport del rei Alfons XIII (esquerra).

El sistema de la Restauració, implantat amb la Constitució del 1876, havia arribat a la seva fi el 1923. La crisi política i militar, i la por d'una revolució social, van portar alguns sectors de l'exèrcit i de l'oligarquia dominant a promoure un cop d'estat. Aquesta acció, que va seguir el model dels pronunciaments del segle XIX i gaudia de la conformitat del rei, va ser encapçalada per **Miguel Primo de Rivera** el 13 de setembre del 1923.

Alfons XIII creia que la dictadura permetria garantir la pau social i política del país, així com fer front a les organitzacions obreres i als sectors catalanistes que tant inquietaven l'exèrcit.

La dictadura de Primo de Rivera va tenir **dues grans fases**:

- **El directori militar** (1923-1925). Estava format per militars i volia donar la imatge d'un **govern fort i sòlid**, capaç d'afrontar l'obrerisme més radical dels anarquistes i de defensar la unitat d'Espanya.

  La Constitució va quedar suspesa, les Corts van dissoldre's, i es van prohibir els partits polítics, els sindicats i la llibertat de premsa. No obstant això, el desprestigi polític de la Restauració era tan gran que fins i tot una part del **PSOE** i de la **UGT** (partit i sindicat socialistes) també van donar suport a la dictadura. Esperaven que regenerés el vell sistema polític i que suposés un avenç cap a les millores a què aspirava la classe treballadora.

  Durant aquests primers anys, la dictadura va obtenir l'èxit més important: la **pacificació del protectorat del Marroc**, gràcies a la col·laboració de França i al desembarcament d'Alhucemas (1925).

J. MORENO, *El desembarcament d'Alhucemas*, 1929. Aquest desembarcament va ser una operació militar de les tropes espanyoles al Marroc, el 8 de setembre de 1925.

- **El directori civil** (1925-1930). Aprofitant la **conjuntura econòmica favorable**, i amb la intenció de donar un **suport permanent a la dictadura**, Primo de Rivera va incorporar alguns polítics al govern i va crear un partit únic, la Unión Patriótica, inspirat en els partits feixistes.

Tot i que presentava semblances amb el règim de Mussolini, com ara la intervenció directa en l'economia, la dictadura de Primo de Rivera **no era feixista** perquè seguia els patrons de les dictadures del segle XIX: no tenia cap ideologia que la sustentés i no va assolir un suport social estable.

No obstant això, el seu fill **José Antonio** va fundar el 1933 la **Falange**, el partit feixista espanyol que tindria un paper destacat en l'esclat de la guerra civil i en la dictadura franquista.

La persecució del catalanisme

La dictadura de Primo de Rivera va eliminar els símbols que la Renaixença i el catalanisme havien recuperat. Les columnes que simbolitzaven les quatre barres, dissenyades el 1919 per Puig i Cadafalch, van ser enderrocades el 1928. L'any 2010 es van reconstruir a pocs metres del lloc original.

Una de les característiques principals del règim de Miguel Primo de Rivera va ser el **fort patriotisme** i la seva oposició a qualsevol forma d'expressió del catalanisme.

Tot i que de primer va donar suport a la dictadura, la Lliga Regionalista va ser prohibida i va passar a la clandestinitat, com pràcticament totes les institucions polítiques catalanes. La Mancomunitat va ser dissolta.

La dictadura va prohibir el català en gairebé tots els àmbits i també els símbols propis, com ara la senyera. A més, cantar *Els segadors* o ballar sardanes es va limitar als actes no oficials. Tot plegat va provocar una **forta extensió del sentiment catalanista** a tota la societat catalana.

L'oposició a la dictadura

Tot i que tenien diferents objectius, els moviments opositors van créixer ràpidament durant la dictadura:

- Els **anarquistes**. Van ser durament perseguits i reprimits. Del 1923 al 1930, el moviment es va radicalitzar i va donar origen a noves organitzacions partidàries de l'acció armada i contràries a qualsevol cooperació amb el règim. Així, el 1927 es va crear la **Federació Anarquista Ibèrica** (FAI), un grup radical que va tenir una forta influència dins el sindicat anarquista CNT. De les accions violentes comeses destaca l'intent d'assassinat d'Alfons XIII, tot i que no va arribar a produir-se.
- Els **republicans**. A causa de la col·laboració del rei amb el dictador, va créixer un fort sentiment republicà. El 1926, l'oposició republicana de tot l'Estat es va agrupar en un únic partit, l'**Aliança Republicana** (AR). Aquesta organització va aglutinar una bona part del desencís de les classes mitjanes cap a la dictadura.
- Els **nacionalistes**. En aquest període, el republicanisme federalista i el catalanisme van apropar els seus postulats. Van créixer les organitzacions clandestines que es definien com a sobiranistes i republicanes, com ara **Acció Catalana** i **Estat Català**. Aquesta darrera, fundada per **Francesc Macià**, va optar per enderrocar la dictadura i assolir l'autogovern de Catalunya per la via de la insurrecció, tot seguint l'exemple del moviment independentista irlandès.

  Al País Basc i a Galícia també van néixer plataformes que posaven fi al regionalisme conservador i defensaven un nacionalisme de base republicana.

El final de la dictadura

La crisi del 1929 va trencar el miratge de la prosperitat econòmica de la dictadura i va provocar la pèrdua del dèbil suport social que encara tenia. Davant el perill que suposava el manteniment de Primo de Rivera, Alfons XIII va decidir substituir-lo pel general **Dámaso Berenguer**, que no va ser capaç de fer una transició cap a un nou sistema democràtic. A més, l'oposició, partidària d'enderrocar la monarquia, no estava disposada a col·laborar-hi.

Finalment, el desprestigi que acompanyava la dictadura va arrossegar la monarquia. En el **Pacte de Sant Sebastià**, el 1930, republicans i nacionalistes van acordar derrocar-la.

PER SABER-NE MÉS

El 1926, un grup de militants d'Estat Català dirigits per **Francesc Macià** van planificar la invasió de Catalunya des de França en l'anomenat **complot de Prats de Molló**. Volien traspassar la frontera francesa i ocupar la capital de la Garrotxa, on proclamarien la República Catalana i esperarien provocar un alçament popular en favor seu. El complot, però, va ser denunciat a les autoritats, i Macià i els altres dirigents de l'operació van ser detinguts i jutjats a França, fet que va donar un gran ressò internacional al conflicte català.

Francesc Macià en el tren que el va retornar a Catalunya, després del complot de Prats de Molló (estació d'Orsay de París, 21 de febrer del 1931).

Arran d'aquesta acció, tot i que va ser frustrada, Francesc Macià va assolir una gran popularitat i va esdevenir la figura clau del catalanisme. El 1931, Estat Català, el partit al qual pertanyia, es va unir a altres partits republicans catalans per fundar **Esquerra Republicana de Catalunya**, un partit hegemònic del catalanisme durant els anys trenta.

- Elabora una breu cronologia dels fets més destacats del complot de Prats de Molló.

ACTIVITATS

37. Quines van ser les causes del cop d'estat de Primo de Rivera? Per què el rei li va donar suport?
38. Explica les característiques de cadascuna de les fases de la dictadura de Primo de Rivera.
39. En què s'assemblaven el règim dictatorial de Primo de Rivera i el règim feixista de Mussolini?
40. Per què la dictadura va perseguir el catalanisme? Com va reaccionar-hi la societat catalana?
41. Quins grups es van oposar a la dictadura? Què els caracteritzava?
42. Quin fet va provocar la pèrdua de suport a Miguel Primo de Rivera?
43. Què va ser el Pacte de Sant Sebastià? Investiga quins partits i quines organitzacions van participar-hi i quins no.

7. L'art de les primeres dècades del segle XX

La ruptura amb la tradició: les avantguardes

En les primeres dècades del segle XX es va consumar una ruptura radical amb la tradició de l'art europeu. Els moviments que van revolucionar les arts plàstiques, coneguts com a *avantguardes*, comprenen estils molt diversos que tan sols tenen en comú el **caràcter experimental**, arriscat, i el **refús de l'estètica clàssica**, alhora que l'**interès per l'art primitiu** i exòtic.

- **Pintura**. Es van abandonar les lleis de la perspectiva i el tractament naturalista del color i de les formes, fins a arribar a substituir la representació figurativa per l'**abstracció**.
- **Escultura**. Hi va haver una tendència cap a la simplificació de volums en la recerca de la **depuració formal**.

L'època dels *ismes*

La recerca de nous llenguatges artístics va afavorir la multiplicació de tendències i estils, els *ismes*. La passió per la innovació va propiciar que els artistes evolucionessin ràpidament: sovint, obres de diferents períodes d'un mateix autor a penes tenien relació entre si. Entre els *ismes* de les primeres dècades del segle XX van destacar els següents:

- **Cubisme**. En el seu sorgiment van ser fonamentals els espanyols Pablo Picasso i Juan Gris. En aquest estil, el pintor descompon els volums en formes anguloses, incompatibles amb les lleis de la perspectiva, de manera que presenta simultàniament diversos punts de vista.
- **Fauvisme**. Es va desenvolupar a França, i en aquest corrent destaca el pintor Henri Matisse. Presenta un tractament lliure del color, hi predominen els tons vius i se simplifiquen i s'accentuen les formes.
- **Expressionisme**. Característic del nord d'Europa, especialment d'Alemanya. Busca una intensitat expressiva més gran a través de la deformació de les figures i l'accentuació de colors. En aquest afany per supeditar la forma representada a l'emoció, cap al 1910 s'inicia la pintura abstracta de la mà d'un dels artistes expressionistes més destacats: Vassili Kandinski.

La destrucció causada per la **guerra** i les il·lusions que va despertar la **Revolució Russa** van provocar una profunda impressió en el món artístic, en el qual van influir també nous corrents de pensament, com la **psicoanàlisi** (l'exploració de la part subconscient de la ment). Durant els anys vint es van desenvolupar nous i molt **diversos estils**:

- **Surrealisme i dadaisme**. Són moviments de refús de la racionalitat i de recerca de l'espontaneïtat. El surrealisme explorava l'univers dels somnis i els símbols, mentre que el dadaisme arribava a la reivindicació de l'absurd.
- **Realisme expressionista**. Va sorgir a Alemanya, i exercia una crítica grotesca de la societat d'entreguerres.

En el període entre la Primera Guerra Mundial i la Segona, va proliferar la figura de l'**artista compromès**, que utilitzava la seva obra com a vehicle de propaganda política.

PUNTS DE VISTA

P. PICASSO, *Tres músics*, 1921.

44 A quin estil pertany aquest quadre? Quines característiques ho demostren?

FORÇA I COLOR

H. MATISSE, *L'habitació vermella*, 1908.

45 Quines característiques indiquen l'estil d'aquesta pintura?

L'ABSTRACCIÓ

Al final del segle XIX, la ciència ja elaborava substàncies sintètiques, extraient i aïllant principis actius que es trobaven en la naturalesa, per obtenir medicaments molt més potents.

Els pintors abstractes procedien de manera similar. Un quadre consta de formes i de colors, que en la pintura figurativa s'apliquen sobre el llenç per representar objectes; però, no seria possible desprendre's de tota preocupació per la realitat per produir així una emoció més intensa? Kandinski va comentar això sobre la pintura abstracta:

> Era a la caiguda del crepuscle quan vaig percebre sobtadament un quadre d'una bellesa extraordinària, brillant per un raig interior. Em vaig aproximar a aquest quadre jeroglífic on només veia formes i colors i el contingut dels quals em resultava incomprensible. De seguida en vaig trobar la clau: era un quadre meu que havia estat col·locat de costat. En aquest moment vaig comprendre que els objectes perjudicaven les meves pintures.
>
> VASSILI KANDINSKI, «*Rückblicke*», a *Der Sturm*, 1913

V. KANDINSKI, *Improvisació 26*, 1912.

La nova arquitectura

Des del 1900 una nova arquitectura **racionalista** va reaccionar davant els excessos decoratius del modernisme. Els seus **trets** bàsics van ser:

- **Rebuig de l'ornamentació**. La recerca de la simplicitat de formes i volums comporta la determinació que la bellesa d'un edifici es troba en la seva **funcionalitat**.
- **Ús de nous materials**. S'introdueixen l'acer, el vidre i, sobretot, el formigó armat, material relativament barat.
- **Estandardització i planificació racional**. Es manifesta en l'interès pel disseny de mobles i objectes industrials, una tendència que transcendeix allò que és purament arquitectònic.

En aquest estil destaquen Walter Gropius, fundador de l'escola alemanya de disseny, art i arquitectura **Bauhaus**; el seu col·laborador Ludwig Mies van der Rohe, i Le Corbusier, impulsor de l'estil internacional. Unida al racionalisme, va sorgir l'**arquitectura orgànica**, de Frank Lloyd Wright i Alvar Aalto, que buscava la relació entre la naturalesa i l'edifici.

L. MIES VAN DER ROHE, *Pavelló alemany a l'Exposició Internacional de Barcelona*, 1929.

ACTIVITATS

46 Explica de quina manera va influir la guerra sobre l'art.

47 De quina manera va descobrir Kandinski l'abstracció? Per què creia que la pintura abstracta produïa emocions més intenses?

48 Quins trets comuns tenen les avantguardes? Què caracteritza la pintura de les avantguardes?

49 Enumera i explica els principis de l'arquitectura moderna.

50 Elabora una fitxa sobre l'evolució artística de Pablo Picasso. Quants estils diferents hi distingeixes?

51 Busca imatges d'obres pertanyents al dadaisme, al surrealisme i al realisme expressionista. Tria'n una de cadascun d'aquests estils, i explica per què t'ha cridat l'atenció.

52 Fes un esquema sobre les avantguardes artístiques que permeti explicar-ne el context històric, les principals característiques i els moviments més destacats.

INTERPRETEM ELS CANVIS SOCIALS A TRAVÉS D'UN FENOMEN CULTURAL

La **vida quotidiana** forma part de la història. Els canvis socials es reflecteixen en la manera en què les persones viuen el seu dia a dia: la manera en què treballen, cobreixen les seves necessitats o es diverteixen. Així les manifestacions culturals, com la dansa, ens permeten interpretar la manera en què té lloc un canvi històric.

Si comparem els balls dels «bojos anys vint» amb els de la Belle Époque, veurem que els canvis que hem detectat en la societat (l'acabament de les normes tradicionals, de la situació subalterna de la dona, de la preponderància de les potències europees sobre la resta del món) es reflecteixen també en la manera de ballar.

1. Anàlisi de la situació de partida

Primer de tot, es tracta de comprendre la situació anterior per establir un **punt de comparació**. Quin ball representa el món europeu de preguerra?

El vals és el ball que representa més bé l'Europa anterior a la Gran Guerra. Era la dansa preferida a la cort de Viena, des d'on es va estendre a tots els salons aristocràtics d'Europa. La burgesia la va adoptar amb fervor.

El vals reflectia els valors d'aquella societat: dansa elegant, els moviments de la qual estan sotmesos a regles estrictes i on tots els passos estan mesurats.

El cavaller guia la dama, que recolza en ell per poder passejar malgrat l'aparatós vestit que porta.

2. Deteccció dels símptomes de canvi

A més de la situació de partida, es poden trobar situacions o exemples que ens mostren el **procés de canvi cultural**.

En el cas del ball, convé parar atenció a l'evolució de la música.

Un any abans de la guerra, un gran escàndol va esclatar en un teatre de París, que va marcar l'inici d'una nova era en el món de la música i la dansa.

Des del 1910, la companyia dels Ballets Russos, de Serge Diaghilev, agitava les tranquil·les aigües del món de la dansa clàssica. En els seus muntatges (que incloïen la composició de la música, els llibrets, els decorats, el vestuari) hi participaven els artistes més avantguardistes.

El 1913 es va estrenar a París l'obra d'un jove músic rus, anomenat Igor Stravinsky, basada en les danses primitives de la Rússia pagana: La consagració de la primavera*.*

La música, la coreografia, el tema, tot era innovador en aquell ballet, diferent de tots els que s'havien vist abans en un escenari.

Una part del públic va entrar en còlera davant del que li semblava un atac a totes les regles del ballet clàssic, i a causa d'una música que li semblava estrident i dissonant.

L'altra part, formada per artistes i bohemis, defensava l'obra amb la mateixa passió. L'aldarull impedia que se sentís la música, i al final va haver d'intervenir la policia per calmar el tumult.

L'edat d'or del vals va ser el segle XIX, i les seves peces més conegudes, les dels compositors de la família Strauss.

3. Valoració de les novetats

Finalment, per interpretar el canvi cal analitzar les **innovacions** introduïdes. En el nostre cas, ens centrarem en **quatre casos**: jazz, xarleston, tango i flamenc.

El 1918 van arribar a Europa els primers soldats nord-americans. Portaven a les motxilles discos d'una música molt popular als Estats Units, però menyspreada per les classes acomodades: el ***jazz****. Era una música de descendents d'esclaus que barrejava la tradició europea amb els ritmes africans. Els seus inventors eren músics sense partitures, sense educació, que havien fet de la improvisació un art.*

El ***xarleston*** *és un estil de ball que deriva d'antigues danses africanes. Molt agitat, aquest ball sincopat va causar escàndol, abans de convertir-se en el ball d'una joventut que havia perdut el respecte a les regles tradicionals, i que expressava les seves ganes de viure. L'asimetria entre els sexes s'ha trencat: gràcies a la moda, que els ha llevat la cotilla, les dones es mouen amb la mateixa llibertat. La faldilla curta revela el moviment de les cames. Es pot ballar en parella, però moltes dones ballen soles. Davant de les regles del vals, el xarleston es caracteritza per la improvisació i la llibertat de moviments.*

L'actor Rodolfo Valentino va contribuir a la difusió internacional del tango.

De l'Argentina, que vivia una etapa d'auge econòmic, va arribar el **tango**. *Ball d'origen humil, nascut als suburbis de Buenos Aires, quan va arribar a Europa va ser moda i, gràcies al cinema, es va convertir en un fenomen global. A diferència del xarleston, el tango era un ball de parelles, com el vals, però aquí s'acabaven les semblances: en el tango es mostraven sentiments intensos i colpidors; era una dansa plena de passió i sensualitat.*

El 1922, un prestigiós compositor espanyol, Manuel de Falla, i un poeta molt jove, Federico García Lorca, van organitzar a Granada el primer Concurso de Cante Jondo. Uns anys abans, el 1915, Falla havia compost El amor brujo, *un ballet inspirat en la música i el ball dels gitanos. El* ***flamenc****, música i dansa pròpies de les classes populars del sud d'Espanya, havia estat menyspreat per les persones cultes durant molt de temps. Falla i Lorca van canviar-ho per sempre. El flamenc va ser moda entre els intel·lectuals, que veien en aquesta música una tornada a les essències.*

4. Comparació i explicació

Finalment, cal **relacionar** tota la informació recopilada amb els canvis socials, **comparar** amb la situació anterior i **interpretar**-ne el sentit.

Hem vist que el vals reflecteix una societat jerarquitzada, amb una clara distinció de rols entre els homes i les dones, substituïda després de la guerra per una societat dinàmica, més igualitària, com la que representa el xarleston.

Per a les avantguardes, la lògica i la raó eren les responsables d'haver enviat milions de persones a la mort amb la fredor més absoluta. Després de la guerra, l'art vira cap a la irracionalitat, cap al primitivisme, cap al món dels mites i dels somnis. I també cap a l'expressió de la primacia del sentiment sobre la raó.

La tradició de l'alta cultura centreeuropea comença a deixar lloc a cultures exòtiques, com la vena africana present en els ritmes del jazz o el tango, o l'aportació gitana, a través del flamenc.

A més, es percep que la importància que han adquirit els Estats Units o altres països com l'Argentina o Espanya, que durant la Gran Guerra s'han incorporat plenament al món desenvolupat, es manifesta en els fenòmens culturals que es popularitzen en aquests anys, a causa especialment del cinema, la ràdio i la música gravada.

Finalment, el fet que l'escàndol de La consagració de la primavera *s'anticipés un any a l'esclat de la Gran Guerra posa de manifest que en moltes ocasions els grans canvis històrics s'anticipen a través de fenòmens artístics. És com si la sensibilitat de determinats artistes els permetés interpretar els corrents que es desenvolupen per sota de la superfície dels esdeveniments.*

POSA-HO EN PRÀCTICA

Pensa en la música i en els balls que són o han sigut moda els últims anys. Busca'n informació sobre l'origen i les característiques.

Intenta extreure informació de les societats en les quals han sorgit aquests balls i músiques (*hip-hop*, *street dance*, salsa, *techno*, *house*, *dance*, *reggaeton*), i si tenen relació amb alguna moda.

Investiga també sobre l'origen i la importància que tenen en aquestes societats.

1. Creus que corresponen a un món globalitzat?
2. Quin paper hi exerceix la improvisació?
3. És diferent el paper d'homes i dones?
4. Quina importància té en aquests estils la tecnologia?
5. Algun d'aquests balls està lligat a un grup social determinat?

El *breakdance* és un ball d'origen nord-americà lligat a la música rap i al *hip-hop*.

QUÈ HAS APRÈS?

EL PERÍODE D'ENTREGUERRES

- **L'IMPACTE DE LA GUERRA**

  - Conseqüències econòmiques
    - Intervenció de l'... en l'economia
    - Ruïna: deutes, reparacions, hiperinflació
    - Noves potències
  - Conseqüències socials
    - Crisi demogràfica: pandèmia de ...
    - Societat de masses
    - Nou paper de ...

- **POLÍTICA I DIPLOMÀCIA**

  - Avenç de la democràcia
    - Noves repúbliques → República de ...
    - Extensió del sufragi ... → Sufragi femení
    - Problemes: extremisme, minories
  - Diplomàcia
    - Pla Dawes
    - Esperit de ...

- **NOUS RÈGIMS POLÍTICS**

  - El comunisme
    - La fundació de l'URSS
    - Lluita pel poder: ... contra ...
  - El feixisme
    - Característiques: ...
    - Mètodes moderns de propaganda
    - Feixisme italià

- **ELS FELIÇOS ANYS VINT**

  - La societat de consum
    - Racionalització del treball: ...
    - Venda a terminis i publicitat
  - Les innovacions
    - Electricitat
    - Mitjans de transport: automòbils i ...
    - Mitjans de comunicació: ràdio i ...

- **DE LA PROSPERITAT AL CRAC**

  - Fragilitat de l'economia
    - Desigualtat
    - Endeutament
    - Especulació
  - Crac del ...

- **ELS DARRERS ANYS DE LA MONARQUIA**

  - Dictadura de ...
    - Etapes
      - Directori ...
      - Directori ...
    - Repressió
      - Moviment ...
      - Catalanisme
    - Oposició
      - Anarquistes
      - ...
      - Nacionalistes

- **L'ART: LES AVANTGUARDES**

  - Caràcter
    - Ruptura amb la tradició
    - Experimental
    - Acostament a l'art primitiu i exòtic
    - Abandó del realisme
  - Estils
    - Primeres dècades
      - Cubisme
      - ...
      - ...
    - Després de la guerra
      - Dadaisme
      - ...
      - ...

Repassa amb l'esquema

1. Copia aquest mapa conceptual i completa les parts que hi falten.
2. Copia les dues columnes i relaciona-les.

Lev Trotski •	• Marxa sobre Roma
Benito Mussolini •	• Jazz
Louis Armstrong •	• Desembarcament d'Alhucemas
Adolf Hitler •	• Revolució permanent
Primo de Rivera •	• *Mein Kampf* (La meva lluita)

3. Escriu correctament aquestes afirmacions errònies.
   a. Josephine Baker va triomfar als Estats Units, on va posar de moda el tango.
   b. El jazz era un estil musical d'arrels purament europees basat sobre estrictes regles de composició.
   c. Stalin va assolir el poder a l'URSS gràcies al suport de l'Exèrcit Roig, que havia fundat.
   d. La dècada dels vint va ser la de la televisió i la de l'auge del cinema europeu.
   e. L'epidèmia de grip del 1918 i el 1919 només va afectar els països en guerra.
   f. Als anys vint, tots els països d'Europa van adoptar el sufragi femení.
4. Observa aquestes fotografies i respon a les qüestions.

La fotografia de l'esquerra presenta una dona de la Belle Époque. La de la dreta correspon a una noia *flapper*, una dona a la moda dels anys vint.

   a. Descriu quines són les novetats en el vestuari i el pentinat de la segona dona comparada amb la primera.
   b. Quins canvis socials mostra l'evolució de la moda?

5. Llegeix el discurs següent del president dels Estats Units, Calvin Coolidge, davant del Congrés poc abans del crac del 1929.

Mai el Congrés dels Estats Units, en analitzar l'estat de la Unió, no s'ha trobat amb una perspectiva més plaent que la que hi ha en aquest moment [...]. La gran riquesa que han creat les nostres empreses i les nostres indústries, i que ha estalviat la nostra economia, ha estat distribuïda àmpliament entre la nostra població i ha sortit del país en un corrent constant per servir l'activitat benèfica i econòmica a tot el món. Les exigències ja no consisteixen a satisfer la necessitat sinó a aconseguir el luxe. L'augment de la producció ha permès atendre una demanda creixent en l'interior i un comerç força més actiu en l'exterior. El país pot contemplar el present amb satisfacció i mirar cap al futur amb optimisme.

   a. Imagina que poguessis dirigir-te als congressistes i advertir-los del que estava a punt de passar. Exposa en quins punts s'equivoca el president i quines polítiques podrien encara evitar el pitjor.

6. Llegeix aquest poema dadaista:

Agafi un diari.
Agafi unes tisores.
Triï en el diari un article de la longitud que desitgi donar al poema.
Retalli l'article.
Després retalli acuradament cadascuna de les paraules de l'article i fiqui-les en una bossa.
Ara tregui'n els retalls un a un.
Copiï'ls conscienciosament, en l'ordre en què hagin sortit de la bossa.
El poema s'assemblarà a vostè.
I heus aquí que vostè és un escriptor infinitament original i d'encantadora sensibilitat, encara que incompresa pel populatxo.

TRISTAN TZARA, *Set manifestos Dadà*, 1924

   a. Quin missatge tracta d'expressar aquest poema? Estàs d'acord amb les idees de Tzara?
   b. Compon un poema seguint les instruccions de Tzara. Pots buscar diaris en diversos idiomes.
   c. El dadaisme era un moviment provocador, nihilista, rebel, amb un rebuig frontal de la lògica i de la raó, que reflecteix l'impacte de la Gran Guerra en el món artístic. Investiga sobre altres moviments avantguardistes que van sorgir després de la Gran Guerra. A continuació intenta ordenar-los en una llista de més a menys capacitat de ruptura amb la situació d'aquest moment.

Mapa conceptual

Comprova el que saps

La hiperinflació del 1923: el món al revés?

Llegeix atentament el text següent i fes les activitats que es plantegen a continuació.

I avui, [...] què tenim, senyores i senyors? La nostra nació, que l'any 1871 estava unida, està a punt de dividir-se, la nostra nació està a punt de fer-se trossos! Els francesos són al Ruhr intentant organitzar un Estat separat. Els polonesos ocupen Silèsia. I a Munic? Què passa a Munic? A Munic els fanàtics de la dreta i els monàrquics de Baviera ja estan gairebé preparats per separar Baviera del Reich, preparats, segons ens diuen, per a una marxa sobre Berlín. Aquest vespre, si mirem al voltant nostre, veiem un paisatge ple de pau que és idèntic al que recordo: els balandres, l'aigua, el cel, però tots nosaltres sabem què succeeix darrera d'aquest teló de fons. I el que és molt pitjor, sabem no sols allò que pot succeir a la llarga, sinó la causa d'aquests futurs esdeveniments! Aquest malson! Aquest desastre!

La mort de la nostra moneda! Tots els qui sou en aquesta terrassa sabeu quin era el *Dollarkurs* divendres a la tarda: cinc milions de marcs, un dòlar! Quin serà dilluns al matí? Totes les impremtes d'Alemanya, les vint-i-quatre hores del dia estan imprimint paper moneda per al *Reichsbank*. Tots vosaltres doneu diners al vostre servei dues vegades al dia per tal que es puguin llançar a les botigues i comprar el que sigui abans que, unes hores més tard, aquells diners s'hagin devaluat [...].

Excel·lències, senyores i senyors, no us dic res que vosaltres no conegueu, però us prego [...] que feu alguna cosa per tal de millorar aquesta situació! Estem assistint a la desaparició de la classe mitjana. Els seus estalvis s'han esvaït. Les seves pensions s'han fos. Gent honrada que

treballava intensament i que estalviava segons les normes en què tots hem estat educats... aquesta gent ha estat deixada al carrer, sense un cèntim! [...] La gent que llençava els diners comprant coses: cases, quadres, brillants, cotxes; a aquesta gent almenys els queden les coses que van comprar. I la gent que va demanar préstecs per comprar coses? [...] Com més s'endeutava, més préstecs demanava, i com més coses van comprar més rics són avui dia! Totes les normes de comportament que ens van ensenyar a l'escola ara són pura niciesa. L'estalvi és una niciesa, els deutes una virtut. Aquells que han seguit les normes han estat defraudats i traïts; aquells que les han violades, ara són rics! El món s'ha capgirat i em pregunto si realment ens adonem del que això significa. Significa que estem ficats en una revolució pitjor que tot el que vam veure el 1918. [...] Som nosaltres mateixos els qui destruïm el nostre país!

ARTHUR R. G. SOLMSSEN, *Una princesa a Berlín*, 1980

COMPRÈN EL TEXT

1. Indica en quin lloc del text s'al·ludeix a aquests esdeveniments històrics: *fundació de l'Imperi*, *intent de cop d'estat de Hitler*, *alçaments al final de la guerra*.
2. Explica les idees principals que s'exposen en el text.
3. Quina situació política descriu el fragment? Quin règim polític hi havia en aquell moment a Alemanya?
4. Quins són els efectes socials de la hiperinflació?
5. Indica si les afirmacions següents són vertaderes o falses i explica per què.
   a. El qui parla és un comunista que desitja el triomf de la revolució.
   b. L'any 1923 es van enriquir els qui tenien diners guardats al banc.
   c. La ultradreta conspirava per derrocar la República de Weimar.

RELACIONA LA INFORMACIÓ

6. La inflació és la pèrdua del valor adquisitiu dels diners, cosa que anomenem *pujada dels preus*, i té lloc quan hi ha massa diners en circulació. A quin lloc del text s'explica com es va arribar a aquesta situació?
7. La hiperinflació va empobrir la classe mitjana alemanya. Quin tipus d'opcions polítiques solen votar les persones de classe mitjana? Quins partits polítics es beneficiarien d'aquesta situació en el futur?
8. El personatge que parla és jueu, i tem sobretot el futur. Quines acusacions van recaure sobre aquest grup d'alemanys?
9. El protagonista de la novel·la és un jove nord-americà que visita Alemanya. A què creus que és degut el seu enriquiment sobtat i sense gens d'esforç?
10. Informa't sobre la vida cultural de Berlín als anys vint i escriu-ne una redacció breu.

ENCADENA ELS TEUS CONEIXEMENTS

Es considera que una inflació moderada, del 2 % o 3 % anual, indica creixement econòmic. Es parla d'hiperinflació a partir del 20 %. El 2015, la inflació a Alemanya va ser aproximadament del 0,4 %. El 1923 va arribar a l'1.000.000.000.000 %.

11. Des que va esclatar la crisi del 2008, els governs alemanys s'han mostrat sempre partidaris de l'*austeritat*, és a dir, de no augmentar els diners en circulació. Per què creus que els economistes alemanys són contraris a aquesta mesura?

12. En general, un augment de diners en circulació genera inflació, però també permet la reactivació econòmica. Quins països es beneficiarien actualment d'aquesta mesura?

13. El contrari de la inflació és la deflació, un dels fenòmens econòmics considerats més perniciosos. Per què creus que no és bo que els preus baixin? Què implica aquesta baixada?

ORGANITZA LA INFORMACIÓ

La hiperinflació del 1923 es va superar gràcies a una reforma monetària i als crèdits americans. Això va permetre una etapa de recuperació a mitjans dels anys vint.

14. Copia aquest esquema, i dibuixa'n un altre de similar assenyalant les conseqüències del crac de la borsa del 1929.

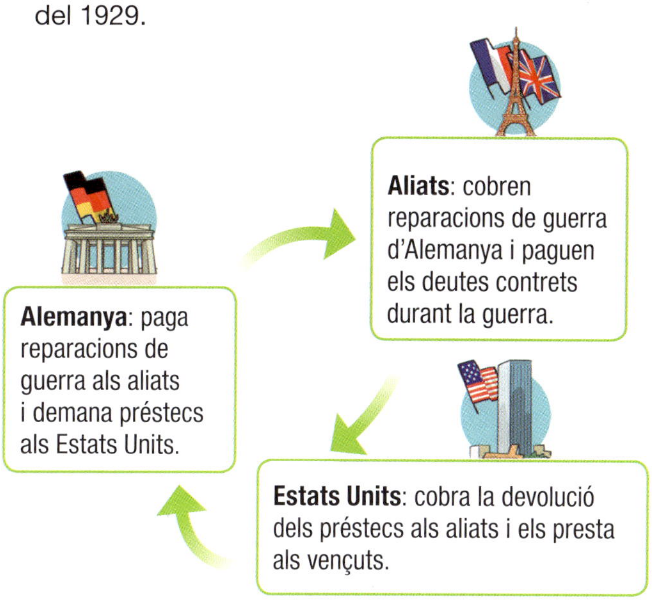

OBSERVA I SINTETITZA

15. Observa les vinyetes. Quina relació hi ha entre la crisi i els moviments revolucionaris? I entre aquests moviments i l'intent de cop d'estat dels nazis?

16. El novembre del 1923, Hitler i un grup de membres del partit nazi protagonitzen una temptativa de cop d'estat a Munic. Busca més informació sobre aquest intent. Per què s'anomena *putsch de la cerveseria*?

17. Al *putsch*, Hitler va proclamar: «La revolució nacional ha començat!» Quin principi polític inspirava els nazis per aconseguir el poder? A quin altre país europeu havia passat una cosa semblant?

18. Anys després, quan la situació econòmica es va deteriorar, la pujada de Hitler al poder va resultar imparable. Quan va tornar a empitjorar l'economia? Per què?

UNITAT 7

ELS ANTECEDENTS DE LA SEGONA GUERRA MUNDIAL

EN AQUESTA UNITAT APRENDRÀS...

- Quines conseqüències va tenir el crac del 1929.
- Quan i com es van estendre els sistemes totalitaris.
- Quins canvis polítics i socials es van produir durant la Segona República Espanyola.
- Com va evolucionar la Catalunya autònoma dins la Segona República.
- Per què va començar la Guerra Civil Espanyola.
- Com es va desenvolupar la Guerra Civil i quines conseqüències va tenir.
- Com va evolucionar la política internacional abans de la Segona Guerra Mundial.

Mira més enllà

Una obra d'art pot ser degenerada?

El maig del 1937, com pots veure a la fotografia que tens a l'esquerra, els nazis van inaugurar a Munic una de les exposicions més importants de la història. La mostra presentava obres d'expressionistes, de dadaistes, de cubistes i d'artistes abstractes, com Chagall, Grosz, Kandinski, Kirchner o Klee.

Si l'exhibició es repetís avui, seria considerada un gran esdeveniment cultural. Però aquesta no era la intenció dels organitzadors: les obres no van exposar-se per ser admirades, sinó per ser vilipendiades com a elements que enverinaven el poble alemany. La mostra es titulava «Art degenerat».

- Una obra d'art, ha de ser jutjada per l'emoció que produeix o bé per les idees i la personalitat de l'autor? Per què?
- Es pot prohibir una obra d'art per motius racials, religiosos o polítics?

Joseph Paul Goebbels, que aleshores era el ministre de propaganda nazi, va organitzar cremes de llibres i va inspirar pel·lícules carregades d'odi. Pràcticament tot l'avantguardisme era considerat degenerat. Moltes obres d'art van ser destruïdes, i d'altres, venudes «per treure, almenys, alguna cosa d'aquesta porqueria».

- Per què els nazis avorrien l'art modern? Quines influències els resultaven odioses i per què?

En un altre edifici van exhibir les obres que els nazis consideraven art ari, la funció del qual era propagar el model de la raça pura que s'imposava per mitjà de l'esterilització forçosa o l'assassinat.

- Què representaven? En quina tradició s'inspiraven?

Probablement algun cop has sentit la marxa nupcial, una peça musical que sona en moltes cerimònies. Forma part d'*El somni d'una nit d'estiu*, de Felix Mendelssohn. A partir del 1933, aquesta marxa va deixar de sonar a Alemanya. Com que el seu autor era jueu, la música no podia ser del gust dels nacionalsocialistes.

A la Unió Soviètica també hi havia obres musicals prohibides perquè eren considerades antirevolucionàries.

- Un govern té dret a definir el gust artístic dels ciutadans?
- Com anomenaries un règim que imposa les seves idees a la població en tots els àmbits de la vida?

1. La Gran Depressió dels anys trenta

La crisi del 1929

El **crac de la Borsa de Nova York** del 24 d'octubre del 1929 va suposar el començament d'una de les crisis econòmiques més grans de la història. La crisi es va estendre ràpidament a causa de fallides bancàries en cadena que van arruïnar particulars i empreses.

A pesar del pànic, el govern nord-americà no hi va intervenir i la seva passivitat va agreujar la crisi fins a fer-la irremeiable perquè va continuar confiant en els plantejaments dels economistes liberals. És a dir, esperava que el mateix mercat restablís l'equilibri.

La **fallida** dels bancs nord-americans va arrossegar el sistema financer internacional, ja que eren els creditors d'Europa. Àustria i Alemanya, dependents d'aquests préstecs, van ser els primers països europeus afectats, però aviat els van seguir tots els altres. Es van adoptar mesures proteccionistes, la qual cosa va provocar una dràstica reducció del comerç internacional.

La depressió es va manifestar a través de dos **fenòmens**:

- **Deflació**. La baixada de preus i salaris constitueix un símptoma d'escassíssima activitat econòmica. A conseqüència d'aquest procés, la producció industrial va caure en picat a tot el món. El 1932, els Estats Units i Alemanya produïen poc més de la meitat del que fabricaven tres anys abans.
- **Atur**. La desocupació va arribar a xifres dramàtiques: quaranta milions d'aturats a tot el món.

Les llargues cues a l'entrada dels menjadors de beneficència es van convertir en una de les imatges més característiques de la Gran Depressió.

Les idees de Keynes

John Maynard Keynes, l'economista més influent del segle XX, va ser el primer que va trobar solucions a la crisi econòmica, encara que no es posarien en pràctica sistemàticament fins al 1945.

Keynes havia sigut membre de la delegació britànica en les negociacions de París del 1919, on va comprendre que l'exigència de reparacions exagerades als vençuts perjudicaria el conjunt d'Europa.

En el llibre *Les conseqüències econòmiques de la pau* advertia que **totes les economies estaven interrelacionades**, i que l'empobriment dels vençuts afectaria també els vencedors. Les seves idees les van confirmar els fets. La lliçó serviria als vencedors del 1945 per evitar el mateix error.

Keynes argumentava que l'**estat havia d'intervenir** per corregir desequilibris i estimular l'activitat econòmica; per exemple, invertint en obres públiques, que donarien feina a les empreses, que al seu torn ocuparien obrers. Així, gràcies a la **despesa pública**, el mercat creixeria.

Enfront del liberalisme clàssic, que condemnava l'obrer al salari més baix i acusava la beneficència de causar inflació, Keynes proposava **ajudar amb subsidis les persones aturades**. Lluny de perjudicar el mercat, aquesta injecció de diners l'estimularia, ja que els treballadors eren alhora consumidors. Una inflació moderada era preferible a la deflació i a l'estancament.

LA SOCIETAT DE MASSES

El *New Deal* ('Nova Oportunitat') va ser un exemple de política econòmica que buscava la superació de la depressió sense recórrer a les solucions del liberalisme clàssic.

El 1933, als Estats Units, Franklin D. Roosevelt va guanyar les eleccions i va posar en marxa aquest programa d'inversió pública, que comprenia mesures governamentals per lluitar contra la pobresa. Tot i que la iniciativa va obtenir èxits parcials, la recuperació es faria esperar.

Analitza la informació

- Per què es va posar en marxa aquest programa? Va ser un èxit o un fracàs?

Conseqüències sociopolítiques de la crisi

La misèria generalitzada va generar **tensions socials** i **polarització política**. D'acord amb l'expressió encunyada per l'escriptor John Steinbeck, al cor dels pobres del món creixia *el raïm de la ira*.

El **fracàs del sistema econòmic** es va considerar també com un fracàs de la democràcia, que s'associava al capitalisme. Si el comunisme atreia obrers de tot el món, era en gran part perquè, enmig del desastre general, l'únic país que semblava immune a la depressió, i experimentava un creixement sorprenent, era la **Unió Soviètica**.

En països amb llarga tradició democràtica, la crisi va portar al poder, d'una manera pacífica i legal, governs d'esquerres, com el Front Popular a **França**. Altres democràcies, però, recents i mal fonamentades, no van sobreviure a la polarització política: en la majoria es van instaurar dictadures d'extrema dreta, com la nazi a Alemanya.

A **Espanya**, la greu crisi econòmica i social és inseparable de les convulsions polítiques que va patir la **Segona República**, i que van culminar en la **Guerra Civil** del 1936.

Una vegada en el poder, el feixisme semblava més eficaç lluitant contra la depressió que la democràcia: a **Alemanya**, els nazis van fer descendir la xifra d'aturats de sis milions a només tres-cents mil. Aquest èxit aparent, però, amagava una sinistra amenaça: les fàbriques funcionaven a ple rendiment **preparant la guerra**. Alemanya, arruïnada per les reparacions de guerra, pensava rescabalar-se'n ocupant i sotmetent Europa al seu domini. Era el que els nazis anomenaven *espai vital* (*Lebensraum*).

A la fi dels anys trenta, **la democràcia liberal vivia les hores més baixes**. El 1940, després de l'esclat de la guerra, a penes subsistien cinc democràcies a tot Europa: Finlàndia, Irlanda, el Regne Unit, Suècia i Suïssa.

ACTIVITATS

1. Explica com la fallida de la Borsa de Nova York va provocar una depressió a tot el món.
2. En què consisteix la deflació?
3. Per què, segons Keynes, les reparacions de guerra imposades a Alemanya tindrien un efecte contraproduent?
4. Explica quins efectes va produir la Gran Depressió a França, Espanya i Alemanya. Què va passar a la Unió Soviètica?
5. Quina relació pots establir entre el que diu la novel·la *El raïm de la ira* i la Gran Depressió?
6. Investiga en què consisteix la teoria de l'espai vital.

! PER SABER-NE MÉS

Cartell de la pel·lícula *Que bonic que és viure!* (1946), de Frank Capra.

Als anys trenta, Hollywood es va convertir en una fàbrica de somnis. El cinema oferia diversió i entreteniment a un món aclaparat per la Gran Depressió.

El cinema, però, era també un mitjà d'influir en l'opinió pública. Mussolini ho va resumir en una frase quan va inaugurar els estudis italians de Cinecittà, el Hollywood feixista: «El cinema és l'arma més poderosa.»

La lluita ideològica es lliurava en la pantalla: el director rus Serguei Eisenstein exalçava Stalin a *Ivan el terrible*; la cineasta alemanya Leni Riefenstahl revolucionava el documental rodant cerimònies nazis (*Triumph des Willens*, '*El triomf de la voluntat*'); el nord-americà Frank Capra enaltia la democràcia solidària i fraterna de Roosevelt amb la pel·lícula *Que bonic que és viure*, i el director i actor britànic Charles Chaplin feia riure amb la premonitòria paròdia de Hitler a *El gran dictador*.

- Va decréixer la producció cinematogràfica per la Gran Depressió? Per què?
- Quines opcions polítiques van utilitzar el cinema com a vehicle de propaganda dels seus ideals?
- Has vist alguna de les pel·lícules esmentades? En cas afirmatiu, què és el que més et va cridar l'atenció? En cas contrari, quina voldries veure? Per què?

PER SABER-NE MÉS

En la novel·la futurista *1984*, George Orwell denunciava el *pensardoble*, la manipulació del pensament decretada pel líder o Gran Germà, per a la descripció del qual es va inspirar en Stalin i en els dictadors feixistes:

No es tracta, només, que discursos, estadístiques i enregistraments de tota mena hagin de ser constantment posats al dia per tal de mostrar que les prediccions del Partit eren correctes en tots els casos, sinó que cap canvi en la línia doctrinal o política tampoc no s'ha admès. Perquè canviar la pròpia opinió, o fins i tot la pròpia política, significa una confessió de debilitat. [...] I si els fets diuen una altra cosa, aleshores els fets s'han de canviar. Per això, la història es reescriu contínuament. Aquesta falsificació del passat dia rere dia, duta a terme al Ministeri de la Veritat, és tan necessària per a l'estabilitat del règim com la feina de repressió i espionatge duta a terme pel Ministeri de l'Amor.

GEORGE ORWELL, *1984*, 1949

- Quins serien els poders del Gran Germà?
- A què es refereix el text quan parla del Ministeri de la Veritat i del Ministeri de l'Amor?

2. Els totalitarismes

Els governs totalitaris

Durant la dècada del 1930, les ideologies **comunista** i **feixista** es van radicalitzar encara més. Tot i que llavors es veien com a **extrems oposats**, els historiadors han posat de manifest que els dos sistemes comparteixen moltes característiques.

Per englobar les formes més extremes d'aquestes ideologies, **estalinisme** i **nacionalsocialisme**, es fa servir el terme **totalitarisme**, encunyat per la pensadora Hannah Arendt.

El totalitarisme suposa la **negació de l'estat de dret**. L'imperi de la llei queda substituït pel terror, que s'exerceix de manera sistemàtica, no sols contra els enemics del règim, sinó també contra **innocents** que el líder ha decidit eliminar, com els *enemics del poble*, en el cas de Stalin, o malalts psiquiàtrics o jueus, en el de Hitler.

La finalitat última del totalitarisme consisteix a aconseguir un **poder il·limitat** i **total** sobre la població.

L'estalinisme

El triomf de Stalin sobre tots els seus rivals dins del partit va donar començament a un període en el qual els **trets totalitaris** del sistema soviètic, ja presents en l'època de Lenin, es van accentuar enormement:

- **Culte a la personalitat del líder**. L'efígie de Stalin es va convertir en omnipresent, i se li rendia una adoració pràcticament religiosa.
- **Policia política**. Va estendre moltíssim la seva xarxa de terror, espionatge i delació.
- **Repressió**. Es va dur a terme a través d'un sistema de camps de treballs forçats, anomenats **gulag**, que va anar creixent fins a assolir grans dimensions pel que fa a extensió geogràfica i a nombre de persones que hi van ser deportades o assassinades.
- **La Gran Purga**. Entre el 1936 i el 1938, Stalin es va desfer de la vella guàrdia del partit després d'una sèrie de judicis amb acusacions inversemblants i confessions forçades.
- **Manipulació de la història**. Per exemple, es van retocar fotografies per fer-ne desaparèixer els personatges purgats.

El 1928, Stalin va decretar la fi de la Nova Política Econòmica (NEP) i la substitució per **plans quinquennals**, que tenien com a objectiu **la industrialització accelerada**, sense importar les conseqüències que tingués sobre la població.

Les primeres víctimes d'aquesta política van ser els camperols. La col·lectivització forçada de tres cinquenes parts de les explotacions agrícoles va produir una fam de proporcions terribles. Se'n va culpar els **kulaks**, o llauradors acomodats, que van ser exterminats sistemàticament.

No obstant això, els èxits econòmics van ser innegables. Mentre els països capitalistes s'enfonsaven en la Gran Depressió, la **Unió Soviètica** creixia a un ritme superior al 10 % anual, i es convertia en una **gran potència industrial**.

El nacionalsocialisme alemany

El ràpid ascens del nazisme s'explica per les **causes** següents:

- **El rebuig de la Pau de Versalles** i, especialment, de les pèrdues territorials i les reparacions de guerra imposades a Alemanya.
- **La teoria de la punyalada per l'esquena**, inventada per l'extrema dreta, que acusava socialistes i jueus de la derrota en la Primera Guerra Mundial.
- **L'impacte de la Gran Depressió**, que va afectar especialment Alemanya i va provocar l'empobriment de les classes mitjanes i una profunda crisi moral de la societat.

Les **etapes de l'accés al poder** del Partit Nacionalsocialista van ser:

- **Els anys vint**. No hi ha una presència important del Partit Nazi (NSDAP). Es tractava d'un petit grup d'ultradreta. El 1923, la temptativa colpista d'Adolf Hitler (el *putsch* de Munic) va fracassar.
- **Els anys trenta**. L'impacte de la Gran Depressió va beneficiar els partits extremistes. En les **eleccions del 1930**, els nazis van multiplicar per nou la representació parlamentària. L'exèrcit i el gran capital van veure en el Partit Nazi la barrera més eficaç contra el comunisme. En les **eleccions del 1932** va arribar al seu sostre electoral, encara que sense obtenir la majoria absoluta. El president Hindenburg, però, va **nomenar Hitler canceller el 1933**.

Poc després, es va suspendre la Constitució de Weimar i els altres partits van ser prohibits. S'iniciava el **Tercer Reich**.

El factor distintiu del nazisme va ser el seu **racisme extrem**, que es manifestava través d'un **intens antisemitisme**. Les **lleis racials**, conegudes com a **lleis de Nuremberg** (1935), definien els drets de l'individu en funció del grau de puresa racial. Els jueus van perdre la condició de ciutadans en el seu propi país. La **raça ària**, representada pels alemanys no jueus, s'arrogava el dret de sotmetre totes les altres.

El 1938, en la **Nit dels vidres trencats**, la violència verbal es va transformar en física: els nazis van organitzar un **pogrom**, o atac als jueus, a tot el Reich. Comerços i domicilis d'aquesta minoria social van ser assaltats, i van cremar sinagogues i escoles. Va haver-hi un centenar d'assassinats i milers de deportacions a camps de concentració.

Les humiliacions públiques eren una de les pràctiques seguides contra els jueus.

ACTIVITATS

7. Quines conseqüències va tenir la política de plans quinquennals?
8. Com va influir la Gran Depressió en l'ascens de Hitler?
9. Per què el règim nazi va perseguir els jueus?
10. Informa't sobre quines figures van ser víctimes de l'estalinisme i de què se les acusava.
11. Explica amb les teves paraules per quin motiu els nazis anomenaven *art degenerat* les peces que es van mostrar en l'exhibició que es va organitzar a Munic l'any 1937.

ALTRES MOVIMENTS FEIXISTES

El feixisme, sobretot en la seva versió italiana, va influir en altres països:

- **Romania** i **Hongria**. Als dos països, partits feixistes van aconseguir el poder.
- **França** i **Croàcia**. Hi va haver grups feixistes que van col·laborar amb les autoritats alemanyes als països ocupats.
- **Portugal** i **Espanya**. Va tenir influència en la dictadura de Salazar a Portugal i a Espanya, on van sorgir partits pròxims al feixisme, com Falange Española.
- **Japó**. Va ser un règim peculiar associat al feixisme, en forma de nacionalisme totalitari. Encara que arrelat en tradicions japoneses, com el respecte absolut a l'autoritat i el sacrifici de l'individu, té algunes coincidències amb el seu aliat nazi, com l'aplicació al marc asiàtic de la teoria de l'espai vital i les pràctiques genocides.

Analitza la informació

- Quins són els trets comuns als diferents moviments feixistes? En quins aspectes coincideixen el règim japonès i el nazisme alemany?

Proclamació de la República pels carrers de Barcelona el 14 d'abril del 1931.

3. La Segona República Espanyola

La Segona República va néixer en una **difícil conjuntura internacional**. A la crisi econòmica, conseqüència del crac del 1929, s'hi afegia l'auge del moviment comunista, que tenia el suport de l'URSS, i l'ascens del feixisme, que va saber aprofitar la debilitat de les democràcies per desestabilitzar-les.

Les eleccions municipals del 1931

El 12 d'abril del 1931 es van celebrar les **primeres eleccions lliures** des del cop d'estat de Primo de Rivera. En aquests comicis, de tipus municipal, van guanyar els monàrquics en el conjunt d'Espanya, però a les grans ciutats la victòria va ser per als republicans. **Alfons XIII**, conscient que no podia mantenir-se sense el suport de les classes urbanes, va **abandonar el país**.

Enmig de l'entusiasme popular, el **14 d'abril del 1931** es va proclamar la **Segona República**. El Govern provisional va convocar eleccions a corts constituents.

El sufragi era universal masculí: per primera vegada, **les dones podien presentar-s'hi com a candidates** (en aquesta ocasió, tres dones van ser elegides diputades), però no tenien dret de vot.

Les **eleccions** es van celebrar al juny i van donar el triomf als **partits de centreesquerra**. El més votat va ser el Partit Socialista Obrer Espanyol (PSOE), seguit del Partit Republicà Radical (PRR), d'Alejandro Lerroux. Els partits monàrquics van obtenir poc més del 10 % dels escons.

La Constitució del 1931

Les noves Corts van començar a elaborar la Constitució, que es va aprovar el 9 de desembre. Es tractava d'un text ple d'innovacions i era la **primera constitució democràtica** de la història d'Espanya.

Les **disposicions** més importants del text constitucional van ser:

- Es legitimava la **sobirania popular**, perquè «els poders de tots els seus òrgans emanen del poble».
- S'adoptava una **bandera nova**: vermella, groga i morada.
- S'establia el **sufragi universal**, masculí i femení.
- Per primera vegada es reconeixien no tan sols drets individuals, sinó també col·lectius. Per garantir-los, es van crear una sèrie d'institucions entre les quals va destacar el **Tribunal de Garanties Constitucionals**.
- Desapareixia el Senat: les **Corts** eren **unicamerals**.
- Es configurava un **nou model d'estructura territorial** de l'Estat que autoritzava la formació de regions autònomes.
- Es **fixaven límits al dret a la propietat**, uns límits que en determinats casos permetien l'expropiació i la socialització.
- La religió catòlica deixava de ser la confessió oficial de l'Estat i es decretava la **llibertat de culte**.

En conseqüència, la Constitució va adoptar un to **reformista**, que s'inspirava en les constitucions més avançades, com ara la mexicana, la russa i l'alemanya.

EL VOT DE LA DONA

La Constitució republicana va donar a la dona un tractament d'igualtat, de llibertat i de dignitat que mai abans no havia tingut a l'estat espanyol. Per primera vegada es reconeixia la **igualtat entre sexes** en els àmbits social i laboral; també es va permetre el **matrimoni civil** i el **divorci**.

Les dones, per fi, van conquistar el dret a ser elegides i a votar. El camí fins a aconseguir el sufragi femení, però, va ser ardu i difícil. Per obtenir l'aprovació de l'**article 36**, Clara Campoamor va haver d'enfrontar-se a tots aquells que pensaven que les espanyoles no tenien formació política i independència mental per exercir aquest dret.

L'argument principal dels enemics del **vot femení** entre els diputats i les diputades d'esquerres era que la majoria de les dones (sobretot, les que no eren ni universitàries ni obreres) es deixaven influir per l'Església i acabarien votant la dreta.

Analitza la informació

- Què vol dir *independència mental* en aquest context?

El bienni reformista (1931-1933)

Després d'aprovar la Constitució, van nomenar president de la República Niceto Alcalá Zamora, republicà de dretes, i president del Govern **Manuel Azaña**, un intel·lectual d'esquerres. El nou gabinet, format per **republicans d'esquerra i socialistes**, va emprendre una ambiciosa política de **reformes en diversos àmbits**:

- **La qüestió territorial**. Es va abordar amb la redacció d'estatuts d'autonomia: Catalunya (1932), el País Basc i Galícia (1936).
- **L'exèrcit**. Se'n va reduir el nombre de comandaments i es va exigir un jurament de lleialtat a la República.
- **La religió**. Es va expulsar la Companyia de Jesús i es va prohibir als ordes religiosos d'exercir l'ensenyament.
- **L'agricultura**. Es va començar a tramitar la **reforma agrària**, que pretenia pal·liar la penosa situació dels treballadors agraris.

Aquestes reformes van enemistar el Govern amb l'exèrcit, l'Església i els terratinents. L'estiu del 1932, el general **José Sanjurjo** va fracassar en un intent de **cop d'estat**. Però les **classes populars** tampoc no n'estaven satisfetes, a causa de la lenta aplicació de la reforma agrària. El 1933, a **Casas Viejas** (Cadis), els camperols anarquistes van ocupar les terres pel seu compte. Les forces de l'ordre públic van reprimir durament la revolta, i això va precipitar la caiguda del Govern d'Azaña.

El bienni conservador (1933-1936)

El novembre del 1933 es van celebrar **noves eleccions**, a les quals la dreta es presentava unida, mentre que les esquerres estaven més dividides que mai. El sistema electoral va permetre una àmplia majoria d'escons a la **Confederación Española de Derechas Autónomas** (CEDA) i al **Partit Republicà Radical** (PRR). Junts van formar un Govern encapçalat per **Alejandro Lerroux**, que, en poc temps, va aconseguir **frenar o revertir les reformes** del bienni anterior.

L'octubre del 1934 alguns líders socialistes, com ara Francisco Largo Caballero, van convocar una **vaga general**, que va adquirir la dimensió d'una **revolució** a Catalunya i a Astúries. La dura repressió exercida va suposar un enorme desgast per al Govern. A més, una sèrie d'escàndols de **corrupció** van forçar la **dimissió de Lerroux** i Alcalá Zamora va convocar eleccions per al febrer del 1936.

El triomf del Front Popular

L'esquerra, seguint la pràctica aplicada en altres països per frenar l'ascens del feixisme, va promoure la formació d'una gran coalició de partits de centreesquerra: el **Front Popular**. Les eleccions es van desenvolupar en un clima **d'extrema polarització política**.

En aquesta ocasió, l'esquerra va obtenir una majoria absoluta en escons, però en nombre de vots el resultat apuntava a la divisió de l'electorat en dos grans blocs pràcticament iguals, però més enfrontats que mai.

Azaña va substituir Alcalá Zamora com a **president** de la República. La represa de les reformes van fer témer als grups privilegiats que estaven perdent el poder econòmic. La dreta va trencar definitivament amb la República i va apostar-ho tot a la carta d'un **cop d'estat**.

! PER SABER-NE MÉS

Un dels èxits més notables de la República va ser la **política educativa i cultural**. Dels objectius prioritaris que tenia hi havia l'ensenyament per als dos sexes i la preparació i dignificació dels mestres.

Les **missions pedagògiques**, formades per voluntaris (sobretot universitaris i intel·lectuals), van portar instrucció i cultura als pobles més remots.

El poeta i dramaturg Federico García Lorca, amb la seva companyia La Barraca, va acostar el teatre clàssic espanyol a les persones que mai no havien tingut l'oportunitat de conèixer-lo.

- Quins eren els objectius de les missions pedagògiques?

ACTIVITATS

12. Com es va produir el pas de la monarquia a la república?
13. Quin paper va tenir Clara Campoamor durant la Segona República?
14. Quines van ser les disposicions més importants de la Constitució del 1931? Quines reformes es van fer en el bienni reformista? Quins grups s'hi van oposar? Per què?
15. Resumeix els fets de la Revolució d'Astúries de l'octubre del 1934.
16. Per què es van radicalitzar la societat i la política durant la Segona República? Quina influència hi va tenir el context internacional?

Francesc Macià proclamant la República Catalana el 14 d'abril del 1931.

4. La Catalunya autònoma republicana

De la República Catalana a la Generalitat

Les eleccions municipals del 12 d'abril del 1931 van donar un **triomf clar als partits republicans** a bona part de Catalunya.

El 14 d'abril, Lluís Companys va proclamar la República Catalana des de l'Ajuntament de Barcelona i, poc després, **Francesc Macià** proclamava la **República Catalana dins de la Federació Ibèrica** des del Palau de la Generalitat. Però com que Macià no havia esperat a negociar amb el nou Govern republicà de Madrid quin havia de ser el nou model d'estat, els recels entre el poder central i el poder català van augmentar.

Durant les primeres setmanes es va viure una **gran tensió** pel xoc entre els plans de Macià, que volia crear un estat federal, i els de la majoria dels partits republicans estatals. Després de diverses negociacions, l'**acord entre totes dues parts** va establir la renúncia a la República Catalana, a canvi de l'acceptació d'un Govern autònom, la *Generalitat de Catalunya*, i la tramitació d'un estatut d'autonomia.

Portada de l'Estatut de Núria.

L'Estatut de Núria

El 9 de juny va començar a **Núria** (Ripollès) la ponència per redactar l'**Estatut de Catalunya**. Després de ser aprovat per la immensa majoria dels ajuntaments, el 2 d'agost va ser **ratificat en referèndum** popular.

A continuació, les Corts espanyoles van iniciar a Madrid el tràmit d'aprovació del text enmig d'un **procés marcat per nombrosos entrebancs**, ja que diversos grups polítics espanyols veien en l'Estatut un **perill secessionista**. El debat va ser intens i molt llarg, i la dreta va engegar una campanya popular en contra de l'Estatut. L'intent de cop d'estat del general Sanjurjo l'agost del 1932 encara va afegir més pressió al debat.

Les Corts espanyoles van **modificar la redacció de l'Estatut** per treure'n qualsevol referència al federalisme i a l'autodeterminació, i per limitar algunes de les competències inicialment previstes. De cinquanta-dos articles de l'avantprojecte, en van quedar divuit, entre els quals constava el que feia referència a mantenir la cooficialitat del català.

El **9 de setembre del 1932** es va aprovar definitivament l'Estatut. Tot i que s'allunyava del text inicial aprovat i ratificat a Catalunya, va suposar la recuperació de l'autogovern, amb un parlament i un executiu propis.

L'AUCA DE L'ESTATUT DE CATALUNYA

Fragment de l'auca de l'Estatut publicada a *L'Esquella de la Torratxa* el 23 de setembre del 1932.

Analitza la informació

- Com valora l'auca el procés d'aprovació de l'Estatut?
- Què és el dret de constitució?
- Descriu què va passar amb l'Estatut de Núria.

L'acció parlamentària

En les **primeres eleccions al Parlament** de Catalunya, celebrades l'octubre del 1932, els partits d'esquerra, liderats per **Esquerra Republicana de Catalunya**, van obtenir una àmplia majoria. Francesc Macià va ser escollit president de la Generalitat, i Lluís Companys, president del Parlament. Els nous parlamentaris van dur a terme una tasca legislativa intensa per **modernitzar** el país i van dedicar una atenció especial a la situació del camp.

Però el context internacional de crisi econòmica i de tensió política aguditzava les **diferències dins dels partits d'esquerra**, que cada cop estaven més dividits. La **victòria de la dreta** en les eleccions espanyoles del novembre del 1933 va ser clara i les relacions amb el nou Govern central encara van fer-se més difícils.

Arran de la mort de Francesc Macià el 25 de desembre del 1933, **Lluís Companys va ser proclamat nou president de la Generalitat** amb el suport dels partits catalans d'esquerra i de centre, que temien per la nova deriva del Govern espanyol.

Els Fets d'Octubre

Si la relació amb el Govern del bienni reformista havia estat difícil, amb el nou Govern encara es va **complicar més**: es van alentir els traspassos de competències i van augmentar les dificultats per rebre finançament.

L'entrada de la CEDA, contrària a l'autonomia catalana, al Govern espanyol l'octubre del 1934 va provocar una **vaga general** a tot l'Estat. Mentre a Astúries els obrers van protagonitzar una revolució social, a Catalunya **Lluís Companys** va declarar l'**Estat Català** dins la República Federal Espanyola el 6 d'octubre. Volia crear un Govern alternatiu amb l'oposició espanyola d'esquerres.

L'Estat hi va reaccionar enviant l'exèrcit als dos focus revolucionaris. **L'Estatut i el Parlament van ser suspesos** de forma indefinida. Nombroses persones van ser detingudes a tot el país, entre les quals hi havia Lluís Companys i els membres del Govern, que van ser condemnats a trenta anys de presó.

El Front d'Esquerres

Per a les **eleccions del febrer del 1936**, el centreesquerra català es va aliar amb els partits obrers. Com que ERC era majoritària, el nom triat per a aquesta coalició va ser el de **Front d'Esquerres**, i no el de Front Popular com a la resta de l'Estat, on predominaven els partits socialistes i comunistes.

Amb la promesa d'alliberar els presos polítics, de restablir la Generalitat, l'Estatut i la Llei de contractes de conreu, i de completar els traspassos de competències, el Front d'Esquerres **va guanyar les eleccions** davant el Front Català d'Ordre, que agrupava la dreta.

Un cop van ser alliberats els empresonats i va ser restablerta l'autonomia catalana, les reformes que havien quedat anul·lades després dels Fets d'Octubre del 1934 es van reprendre en un **clima de calma relativa**. Malgrat que es van produir alguns atemptats polítics, la situació a Catalunya contrastava amb la de la resta de l'Estat, on la violència política va anar en augment.

PER SABER-NE MÉS

La **Llei de contractes de conreu** va ser una de les més esperades del Parlament de Catalunya. Volia posar remei a la situació dels pagesos de rabassa o **rabassaires** que, per contracte, havien d'abandonar la terra d'un propietari quan morien dos terços dels primers ceps plantats.

Però la fil·loxera va matar els ceps abans del que estava previst, un fet que molts propietaris van aprofitar per substituir la vinya per altres conreus. Aleshores, la majoria dels rabassaires es van quedar sense feina i la tensió amb els amos de les terres va anar creixent.

El Govern del bienni conservador va aturar la llei, perquè considerava que la qüestió agrària era una competència seva. I tal com passava en el cas de la reforma agrària estatal, la catalana també topava amb l'oposició dels sectors conservadors i dels sectors revolucionaris.

- Investiga quina solució oferia la nova llei als rabassaires i per què va rebre tanta oposició.

Lluís Companys i els membres del Govern van ser empresonats arran dels fets del 6 d'octubre del 1934.

ACTIVITATS

17. Descriu els fets del 14 d'abril del 1931 a Catalunya.
18. Quina fórmula va utilitzar Francesc Macià per definir Catalunya? I Espanya?
19. Per què l'Estatut despertava tant recel entre alguns partits polítics de l'Estat?
20. Què van ser els Fets d'Octubre a Catalunya?
21. Valora com van ser les relacions entre la Generalitat i el Govern central durant la Segona República.

Els obrers, com els d'aquesta barricada, i les forces de l'ordre van oposar-se als insurgents el 19 de juliol de 1936 a Barcelona.

5. La Guerra Civil Espanyola: inici i desenvolupament

La rebel·lió militar i el començament de la guerra

Després de la **victòria del Front Popular**, entre la dreta va augmentar la influència de grups radicals, com ara el **Bloque Nacional**, liderat per José Calvo Sotelo, o la **Falange Española**, partit feixista fundat per José Antonio Primo de Rivera.

L'ambient era molt tens a les Corts, però el més inquietant va ser la **violència al carrer** entre grups políticament oposats que, de vegades, acabava en un vessament de sang, una situació que originava un cicle continu de represàlies.

Al juliol, el **tinent Castillo**, membre de la Guàrdia d'Assalt, va ser víctima d'un atemptat falangista. Com a resposta, uns quants companys seus van segrestar i van assassinar el diputat **Calvo Sotelo**. Aquest fet va ser el detonador d'una revolta que feia temps que es gestava.

El 17 de juliol del 1936 es va produir la **rebel·lió de l'exèrcit al nord d'Àfrica**. L'endemà s'hi van afegir altres guarnicions peninsulars. Els colpistes tenien a favor seu la majoria dels generals, que, quan es van revoltar, van arrossegar per obediència unitats completes. També tenien l'avantatge de dominar les principals zones de producció cerealista.

El Govern republicà va **controlar la zona industrial del nord i les dues principals ciutats** del país, Madrid i Barcelona. A Catalunya, les forces de l'ordre republicanes i els obrers de diverses ideologies (anarquistes, socialistes i comunistes) van ser els que van aturar el cop militar. El **fracàs del cop d'estat**, que no va aconseguir derrocar el Govern, va desembocar en una guerra civil.

La Guerra Civil Espanyola en el context internacional

La Guerra Civil no es pot entendre aïllada del context internacional. El conflicte va coincidir amb l'auge del feixisme i la **política d'apaivagament** de les democràcies, que, a costa d'evitar una altra guerra mundial, van permetre que Hitler incomplís els tractats internacionals.

Aquesta política va ser de gran importància en el conflicte espanyol, perquè **va condicionar l'ajuda a cadascun dels bàndols contendents**:

- **Els insurgents**. Van tenir el suport d'**Alemanya** i **Itàlia**, tot i que la Societat de Nacions havia acordat la no-intervenció en la Guerra Civil. L'ajuda italoalemanya va resultar decisiva per al triomf de l'alçament, gràcies a l'enviament de material de guerra i de tropes; entre els contingents enviats va destacar la legió Còndor, unitat d'elit alemanya. També Portugal hi va oferir suport logístic.
- **El Govern republicà**. Va ser el més perjudicat per la no-intervenció, ja que no tenia prou diners per adquirir armes i combustible. La **Unió Soviètica** hi va enviar assessors i va servir d'intermediària per comprar armes. L'ajuda de les **Brigades Internacionals**, formades per voluntaris de tot el món, incloent-hi alemanys i italians antifeixistes, va tenir un gran valor moral.

!

PER SABER-NE MÉS

Els **Jocs Olímpics del 1936** van tenir lloc a Berlín sota l'autoritat dels nazis, que pretenien utilitzar l'esdeveniment com a arma propagandística del règim. Hi va haver un moviment internacional que va intentar boicotejar aquesta olimpíada i, com a alternativa, es va promoure la celebració d'uns jocs que havien de començar a Barcelona el 19 de juliol.

Milers d'atletes i de visitants d'arreu del món es van trobar a la capital catalana per celebrar-hi l'**Olimpíada Popular**. Però la mateixa matinada que s'havien d'inaugurar aquests jocs, es va produir l'alçament militar a Catalunya. Molts d'ells, en comptes d'anar-se'n, es van quedar i es van allistar a les milícies que s'organitzaven per fer front als insurgents. Van representar l'embrió del que després serien les Brigades Internacionals.

Punt d'informació de l'Olimpíada Popular de Barcelona instal·lat a la plaça de Catalunya per als sis mil atletes i vint mil turistes previstos.

- Per què Barcelona volia organitzar uns jocs olímpics alternatius?
- Què van fer molts atletes i visitants quan va esclatar la Guerra Civil?

El desenvolupament militar del conflicte

La Guerra Civil Espanyola va començar el juliol del 1936 i va acabar l'abril del 1939. El conflicte es va desenvolupar en diferents **fases**:

18 de juliol del 1936. El general Franco vola des de les Canàries i assumeix el comandament de les tropes del Marroc. Al cap de pocs dies, aquestes tropes són traslladades a la Península amb l'ajuda d'avions alemanys i italians. Comença l'avançament cap al nord de les tropes franquistes, que prenen Badajoz i arriben a la vall del Tajo.

28 de setembre del 1936. Les tropes franquistes ocupen Toledo i alliberen els insurgents atrinxerats a l'alcàsser, que resistien el setge de les forces republicanes.

Novembre del 1936 - març del 1937. Les tropes de Franco es dirigeixen a la capital. La resistència republicana en la batalla de Madrid esborra les il·lusions dels insurgents d'un triomf immediat. Tenen lloc batalles importants a Màlaga, al riu Jarama i a Guadalajara.

Primavera del 1937. S'inicia la campanya del nord. Les tropes franquistes ocupen Biscaia, Cantàbria i el que queda d'Astúries, amb la qual cosa arrabassen a la República una zona industrial i minera que tenia una importància vital.

Final del 1937 - estiu del 1938. La batalla de Terol és un enfrontament dur entre els dos bàndols. Finalment, la ciutat queda en poder dels franquistes, la qual cosa permet que aquests avancin fins al Mediterrani. Catalunya queda aïllada de la resta de la zona republicana l'abril del 1938.

Estiu del 1938 - abril del 1939. La batalla de l'Ebre és un intent de l'exèrcit republicà de reprendre la iniciativa, tot i que acaba en fracàs. El març del 1939, la conjura d'alguns militars contraris al Govern de Negrín precipita el col·lapse de la República. L'**1 d'abril del 1939**, Franco anuncia la victòria total.

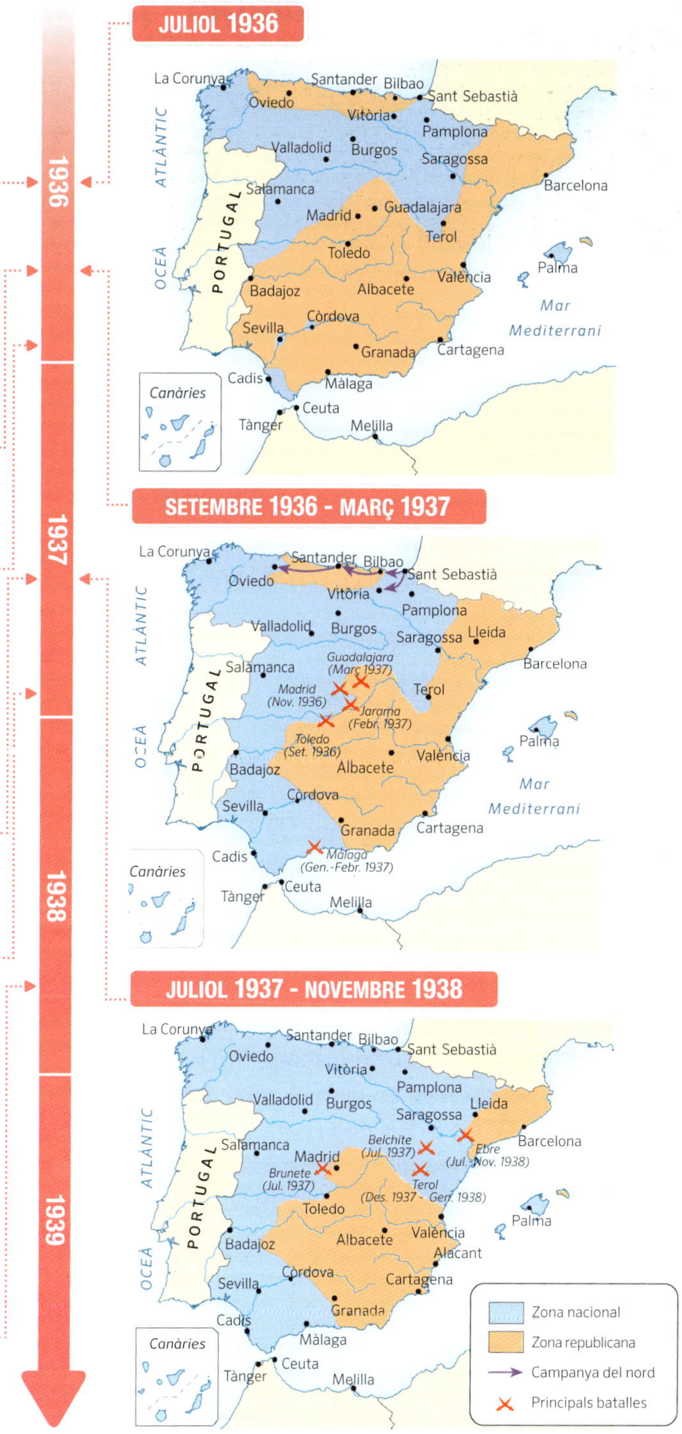

ACTIVITATS

22 Quines conseqüències va tenir la victòria del Front Popular a l'inici del conflicte?

23 Per què va fracassar el cop d'estat?

24 Com va influir la conjuntura internacional en el desenvolupament de la Guerra Civil Espanyola?

25 Per què les democràcies europees van fer una política d'apaivagament?

26 Elabora una fitxa biogràfica en què destaquis els aspectes polítics dels protagonistes següents: José Calvo Sotelo, el tinent Castillo, Francisco Franco i Juan Negrín.

Treballa amb els mapes

27 Quina situació presenta el primer mapa? Quins canvis s'han produït en el segon? I en el tercer?

Quina va ser l'estratègia i propaganda del bombardeig de Gernika?

Durant la Guerra Civil, Espanya va ser el laboratori en el qual potències totalitàries assajaven noves armes i estratègies que aviat posarien en pràctica a escala més gran.

1. Alemanys i italians van intervenir militarment en la Guerra Civil Espanyola en accions, a més de proporcionar ajuda econòmica i armament. El terror causat pels bombardejos va resultar decisiu en la contesa. Un dels atacs més importants va ser el de Gernika, a Biscaia.
2. L'ocultament i la negació de la veritat i la fabricació de propaganda eren alguns dels trets definitoris dels règims totalitaris.
3. Durant els anys trenta, en el camp de les idees es lliurava la batalla entre democràcia, feixisme i comunisme. També artistes i intel·lectuals participaven en la lluita.

Analitza un cas: un bombardeig local en una guerra total

1. El primer gran bombardeig civil de la història

A pesar que l'aviació espanyola es va mantenir, en general, fidel a la República, el bàndol colpista va tenir l'auxili de la força aèria de les potències feixistes. El 26 d'abril del 1937, la legió Còndor alemanya va bombardejar la localitat de Gernika, a Biscaia. L'atac va tenir lloc un dia de mercat, el de més afluència de població civil. Es van utilitzar tones de bombes incendiàries, amb la intenció de causar el màxim dany possible.

Per a l'Alemanya nazi, aquest bombardeig va ser sobretot un assaig reeixit, que seria aprofitat en l'estratègia de la guerra llampec el 1939-1940. Per al bàndol franquista, el terror i la desmoralització causats per la destrucció de la vila, símbol del nacionalisme basc, però sense cap interès militar, va servir per aconseguir una victòria decisiva en el front nord. Bilbao, baluard del moviment obrer, que es preparava per a una llarga batalla defensiva, va ser presa sense a penes resistència, i la seva estratègica indústria pesant va caure pràcticament intacta en mans dels franquistes el juny del 1937.

2. La batalla de la propaganda

Tot i haver aconseguit l'objectiu, el rebuig que va causar el bombardeig en l'opinió pública va portar la premsa franquista a iniciar una guerra de propaganda. Davant de l'estupor dels republicans, el bàndol franquista i la premsa afí, tant dins com fora d'Espanya, van negar l'evidència: els alemanys no havien bombardejat Gernika; la destrucció l'havien causada els defensors de la ciutat.

Per a una gran part de l'opinió pública occidental, el dubte quedava plantejat: el que havia passat a Gernika semblava un episodi tèrbol, en una guerra llunyana, que poc importava a París, Londres o Rotterdam.

No obstant això, la versió oficial franquista va ser refutada pel periodista britànic George Steer al diari londinenc *The Times*.

3. París: l'art, contra la masacre

El maig del 1937, s'inaugurava a París una gran exposició. El Govern de la República va encarregar a Picasso (que residia a París) una obra de gran format que cridés l'atenció sobre el sofriment del poble espanyol. L'artista buscava la inspiració quan van arribar les notícies del bombardeig. Ple de dolor i indignació, el malagueny va començar-ne els esbossos l'1 de maig. L'obra més important de la pintura espanyola contemporània estava a punt de néixer. La República Espanyola aconseguia així una gran victòria propagandística: d'ara endavant, no dubtaria ningú de quin bàndol era el responsable de la matança.

Gernika

Pablo Picasso (Pablo Ruiz Picasso). Màlaga, Espanya, 1881 - Mougins, França, 1973

Un cavall es retorça de dolor, mortalment ferit. Un home s'abrasa. Una dona ferida s'arrossega cap a la llum. A terra, una mà morta sosté una espasa trencada. Un espectador horroritzat il·lumina l'escena amb un quinqué. Un bou brutal, però pràcticament humà, amenaça l'espectador amb ulls dispars. Una mare clama al cel: als braços sosté el cos del fill mort.

RELACIONA

1 Explica aquesta afirmació de Hermann Göring, cap de la força aèria nazi, en el judici de Nuremberg:

«La Guerra Civil Espanyola va ser l'ocasió de posar a prova la meva jove força aèria, i també que els meus homes adquirissin experiència.»

2 A qui va acusar del bombardeig el bàndol rebel? Què pretenia?

ANALITZA UNA OBRA D'ART

3 Per què creus que és un quadre tan important des del punt de vista artístic? Quina importància té per a la història?

4 Coneixes altres obres d'art que denunciïn qualsevol altre desastre produït per la guerra? I llibres o pel·lícules?

5 Com interpretes el quadre? Explica quines sensacions i quines idees et suggereix. Analitza les figures i l'ús del color.

POSA'T EN EL SEU LLOC

6 Descriu quins creus que són els sentiments de les persones que pateixen un atac així.

7 Creus que hi ha alguna relació entre aquest quadre i les ciutats que van destruir els nazis durant la Segona Guerra Mundial, com Varsòvia i Rotterdam? I amb les ciutats alemanyes o japoneses, com Dresden o Hiroshima, destruïdes pels aliats en la mateixa guerra?

INVESTIGA

8 Creus que el terror continua exercint un paper important en els conflictes actuals? Busca'n exemples per il·lustrar la teva opinió.

6. La Guerra Civil Espanyola: evolució política i conseqüències

La zona republicana: guerra o revolució?

Al final de l'estiu del 1936, el socialista **Largo Caballero** va formar a València un Govern de concentració del qual formaven part diversos ministres anarquistes, com ara Federica Montseny. Aquest executiu s'enfrontava a diversos desafiaments o **problemes**:

- **L'escassetat en el proveïment d'armes i aliments**. La política de la no-intervenció de les democràcies europees acordada a Londres l'agost del 1936 impedia que el Govern adquirís armament, i l'escassetat d'aliments va produir problemes greus a les grans ciutats.
- **La indisciplina i la desorganització**. La rebel·lió va obligar el Govern a confiar la defensa a voluntaris armats —els milicians—, inexperts i indisciplinats. A Catalunya, a proposta de la Generalitat, les milícies es van organitzar en el Comitè Central de Milícies Antifeixistes, que agrupava partits i sindicats d'esquerres. Intentava coordinar els milicians d'ideologies diferents per tal de fer front amb garanties al bàndol militar rebel, que estava molt ben organitzat. Però sovint, les milícies van actuar d'una manera poc cohesionada, i les columnes enviades al front d'Aragó no van aconseguir aturar l'exèrcit franquista. Per això van ser dissoltes pocs mesos després de ser creades.
- **La desunió entre els grups que donaven suport a la República**. La qüestió *guerra o revolució* era el motiu principal de desacord. Per als anarquistes i els trotskistes, les circumstàncies bèl·liques eren l'escenari adequat per dur a terme la revolució. Per a la resta de formacions d'esquerra, la qüestió fonamental era la victòria. Aquestes desavinences van culminar en els Fets de Maig del 1937, quan tots dos grups es van enfrontar amb les armes pels carrers de Barcelona.

Aquests esdeveniments van provocar la caiguda de Largo Caballero i la formació d'un nou Govern, presidit pel socialista **Juan Negrín**, que gaudia del suport dels comunistes però no disposava de la participació dels anarquistes. **Manuel Azaña** va ser president de la República fins que es va exiliar a França, el febrer del 1939.

Evolució política de la zona nacional

Els insurgents es van donar a si mateixos el nom de **nacionals** i van encomanar la direcció de l'alçament a una junta militar. Estava previst que assumiria el poder el general **Sanjurjo**, però va morir en un accident d'aviació. Així, l'octubre del 1936, la Junta va decidir dipositar tot el poder en el general **Francisco Franco**, que, a partir d'aleshores, va signar els seus decrets com a cap de l'Estat i generalíssim.

El bloc nacional també era força heterogeni, ja que aplegava monàrquics, carlistes, feixistes i republicans de dretes (veien en el cop militar un mal menor davant el perill del comunisme). Però l'abril del 1937, totes les forces que donaven suport a l'alçament es van unificar en un **partit únic**: la Falange Española Tradicionalista y de las Juntas de Ofensiva Nacional-Sindicalista (FET y de las JONS). El 1938 es va formar a Burgos el primer **Govern presidit per Franco**.

Els milicians eren voluntaris que no pertanyien a l'exèrcit regular.

EL DECRET DE COL·LECTIVITZACIONS

Seran obligatòriament col·lectivitzades totes les empreses industrials i comercials que [...] ocupin més de cent assalariats i també aquelles que, tot i ocupar una xifra inferior d'obrers, els patrons hagin estat declarats facciosos o hagin abandonat l'empresa. No obstant això, les empreses de menys de cent obrers podran ser col·lectivitzades si es posen d'acord la majoria dels treballadors i el propietari o propietaris. En les empreses de més de cinquanta obrers i menys de cent, es podrà fer també la col·lectivització sempre que ho acordin les tres quartes parts dels treballadors.

Article segon del Decret de col·lectivitzacions (26.10.1936)

Analitza la informació

- Què vol dir *col·lectivitzar una indústria*?
- Quines indústries estaven obligades a ser col·lectivitzades? Quins altres casos podien portar a la col·lectivització?

El general Franco presidint una desfilada militar.

Conseqüències de la Guerra Civil

Aquestes van ser algunes de les conseqüències de la Guerra Civil:

- **Demogràfiques**. A la xifra de morts violentes, que s'estima en unes cinc-centes mil, cal afegir-hi l'augment de la mortalitat general, a causa de l'escassetat i les penúries, dels no nascuts i dels exiliats. En conjunt, les pèrdues demogràfiques arribarien a un **milió de persones**.
- **Econòmiques**. Van ser molt greus, sobretot la pèrdua de collites, la paralització de l'activitat industrial, el col·lapse del comerç, la pèrdua de reserves i l'endeutament per la compra d'armament en els dos bàndols.
- **Repressives**. Es va exercir en les dues zones, la republicana i la nacional, sobre els adversaris respectius. Els assassinats que es van produir tenien trets comuns, però també **diferències** considerables.

  A la **zona republicana**. La manca d'autoritat del Govern va permetre que els grups incontrolats duguessin a terme actes repressius que van matar milers de civils, sobretot religiosos, polítics de dretes i grans propietaris. A Catalunya, les patrulles de control, uns grups creats per les milícies antifeixistes, van ser les encarregades d'exercir aquesta repressió, sovint de forma arbitrària. La majoria d'aquests crims es van produir a l'inici del conflicte.

  A la **zona nacional**. El mateix nom que es van donar a si mateixos (nacionals) negava a l'adversari la condició d'espanyol. La repressió que van exercir va ser sistemàtica i impulsada des del poder com a estratègia de dominació. Les persones d'esquerra, els sindicalistes i els nacionalistes, entre d'altres, eren considerats enemics. Els afusellaments duts a terme per l'exèrcit i les milícies falangistes van causar un nombre elevat de víctimes entre la població civil. L'*esperit de croada* que emparava aquestes accions s'equiparava a la lluita contra els infidels en l'edat mitjana. La repressió es va mantenir durant tota la guerra i es va prolongar fins que va acabar el conflicte.

ACTIVITATS

28. Quins problemes interns va afrontar la zona republicana?
29. Com creus que va influir la diferent evolució política de les dues zones en el desenvolupament del conflicte?
30. Quines característiques va tenir la repressió en una zona i en l'altra?
31. A més de les morts violentes i l'exili, explica per què es va perdre població durant la guerra.

La massacre de Badajoz va ser comesa pels sublevats després de la presa de la ciutat el 14 d'agost del 1936.

DESPLAÇATS I EXILIATS

Durant la Guerra Civil, milers de persones dels dos bàndols es van veure obligades a anar-se'n del país per por de ser perseguides. Els primers mesos de guerra va ser freqüent el pas de civils d'una banda a l'altra. Catalunya va ser el refugi de molts civils partidaris de la República que marxaven de la repressió exercida pels nacionals.

Quan l'exèrcit republicà va ser derrotat a la batalla de l'Ebre, centenars de milers de persones van travessar els Pirineus per exiliar-se a França, incloent-hi els governs de la Generalitat i la República. La gran majoria van ser internades en camps i, posteriorment, van haver d'enfrontar-se a l'ocupació nazi de França.

Grup d'exiliats republicans en la retirada a Prats de Molló (fotografia publicada a *L'Illustration*, 18 de febrer del 1939).

Analitza la informació

- Quina diferència hi ha entre un desplaçat i un exiliat?
- Investiga amb quins problemes es van enfrontar els exiliats republicans a França.
- Coneixes algun conflicte actual (o posterior a la Guerra Civil) que hagi comportat un exili massiu de població?

7. Els viratges cap a al Segona Guerra Mundial

Les agressions feixistes

La dècada dels trenta va estar marcada per una escalada d'agressivitat de les potències feixistes, unides en un **Pacte Antikomintern**, signat l'any 1936 per Alemanya i el Japó, el presumpte objectiu del qual era aïllar l'URSS i el comunisme, però que en realitat perseguia augmentar l'«espai vital» del Japó, Itàlia i Alemanya. El fracàs més gran de la Societat de Nacions era la incapacitat per coordinar l'acció en defensa dels agredits.

L'EXPANSIÓ DEL JAPÓ

El Japó va començar l'expansió el 1931 ocupant Manxúria, on va instal·lar l'any següent l'estat satèl·lit de **Manxukuo**. Es podria considerar la **invasió japonesa de la Xina** el 1937 l'origen de la Segona Guerra Mundial.

LA INVASIÓ D'ABISSÍNIA PER ITÀLIA

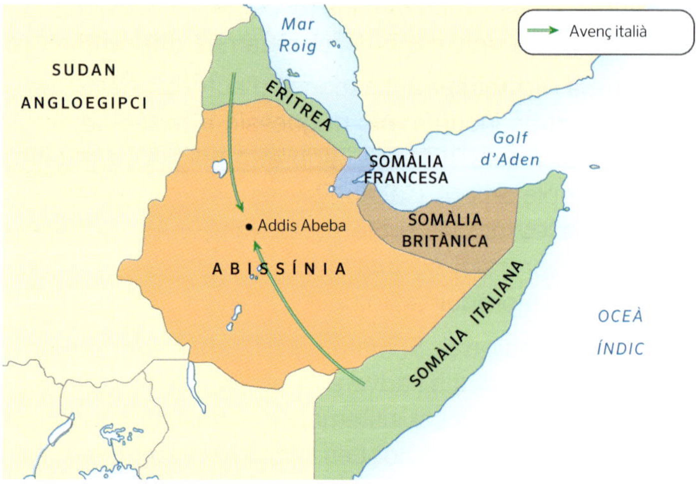

Itàlia va envair Abissínia el 1935 per ampliar el seu imperi colonial a l'Àfrica oriental, i va proclamar l'**Imperi italià**.

L'EXPANSIÓ D'ALEMANYA

El 1935, el **Tercer Reich** va restablir el servei militar obligatori, prohibit pel Tractat de Versalles. El 1936 va enterrar l'esperit de Locarno amb **la remilitarització de Renània**.

A partir del 1938, **es va annexionar Àustria** i la regió dels **Sudets**, a Txecoslovàquia.

El 1939 va ocupar la ciutat bàltica de **Memel** i va reclamar el corredor de **Danzig**, a Polònia.

Treballa amb els mapes

32 Observa el mapa de l'expansió alemanya. Per què Alemanya va intentar annexionar-se aquests territoris?

33 Quins territoris va ocupar l'expansionisme japonès?

La política d'apaivagament

Les democràcies occidentals van acceptar les accions de Hitler per tractar d'impedir la guerra.

- **A Àustria**. Hitler va envair el seu país natal el març del **1938**. Aquesta annexió (o *Anschluss*) d'Àustria al Tercer Reich contravenia la Pau de París, però les democràcies occidentals no es van atrevir a impedir-ho. Amb l'assentiment de bona part de la població, van adoptar una política d'apaivagament que tenia el precedent en la passivitat davant de la intervenció italoalemanya a Espanya.
- **A Txecoslovàquia**. Un mes més tard, es van aguditzar els conflictes nacionalistes a la regió dels Sudets. Aquest territori pertanyia a Txecoslovàquia, però la major part de la població era de parla alemanya. Hitler, animat pels signes de debilitat de França i de la Gran Bretanya, es va oferir a defensar la minoria alemanya.

El setembre del 1938 es va celebrar la **conferència de Munic**, afavorida per Mussolini, que es presentava com a àrbitre. El Regne Unit i França van abandonar la seva aliada, Txecoslovàquia, que Hitler no va tardar a envair, de manera que va incomplir les seves promeses.

- **A Espanya**. La política d'apaivagament està molt relacionada amb el transcurs de la Guerra Civil. Així, la claudicació de les democràcies a Munic va fer perdre les esperances als republicans espanyols, que havien lluitat a l'Ebre confiant que una guerra a Europa lligués la sort de la República a la de França i el Regne Unit.
- **La ciutat bàltica de Memel**. El març del 1939, Hitler ocupava aquesta ciutat, tot i estar sota la protecció de la Societat de Nacions. Un mes després, Mussolini envaïa **Albània**.

Quan Hitler va reclamar el **corredor de Danzig**, el Regne Unit i França van comprendre que l'apaivagament havia fracassat, i van assegurar el seu suport a Polònia en cas de guerra.

L'agost del 1939, una notícia inesperada va revelar al món que la guerra era inevitable: Hitler i Stalin havien concertat un **pacte de no-agressió**. El Tercer Reich havia aconseguit la neutralitat soviètica en vespres d'un conflicte a la seva frontera occidental.

L'1 de setembre, Alemanya va envair Polònia. França i el Regne Unit van declarar la guerra al Tercer Reich. La Segona Guerra Mundial havia començat.

ACTIVITATS

34 Enumera les agressions feixistes durant els anys trenta.

35 Com va influir la Societat de Nacions en la Guerra Civil Espanyola?

36 Explica quina relació hi ha entre la política d'apaivagament i el desenvolupament de la Guerra Civil.

37 Quin missatge transmet l'escena principal de la pel·lícula *El gran dictador* de Chaplin? Amb quina intenció va escriure Chaplin el guió i va rodar aquest film? En quin context històric se situa?

PER SABER-NE MÉS

L'Exposició Internacional de París del 1937.

El maig del 1937 es va inaugurar a París una exposició internacional. En teoria, la mostra era l'ocasió perquè cada país mostrés els seus progressos tècnics; però, en aquest cas, i en un ambient de gran tensió internacional, els pavellons d'Alemanya i l'URSS estaven l'un davant de l'altre.

El pavelló del Tercer Reich està coronat per una àguila; el de la Unió Soviètica, per un obrer i una camperola que alcen la corbella i el martell; i enmig de tots dos, la torre Eiffel, que s'havia construït en commemoració del primer centenari de la Revolució Francesa.

El pavelló espanyol també va servir com a propaganda per al bàndol republicà. Així, molts intel·lectuals de tot el món van conèixer la causa republicana.

- Quins sistemes ideològics simbolitzaven visualment cadascun dels pavellons?

FES D'HISTORIADOR

ANALITZEM I COMPAREM TEXTOS JURÍDICS

La comparació de textos jurídics, a més de mostrar l'evolució política, posa de manifest els valors imperants. L'evolució de les lleis reflecteix el progrés social: l'aparició d'un fenomen es mostra sempre a través de **novetats legals**. Per exemple, els codis de circulació són un indici sobre la popularització de l'automòbil als anys vint; així mateix, algú que en el futur estudiï la nostra societat deduirà la importància creixent d'Internet a partir de la nova legislació sobre ciberdelinqüència o privadesa en la xarxa.

1. Anàlisi dels textos

Ara analitzarem quatre textos legislatius breus que tracten del **sufragi** en diverses constitucions i lleis espanyoles.

Per fer-ne una adequada anàlisi històrica, tan important és fer referència al que hi ha escrit com indicar el que es **dona per descomptat**. Per exemple, en l'Antic Règim no calia justificar l'aplicació de furs, o codis particulars per als estaments privilegiats. La idea moderna d'«igualtat davant de la llei» no existia; per això, algú d'aquesta època se sorprendria si veiés la nostra indignació davant del fet que un governant s'aprofiti del seu càrrec per enriquir-se.

Per a això és necessari conèixer el context històric en el qual van ser formulades aquestes normes.

*La **Constitució del 1869** és la més **democràtica** del segle XIX, ja que introdueix el **sufragi universal**, gran avenç davant de la moderada del 1845, que establia el **sufragi censatari** i, per tant, només permetia votar l'1 % més ric de la població. L'aspecte més interessant és que el 1869 els legisladors no necessiten especificar que el sufragi que anomenen universal és en realitat **exclusivament masculí**, perquè cap partit no demanava el vot femení; els drets polítics de la dona eren, simplement, ignorats.*

*La **Llei electoral del 1891** va establir el **sufragi universal** masculí; ara s'especifica: «espanyols **homes**». Per què aquest canvi? **El moviment sufragista** ja estava actiu en països anglosaxons: dos anys després es reconeixeria per primera vegada el dret de les dones de votar (però no de ser elegides) a Nova Zelanda, un domini britànic. Per tant, ja no es podia donar per descomptat el mateix que el 1869: un símptoma que indica el **desvetllament polític de la dona** en aquestes dècades.*

Constitució del 1869

Cap espanyol que es trobi en el ple ús dels seus drets civils no podrà ser privat del dret de votar en les eleccions.

Llei electoral del 1891

Són electors per a diputats a Corts tots els espanyols homes, majors de vint-i-cinc anys, que es trobin en el ple ús dels seus drets civils.

Constitució del 1931

Els ciutadans de l'un i l'altre sexe, majors de vint-i-tres anys, tindran els mateixos drets electorals segons determinen les lleis.

Constitució del 1978

Els ciutadans tenen el dret de participar en els assumptes públics, directament o per mitjà de representants, lliurement elegits en eleccions periòdiques per sufragi universal.

*La **Constitució del 1931** fa referència als «**mateixos drets electorals**» a partir d'una certa edat perquè en altres països eren habituals les discriminacions entre homes i dones respecte a l'edat electoral. Així, la llei britànica del 1918 permetia votar als homes als vint-i-un anys (o als divuit si eren veterans) i a les dones a partir dels trenta. Fins i tot el 1931, en països tan avançats com França desconeixien el sufragi universal (les franceses van votar per primera vegada l'any 1946).*

*En la **Constitució del 1978** el que falta és «**dels dos sexes**». La redacció recorda la del 1869, però per motius oposats: en aquell moment era indiscutible que les dones no votaven; cent nou anys després, era igual d'evident que sí que ho feien: segons l'article 14, «els espanyols són iguals davant de la llei, sense que pugui prevaler cap discriminació per raó de naixença, raça, sexe, religió, opinió o qualsevol altra condició o circumstància personal o social».*

2. Comparació del contingut dels textos

A continuació comparem els textos per deduir l'evolució del sufragi des del 1869.

Des del 1869 s'implanta el sufragi universal a Espanya, si bé, al principi, universal *es refereix només al vot masculí; però el 1891 és necessari especificar per continuar excloent-ne el vot femení. El 1931 ja s'estableixen els mateixos drets per als dos sexes, un fet que resulta obvi per al legislador el 1978.*

VOT MASCULÍ

- SUFRAGI CENSATARI — Solament poden votar els homes que tinguin un determinat nivell de riquesa.
- SUFRAGI UNIVERSAL MASCULÍ — Poden votar els homes majors d'edat sense tenir en compte el seu nivell de riquesa.

VOT FEMENÍ

- 1a ETAPA — Les dones es poden presentar com a candidates, tot i que encara no poden votar.
- 2a ETAPA — Les dones tenen dret de votar i de presentar-se a unes eleccions. El sufragi és universal.

POSA-HO EN PRÀCTICA

Llegeix aquests textos i contesta les qüestions.

Article de la Constitució del 1931

La família està sota la salvaguarda especial de l'Estat. El matrimoni es funda en la igualtat de drets per als dos sexes, i podrà dissoldre's per dissentiment mutu o a petició de qualsevol dels cònjuges [...]. Els pares estan obligats a alimentar, assistir, educar i instruir els seus fills. L'Estat vetlla pel compliment d'aquests deures i s'obliga subsidiàriament a portar-los a terme.

Els pares tenen cap als fills nascuts fora del matrimoni els mateixos deures que respecte dels nascuts dins d'aquest. Les lleis civils regulen la investigació de la paternitat. No pot consignar-se cap declaració sobre la legitimitat o il·legitimitat dels naixements ni sobre l'estat civil dels pares en les actes d'inscripció, ni en cap filiació.

L'Estat presta assistència als malalts i ancians, protecció a la maternitat i a la infància, i fa seva la [...] taula dels drets de l'infant.

Article de la Constitució del 1978

Art. 32.1. L'home i la dona tenen dret de contreure matrimoni amb plena igualtat jurídica.

Sessió al Congrés dels Diputats.

1. Considerant que en la Constitució del 1876 les paraules *família*, *matrimoni* i *fills* apareixen solament en articles sobre la família reial i que no hi havia divorci ni matrimoni civil, comenta la novetat de l'article de la Constitució del 1931.

2. Avui, la interpretació que es fa d'aquest article de la Constitució del 1978 és molt diferent de la que se'n feia quan es va redactar. Quina és la diferència? Quina evolució de valors en la societat espanyola posa de manifest aquest canvi?

QUÈ HAS APRÈS?

ELS ANTECEDENTS DE LA SEGONA GUERRA MUNDIAL

- LA GRAN DEPRESSIÓ
  - Efectes econòmics
    - Fallida del sistema financer
    - Deflació
    - ...
    - Polítiques contra la crisi: *New Deal* i ...
  - Característiques sociopolítiques
    - Tensions socials
    - Polarització política
      - Partits amb una llarga tradició democràtica
      - Instauració de règims feixistes

- ELS TOTALITARISMES
  - Estalinisme
    - Culte a la personalitat
    - Policia política
    - Repressió
    - ...
    - ...
  - Nacionalsocialisme
    - Causes
      - Rebuig del Tractat de Versalles
      - Teoria de ...
      - Impacte de la Gran Depressió
    - Característiques
      - Racisme i ...
      - Lleis de Nuremberg
      - Nit dels ...

- ELS VIRATGES CAP A LA GUERRA
  - Les agressions feixistes
    - Japó: ...
    - Itàlia: ...
    - Alemanya: ...
  - Política d'apaivagament
    - Àustria
    - ...
    - ...
    - ...
  - Espanya i Catalunya
    - La Segona República
      - Govern provisional i Corts constituents
      - Bienni ...
      - Bienni ...
      - Eleccions del 1936: Front d'Esquerres o Front ...
    - La Catalunya autònoma
      - Estatut de Núria
      - Fets d'Octubre
    - La Guerra Civil
      - Desenvolupament militar
      - El context internacional → Intervenció potències feixistes i URSS
      - Evolució política de les zones → Enfrontaments interns bàndol republicà
    - Conseqüències
      - ...
      - ...
      - Repressió en els dos bàndols

Repassa amb l'esquema

1. Copia l'esquema de la unitat i completa els textos que hi falten.
2. Indica quines de les afirmacions següents són falses i escriu-les correctament:
   a. L'escola econòmica liberal propugnava la intervenció de l'Estat per controlar el mercat.
   b. A Munic, els francesos i els britànics van aconseguir mantenir la independència de Txecoslovàquia.
   c. La Segona República es va proclamar com a conseqüència d'un cop d'estat.
   d. El pacte germanosoviètic del 1939 obria el camí cap a la guerra.
3. Relaciona cada autor o director amb la seva obra:

Leni Riefenstahl •	• *El gran dictador*
Serguei Eisenstein •	• *1984*
Charles Chaplin •	• *Ivan el Terrible*
George Orwell •	• *Triumph des Willens*

4. Busca informació sobre aquests personatges històrics:
   - Niceto Alcalá-Zamora
   - Lluís Companys
   - Clara Campoamor
   - Manuel Azaña
   - General Sanjurjo
   - General Mola
   - Federico García Lorca
   - Pablo Picasso
5. Defineix els conceptes i les institucions següents:
   - CEDA
   - Comité de No-intervenció
   - Missions pedagògiques
   - Legió Còndor
   - Brigades Internacionals
   - Conferència de Munic
   - *New Deal*
   - Exposició «Art degenerat»
6. Analitza el gràfic següent sobre el nombre d'afiliats al Partit Nazi i l'augment de l'atur:

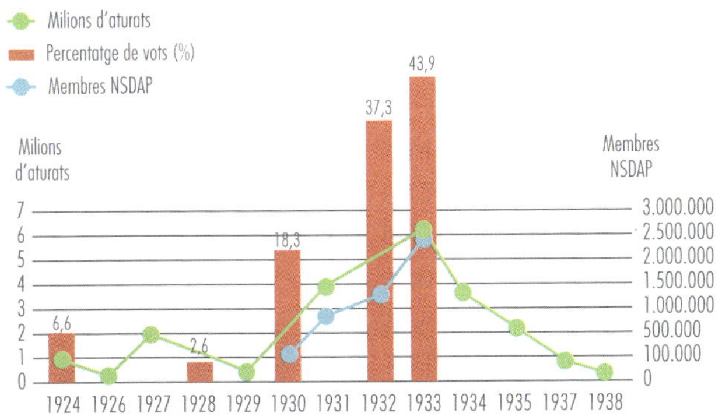

   a. Com es relacionen el nombre d'afiliats al Partit Nazi i l'augment de l'atur?
   b. El Partit Nazi, aconsegueix algun cop la majoria absoluta?

7. Llegeix el text i respon a les preguntes:

> He de dir-vos que la CNT i la FAI mai no han estat tractades com es mereixen per la seva importància. Sempre heu estat perseguits durament, i jo (amb dolor, però forçat per les realitats polítiques) que abans estava amb vosaltres, després m'he vist obligat a enfrontar-m'hi i a perseguir-vos. Avui sou els amos de la ciutat [...], si no em necessiteu o no em voleu com a president de Catalunya, digueu-m'ho ara, que passaré a ser un soldat més en la lluita contra el feixisme. Si, per contra, creieu que des d'aquest lloc, que només mort havia d'abandonar davant el feixisme triomfant, puc, amb els homes del meu partit, el meu nom i el meu prestigi, ser útil en aquesta lluita [...], podeu confiar sincerament que Catalunya anirà al davant dels països més avançats en matèria social.
>
> Paraules de Lluís Companys davant una comissió de la CNT-FAI (20-7-1936)

   a. En quin context es va produir aquesta trobada?
   b. Per què creus que Companys diu que els membres de la CNT i la FAI són els «amos de la ciutat»?
   c. Quina proposta fa el president als anarquistes?

8. Llegeix el text de la filòsofa alemanya d'origen jueu Hannah Arendt.

> Si la legalitat defineix l'essència del govern constitucional, el terror defineix la del totalitari. El terror es converteix en l'essència d'un govern només quan es dirigeix contra víctimes innocents [...] i es castiga grups, no per crims que se sospita que hagin comès, sinó pels que podrien cometre.
>
> Aquest ús del terror [...] està prefigurat tant en la ideologia racista com en la comunista. En els dos casos, certs grups són declarats enemics «naturals» de la humanitat; en un cas, la burgesia [...]; en l'altre, els jueus [...].
>
> El principi del règim totalitari és la seva ideologia [...]. Poc importa que aquesta sigui tan inepta i desproveïda de contingut espiritual autèntic, com el racisme, o que estigui impregnada del millor de la nostra tradició, com el socialisme.
>
> Hanna Arendt, *Els orígens del totalitarisme*, 1951

   a. Quines semblances i diferències hi ha entre les ideologies que surten en el text?
   b. Quins principis s'oposen al totalitarisme?

Mapa conceptual   Comprova el que saps

POSA'T A PROVA

Com va afectar la guerra a la població civil?

Llegeix atentament el text de la conversa següent, que té lloc a Madrid durant la Guerra Civil, quan l'Anselmo, un jove milicià anarquista, visita els seus oncles, la senyora Dolores i el senyor Luis. A continuació, fes les activitats.

SENYORA DOLORES: I tu que vens del front i has estat a València amb el govern… deus estar assabentat de més coses que nosaltres. Perquè aquí sentim la ràdio, sí, i ens arriben badomeries i més badomeries cada dia, però no se'n pot una fiar. Quan creus que acabarà això?

ANSELMO: De seguida. No veus com els hem atonyinat aquí? A la Universitaria, a la Casa de Campo, a tot el front. Hem guanyat la batalla. Ho heu vist? No hi han passat! I la repercussió internacional que ha tingut, de xavo! Perquè els feixistes s'ho han jugat tot en la presa de Madrid. I no l'han pres. Ara estan que no saben què fer. A més, França obrirà la frontera i llavors entrarà tot el que vulguem: armes, queviures, qualsevol cosa. Qüestió de dies, no us dic res més.

SENYORA DOLORES: Déu t'escolti. Perdona: «Tant de bo», vull dir. Perquè aquí es veuen les coses tan diferents… Combats i més combats… bombardejos, fam… no passa dia que no ens arribi notícia d'una mort.

SENYOR LUIS: Saps això d'Heliodoro i la Catalina?

ANSELMO: Què?

SENYOR LUIS: Van morir en el bombardeig del barri d'Argüelles. Tots dos. A la nena l'han evacuada a Alacant.

SENYORA DOLORES: I saps res del teu cosí Antonio, el net de la tia Eudosia?

ANSELMO: A penes el conec, què li ha passat?

SENYORA DOLORES: El van afusellar.

ANSELMO: Qui, els de Falange?

Senyora Dolores: No…

SENYOR LUIS *(interrompent la senyora Dolores)*: Bé, no se sap…

ANSELMO: Com que no se sap? Si era un obrer! Fuster, no?

SENYORA DOLORES: Sí, però com que treballava en un convent…

SENYOR LUIS: Va amagar a casa seva unes casulles, o alguna cosa així.

Anselmo: Quin poc seny!

FERNANDO F. GÓMEZ, *Las bicicletas son para el verano*, 1984

COMPRÈN EL TEXT

1. Indica a quin lloc del text s'al·ludeix a aquestes qüestions:
   a. Ús de l'aviació contra la població civil
   b. Evacuació de Madrid pel Govern
   c. Ús de propaganda
   d. Política de no-intervenció
2. Quina és la diferència que hi ha entre les notícies que reben els oncles de l'Anselmo i les novetats que aporta ell? Explica-ho.

3. Amb la informació que aporta el text, explica quina posició política adopta cadascun dels personatges.

RELACIONA LA INFORMACIÓ

4. Amb el nou concepte de *guerra total* desenvolupat al començament del segle XX, van desaparèixer les diferències entre combatents i civils. Com es va manifestar aquest canvi en la Guerra Civil?
5. Quin era el context internacional durant la Segona República i la Guerra Civil Espanyola? Explica com van influir els fets espanyols en la política internacional.

6. L'Anselmo és anarquista. Quin va ser el paper exercit per aquesta ideologia durant la Segona República i la Guerra Civil?

ENCADENA ELS TEUS CONEIXEMENTS

L'escena que acabes de llegir té lloc a la primavera del 1937. Observant els mapes de la pàgina 155, contesta aquestes preguntes:

7. Per què diu l'Anselmo que els feixistes «no hi han passat»?
8. La senyora Dolores al·ludeix als bombardejos. En quina campanya estava l'aviació a punt de convertir-se en protagonista?
9. L'Anselmo es refereix en el text a la Falange. Què li passava a aquest partit just en aquest moment?
10. Per què creus que el senyor Luis interromp la senyora Dolores quan parlen de la mort de l'Antonio?

Hi ha un moment còmic més endavant: l'Anselmo diu que, quan es derrotin els franquistes, caldrà ocupar-se dels «xinesos», en al·lusió als comunistes, i la senyora Dolores se sorprèn que la Xina entri en la Guerra Civil.

11. Com eren les relacions entre anarquistes i comunistes a la primavera del 37?

ORGANITZA LA INFORMACIÓ

12. Elabora un esquema sobre els grups ideològics que combatien en la Guerra Civil. En el cas del bàndol republicà, indica quins grups s'enfrontaven entre si.

monàrquics - nacionalistes catalans - CEDA - trotskistes
anarquistes - falangistes - republicans - socialistes
nacionalistes bascos - comunistes estalinistes

BÀNDOL INSURGENT	BÀNDOL REPUBLICÀ Grups enfrontats
●●●	●●●
●●●	●●●

FES UN PAS MÉS ENLLÀ

Una frase anònima, atribuïda sovint al grec Èsquil, afirma que «la veritat és la primera víctima de la guerra».

13. Quin paper va exercir la propaganda dels dos bàndols en la Guerra Civil?

OBSERVA I SINTETITZA

14. A quin moment de la Guerra Civil corresponen les expressions de les dues primeres vinyetes?
15. Quines repercussions va tenir l'ús de cartells en la propaganda de cadascun dels bàndols contendents?
16. Explica els efectes que té la guerra entre la població civil.
17. Elabora un cartell de propaganda pacifista en contra de la guerra.

UNITAT 8

LA SEGONA GUERRA MUNDIAL

EN AQUESTA UNITAT APRENDRÀS...

- Com l'Eix va aconseguir avançar tan ràpidament.
- Quins països estaven controlats per l'Eix.
- Com va acabar la guerra per a Alemanya.
- Per què el Japó es va rendir abans de ser envaït.
- Quins pobles van patir més durant la guerra.
- Quina organització es va crear per evitar una nova guerra mundial.
- Com es va afrontar la reconstrucció d'Europa.

Mira més enllà

Què va passar a Ialta el febrer del 1945?

Febrer del 1945. Cada nit, els bombardejos convertien les ciutats alemanyes en fogueres immenses. Milers i milers de civils alemanys fugien, perseguits per l'Exèrcit Roig. Des del seu búnquer, Hitler demanava al poble la resistència a ultrança i anunciava armes secretes que podrien capgirar radicalment el desenllaç de la guerra.

Tot això s'esdevenia alguns mesos abans del final de la guerra, mentre el món dirigia la mirada cap a Crimea: els tres grans líders i futurs vencedors de la guerra a Europa, Churchill, Roosevelt i Stalin, es reunien a Ialta per tractar del final del conflicte.

- Quines nacions representaven els tres protagonistes de la Conferència de Ialta?
- Veus algun detall en la figura de Roosevelt (al centre) que et faci pensar que no arribarà a veure el final del conflicte?
- Quins interessos tenien en comú les tres potències? I quines diferències hi havia entre aquestes?
- Què passava aleshores a Alemanya?

El fet de celebrar la conferència a Ialta, una ciutat que acabava de ser alliberada pels soviètics després de més de dos anys d'ocupació alemanya, significava una victòria per a Stalin. Les empremtes de la destrucció van impressionar Roosevelt. Cap país no havia patit tant en la guerra com l'URSS.

- Quins projectes tenia Stalin un cop acabada la guerra?
- Creus que els pobles de l'est d'Europa van viure el final del conflicte com un alliberament, a diferència dels de l'oest? Per què?

A Ialta es va decidir la sort de molts països europeus durant dècades: alguns van passar a l'òrbita soviètica i d'altres es van integrar en el bloc occidental, liderat pels Estats Units.

- Consideres que està bé el fet que alguns dirigents polítics decideixin el futur de milions de persones?
- Els pobles en qüestió, estaven en condicions de decidir el seu futur?

1. L'expansió de l'Eix (1939-1940)

Després de la cadena d'atacs alemanys a Gernika i Varsòvia, la ciutat de Rotterdam (Països Baixos) va quedar completament arrasada després del bombardeig del 1940.

La doble invasió de Polònia

El 1939, Adolf Hitler i Iòssif Stalin van signar un **pacte de no-agressió**, que assegurava la neutralitat russa davant del conflicte que s'estava gestant a la seva frontera occidental. Era una gesta diplomàtica que posava Alemanya en una posició molt més favorable que el 1914.

L'1 de setembre del 1939, Alemanya **va envair Polònia**. França i el Regne Unit van declarar la guerra al Tercer Reich. L'exèrcit alemany, conegut com la *Wehrmacht*, va derrotar l'exèrcit polonès. Varsòvia, bombardejada sense pietat, no va tenir altre remei que rendir-se.

El pacte, però, incloïa un **protocol secret**, que suposava el **repartiment de Polònia** entre Hitler i Stalin i l'ocupació dels països bàltics per part dels soviètics. Poques setmanes després, l'URSS va ocupar els estats bàltics (**Lituània**, **Letònia** i **Estònia**), va atacar **Finlàndia** i es va annexionar la **zona oriental de Polònia**.

La guerra llampec

França i el Regne Unit no havien atacat Alemanya en començar la guerra. Després de la derrota de Polònia, la guerra va entrar en una fase d'estancament, que va revelar l'escassa voluntat de lluitar dels aliats, partidaris d'una **posició merament defensiva**.

Una vegada dominats els territoris de l'est, Hitler va iniciar durant la primavera del 1940 la **guerra llampec** *(Blitzkrieg)*, que consistia en una sèrie d'atacs ràpids aprofitant el factor sorpresa, la mobilitat de les seves unitats i el suport de l'aviació. Va començar envaint **països neutrals**, com Dinamarca, Noruega, els Països Baixos, Bèlgica i Luxemburg.

Treballa amb el mapa

1. Cap a on es va orientar l'expansió alemanya?

L'INICI DE LA GUERRA

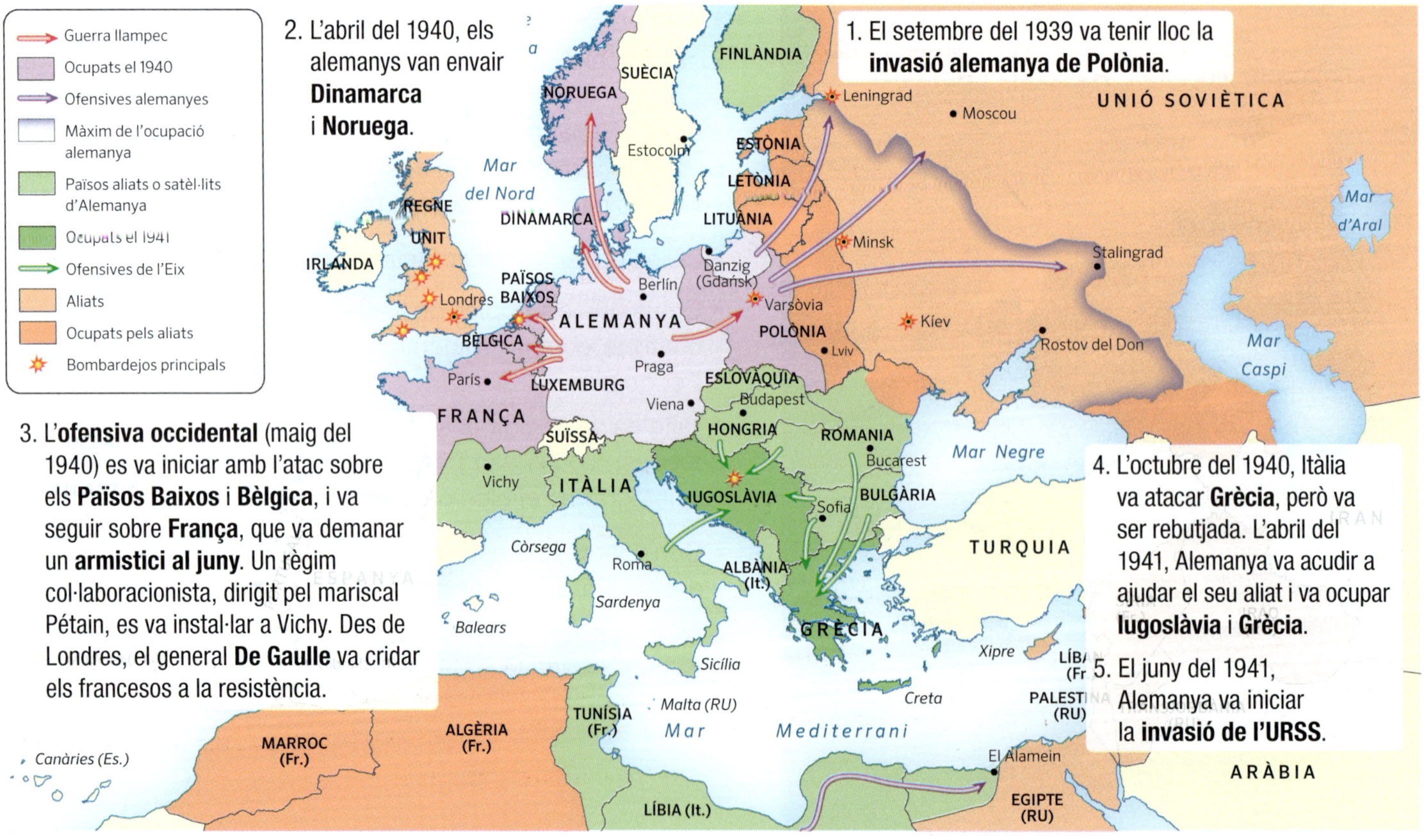

La batalla d'Anglaterra

Després de la derrota de França, Alemanya es va concentrar en la **batalla aèria d'Anglaterra**, únic contendent que no havia estat vençut.

Al Regne Unit s'havia format un **govern de concentració**, presidit per **Winston Churchill**, que resistia gràcies als recursos humans i materials que obtenia dels territoris del seu imperi. La primera tasca del nou gabinet va ser repatriar el cos expedicionari britànic, al qual l'avanç alemany per França havia deixat aïllat a les platges de **Dunkerque**, a l'altre costat del canal de la Mànega.

En contrast amb Neville Chamberlain, l'anterior primer ministre, Churchill va mostrar des del principi una **voluntat de resistència** que va sorprendre els nazis. En un primer moment, la força aèria alemanya, la **Luftwaffe**, va bombardejar les instal·lacions militars per preparar un desembarcament; però, veient que no aconseguien disminuir el poder de l'aviació britànica, la **RAF** (Royal Air Force), Hitler va canviar de tàctica i va ordenar la **guerra total**.

Per atemorir la població, va ordenar llavors un **bombardeig constant** (el *Blitz*) que duraria des de la tardor del 1940 fins a la primavera següent. La ciutat de **Coventry**, al centre d'Anglaterra, va ser literalment arrasada; seria el pas següent en la trista sèrie que s'havia inaugurat a Gernika, i continuat a Varsòvia i Rotterdam. **Londres** era bombardejada de dia i de nit. La RAF, però, va aconseguir fer front a la Luftwaffe. I, sobretot, la moral dels britànics va sortir reforçada de la prova.

La guerra als Balcans

Mentrestant, aprofitant la derrota de França, **Mussolini** havia entrat en la guerra per ocupar la Costa Blava francesa. A partir d'aquí, es parlarà de les potències de l'**Eix Roma-Berlín**, al qual aviat se sumaria **Tòquio**. També s'hi van adherir els règims dictatorials d'**Eslovàquia**, **Hongria**, **Romania** i **Bulgària**.

Mussolini va envair **Grècia**, però l'exèrcit italià va ser incapaç de vèncer la resistència hel·lena. Els alemanys van acudir a ajudar el seu aliat; per fer-ho havien de travessar **Iugoslàvia**, que va denegar el permís i va ser ocupada per la força. Tant aquí com a Grècia van sorgir **guerrilles** que demostraven que no tots els europeus estaven disposats a doblegar-se.

LLUITAREM A LES PLATGES!

El 4 de juny del 1940, Churchill va pronunciar a la ràdio un dels seus discursos més eloqüents, en què expressava la voluntat inequívoca de resistència:

Continuarem fins al final! Lluitarem a França. Lluitarem als mars i als oceans. Lluitarem amb confiança i força creixents en l'aire, i defensarem la nostra illa costi el que costi. Lluitarem a les platges, lluitarem a les pistes d'aterratge. Lluitarem als camps i als carrers. Lluitarem als turons. No ens rendirem mai, i, encara que no crec de cap manera que aquesta illa o una gran part es vegi un dia sotmesa i famolenca, fins i tot en aquest cas, el nostre imperi, més enllà dels mars, armat i salvaguardat per la flota britànica, prosseguiria el combat, fins que, quan Déu vulgui, el Nou Món, amb tota la força i el poder que té, faci un pas endavant per rescatar i alliberar el Vell Món.

Analitza la informació

- A què es refereix amb «el Nou Món»?
- Quina era la força de què disposava l'Imperi britànic per resistir els constants atacs alemanys? Explica les raons de la seva resistència.

ACTIVITATS

2. Explica l'expressió *guerra llampec*, i en quin sentit la va utilitzar Hitler al començament de la guerra. Coneixes altres casos de guerres llampec?
3. Resumeix els esdeveniments més importants dels dos primers anys de guerra a Europa.
4. Compara la situació d'Alemanya al començament de les dues guerres mundials. Quina situació resultava més favorable? Per què?
5. Recorda quin va ser el paper que va exercir França a l'inici de la Primera Guerra Mundial. Quines diferències hi va haver entre el seu comportament del 1914 i el del 1940?
6. Llegeix l'afirmació següent. A continuació, descobreix qui la va pronunciar i explica a què es refereix amb «tants», «tant» i «tan pocs».

   En la història dels conflictes humans, mai tants van deure tant a tan pocs.

2. L'apogeu de l'Eix (1941-1942)

L'hora més fosca

Al començament de l'any 1941, el continent europeu estava dividit en **dues grans zones** sotmeses per **règims totalitaris**: l'oriental, controlada per l'**URSS**, i la resta, en mans de les potències de l'**Eix**.

La **democràcia** pràcticament havia **desaparegut** del continent excepte al Regne Unit, en alguns països neutrals (Irlanda, Suècia i Suïssa) i a Finlàndia.

Els **Estats Units** seguien en pau, replegats sobre si mateixos. Malgrat la simpatia que el president Franklin D. Roosevelt sentia pel Regne Unit, la major part de l'opinió pública dels EUA era **aïllacionista** i poc inclinada a embarcar-se en una altra guerra a Europa.

La invasió de l'URSS

La decisió de Hitler el **juny del 1941** d'envair la Unió Soviètica a pesar del pacte de no-agressió va ser un greu error tàctic.

Convençut de la imminència de la rendició britànica, Hitler va creure que l'URSS s'esfonsaria al primer assalt. Esperava així apoderar-se de les reserves de **cereals** d'Ucraïna i els pous de **petroli** del mar Caspi.

Els soviètics van retrocedir, mentre els alemanys avançaven fins a les portes de **Moscou** i assetjaven **Leningrad**; però el Tercer Reich havia estès els fronts més enllà de la seva **capacitat logística**.

Igual com va passar durant la invasió napoleònica, la meteorologia es va aliar amb els russos. La **brutalitat de l'ocupació alemanya**, que considerava els eslaus «**infrahomes**», va impedir que els nazis aprofitessin el descontentament de molts soviètics contra la dictadura estalinista. La violència nazi va ser especialment cruel per part de les tropes de les SS, el cos d'elit militaritzat del partit.

LES POTÈNCIES DE L'EIX

Les potències de l'Eix tenien el suport de les tropes italianes, alemanyes i japoneses.

!

PER SABER-NE MÉS

El 22 de juny del 1941, Stalin va rebre la notícia que el seu aliat, Hitler, estava envaint la Unió Soviètica.

Feia temps que els espies soviètics havien avisat d'un atac imminent, però Stalin opinava que eren notícies falses que arribaven dels capitalistes britànics per trencar el pacte germanosoviètic. Creient que era un engany, va prohibir que «es respongués a la provocació».

La tardança a ordenar el contraatac va propiciar l'avanç alemany. Més tard, Stalin va tractar de compensar el seu error, mai reconegut, ordenant l'execució dels qui retrocedien i acusant de traïdors els qui queien presoners.

- Per què creus que Stalin considerava que les notícies que arribaven dels seus espies eren falses?
- Imagina que haguessis sigut tu el màxim responsable del bloc soviètic. Quina decisió hauries pres?

EM PREGUNTO QUANT DURARÀ LA LLUNA DE MEL

Caricatura sobre l'aliança entre Hitler i Stalin que es burla del pacte entre dues ideologies tan oposades.

La intervenció dels Estats Units

El desembre del 1941, l'**atac japonès** contra Pearl Harbor, una base militar nord-americana en una illa hawaiana, va precipitar l'entrada dels Estats Units en la guerra. Al seu torn, Alemanya, Itàlia i els seus socis europeus li van declarar també la guerra.

L'atac japonès va obrir un **nou front** en el qual els Estats Units combatia del costat de l'Imperi britànic i de la Xina, que havia sigut envaïda pel Japó el 1937. No obstant això, l'URSS i el Japó van respectar fins gairebé al final del conflicte el seu tractat mutu de no-agressió.

La guerra a Àfrica

L'entrada d'Itàlia en la guerra la primavera del 1940 va obrir un **front africà**. Els **britànics** no van tenir dificultats per apoderar-se d'**Abissínia**, que havia estat conquistada per Mussolini el 1935.

El problema més gros, però, va ser quan l'**Afrikakorps**, una força militar alemanya comandada pel prestigiós militar **Erwin Rommel**, va acudir en auxili dels italians a **Líbia**. Les tropes de l'Eix van penetrar a **Egipte** i van posar en perill el canal de Suez, la ruta britànica cap a l'Índia, i van estar a punt d'aconseguir els pous de petroli del Pròxim Orient, un dels seus objectius estratègics prioritaris. La sort d'Egipte, i potser de l'Imperi, es va lliurar en la **batalla d'El-Alamein**, que es va acabar amb la victòria britànica.

L'auge de les potències de l'Eix

El 1942, les potències de l'Eix estaven en el moment d'**apogeu**. El Tercer Reich i els seus aliats dominaven un territori molt extens, que, com una gran tenalla, s'estenia fins al Caucas i els confins d'Egipte. Els japonesos, que ja dominaven la part més poblada de la Xina, s'expandien per la Indoxina, ocupaven Indonèsia, s'aproximaven a l'Índia i minaven així les bases de l'Imperi britànic.

Semblava que l'Eix estava a un pas del triomf. Desitjosos d'ordenar el món després de la victòria, un grup de jerarques nazis va celebrar el gener del 1942 la **Conferència de Wannsee** al costat del llac del mateix nom, pròxim a Berlín. En aquesta conferència es va decidir la «**solució final**», és a dir, l'extermini dels jueus d'Europa.

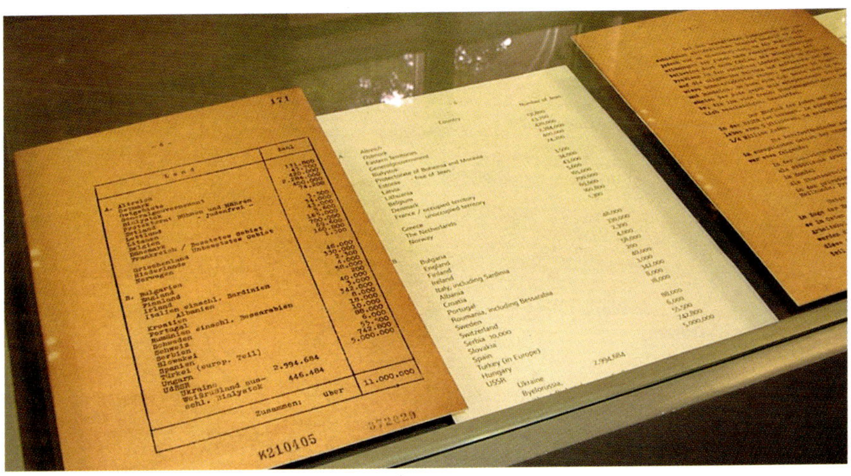

En l'acta de la Conferència de Wannsee es recollia el nombre de jueus que habitaven a cada ciutat.

EDUCACIÓ PER A «INFRAHOMES»

El nou ordre nazi suposava l'exterminació física de jueus i gitanos, i la submissió a l'esclavitud dels «infrahomes» de raça eslava, en una Europa completament dominada per la raça ària.

Després d'ordenar el tancament de les universitats poloneses, Heinrich Himmler, comandant en cap de les SS i més tard ministre de l'Interior, va anunciar amb brutal franquesa els seus plans educatius per a l'Europa oriental:

> L'objectiu d'aquesta escola ha de ser: aritmètica simple, fins a 500 com a màxim; escriure el propi nom i la doctrina, segons la qual és llei divina obeir els alemanys i ser honrat, actiu i bo. No crec que calgui saber llegir. A part d'aquest tipus d'escola, no n'hi haurà de cap altre a tot l'est.

Analitza la informació

- Què pretenia el règim nazi restringint l'educació escolar dels europeus no alemanys fins a un nivell tan elemental?

ACTIVITATS

7. Què va motivar la invasió de l'URSS? Quines conseqüències va tenir per al desenvolupament de la guerra? Com van respondre els soviètics?
8. Elabora una taula col·locant en una columna les potències de l'Eix i els seus socis; en una altra, els països envaïts i regits per governs col·laboracionistes; en una altra, els països democràtics i neutrals; i, finalment, en l'última, els països en guerra amb l'Eix en començar l'any 1942.
9. Per què es pensava que l'Eix podia guanyar la guerra el 1942? Quins eren els arguments en contra?
10. Fes un esquema sobre les causes de la Segona Guerra Mundial, les forces que s'enfrontaven i els líders principals de cada bàndol.

La batalla de Stalingrad, que va costar més d'un milió de vides, va ser una gran victòria soviètica. La meteorologia va ser decisiva en la batalla: els alemanys, confiats en una victòria ràpida, no anaven preparats per al fred hivern rus.

3. La derrota de l'Eix a Europa (1943-1945)

El punt d'inflexió de la guerra: Stalingrad

El punt d'inflexió va ser la **batalla de Stalingrad**, que es va desenvolupar entre l'estiu del 1942 i l'hivern del 1943 a la vora del **Volga**. La sort d'aquesta ciutat es va convertir en una obsessió per a Hitler, que va prohibir la retirada de les seves tropes. Stalin va respondre amb l'ordre de «**Ni un pas enrere**». El febrer del 1943, enmig d'un duríssim hivern, l'exèrcit alemany es va veure obligat a capitular davant dels soviètics.

La ràpida evacuació alemanya del Caucas va impedir una derrota més gran, però la seva última ofensiva a Rússia, l'estiu del 1943, va suposar la victòria soviètica en la **batalla del Kursk**. Des de llavors, els alemanys van adoptar una actitud defensiva, que no va evitar que acabessin retirant-se. Començava l'avanç soviètic cap a les **fronteres del Reich**.

La caiguda del feixisme a Itàlia

Per aclarir la navegació pel Mediterrani i alleujar la pressió de l'Eix sobre Rússia, els aliats **van desembarcar a Sicília** l'estiu del 1943 i van iniciar la **invasió d'Itàlia**. El **règim feixista es va enfonsar**, Mussolini va ser arrestat i Itàlia va demanar l'**armistici** als aliats.

Encara que van haver de retirar tropes del front oriental, els **alemanys van intervenir i van aturar** l'avanç angloamericà al nord de Roma, a la **línia Sigfrid**, que va dividir Itàlia en dues. Mussolini, alliberat per un comando alemany, va fundar una **república feixista** al nord d'Itàlia, que resistiria fins al final de la guerra.

L'OFENSIVA ALIADA A EUROPA

Treballa amb el mapa

11 Quins territoris va conquistar l'URSS? Quins van ser alliberats pels Estats Units i el Regne Unit?

El desembarcament de Normandia

A la fi del 1943, els **tres grans**, Roosevelt, Churchill i Stalin, es van reunir per primera vegada en la **Conferència de Teheran**. Stalin va insistir en l'obertura d'un **segon front** a França, ja que fins aleshores el pes més gran dels combats havia recaigut sobre l'URSS. A canvi d'això, Stalin es comprometia a declarar la guerra al Japó una vegada assegurada la victòria contra Alemanya.

Mentrestant, els aliats duien a terme una campanya de **bombardejos massius** de les ciutats alemanyes, que van començar a notar els efectes de la tàctica utilitzada pels nazis al començament de la guerra.

Per fi, el juny del 1944, mentre els russos prosseguien l'avanç cap a Alemanya, les tropes aliades **van desembarcar a Normandia**, al nord-oest de França, i van obrir el segon front. La **contraofensiva nazi de les Ardenes**, a Bèlgica, les va detenir temporalment.

Per primera vegada es va manifestar a Alemanya un moviment d'**oposició** que desembocaria en un atemptat fallit contra Hitler. Un **grup de militars** implicats va ser executat, alhora que la policia secreta, la Gestapo, intensificava la repressió a l'interior.

Després del desembarcament de Normandia, els aliats van alliberar França, amb l'ajuda d'una resistència cada vegada més activa, i es van dirigir cap a Alemanya.

La fi de la guerra a Europa

Al començament del 1945, Alemanya, ja sense aliats a Europa, era envaïda per l'est i l'oest simultàniament. Incapaç d'evitar la derrota, Hitler va decretar la **resistència a ultrança** i la **destrucció total** abans de lliurar el territori.

En la **Conferència de Ialta**, el febrer del 1945, es van pactar les **fronteres** i **àrees d'influència** que s'imposarien després de la guerra: gran part de l'Europa oriental quedava dins de l'òrbita soviètica, mentre que **Alemanya seria dividida** en zones d'ocupació.

Mentrestant, havia nascut el projecte d'una **Organització de les Nacions Unides** que havia d'encarregar-se de dissenyar el futur després de la guerra.

A l'abril, amb les tropes soviètiques pels carrers de Berlín, Hitler i els seus col·laboradors més pròxims es van suïcidar al búnquer de la cancelleria. El nou Govern va presentar la **rendició incondicional d'Alemanya**, que es va fer efectiva el 8 de maig. La guerra prosseguia al Pacífic, però, on els Estats Units s'enfrontaven a la perspectiva d'una costosa invasió del Japó.

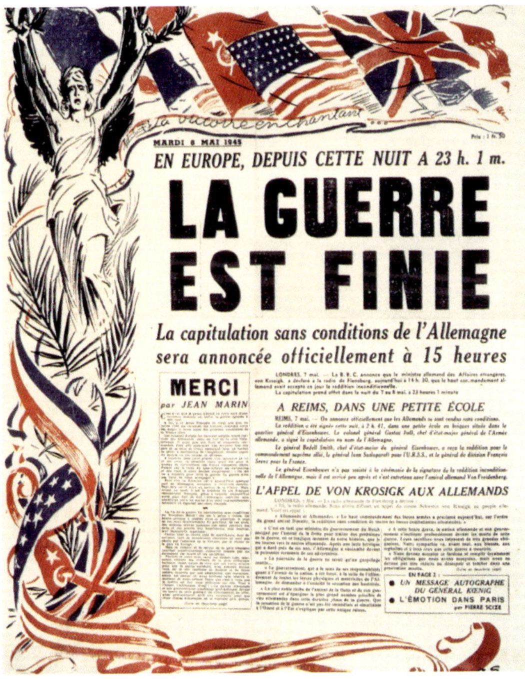

MARDI 8 MAI 1945

EN EUROPE, DEPUIS CETTE NUIT A 23 h. 1 m.

LA GUERRE EST FINIE

La capitulation sans conditions de l'Allemagne sera annoncée officiellement à 15 heures

MERCI par JEAN MARIN

A REIMS, DANS UNE PETITE ÉCOLE

L'APPEL DE VON KROSIGK AUX ALLEMANDS

EN PAGE 2 :
- UN MESSAGE AUTOGRAPHE DU GÉNÉRAL KŒNIG
- L'ÉMOTION DANS PARIS par PIERRE SCIZE

Diari francés amb l'anunci del final de la guerra i la rendició incondicional d'Alemanya el 8 de maig del 1945.

ACTIVITATS

12. Per què la batalla de Stalingrad va ser tan decisiva per al curs de la guerra?

13. Fes un esquema amb els principals esdeveniments al front occidental des del 1943 fins al final de la guerra.

14. Quins van ser els principals acords presos a la Conferència de Teheran? Qui eren els tres grans?

15. Explica quines diferències trobes entre les derrotes alemanyes el 1918 i el 1945.

16. Explica una de les fases de la Segona Guerra Mundial mitjançant un còmic.

17. Imagina que haguessis viscut en un dels països en guerra. Quines creus que van ser les principals conseqüències del conflicte que va patir la població civil?

!

PER SABER-NE MÉS

La intervenció de la **intel·ligència militar** en la guerra va ser essencial. Una de les actuacions més decisives va ser la del servei d'espionatge soviètic al Japó, que poc després de la invasió alemanya de Rússia va desvelar que els japonesos no pensaven atacar l'URSS, informació que va permetre a Stalin enviar totes les seves tropes al front europeu.

Un cas dramàtic va ser el de la ciutat de Coventry, arrasada durant la batalla d'Anglaterra el 1940. Els britànics estaven al cas que es preparava un bombardeig de grans proporcions, gràcies al fet que els seus serveis d'intel·ligència havien desxifrat els codis de la màquina **Enigma**, que feien servir els alemanys per encriptar els seus missatges. Alguns creuen que fins i tot se sabia quin seria l'objectiu. Tota la informació, però, s'havia de manejar amb extrema cautela, per no desvelar a l'enemic que es coneixia el codi, en el moment en què s'esperava una invasió imminent.

L'avantatge britànic va ser degut a alguns dels matemàtics més genials del segle, com **Alan Turing**. Alguns historiadors opinen que, gràcies al seu treball, la guerra es va acabar a Europa un any abans.

- Per què convenia manejar tota la informació obtinguda a través de l'espionatge amb extrema cautela?
- Pots veure la pel·lícula *Desxifrant l'Enigma* i aprendre més sobre la vida d'un gran matemàtic i la importància de la seva aportació a la victòria aliada.

4. La guerra a Àsia i el Pacífic

La invasió japonesa de la Xina

La **intervenció japonesa** de la Xina havia començat el 1931. El 1937, quan el Japó ja controlava **Manxúria** i **Mongòlia Interior**, al nord de la Xina, un incident prop de Pequín va fer esclatar la **guerra sinojaponesa**, que ja no acabaria fins a la rendició del Japó el 1945.

Molts historiadors pensen que, si es mira des d'una perspectiva global i no eurocèntrica, la Segona Guerra Mundial no va començar a Polònia el 1939, sinó a la **Xina** el **7 de juliol del 1937**.

La Xina era un país dividit, presa de la guerra civil. Els dos grups més importants, **nacionalistes** i **comunistes**, van signar una treva per enfrontar-se conjuntament a l'invasor japonès.

A la fi del 1937 va tenir lloc la **massacre de Nanquín**: les brutals accions dels japonesos contra civils xinesos, i en particular contra les dones, van anticipar les atrocitats que reproduirien els nazis a Polònia o a l'URSS.

El bombardeig de Pearl Harbor

Des de l'esclat de la guerra a Europa, els Estats Units es preocupaven cada vegada més per la **política agressiva del Japó**, interès que va fer que decretés un embargament de certes exportacions clau, que incloïen el petroli, un recurs vital per a l'economia japonesa.

L'embargament americà va fer que Tòquio es plantegés una estratègia de guerra total, que passaria per desarmar l'enemic i avançar ràpidament fins a accedir als jaciments de petroli més importants de la regió, a les colònies holandeses d'**Indonèsia**.

El desembre del 1941, sense declaració de guerra prèvia, l'aviació japonesa va atacar la **base nord-americana de Pearl Harbor**, a les illes Hawaii, que va deixar fora de joc l'Armada nord-americana.

L'atac japonès a la base de Pearl Harbor va ser el detonant que va precipitar l'entrada dels Estats Units en la guerra.

L'expansió japonesa

L'entrada en guerra dels **Estats Units** i l'**Imperi britànic** contra el Japó va obrir un nou escenari en la Segona Guerra Mundial, just en el moment en què Alemanya s'expandia cap al Pròxim Orient a través de la Unió Soviètica i del nord d'Àfrica.

La guerra va adquirir una **dimensió global**, a una escala molt superior a la del conflicte del 1914-1918.

Els japonesos van llançar diverses ofensives i van arribar a controlar bona part del **Pacífic**. Van arrabassar les **Filipines** i alguns arxipèlags als EUA, van conquerir les colònies holandeses a **Indonèsia** i van avançar per la **Indoxina**, prenent com a base les colònies franceses.

El cop més greu a la moral dels aliats, però, va tenir lloc el 1942, quan un destacament japonès va aconseguir prendre molt fàcilment la **base estratègica de Singapur**, enclavament britànic que es considerava inexpugnable.

Els britànics estaven tan segurs que solament una altra armada europea podia disputar-los-en la possessió, que només s'havien limitat a protegir el port, deixant sense defenses altres zones, com l'accés des del continent.

Molts pobles colonitzats van veure en aquesta derrota britànica el principi de la **fi del domini europeu sobre Àsia**; no obstant això, els independentistes indis no van aprofitar aquesta conjuntura per promoure un alçament, fet que va salvar l'Imperi britànic en el moment més delicat de la seva història. En tot cas, el **despertar d'Àsia** era una realitat, i s'acabaria imposant una vegada acabat el conflicte.

SINGAPUR

18 Observa aquesta imatge de la presa de Singapur. Quin exèrcit aliat es va veure obligat a rendir-se? En quina actitud es mostren els soldats del bàndol contrari? Qui eren? Explica per què aquest fet va tenir tanta repercussió a Àsia.

La bomba atòmica i el final de la guerra

Durant els dos anys següents, la guerra va adquirir sobretot una **dimensió naval**, amb nombrosos enfrontaments que acostaven les tropes nord-americanes a l'arxipèlag japonès, i amb enormes costos humans i econòmics.

No obstant això, el ritme de les operacions era molt lent. En les **conferències** amb els aliats i l'URSS, els Estats Units es van comprometre a fer prioritari l'escenari europeu de la guerra, i ajornar així l'assalt final sobre el Japó fins que hagués tingut lloc la victòria sobre Hitler.

El curs dels esdeveniments va fer un gir radical a causa de la **bomba atòmica**, que s'estava desenvolupant als Estats Units en una disputada i secreta competició amb Alemanya. El final de la guerra a Europa es va anticipar als últims assajos per comprovar la potència del seu armament. El nou president nord-americà, Harry S. Truman, va decidir **utilitzar-la contra el Japó** per evitar una invasió que es preveia difícil i costosa.

Hi havia un altre motiu, però: en la conferència d'agost del 1945 a Potsdam ja s'havien posat en evidència les **diferències irreconciliables entre els aliats i l'URSS**. L'ús de la nova i potentíssima arma havia de servir també com a **advertiment a Stalin**.

Aquell mateix mes, els Estats Units van llançar dues bombes atòmiques sobre **Hiroshima** i **Nagasaki**. El Japó va capitular i la Segona Guerra Mundial es va donar per acabada.

ACTIVITATS

19 Per què alguns pensen que la Segona Guerra Mundial no va començar el 1939, sinó el 1937?

20 Quines raons van portar els nord-americans a llançar les bombes atòmiques sobre el Japó?

21 En què s'assemblen les estratègies de les potències de l'Eix a Europa i a la regió Àsia-Pacífic?

22 Fes una llista amb les adquisicions japoneses del 1895 al 1942.

23 Redacta un petit informe sobre les bombes atòmiques llançades sobre el Japó el 1945.

24 Elabora un cronograma amb els principals esdeveniments de la Segona Guerra Mundial a Àsia i el Pacífic.

Com va influir la ciència en l'avanç de la guerra?

Els descobriments científics alteren el curs de la història. Al seu torn, les vides dels homes i dones de ciència tenen lloc en un context històric que influeix en la direcció de les seves investigacions. Algunes figures són molt cèlebres, però d'altres són menys conegudes que els seus descobriments.

1. Els canvis, lents però decisius, que va experimentar la situació social de la dona es van evidenciar en el fet que algunes científiques tinguessin un paper fonamental en el desenvolupament dels avenços científics.
2. Les lleis racials nazis van propiciar una diàspora de jueus pel món. Entre els exiliats van destacar grans homes i dones de ciència que, gràcies a poder continuar investigant en els països que els van acollir, canviarien el curs de la història.
3. De vegades, descobriments científics obtinguts amb finalitats pacífiques s'han fet servir de manera destructiva. En la Segona Guerra Mundial va tenir lloc un d'aquests casos.
4. La competència entre els equips científics aliats i alemanys va accelerar considerablement el desenvolupament de la bomba atòmica.

Analitza un cas: el descobriment de Lise Meitner

1. El sexisme contra Meitner

A l'inici del segle XX, una estudiant va sol·licitar permís al físic Max Planck per seguir les seves classes a Berlín. El descobridor de la teoria quàntica no apreciava la intel·ligència femenina, però va haver de transigir-hi. N'hi havia per a això i per a molt més: amb el temps, Lise Meitner es graduaria amb tots els honors; va arribar a ser la primera dona autoritzada a fer classes de física a la universitat alemanya, i fins i tot se li va permetre investigar, «sempre que la seva presència fos discreta».

Meitner forma part de la llarga sèrie de dones que van participar en la investigació de la radioactivitat, juntament amb pioneres com Marie Curie, Irène Joliot-Curie (filla de Marie) o Ida Tacke-Noddack. Per què tanta presència femenina en aquesta branca de la física? Segurament perquè, com que es tractava d'un camp nou, no copat per homes, era més fàcil que es jutgessin les investigadores pels èxits i no pel sexe.

2. El racisme contra Meitner

Amb l'aprovació de les lleis de Nuremberg en l'Alemanya nazi, els jueus van ser expulsats de la universitat. Meitner, de religió protestant, va ser considerada jueva pels seus orígens.

Otto Hahn, un científic que havia treballat durant anys amb Meitner, la va ajudar a escapar-se. Confiaven que els mals temps s'acabarien aviat, i van concertar seguir en contacte postal. Tots dos preparaven un experiment per obtenir un àtom més pesant que l'urani.

Meitner es va instal·lar a Suècia. Al final del 1938 va rebre la visita del seu nebot, Otto Frisch, també físic. Meitner acabava de llegir una carta de Hahn en la qual li comunicava el fracàs de l'experiment: en lloc d'un àtom més pesant, n'havia obtingut dos de més lleugers.

Meitner comentava aquest misteri amb Hahn, quan va tenir una revelació: l'àtom d'urani s'havia partit en dos, i va alliberar una enorme quantitat d'energia. Meitner havia descobert la fissió nuclear, el principi de les centrals nuclears i de la bomba atòmica.

Otto Hahn i Lise Meitner.

3. La reacció en cadena

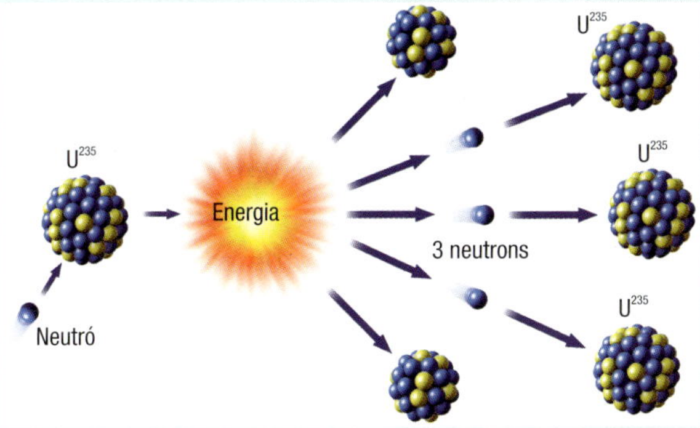

Meitner va comunicar la seva conclusió a Hahn. Va ser un error. La guerra estava a punt d'esclatar, i Hahn participaria en el projecte alemany de bomba atòmica. Frisch, nacionalitzat britànic, treballaria per als aliats.

Durant la guerra, els dos bàndols van competir per aconseguir la reacció en cadena.

El 1939, Leo Szilard i Enrico Fermi, que s'havien refugiat als Estats Units fugint del feixisme, van descobrir la multiplicació de neutrons en la fissió de l'urani, fet que confirmava les intuïcions de Meitner i Frisch, i demostrava que la bomba atòmica era factible.

4. La carrera nuclear

La guerra era imminent quan van arribar notícies inquietants als físics exiliats a Amèrica: els nazis estaven aplegant urani. No hi havia dubte: la cursa havia començat.

El físic nord-americà d'origen hongarès Szilard va convèncer el més il·lustre dels refugiats europeus, Albert Einstein, que calia fer alguna cosa per impedir que els nazis tinguessin abans una arma tan mortífera. Van dirigir al president Roosevelt una de les cartes més decisives de la història.

Així va néixer el Projecte Manhattan, que culminaria el 16 de juliol del 1945 amb l'explosió al desert de Nou Mèxic de la primera bomba atòmica.

El descobriment de Lise Meitner, una dona pacifista, desembocava així en una arma letal sense precedents.

Carta al president Roosevelt

En el curs dels últims quatre mesos s'ha fet probable [...] que es pugui iniciar en una gran massa d'urani una reacció en cadena en el curs de la qual es generarien immenses quantitats d'energia [...]. Aquest nou fenomen conduiria a la construcció de bombes [...]. Una sola bomba d'aquest tipus, transportada en un vaixell i explotada en un port, pot destruir completament el port i part del territori circumdant.

RELACIONA

1. Relaciona aquests fets de la història del nazisme amb l'evolució de la bomba atòmica:
   - Promulgació de lleis contra els jueus
   - Expansió d'Alemanya
   - Capitulació del Japó en la Segona Guerra Mundial

REFLEXIONA

2. El 1944, amb notable falta d'oportunitat, l'Acadèmia sueca va concedir el premi Nobel a Hahn i al seu ajudant, Strassmann. Lise Meitner en va ser exclosa..., de la mateixa manera que va quedar fora, per voluntat pròpia, de la cursa per la bomba atòmica, ja que sempre va defensar l'ús pacífic del seu descobriment.
   a. Per què no eren habituals les dones en el món de la ciència en la primera meitat del segle XX?
   b. A què creus que pot referir-se el primer text amb «presència discreta»?

3. L'endemà del primer assaig atòmic, es va inaugurar la Conferència de Potsdam. Quan es compara aquesta trobada amb la de Ialta, se sol esmentar la diferència de tarannà entre Truman i Roosevelt com a causa de l'increment de la tensió entre els Estats Units i la Unió Soviètica.
   a. Com creus que va influir la creació de la bomba atòmica en la conferència?
   b. Et sembla encertat interpretar la història com a conseqüència de l'actitud d'un personatge rellevant? Per què?

INVESTIGA

4. Un altre dels grans avenços científics del segle XX ha estat el descobriment de l'ADN. Informa't sobre el paper de la científica britànica Rosalind E. Franklin en aquestes investigacions.

   Com penses que els prejudicis sexistes i racistes intervenen en la ciència? I en la història?

5. Els desastres de la guerra

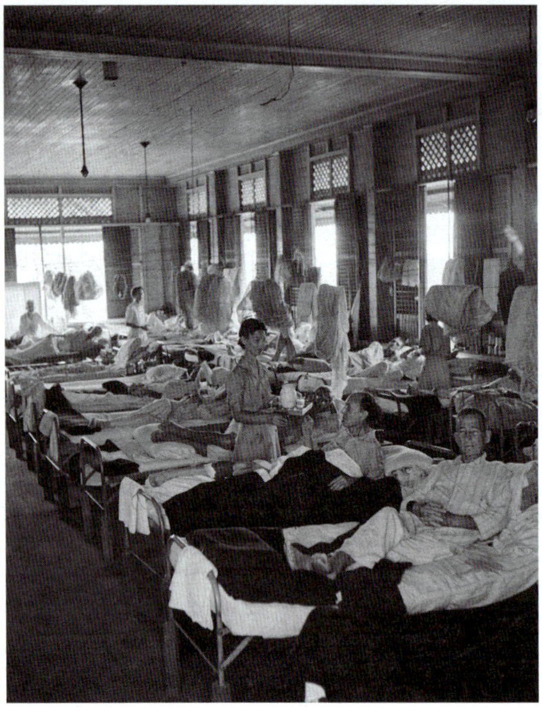

Les sulfamides i els antibiòtics, descoberts pel britànic Alexander Fleming el 1928, van salvar la vida de molts ferits.

Conseqüències demogràfiques de la guerra

La Segona Guerra Mundial va causar almenys **cinc vegades més víctimes** que la Primera. Els països més afectats van ser l'**URSS** i la **Xina**: la xifra dels morts a la Unió Soviètica que manegen els historiadors s'aproxima a trenta milions, i a la Xina, a quinze. Tot i això, es pensa que en els dos casos les dades reals podien ser més altes.

També **Alemanya** va tenir enormes pèrdues humanes: més de set milions. Altres països especialment perjudicats van ser **Polònia**, el **Japó** i **Iugoslàvia**.

Per contra, per a **França** i el **Regne Unit** les baixes es van xifrar en centenars de milers, per la qual cosa van ser molt inferiors a les que s'havien registrat durant la Primera Guerra Mundial.

La novetat d'aquest gran conflicte bèl·lic, però, és que per primera vegada el **nombre de víctimes civils** superava de llarg el de **combatents**. Era el resultat de la guerra total, basada en bombardejos **massius** i **indiscriminats**, les **represàlies** sobre la població civil i els **genocidis**.

A diferència del que va passar el 1918, aquesta vegada no hi va haver una pandèmia mundial com a conseqüència del conflicte. A pesar que van sorgir focus de malalties infeccioses, els avenços mèdics van aconseguir detenir el contagi.

ELS CAMPS D'EXTERMINI

El gener del 1945, les tropes soviètiques van alliberar el camp de concentració d'Auschwitz. Durant tres anys, trens de tot Europa havien estat arribant a la seva estació carregats de presoners destinats al sacrifici. Els responsables del camp ocultaven a les víctimes la veritat sobre el seu destí a fi de conduir-les amb docilitat a la mort.

El tren amb els primers jueus destinats al camp d'Auschwitz va arribar durant la primavera del 1942. Aquells homes, dones i nens, cansats i desorientats pel viatge, rebien l'ordre de baixar a Birkenau, on apartaven els qui eren considerats aptes per treballar, i a la resta els obligaven a anar sis-cents metres fins a una de les petites granges situades a la part posterior del camp. Allà se'ls ordenava que es despullessin, darrere d'unes mampares construïdes per a aquesta finalitat, aliens al destí que els esperava. En una de les portes de la granja hi havia escrit les paraules *Sala de desinfecció*, i els carcellers anaven conduint cap a aquesta sala els presoners, dient-los, amb l'ajuda d'intèrprets, que havien de recordar on havien col·locat l'equipatge, perquè poguessin localitzar-lo després que els espollessin. Una vegada nus, els presoners eren conduïts fins a la sala de desinfecció, en grups de dos-cents o tres-cents, i a continuació les portes es cargolaven amb fermesa.

Llavors els carcellers deixaven caure les llaunes de Zyklon B granulat. Al cap de deu minuts tots els presoners eren morts. Una hora després, els *Sonderkommandos* –formats per presos jueus als quals obligaven a ajudar en les operacions– obrien les portes, arrencaven les dents i treien els anells d'or als cadàvers i els apilaven.

THOMAS HARDING, *Hanns y Rudolf*, 2013

Analitza la informació

- Amb quin propòsit es deia als presoners que havien de recordar on deixaven l'equipatge? Qui eren i què feien els *Sonderkommandos*?
- Els nazis van fer servir mètodes industrials en el genocidi. Explica per què es parla dels camps com a *fàbriques de mort*.

Genocidis: l'Holocaust

La paraula **genocidi** designa l'assassinat massiu amb la finalitat d'exterminar un grup humà per raons ètniques, religioses, polítiques, etc. Originàriament es va encunyar per descriure les **matances** que fan fer els **nazis**.

Els nazis van començar les pràctiques genocides abans de la guerra, amb l'eliminació de **malalts congènits**, **psiquiàtrics** i **persones amb discapacitat psíquica**. Per fer-ho s'utilitzava el monòxid de carboni generat pels tubs d'escapament. Les protestes de l'opinió pública van aconseguir detenir les matances.

La diferència dels crims nazis respecte d'altres d'anteriors, com **el genocidi armeni** durant la Primera Guerra Mundial, es troba en l'ús de tots els mitjans científics, tècnics i organitzatius disponibles per perpetrar els assassinats.

La **política genocida** es va intensificar en començar la guerra, sobretot a Polònia i els territoris ocupats de la Unió Soviètica. Es van deixar morir de fam milions de **presoners soviètics**. Desitjosos de convertir els eslaus en un poble d'esclaus, es va escometre l'assassinat sistemàtic dels **intel·lectuals polonesos**.

El pas decisiu, però, es va fer a l'inici del 1942, després de la **Conferència de Wannsee**, que va conduir a la construcció d'una xarxa de **camps d'extermini** en els territoris de l'est, amb la finalitat prioritària de solucionar el **«problema» jueu** en allò que els nazis van anomenar *solució final*. Aquest genocidi dut a terme pels nazis és conegut avui com a **Holocaust** o ***xoà***, la paraula hebrea equivalent.

S'assassinaven les víctimes en **cambres de gas** i a continuació se n'incineraven les restes. Fins i tot es va intentar l'**aprofitament econòmic** d'algunes parts dels cadàvers, com els cabells o la pell, al mateix temps que se'n saquejaven les pertinences.

A les cambres de gas es van eliminar milions de **jueus**, **eslaus** i membres d'altres grups ètnics, religiosos o socials, com ara **gitanos**, **testimonis de Jehovà**, **homosexuals**, **sindicalistes**, **malalts congènits o psíquics**.

També el **Japó** va dur a terme una política genocida a l'Extrem Orient, especialment contra coreans, xinesos, filipins i indonesis. Entre les pràctiques documentades hi havia els **experiments mèdics** amb presoners de guerra, la utilització de persones per a l'assaig d'**armes biològiques** i l'**esclavitud** sexual de centenars de milers de dones.

ELS JUDICIS DE NUREMBERG

Les atrocitats comeses durant la guerra superaven el que semblava creïble fins llavors. Les imatges dels camps d'extermini van colpejar la consciència moral del món.

Les potències vencedores van organitzar una sèrie de judicis a Nuremberg per processar els jerarques del règim nazi. Es tractava de la ciutat alemanya on s'havien promulgat les lleis racials i on se celebraven les solemnitats del partit nazi.

En aquests judicis es va definir un nou tipus de delicte, el de crims contra la humanitat, com ara genocidi, deportacions o esclavitud.

Analitza la informació

- Què són els crims contra la humanitat?
- Investiga altres casos de genocidis que hagin tingut lloc més recentment.

ACTIVITATS

25. Resumeix les conseqüències demogràfiques de la guerra. Quines van ser les principals diferències respecte de la Primera Guerra Mundial?
26. Quins canvis va produir la guerra en els grups humans de l'Europa oriental?
27. Explica el significat de les paraules o expressions següents: *camp d'extermini*, *genocidi*, *solució final*, *Holocaust*, *neteja ètnica*.
28. Busca informació sobre l'Holocaust i elabora un informe amb dades estadístiques sobre les víctimes.

6. L'organització de la pau (1941-1947). L'ONU

Les conferències de pau

Des del 1941, els aliats van començar a dissenyar com s'organitzaria la postguerra després de la Segona Guerra Mundial. En la **Carta Atlàntica**, signada durant la reunió de Roosevelt i Churchill el 1941, es van aconseguir els primers acords, entre els quals destacava la intenció de retornar la **sobirania** als pobles que l'havien perduda per la força. El 1943 es van celebrar les conferències de Casablanca i Teheran.

El **1945** van tenir lloc les dues conferències més importants:

- A **Ialta**, a la vora del mar Negre, es van reunir Churchill, Roosevelt i Stalin. La guerra no s'havia acabat i els aliats encara necessitaven ajudar-se; per això Stalin es va comprometre de manera verbal a permetre eleccions lliures als territoris de l'Europa oriental ocupats per les seves tropes. Es va acordar la divisió d'Alemanya en quatre zones d'ocupació i la creació d'una organització internacional que substituís la Societat de Nacions.
- A **Potsdam**, als afores de Berlín, l'ambient va evidenciar que la col·laboració entre els aliats s'havia trencat. La guerra s'havia acabat, i Occident i l'URSS seguirien camins separats.

El nou repartiment de poder

La fi de la guerra va suposar un **nou ordre internacional** derivat de les circumstàncies en les quals s'havia desenvolupat el conflicte. Alemanya i el Japó van desaparèixer de l'esfera de les grans decisions mundials, i es feia evident la inferioritat de França i Itàlia.

Amb aquest panorama, el poder va quedar repartit entre els **Estats Units** i l'**URSS**. El tercer convidat a la taula dels grans era el **Regne Unit**, encara que era clar que els temps de l'hegemonia britànica havien passat a la història.

LA CONFERÈNCIA DE SAN FRANCI

LA CREACIÓ DE L'ONU

El fracàs de la Societat de Nacions feia inevitable substituir-la. Per a això es va crear, en la **Conferència de San Francisco** (abril-juny del 1945), l'**Organització de les Nacions Unides** (ONU), els principals **òrgans** de funcionament de la qual són:

- L'**Assemblea General**. Hi estan representats tots els països membres. Les seves resolucions no són de compliment obligat.
- El **Consell de Seguretat**. És l'òrgan executiu. Les potències vencedores de la guerra es van constituir en membres permanents i es van atorgar el dret de vet, és a dir, la possibilitat d'impedir l'aprovació de qualsevol resolució que anés contra els seus interessos. Conjuntament, avui formen el Consell altres membres no permanents.
- La **Secretaria General**. És l'òrgan permanent de representació i execució de les decisions del Consell.
- El **Tribunal Internacional de Justícia**. Té la seu a la Haia.

Els principals **objectius de l'ONU** són mantenir la **pau** i la **seguretat** al món, fomentar la **cooperació internacional** en matèria econòmica, social, cultural i humanitària, protegir els **drets humans** i la igualtat entre les persones, i evitar la discriminació per raça, sexe o religió.

Hi ha una altra sèrie d'**òrgans subordinats** que també formen part de l'ONU, com la FAO, la Unesco, l'OIT o l'Unicef.

Analitza la informació

- Busca informació sobre l'ONU, la FAO, la Unesco, l'OIT i l'Unicef i esbrina de què s'ocupen.

5)

ACTIVITATS

29 Quan i per què es va fundar l'ONU?

30 Elabora un esquema senzill amb els objectius i òrgans de l'ONU.

31 Explica les circumstàncies i els acords de les conferències de Ialta i Potsdam. Com va quedar el repartiment internacional de poder després de la Segona Guerra Mundial?

Firma de la Carta de l'Organització de les Nacions Unides a San Francisco el 26 de juny del 1945.

PER SABER-NE MÉS

L'Assemblea de l'ONU va acordar a París el 10 de desembre del 1948 la Declaració Universal de Drets Humans. Alguns d'aquests drets són:

Art. 1. Tots els éssers humans neixen lliures i iguals en dignitat i drets.

Art. 2. Totes les persones tenen tots els drets i llibertats proclamats en aquesta declaració, sense cap distinció de raça, color, sexe, idioma, religió, opinió política o de qualsevol altra índole [...].

Art. 3. Tota persona té dret a la vida, a la llibertat i a la seguretat de la seva persona.

Art. 13. Tota persona té dret a circular lliurement i a triar la seva residència en el territori d'un estat.

Art. 18. Tota persona té dret a la llibertat de pensament, de consciència i de religió.

- Quina és la teva opinió sobre el grau de compliment dels drets humans en el món actual?

FES VALER

El respecte dels drets humans. Hi ha governs que a vegades no respecten aquests drets. En grups, busqueu notícies sobre violacions dels drets humans actualment i sobre governs que no els respecten.

7. La reconstrucció d'Europa

Soldats alemanys abandonant Dinamarca. Al final de la guerra, els vencedors havien capturat més de quatre milions de presoners de guerra alemanys, la majoria a l'URSS. D'aquests últims, un milió moriria en captivitat.

Les migracions

Com a conseqüència de la guerra, hi va haver migracions a una escala desconeguda a Europa des de la fi de l'Imperi romà.

El Tercer Reich va desplaçar o assassinar milions de persones de l'Europa oriental. A més, durant la guerra arribaven cap a Alemanya grups de treballadors, la major part forçats, per treballar en la indústria.

En acabar la guerra, hi va haver la **deportació d'uns quinze milions** d'alemanys assentats a l'est, dels quals una desena part va morir durant el desplaçament. A més, l'**exèrcit soviètic** va practicar de manera sistemàtica la **violació** de dones alemanyes.

Els alemanys, però, no van ser els únics desplaçats: per evitar que les noves fronteres causessin **problemes de minories** com havia passat després de la Primera Guerra Mundial, cada país es va ocupar d'expulsar els grups de població minoritaris, fet que va originar una **neteja ètnica** de proporcions colossals.

Les formes de vida tradicionals al centre i l'est d'Europa, on convivien diversos grups ètnics, amb diferents credos i idiomes, van donar pas a una **uniformitat** més gran: els grups humans es van adaptar a les fronteres polítiques, i no al contrari.

El problema dels refugiats

Milions de persones es van convertir en **refugiats**, persones que no tenien una casa on poder tornar o que no volien tornar al seu país perquè havia quedat sota el poder de Stalin. Les carreteres de l'Europa de l'Est van viure durant uns anys un èxode desmesurat.

Un problema particular era el dels milions de **jueus** que havien escapat de l'Holocaust i no podien tornar a llocs la població dels quals havia contribuït al genocidi o hi havia assistit passivament. Gran part dels jueus se'n van anar a **Palestina**, on l'ONU crearia l'any 1948 l'**Estat d'Israel**, fet que va provocar al seu torn el desplaçament de milions de **palestins**, que d'aquesta manera van acabar pagant per un problema que no havien causat.

Des del 1948, milions de palestins s'han vist desplaçats dels seus llocs d'origen, i ara viuen en campaments de refugiats.

El Pla Marshall

El juny del 1947, el secretari d'estat nord-americà, George Marshall, va pronunciar a la Universitat de Harvard un discurs en el qual anunciava un pla d'ajudes per a la recuperació econòmica d'Europa: el Pla Marshall. El projecte reunia dos **objectius** principals:

- Evitar l'error de l'**aïllament** dels Estats Units després de la Primera Guerra Mundial, quan es va desentendre dels problemes de destrucció i endeutament d'Europa, actitud que al seu torn va implicar greus conseqüències per al conjunt de les economies.
- Crear un **nucli fort de països d'economia capitalista** capaç de frenar l'avanç del comunisme a Europa.

La condició indispensable per ser inclòs en el pla era l'acceptació de la democràcia com a règim polític i del **capitalisme** com a sistema econòmic. L'**URSS** i els altres **països comunistes** en van quedar fora i el 1949 van fundar un organisme socialista de cooperació econòmica: el **Consell d'Assistència Econòmica Mútua** (CAEM), també anomenat *Comecon*.

El Pla Marshall va proporcionar crèdits i ajudes als països que s'hi van acollir, i va ser decisiu en la seva ràpida recuperació.

El renaixement de l'europeisme

En aquest moment, Europa era un continent **en ruïnes**. A la devastació de les seves ciutats, convertides en enderrocs, a la seva economia inoperant i als milions de morts i refugiats sense llar, s'hi unia la **ruïna moral** derivada del descobriment de les atrocitats comeses durant el conflicte.

Així, la coartada de representar els **valors de la civilització** contra la barbàrie, que havia servit als europeus per justificar la seva pretensió de dominar el món, també es va esfondrar.

Al mateix temps que el Pla Marshall propiciava la **recuperació econòmica** d'Europa i impulsava la reconstrucció de les ciutats, una sèrie de personalitats de primer ordre van convocar un congrés a fi de promoure la **unitat d'Europa** i evitar així la repetició d'un altre conflicte.

El **Congrés de la Haia** es va reunir el 1948, i en va sortir, com a fruit immediat, la creació del **Consell d'Europa**, organisme que des d'aleshores defensa els drets humans, la democràcia i l'estat de dret entre els seus membres.

Entre les personalitats que van participar en el Congrés de la Haia va destacar el republicà exiliat espanyol Salvador de Madariaga.

ACTIVITATS

32 Quina conseqüència territorial va tenir per a jueus i palestins la Segona Guerra Mundial?

33 Què va ser el Pla Marshall i quines condicions s'exigien per acollir-s'hi? Què era el CAEM?

34 Explica amb les teves paraules les idees principals del discurs de Marshall a la Universitat de Harvard el 1947.

35 Explica quines raons van portar a la convocatòria del Congrés de la Haia i quins van ser els fruits d'aquesta iniciativa.

36 Quines condicions han de complir les persones que sol·liciten asil en un altre país perquè se'ls consideri refugiats? Investiga en les notícies i els diaris de quins conflictes o persecucions fugen els refugiats actualment.

UNITAT 8 FES D'HISTORIADOR

INVESTIGUEM LES CAUSES D'UN ESDEVENIMENT HISTÒRIC

En escriure la història, és important no deixar-se enganyar per la propaganda d'un bàndol o d'un altre. En el cas d'un conflicte bèl·lic, s'ha de començar per **distingir entre les causes** pròpiament dites i el **desencadenant** de les hostilitats, que se sol designar amb l'expressió llatina *casus belli*.

Les **causes** d'un fenomen històric solen ser múltiples i s'han de buscar en diferents àmbits. Fins i tot, de vegades, alguna de les causes aparents en pot ocultar d'altres: **polítiques**, **ideològiques**, **econòmiques** i **socials** o **demogràfiques**. Ara estudiarem les que van portar a l'esclat de la Segona Guerra Mundial al Pacífic.

1. Anàlisi del desencadenant

El desencadenant de les hostilitats o *casus belli* en un conflicte és el motiu que fa que aquest s'iniciï. Sol ser l'última baula d'una cadena d'esdeveniments.

En el cas de la guerra al Pacífic, el casus belli *va ser l'atac japonès a la base nord-americana de Pearl Harbor (Hawaii) el 7 de desembre del 1941 sense que hi hagués hagut declaració de guerra prèvia. No obstant això, molts historiadors insisteixen que la Segona Guerra Mundial havia començat abans: quan un incident entre soldats japonesos i xinesos durant unes maniobres prop del pont de Marco Polo, a Pequín, el 7 de juliol del 1937, va ser utilitzat pel Japó com a excusa per envair la Xina.*

Pont de Marco Polo a Pequín.

2. Identificació de les causes polítiques

Les causes polítiques poden referir-se a política interior (ascens d'un partit o conveniència de buscar un enemic exterior davant d'una crisi) o exterior (aliances, agressió, etc.).

- ***Política exterior****: des que el 1904 va aniquilar la flota russa, el Japó aspirava a ser la gran potència d'Àsia i del Pacífic. També va entrar en competència amb els Estats Units, que des del final del segle* XIX *pretenia estendre la seva influència a aquesta zona (annexions de Hawaii i les Filipines). D'altra banda, alguns pobles asiàtics veien en el japonès el líder de la lluita anticolonial.*

  A més, la signatura del pacte entre Alemanya, Itàlia i el Japó el 1940 suposava, de fet, un repartiment d'àrees d'influència entre les potències de l'Eix. El primer avantatge d'aquest pacte va ser la imposició al règim de Vichy de tropes japoneses en les colònies franceses. La difícil situació del Regne Unit era una conjuntura favorable perquè el Japó ataqués el seu imperi asiàtic.

- ***Política interior****: el cas japonès té alguns paral·lelismes amb l'italià; els dos països van lluitar en el bàndol vencedor en la Primera Guerra Mundial, però havien quedat disconformes amb el botí. El Japó aspirava a convertir-se en una gran potència colonial, i considerava els països veïns com el seu espai vital.*

3. Estudi dels motius ideològics

Els factors ideològics són les idees que inspiren un conflicte o creen les condicions prèvies perquè tingui lloc, com la teoria de l'espai vital feixista, la d'exportar la revolució comunista, el racisme que justifica les conquestes colonials o el fanatisme de les guerres religioses.

A més, els governs bel·ligerants acudeixen a la propaganda per sostenir l'esforç bèl·lic invocant raons ideològiques o sentimentals.

El feixisme japonès*, de vegades conegut com a* nacionalmilitarisme *o* socialmilitarisme*, té similituds amb l'europeu, com la idea de la supeditació de l'individu a l'estat.*

La doctrina japonesa de hakko ichiu *('tothom sota un sostre') es basava en el xintoisme, religió segons la qual l'emperador descendia de la deïtat solar: calia sotmetre tothom al seu mandat diví.*

Diverses societats secretes dins de l'exèrcit imperial fomentaven polítiques ultranacionalistes i agressives.

L'ascensió del general Hideki Tojo a primer ministre, el 1941, suposava l'adopció de la línia més dura, partidària d'atacar els Estats Units, l'Imperi britànic i els Països Baixos (que posseïen les Índies Holandeses, avui Indonèsia).

Retrat de Hideki Tojo.

4. Investigació de les causes econòmiques

Moltes guerres són motivades per causes econòmiques, i tenen com a objectiu la recerca de mercats o de matèries primeres.

En el cas de la intervenció del Japó en la guerra, els factors econòmics són de diversos tipus.

Sense disposar d'un mercat propi, a causa del baix nivell adquisitiu dels treballadors, la producció del Japó s'havia dirigit des del principi a l'exportació.

El Japó era l'única nació industrialitzada d'Àsia, però no tenia matèries primeres, circumstància que feia que depengués de les importacions; per això consideraven vital el control sobre àmplies zones d'Àsia en les quals abundaven recursos estratègics, com el petroli, la bauxita o el cautxú. Aquesta pretensió japonesa s'emmascarava sota una eufemística «gran esfera de prosperitat comuna de l'Àsia oriental», equivalent asiàtic del nou ordre europeu que els nazis volien imposar a Europa.

L'embargament nord-americà de certs productes clau, sobretot el petroli, va ser el detonant que precipitaria els esdeveniments al final del 1941.

Cartell propagandístic del pacte tripartit que exalta l'atac japonès a Pearl Harbor.

5. Anàlisi dels factors socials i demogràfics

Els factors socials i demogràfics d'un país poden suposar canvis, com el predomini d'un grup bel·licista o problemes derivats de la superpoblació.

La Revolució Meiji *havia suposat l'hegemonia de dues classes socials: els* militars, *que van adoptar el codi* bushido *del samurai, un reglament militarista i agressiu, i els* grans industrials, *els interessos dels quals es dirigien a l'expansió colonial.*

D'altra banda, la disciplina de la societat japonesa va ser un factor que va contribuir a eliminar qualsevol oposició interna a la guerra.

El Japó era un arxipèlag superpoblat. Les àrees pròximes colonitzades per europeus despertaven les apetències expansionistes japoneses. També esperaven utilitzar el potencial demogràfic d'Àsia a favor seu a través del treball forçat: l'Imperi japonès va arribar a exercir el seu domini sobre cinc-cents milions de persones.

POSA-HO EN PRÀCTICA

Al començament de l'estiu del 1945, l'opinió pública aliada, encara que satisfeta amb la derrota de Hitler, temia que la guerra del Pacífic es pogués prolongar molt de temps. Els Estats Units es preparaven per a una llarga conquesta de l'arxipèlag, illa a illa, amb un enorme cost econòmic i humà. Els soldats japonesos s'ensinistraven per lluitar fins a la mort, i no dubtaven a practicar accions suïcides per tal de destruir l'enemic (kamikazes). El 14 d'agost del 1945, però, els japonesos van capitular.

Quines van ser les causes de la derrota japonesa en la Segona Guerra Mundial? Investiga sobre aquest tema, tenint en compte els punts següents:

1. Va ser deguda a causes econòmiques i socials, com les que expliquen el col·lapse dels imperis centrals al final de la Primera Guerra Mundial? Estaven exhaustos, els japonesos, o a punt de rebel·lar-se contra el seu govern?
2. Hi va haver motius polítics que van influir en la decisió, com un canvi del partit en el poder (com va passar a Rússia després de la revolució bolxevic, quan el nou Govern, desitjant la pau a qualsevol preu, es va avenir a signar el Tractat de Brest-Litovsk)?
3. Finalment, hi va haver un factor especial (un descobriment científic, per exemple) que expliqués el fi sobtat de la guerra?

La ciutat japonesa de Nagasaki, l'agost del 1945.

QUÈ HAS APRÈS?

LA SEGONA GUERRA MUNDIAL

- **A EUROPA I EL MEDITERRANI**
  - L'expansió de l'Eix
    - Doble invasió de ...
    - Guerra llampec
    - Batalla d'Anglaterra
    - Guerra dels Balcans
      - Atac italià contra ...
      - Invasió alemanya de ... i Grècia
  - L'apogeu de l'Eix
    - Invasió alemanya de l'URSS
    - Intervenció dels EUA
    - Front africà: batalla de ...
    - Conferència de ...: la «solució final»
  - La derrota de l'Eix a Europa
    - Stalingrad: punt d'inflexió
    - Desembarcament aliat a Sicília → Caiguda del feixisme a ...
    - Desembarcament de ... (juny del 1944)
    - Rendició incondicional d'Alemanya

- **A ÀSIA I EL PACÍFIC**
  - Invasió de la Xina → Massacre de ...
  - Entrada dels EUA → Bombardeig de ... (desembre del 1941)
  - Expansió del Japó
    - Ocupació de les Filipines, la Indoxina i ...
    - Contra l'imperi britànic: presa de ...
  - Final de la guerra → Bombes atòmiques de ...

- **CONSEQÜÈNCIES DE LA GUERRA**
  - Demogràfiques
    - Les baixes civils superen les militars
    - Genocidis → Holocaust
  - Organització de la pau
    - Conferències de ... i Potsdam
    - Creació de l'ONU
      - Objectius
      - Òrgans i funcionament
      - Declaració Universal de ... (1945)
  - Reconstrucció d'Europa
    - Desplaçaments massius de població
    - Pla ...
    - Renaixement de l'europeisme: el Congrés de ...

Repassa amb l'esquema

1. Copia aquest mapa conceptual i completa la informació que hi falta.

2. Indica quines de les oracions següents són falses i escriu-les correctament:
   a. El 1939, Alemanya va envair Polònia i va ocupar-ne tot el territori.
   b. L'atac japonès va obligar els EUA a entrar en la guerra, a pesar de l'aïllacionisme de l'opinió pública.
   c. Alemanya va demanar l'armistici el 1945, i immediatament van començar les converses per a un tractat de pau entre el Tercer Reich i els aliats.
   d. En la conferència de Wannsee es va decidir la invasió de la Unió Soviètica.
   e. Com havia passat a la Primera Guerra Mundial, Alemanya va atacar França a través de Bèlgica, però aquesta vegada els francesos estaven preparats per detenir l'avanç enemic gràcies a la línia Maginot.

3. Busca una fotografia de cadascun dels personatges històrics que hi ha a continuació i fes-ne una biografia:

   Albert Einstein - Winston Churchill - Iòssif Stalin
   Lise Meitner - mariscal Pétain - F. D. Roosevelt
   Charles de Gaulle - Alan Turing

4. Ordena cronològicament aquests esdeveniments i explica breument la importància de cadascun:

   - Conferència de Ialta
   - Congrés de la Haia
   - Caiguda de Singapur
   - Invasió soviètica dels països bàltics
   - Rendició d'Alemanya
   - Govern del mariscal Pétain a Vichy
   - Batalla de Stalingrad
   - Bomba de Nagasaki
   - Desembarcament de Sicília
   - Invasió alemanya de Polònia
   - Desembarcament de Normandia
   - Batalla d'Anglaterra

5. Observa aquesta caricatura, en la qual Roosevelt, Stalin i Churchill juguen amb un trencaclosques del mapa d'Europa:

   a. A quin país pertany cadascun d'aquests líders?
   b. Quina conferència representa la caricatura?
   c. Quin any es va celebrar?
   d. Quins van ser els principals acords que es van pactar en aquella reunió?
   e. Què representa el trencaclosques?

6. Llegeix el text que hi ha a continuació del president dels Estats Units Harry S. Truman:

> Abans de prendre la decisió final [...] vaig convocar un comitè de les autoritats més destacades [...], vaig demanar opinió als caps de l'Estat Major i vaig calcular el temps que podrien resistir els japonesos i quantes vides (americanes i japoneses) costaria envair [...] el Japó [...]. El primer ministre Suzuki va declarar que el Japó no faria cas de la Declaració de Potsdam, [en la qual] havíem ofert al Japó l'alternativa entre la rendició amb l'esperança d'un digne futur, i la inevitable i completa destrucció [...]. Era deure meu de president obligar els guerrers japonesos a avenir-se a raons, amb la màxima rapidesa i la mínima pèrdua de vides que fos possible. Llavors vaig prendre la meva decisió [...]. Tot just després de la segona bomba atòmica els japonesos es van rendir. La més terrible guerra de tota la història, que arrossegava més de trenta milions de baixes, va arribar així a la conclusió.
>
> HARRY S. TRUMAN, *Jo vaig decidir llançar la bomba atómica*, 1960

   a. Consideres justificat per aquests arguments el llançament de les bombes d'Hiroshima i Nagasaki?
   b. Quines diferències pot haver-hi entre un bombardeig tradicional i un bombardeig atòmic?

7. Analitza una escena de *Bienvenido Mr. Marshall*. Per què aquesta pel·lícula s'anomena així?

8. L'any 2015 el problema dels refugiats va tornar a Europa com a conseqüència de conflictes al Pròxim Orient i al nord d'Àfrica. Busca informació sobre els drets dels refugiats segons les convencions internacionals, compara les fotografies i escriu una redacció sobre el tema.

1

2

Mapa conceptual   Comprova el que saps

POSA'T A PROVA

La bomba atòmica, va poder canviar la història?

Llegeix atentament el text següent d'una obra de ficció i fes les activitats que es proposen a continuació.

El febrer del 1945, només dos mesos abans del suïcidi de Hitler i de la rendició d'Alemanya, els científics nuclears continuen intentant posar en marxa el reactor. Traslladats al petit poble de Haigerloch [...] encara es dediquen a la tasca de muntar un nou reactor a l'interior d'una petita caverna [...] prèviament condicionada com a laboratori. Seguint les indicacions [dels jerarques nazis], Gerlach i els seus homes instal·len els instruments amb la vaga esperança d'aconseguir un reactor crític abans de l'hecatombe final, potser amb la idea d'utilitzar els resultats de la prova com un argument per negociar una rendició condicionada. [...]

Davant d'ells s'estén un ampli cilindre de metall, com un calder màgic. Ells són els oficiants que es disposen a introduir-hi a dins els elements del ritual, d'acord amb les receptes transmeses ancestralment. Solament que, en comptes de gripaus i ales de ratapinyades, [...] es tracta d'elements amb noms no menys estranys: òxid d'urani, aigua pesant. Per un moment, Wirtz i Heisenberg es detenen a estudiar les seves pròpies sensacions. [...]

De sobte, el procés es deté en sec. Això ha estat tot. [...] La seva veu té una brillantor mortal, catastròfica. Ha estat un fracàs, un nou i estrepitós fracàs. L'últim.

—Faria falta un altre cinquanta per cent d'urani i d'aigua pesant per aconseguir la massa crítica —murmura Heisenberg.

—Potser encara podem obtenir les reserves de material que han quedat al laboratori. [...]

Però tots dos saben que és una falsa esperança. Les tropes nord-americanes ja es troben per tot Turíngia. [...]

No hi ha més temps. Heisenberg dona ordres de preparar la fugida [...]. Serà arrestat [pels nord-americans] el 3 de maig. Quatre dies després, [se signa] la rendició incondicional d'Alemanya.

El 6 d'agost, un gegantesc bolet radioactiu s'eleva sobre els enderrocs de la ciutat japonesa d'Hiroshima. Aquesta és la comprovació que la bomba construïda amb U[rani]-235 també funciona. Tres dies més tard, el 9 d'agost, la bomba de plutoni té la seva oportunitat d'èxit en destruir Nagasaki.

Els científics atòmics nazis lamenten profundament la notícia. Però quants d'ells ploren pels morts?

JORGE VOLPI, *En busca de Klingsor*, 2001

TREBALLA AMB EL TEXT

El text recull una escena fictícia en la qual intervenen personatges reals: físics que van participar en el programa atòmic nazi.

1. Explica què és el que intenten fer els personatges en aquesta escena.
2. Indica si les afirmacions següents són vertaderes o falses. Corregeix aquestes últimes, de manera que siguin correctes.
   a. Els alemanys van llançar la bomba d'Hiroshima.
   b. Heisenberg va ser un científic que va fabricar la primera bomba atòmica alemanya.
   c. Els científics van aconseguir millors condicions de rendició per a Alemanya gràcies als seus descobriments.
3. Aquesta novel·la construeix una trama de ficció amb personatges reals. Busca informació i elabora un resum de la importància dels descobriments de l'autèntic Werner Heisenberg.

RELACIONA LA INFORMACIÓ

4. Quina era la situació d'Europa el febrer del 1945? I d'Àsia i el Pacífic?
5. Einstein, Frisch, Meitner... Molts dels físics més importants del segle XX eren alemanys o austriacs, o procedien de països aliats o controlats pels alemanys. Per quins motius aquests científics no van poder contribuir a l'esforç bèl·lic alemany durant la guerra?
6. Pràcticament cap científic relacionat amb el projecte atòmic alemany va ser castigat després de la guerra; la majoria va seguir treballant per als EUA o l'URSS. Quina situació històrica explica aquest fet?
7. Quina importància van tenir els descobriments científics en el desenvolupament de la Segona Guerra Mundial?
8. Quin d'aquests esdeveniments reals passa en el mateix mes que l'escena que narra el text anterior?

Conferència de Potsdam - Conferència de Ialta
Assaig atòmic a Nou Mèxic - Desembarcament de Normandia - Alliberament d'Auschwitz

ENCADENA ELS TEUS CONEIXEMENTS

Cinc anys abans del llançament de la bomba sobre Hiroshima, Albert Einstein va advertir, en una carta al president Roosevelt, del perill que els alemanys investiguessin sobre la fissió nuclear i la seva aplicació a la producció de bombes.

Aquest fet va donar lloc a la creació de l'anomenat *Projecte Manhattan*, desenvolupat pels EUA amb l'ajuda del Canadà i el Regne Unit, l'objectiu final del qual era la fabricació de la primera bomba atòmica.

Quan Einstein va saber del llançament de la bomba d'Hiroshima, va exclamar: «Si ho hagués sabut, hauria preferit cremar-me els dits abans que escriure aquella carta a Roosevelt.»

9. Per què penses que Einstein es va penedir d'haver signat aquella carta?
10. Escriu una redacció sobre com seria avui el món si l'equip dirigit per Heisenberg a Alemanya hagués aconseguit acabar la bomba abans que els aliats.

ORGANITZA LA INFORMACIÓ

11. Classifica en dues columnes les circumstàncies següents, segons que fossin favorables a les potències de l'Eix o, per contra, contribuïssin a la seva derrota.
    a. Racisme contra poblacions sotmeses (alemanys enfront d'eslaus, japonesos enfront de filipins, etc.)
    b. Falta de recursos petroliers
    c. Política d'apaivagament
    d. Hostilitat entre els aliats i la Unió Soviètica
    e. Efecte sorpresa
    f. Utilització d'unitats motoritzades i atacs aeris indiscriminats (*Blitzkrieg*)
    g. Rebuig de la «ciència jueva» (com la teoria de la relativitat)
    h. Inversió en armament durant la Gran Depressió
    i. Fanatisme de la població, mitjançant la propaganda

Afavoreixen l'Eix	Contribueixen a la derrota de l'Eix
●●●	●●●

OBSERVA I SINTETITZA

12. Quina decisió s'està prenent en la reunió que il·lustren les vinyetes? Qui presideix aquesta reunió? Raona les respostes.
13. Quins arguments a favor de llançar la bomba es presenten? Penses que es tracta d'arguments sòlids i morals? Estàs d'acord amb tot el que s'hi diu? Justifica el teu acord o desacord.
14. Quines perspectives s'obren en el futur? A quina «amenaça» es refereix en l'última vinyeta?
15. Creus que aquesta amenaça hi continua sent? Per què?
16. Posa't en el lloc de la persona que havia de prendre la decisió i escriu un text explicant què faries i per què prendries aquesta decisió.

UNITAT 9

ELS ANYS DE LA GUERRA FREDA I LA DESCOLONITZACIÓ

EN AQUESTA UNITAT APRENDRÀS...

- Quins blocs es van enfrontar en la Guerra Freda.
- Quins estats van liderar cada bloc.
- Quins van ser els conflictes principals de la Guerra Freda.
- Quines van ser les causes i les conseqüències de la descolonització.
- En què va consistir el procés de descolonització.
- Quines característiques tenia el règim franquista.
- Què va comportar la dictadura franquista per a Catalunya.

Mira més enllà

Fins a quin punt es va refredar el món?

La fotografia que tens a l'esquerra mostra la Porta de Brandenburg, el lloc més emblemàtic de Berlín. Com que la plaça està envoltada d'un mur significa que la imatge és posterior al 1961, any de construcció del famós mur de Berlín, i anterior al 1989, quan va ser enderrocat. Durant tot aquest temps, el mur va separar l'Alemanya Occidental de l'Alemanya Oriental i va impedir la lliure circulació entre l'una i l'altra.

El mur de Berlín es va convertir en el símbol de la Guerra Freda, un conflicte en què es van enfrontar dos bàndols, el capitalista i el comunista, i en què no hi va haver una guerra oberta.

- Imagina que d'avui a demà divideixen la teva localitat i hi construeixen una tanca que la separa en dues parts. Què suposaria un fet així en la teva vida?
- Per què la construcció del mur de Berlín va augmentar la tensió entre el bloc capitalista i el comunista?
- Avui dia hi ha murs com aquest en algun lloc del món? On?

Des del moment en què les dues grans potències van aconseguir la bomba atòmica, el món va viure aterrit davant la possibilitat de la destrucció del planeta.

- MAD (*mutual assured destruction*) és una sigla que forma la paraula *boig* en anglès. A què feia referència el joc de paraules entre MAD i *boig*?

Després de 1945 es va dur a terme el procés de la descolonització. Els imperis europeus es van enfonsar i en les antigues colònies van néixer estats independents. Els nous països independents, desitjosos de desmarcar-se dels dos blocs, es van adscriure al que s'anomenaria *Tercer Món*.

- En quins continents es trobaven aquests països nous? Per què se'ls va designar amb el terme *Tercer Món*?

Josep Fontana explica a *Por el bien del Imperio* que a Berlín, l'any 2008, en preguntar a un noi de disset anys què pensava sobre el comunisme, aquest va contestar: «Em sembla que és una cosa de la qual es va parlar en una lliçó d'història, però aquell dia jo estava malalt.» El jove havia nascut dos anys després de la fi del sistema comunista al seu país.

- Vosaltres teniu el mateix desinterès pel passat? Per exemple, què sabeu del franquisme? Us interessa?

Amb el bloqueig de Berlín, els soviètics van tancar tots els accessos per terra a Berlín Occidental durant gairebé un any. Els aliats, una vegada descartada la idea de proveir la ciutat utilitzant un comboi militar per evitar que els soviètics ho interpretessin com un acte de guerra, van crear el pont aeri de proveïment més gran de la història. L'èxit va ser tan notable que Stalin va decidir alçar el bloqueig terrestre per evitar que els occidentals continuessin mostrant el seu poder aeri i logístic.

1. Dos sistemes enfrontats

La formació dels blocs

La desconfiança mútua entre els aliats evident a Ialta i a Potsdam es va accentuar quan es va acabar la Segona Guerra Mundial. Diversos fets van demostrar el distanciament entre els antics aliats i la **configuració d'un nou món** dividit en dos blocs:

- Mentre l'URSS imposava règims comunistes als països de l'Europa de l'Est ocupats per l'Exèrcit Roig, els Estats Units i el Regne Unit acusaven els soviètics de destruir les llibertats. El 1946, Winston Churchill va culpar els soviètics d'estendre a Europa un **teló d'acer** que separava el continent en dues parts.
- El març del 1947, el president americà Harry S. Truman va exposar en un discurs els fonaments de la que seria la **doctrina Truman**: la necessitat de contenir l'avenç del comunisme, que aleshores amenaçava Grècia i Turquia. Aquesta declaració i l'inici del Pla Marshall solen constituir el començament de la **ruptura entre els dos blocs**.
- La **divisió d'Alemanya** en quatre àrees d'ocupació, assignades a nord-americans, britànics, francesos i russos, es va convertir també en un motiu de màxima tensió. El 1948, els aliats occidentals van unir els territoris que ocupaven per fundar la República Federal d'Alemanya (RFA). Com a protesta, l'URSS, a la zona on es trobava l'antiga capital alemanya, que també havia estat dividida en quatre sectors, va iniciar el **bloqueig de Berlín**. El 1949, la zona russa es va convertir en la República Democràtica d'Alemanya (RDA).

L'EUROPA DELS DOS BLOCS

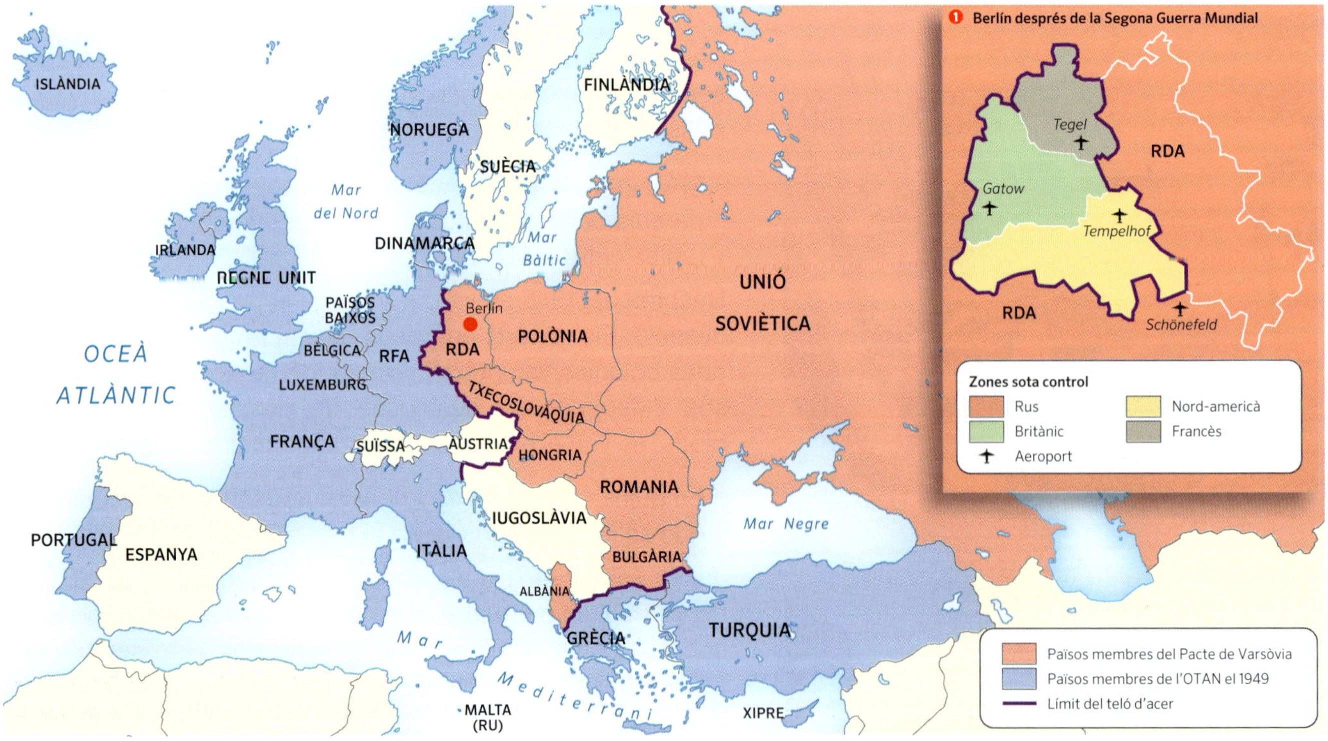

Treballa amb el mapa

1. Quins països separava el Teló d'Acer? Què vol dir aquesta expressió? Qui la va formular?

2. A quin bloc pertanyia el Berlín Occidental? Amb quins països limitava?

La divisió del món

La divisió d'Alemanya va ser només una part d'un fenomen més general, la separació del món en **dos blocs**: l'occidental, liderat pels Estats Units, i l'oriental, dirigit per l'URSS.

Els blocs es van consolidar amb la creació d'**aliances militars**. El 1949 es va formar a Occident l'**OTAN** (Organització del Tractat de l'Atlàntic Nord) i el 1955 els països comunistes es van unir en el **Pacte de Varsòvia**.

- **Bloc capitalista**. Es caracteritzava per l'**economia de mercat** i la **democràcia** com a sistema polític. A aquesta òrbita s'hi van adscriure, encapçalats pels Estats Units, els països europeus occidentals, a més del Japó i dels anomenats *tigres asiàtics* (Singapur, Hong Kong, Taiwan i Corea del Sud).

  Sota la influència del Pla Marshall, els països de l'Europa occidental van desenvolupar **polítiques de protecció social**, que van permetre el creixement de la classe mitjana i la reducció de la pobresa. El desenvolupament de l'anomenat **estat del benestar**, creat anys abans, va servir per frenar l'expansió del comunisme pel continent.

- **Bloc comunista**. Tenia una **economia planificada** i les anomenades **democràcies populars**, basades en polítiques totalitàries, com a sistema polític. A més de l'URSS i dels països europeus de la seva òrbita, hi havia altres territoris comunistes a Àsia, com ara la República Popular de la Xina, Corea del Nord i el Vietnam del Nord. A Amèrica, Cuba es va fer comunista després de l'arribada de Fidel Castro al poder el 1959.

  Els països comunistes van desenvolupar a gran escala diversos **plans quinquennals d'industrialització** que els van permetre presentar grans índexs de creixement econòmic. Però aquesta realitat n'amagava una altra: la majoria dels productes elaborats eren béns d'equipament i no de consum, fet que va **empobrir materialment la població**.

Escut de la República Democràtica d'Alemanya (RDA). Està format per un martell, que representa els obrers industrials, un compàs, símbol dels intel·lectuals, i unes espigues de sègol, que figuren els agricultors.

ACTIVITATS

3. Com van quedar constituïts els dos blocs després del 1945?
4. Què era la doctrina Truman?
5. Per què es va crear l'OTAN? Quina va ser la resposta dels països comunistes?
6. Quina diferència hi ha entre una economia de lliure mercat i una economia planificada? I entre un sistema democràtic i un altre de totalitari?
7. Amb quin altre nom es coneixien els règims totalitaris del bloc comunista?

PER SABER-NE MÉS

Abans d'acabar la Segona Guerra Mundial, els aliats van **preparar la postguerra** en diferents conferències. Una d'aquestes reunions es va fer a Bretton Woods (EUA), on quaranta-quatre països van acordar diverses modificacions del sistema econòmic mundial. Pretenien donar més estabilitat a les economies i evitar inflacions com la que va patir Alemanya durant el període d'entreguerres, ja que consideraven que la Gran Depressió havia estat una de les causes fonamentals de l'augment dels feixismes. A més, volien frenar la influència creixent del comunisme.

Dels **Acords de Bretton Woods**, ratificats el 1945, cal destacar:

- La substitució del patró or pel **patró dòlar**. El dòlar passava a tenir un canvi fix amb l'or i esdevenia el referent per a les monedes europees.
- La creació d'**institucions reguladores** com ara el Fons Monetari Internacional (FMI), que havia de vetllar pel sistema financer mundial, sobretot pel que fa als tipus de canvis entre monedes, i el Banc Mundial (BM), que s'encarregaria de donar préstecs als països en via de desenvolupament.
- Les **bases per eliminar les barreres aranzelàries** entre països. Així s'afavoria el lliure comerç.

Els Acords de Bretton Woods van iniciar una etapa de gran progrés econòmic en què la intervenció dels estats va possibilitar un sistema d'economia mixta, que va repartir el creixement de manera més equitativa. Aquest creixement, conegut com a **edat d'or del capitalisme**, es va allargar fins al 1973, quan la crisi del petroli va posar fi al desenvolupament continuat que s'havia experimentat des del final de la Segona Guerra Mundial.

- Quins eren els objectius dels Acords de Bretton Woods?
- Quines institucions es van crear? Encara són vigents?

2. La Guerra Freda

L'expressió *Guerra Freda* qualifica les relacions internacionals entre els blocs capitalista i comunista, des que es van constituir fins a les acaballes dels anys vuitanta.

Els Estats Units tenien la bomba atòmica des del 1945 i l'URSS la va aconseguir quatre anys després. A partir d'aquest moment, les dues superpotències tenien clar que **una guerra suposaria la destrucció total** i, per tant, calia evitar un enfrontament directe. Era l'**equilibri del terror**. Els blocs, però, no van deixar de mesurar les seves forces, si bé ho feien en conflictes puntuals i en països perifèrics. És a dir, seguien en guerra fins i tot sense haver-ho declarat obertament; per tant, era una guerra «freda».

El primer d'aquests conflictes perifèrics va ser la **Guerra de Corea**. El 1956, dos enfrontaments més, la **crisi de Suez** i la **rebel·lió d'Hongria**, van demostrar que en cada bloc només es tenia en compte la voluntat del líder i no tant els interessos dels seus aliats.

LA VISIÓ DE LA GUERRA FREDA EN EL CINEMA NORD-AMERICÀ

PER RIURE

Doctor Strangelove és el títol d'una hilarant pel·lícula del 1964 dirigida per Stanley Kubrick. Explica en forma tragicòmica el desencadenament de la **guerra nuclear** per culpa d'un general dement i els esforços del president dels Estats Units per evitar-la. La pel·lícula és una **lúcida sàtira de la Guerra Freda**.

PER TREURE PIT

El cinema nord-americà tracta de construir una **imatge idealitzada dels conflictes bèl·lics** i del paper dels seus soldats. No obstant això, *Rambo* (1982) va marcar un punt d'inflexió als anys vuitanta en crear un nou prototip d'heroi: un ésser **turmentat** que desplega una capacitat letal en combat.

PER PLORAR

Moltes veus crítiques de Hollywood van preferir fer pel·lícules que no exaltessin la **Guerra del Vietnam**. Aquesta filmografia proposa fer **una visió crítica i negativa del conflicte**. Algunes d'aquestes pel·lícules **mostren l'escenari bèl·lic**, com *Apocalypse now* (Francis F. Coppola, 1979), *Platoon* (Oliver Stone, 1986) o *Full metal jacket* (Stanley Kubrick, 1987); d'altres evidencien els **efectes de la guerra** sobre els combatents, com *Taxi driver* (Martin Scorsese, 1976).

Analitza la informació

- Quina ha estat l'evolució en la visió de la Guerra Freda que ha experimentat el cinema nord-americà?
- Has vist alguna d'aquestes pel·lícules? De què tracta l'argument? Busca altres exemples de pel·lícules o sèries en què el cinema nord-americà tracti de donar la seva visió d'algun conflicte actual.

La recerca de la coexistència pacífica

Després de la mort de Stalin, va tenir lloc un procés de reformes comandat per Nikita Khrusxov als anys seixanta. S'obria un **període d'esperança**, d'una certa coexistència pacífica, en què l'URSS renunciava a estendre el comunisme i acceptava l'existència de l'altre bloc.

El líder soviètic va visitar els Estats Units el 1959, i l'any següent es va convocar a París una cimera mundial en la qual les grans potències s'**asseurien a negociar**. Aquesta trobada, però, **va fracassar** perquè un avió dels EUA va ser abatut quan es trobava espiant territori soviètic. A pesar de la gravetat d'aquest incident, Khrusxov i el president nord-americà John F. Kennedy van seguir buscant vies de diàleg.

No obstant això, aquest mateix any, dos errors polítics demostrarien com eren d'inestables les relacions de coexistència pacífica:

- La **construcció del mur de Berlín** per part dels soviètics per separar el Berlín Oriental del Berlín Occidental.
- El **desembarcament de la badia de Cochinos** promogut, encara que sense èxit, pels EUA per posar fi a la revolució cubana de Fidel Castro.

Trobada entre el president dels Estats Units, John Fitzgerald Kennedy, i el primer ministre soviètic, Nikita Khrusxov. Enmig, el secretari d'estat nord-americà, Dean Rusk.

Màxima tensió entre blocs

Després del desembarcament de la badia de Cochinos, organitzat per l'Agència Central d'Intel·ligència (CIA), a Cuba es va decidir estrènyer encara més els llaços de col·laboració amb l'URSS i permetre la **instal·lació de míssils nuclears que apuntaven als Estats Units**. Quan el president Kennedy va conèixer aquests plans, va ordenar el **bloqueig naval** de l'illa amb l'amenaça d'enfonsar qualsevol vaixell que intentés trencar-lo. Aquest fet podria haver desencadenat la Tercera Guerra Mundial si els vaixells soviètics que transportaven els míssils no haguessin decidit girar cua.

Després del pànic provocat per aquesta crisi, tots dos van acordar **tornar a la distensió**. Així, entre el Kremlin i la Casa Blanca es va instal·lar una línia telefònica directa per evitar errors de comunicació.

Les tensions, però, van continuar en les dècades següents amb la proliferació de conflictes en països perifèrics. L'extensió de la Guerra Freda va arribar fins i tot a l'espai exterior, quan als anys vuitanta el president Ronald Reagan va iniciar la *guerra de les galàxies*.

ACTIVITATS

8. Què s'entén per *Guerra Freda*?
9. Amb quin conflicte es va iniciar la Guerra Freda?
10. Què es coneix com a *equilibri del terror*?
11. Redacta una definició de cadascuna d'aquestes expressions: *coexistència pacífica*, *guerra de les galàxies*, *conflicte perifèric*.
12. Quan es parla de les decisions polítiques dels Estats Units, freqüentment es diu que qui decideix és la Casa Blanca; quan es parlava de l'URSS, se'n deia el Kremlin. Per què?
13. Ajuda el personatge de l'ambaixada alemanya a recuperar el seu dossier de la Guerra Freda.

LA GUERRA DE LES GALÀXIES

Amb aquest nom, que al·ludia a la famosa pel·lícula de George Lucas del 1977, es va conèixer popularment el Programa d'Iniciativa de Defensa Estratègica, dissenyat pel govern de Reagan el 1983. Es pretenia construir un escut espacial contra l'amenaça nuclear soviètica.

El programa, que exigia un enorme esforç pressupostari, es basava en la instal·lació de satèl·lits dotats de sistemes antimíssils. Va ser un pla molt criticat perquè suposava disminuir fons dedicats a finalitats socials, culturals i educatives, alhora que militaritzava i contaminava l'espai exterior.

Analitza la informació

- Quin objectiu perseguia el Programa d'Iniciativa de Defensa Estratègica? Com va influir en el desenvolupament de la Guerra Freda?

3. Els conflictes de la Guerra Freda

Els punts calents més destacats de la Guerra Freda van ser:

1. **Guerra de Corea (1950)**. És el primer conflicte perifèric de la Guerra Freda. Corea del Nord (comunista) va envair Corea del Sud (capitalista). L'URSS va donar suport a la primera i els Estats Units a la segona. Es va acabar el 1953 amb la península dividida pel paral·lel 38. Aquesta frontera continua sent actualment una de les línies de més fricció internacional.
2. **Rebel·lió d'Hongria (1956)**. Els tancs del Pacte de Varsòvia van impedir la democratització del règim hongarès, integrat en el bloc comunista. Occident no va ajudar els hongaresos.
3. **Crisi de Suez (1956)**. El president egipci Nasser va nacionalitzar el canal que uneix el Mediterrani amb el mar Roig. La Gran Bretanya, França i Israel, que volien mantenir el control sobre aquest pas estratègic, van intentar impedir-ho, però van haver de desistir-ne obligats pels Estats Units, que temia un enfrontament amb l'URSS, alineada amb Egipte.
4. **Incident de l'U-2 (1960)**. Un avió espia nord-americà va ser abatut mentre sobrevolava territori soviètic.
5. **Construcció del mur de Berlín (1961)**. Davant de les freqüents fugides d'habitants del Berlín comunista atrets per la prosperitat econòmica de la part occidental, els soviètics van decidir separar els dos mons amb una barrera física.
6. **Desembarcament de la badia de Cochinos, Cuba (1961)**. Organitzat i finançat per la CIA, l'intent de derrocar Fidel Castro amb un exèrcit d'opositors cubans va acabar en un fracàs estrepitós.
7. **Crisi dels míssils (1962)**. Avions nord-americans van fotografiar a Cuba rampes de míssils soviètics orientats cap als EUA. Kennedy va ordenar el bloqueig de l'illa per impedir que els soviètics proveïssin d'armament el règim cubà. Després de moments de gran tensió, Khrusxov va ordenar als seus vaixells que tornessin.
8. **Guerra del Vietnam (1955-1975)**. El Vietcong, grup armat del Vietnam del Nord, comunista, va envair el Vietnam del Sud. Els Estats Units va enviar ajuda militar al sud i van entrar en una guerra impopular i de gran desgast. Es va acabar el 1975 amb la retirada nord-americana i el Vietnam unit i amb un règim comunista.

Crisi dels míssils

Desembarcament de la badia de Cochinos

ACTIVITATS

14 Situa els esdeveniments següents en un cronograma:

Assassinat de Kennedy - L'URSS obté la bomba atòmica - Assassinat de Luther King - Invasió de l'Afganistan - Castro pren el poder a Cuba - Mort de Stalin - Fundació de l'OTAN - Fundació del Pacte de Varsòvia

Treballa amb el mapa

15 On tenen lloc els diferents esdeveniments? Enumera'ls segons les zones que s'indiquen en la llegenda.

Mur de Berlín

Rebel·lió d'Hongria

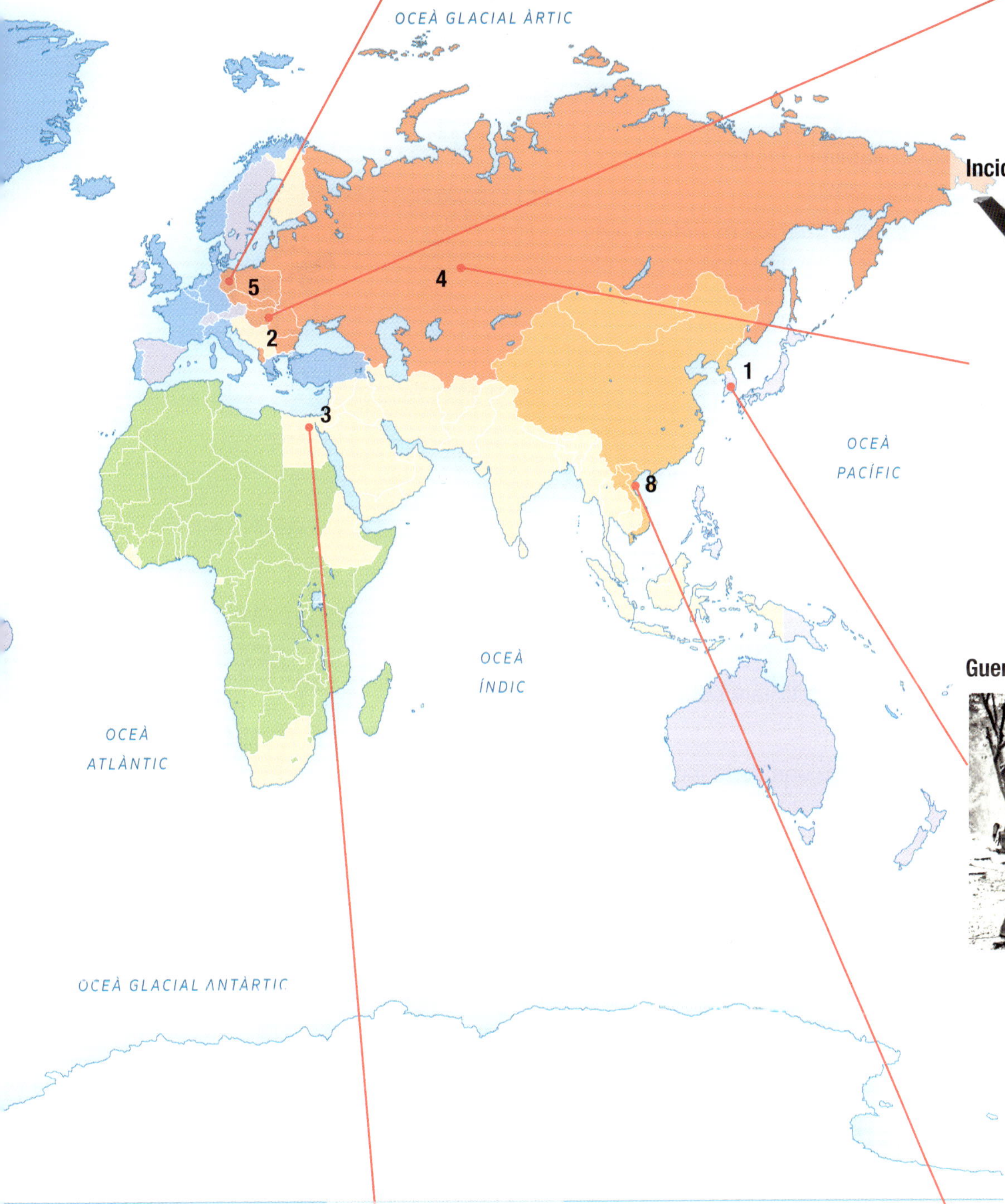

Incident de l'U-2

Guerra de Corea

Crisi de Suez

Guerra del Vietnam

4. La descolonització: causes i conseqüències

S'entén per *descolonització* el procés d'independència de les colònies que els països europeus posseïen al continent asiàtic i a Àfrica.

Causes de la descolonització

Les causes que expliquen aquest procés són molt complexes. Entre aquestes causes destaquen:

- **L'explosió demogràfica de les colònies.** Va descendir la mortalitat i va continuar sent molt alta la natalitat, factors que van fer augmentar la població jove que volia canvis.
- **Els sofriments ocasionats per les dues guerres mundials.** Les colònies van pagar un preu molt alt per la seva participació en els dos conflictes. A més, el buit de poder deixat per les potències colonials durant la Segona Guerra Mundial va fer que experimentessin un alt grau d'independència.
- **Les noves característiques del capitalisme**, que ja no necessitava el domini polític per imposar les seves normes.
- **El sorgiment d'un fort sentiment nacionalista a les colònies**, encapçalat per líders carismàtics.
- **Una nova mentalitat anticolonialista** entre els intel·lectuals de les antigues potències colonials.

Conseqüències de la descolonització

Els efectes d'aquest procés es van deixar sentir tant sobre els colonitzadors com sobre els colonitzats.

- Les **metròpolis**, o colonitzadors, van viure una certa inestabilitat política interna, atenuada gràcies al fet que no es van produir els perjudicis econòmics que molts havien augurat. No obstant això, hi va haver tensions importants per l'arribada massiva de colons als seus països d'origen.
- Els **nous estats**, o colonitzats, van obtenir la independència teòrica, però van caure en el que s'ha anomenat *neocolonialisme*, ja que continuaven sota el control indirecte de les metròpolis. La conseqüència més greu de la descolonització va ser el subdesenvolupament que encara avui afecta molts d'aquests països.

La Conferència de Bandung

El 1955, vint-i-nou caps d'estat de les antigues colònies es van reunir a Bandung, Indonèsia.

D'aquesta conferència van sorgir els conceptes de **tercer món** i de **no-alineació**, que significava el rebuig a convertir-se en peons de la partida d'escacs que estaven disputant el bloc capitalista, o **primer món**, i el comunista, anomenat **segon món**.

Els líders més carismàtics d'aquesta conferència van ser el polític egipci Gamal Abdel Nasser; el primer ministre de l'Índia, Jawaharlal Nehru; el president d'Indonèsia, Sukarno, i el primer ministre de la República Popular Xina, Zhou Enlai.

LA CONFERÈNCIA DE BANDUNG

ACTIVITATS

16. Per què s'origina el procés descolonitzador?

17. Quines conseqüències va tenir el procés sobre les antigues metròpolis? I sobre els nous estats?

18. La Conferència de Bandung va demanar a les potències colonials que reconeguessin la independència de les seves colònies. Quines metròpolis continuaven posseint colònies? Van fer cas d'aquesta crida? Quin continent seguia afectat pel colonialisme en aquell moment?

EL CONFLICTE ARABOISRAELIÀ

- 1916 Tractat Sykes-Picot
- 1917 Declaració Balfour
- 1947 Partició de Palestina
- 1948 Naixement de l'Estat d'Israel. Primera guerra araboisraeliana. Una coalició àrab ataca el nou estat i és derrotada
- 1956 Crisi de Suez. Segona guerra araboisraeliana
- 1967 Tercera guerra araboisraeliana. Guerra dels Sis Dies. Israel ocupa Gaza, Cisjordània, els Alts del Golan i la península del Sinaí
- 1973 Quarta guerra araboisraeliana: guerra del Yom Kippur. Israel torna a vèncer la coalició àrab
- 1978 Acords de Camp David. Israel torna a Egipte la península del Sinaí i, a canvi, Egipte reconeix l'existència de l'Estat d'Israel

5. El procés de descolonització

Cadascuna de les regions mundials implicades en aquest procés presenta múltiples particularitats en la seva emancipació de les antigues potències colonials.

Pròxim Orient

El Pròxim Orient ha estat habitat majoritàriament per comunitats àrabs. La **desaparició de l'Imperi turc** després de la Primera Guerra Mundial (1914-1918) va permetre que **França i el Regne Unit**, com a potències vencedores, es repartissin el **control d'aquesta regió**.

Des del final del segle XIX, el moviment sionista, defensor de la creació d'un **estat jueu a Palestina**, havia aconseguit influir en la política exterior dels dos països, influx que es va fer evident en dos acords fonamentals per entendre aquest conflicte:

- **Tractat Sykes-Picot (1916)**. Acord secret signat entre França i el Regne Unit sobre el repartiment d'influències a la zona, i pel qual el segon assumia el control de Palestina.
- **Declaració Balfour (1917)**. Text aprovat pel Regne Unit que concedeix als jueus el dret d'establir-se on, segons la seva tradició mil·lenària, és «la terra promesa».

Després de la **Segona Guerra Mundial**, com a conseqüència de l'Holocaust, molts jueus es van desplaçar a **Palestina**. Això va suposar més pressió sobre el territori i l'augment de les tensions amb les poblacions àrabs que hi vivien des de feia centenars d'anys.

El Regne Unit i l'ONU van acordar finalment el 1947 el repartiment de Palestina entre àrabs i jueus. Aquests van proclamar l'**Estat d'Israel**. Així es va iniciar un conflicte que dura fins als nostres dies i que va empitjorar durant l'etapa de descolonització de la segona meitat del segle XX.

LA LLUITA PEL TERRITORI ENTRE ÀRABS I ISRAELIANS

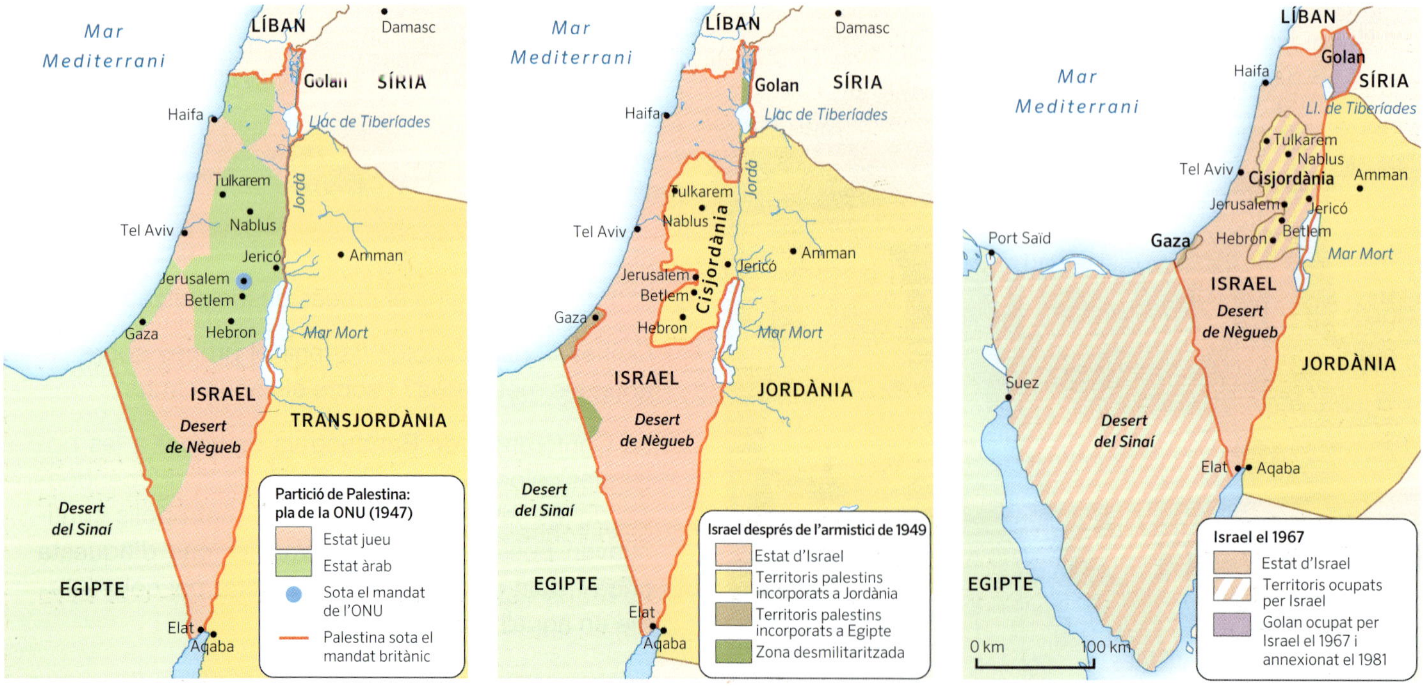

Àfrica

El procés de descolonització del continent africà va estar condicionat per la **gran varietat ètnica i religiosa** que el forma.

- **Àfrica septentrional**. El nord del continent, de majoria islàmica, va ser la primera zona que va obtenir la independència. El procés va començar a Egipte i es va propagar ràpidament: Tunísia i Mauritània es van independitzar de França; Espanya i França van alliberar els seus protectorats sobre el Marroc, i Líbia va deixar de ser colònia italiana. En una segona fase, Algèria va obtenir la independència el 1962 després d'una traumàtica guerra amb França.
- **Àfrica subsahariana**. El procés a la zona meridional va ser més tardà perquè hi havia més diversitat. La colònia britànica de Ghana va ser la primera a obtenir la independència, el 1957, i el 1961 els dos grans imperis, francès i britànic, pràcticament havien desaparegut.

  Les colònies britàniques de Sud-àfrica i Rhodèsia van ser un cas particular, ja que els colons blancs van establir un règim segregacionista. El Congo es va independitzar de Bèlgica enmig d'una violenta guerra civil. Espanya va reconèixer la independència de Guinea Equatorial el 1968, i Portugal, la d'Angola i Moçambic el 1974.

L'Índia i el sud-est asiàtic

L'Índia era **la perla de la Corona** de l'**Imperi britànic**. Al final del segle XIX hi havia nascut el **Partit del Congrés**, d'idees nacionalistes, que va anar adquirint força a mesura que la independència guanyava suport popular. Després de les **campanyes de Gandhi**, l'Índia va obtenir la independència el 1947 i aviat la van seguir les altres possessions britàniques. Va ser una separació atenuada per l'existència de la Commonwealth, l'associació amb què es mantenien lligades a l'antiga metròpoli, pels molts interessos comuns que tenien.

De les **colònies franceses** d'Àsia, **la Indoxina** (Vietnam) va ser la que va viure un procés d'independència més violent, dirigit per **Ho Chi Minh**. Els francesos es van retirar el 1954, la qual cosa va suposar la divisió del territori en un règim comunista al nord i un altre de procapitalista al sud.

A **Indonèsia**, **Sukarno** va aconseguir la independència d'Holanda acabada la Segona Guerra Mundial, després d'haver combatut contra l'ocupació japonesa.

! PER SABER-NE MÉS

Nelson Mandela

Líder de la defensa dels drets dels negres a **Sud-àfrica**. Va passar pràcticament trenta anys a la presó, de la qual va sortir el 1990 per convertir-se en president del seu país.

Ho Chi Minh

Va estudiar a París, on es va formar en la ideologia comunista. Va lluitar contra l'ocupació japonesa i contra el domini francès del **Vietnam**.

- Busca més informació sobre els dos líders i enumera cinc aspectes coincidents en les dues biografies.

ACTIVITATS

19 Quines són les causes del conflicte araboisraelià?

20 Analitza el procés de descolonització. Quins països d'Europa tenien colònies a Àfrica? Quines colònies van ser les últimes a independitzar-se?

21 Explica el procés descolonitzador de la Indoxina. Quines en van ser les conseqüències a curt termini? Busca informació i analitza'n les conseqüències a mitjà i a llarg termini.

22 Consulta un atles històric i elabora una relació dels estats africans sorgits dels imperis francès i britànic.

23 Si els israelians tornessin als territoris que ocupaven el 1947, quines ciutats deixarien d'estar sota la seva sobirania?

24 Com va evolucionar l'Estat d'Israel des que es va crear i fins al 1967?

Quina relació hi ha entre la descolonització i els conflictes actuals?

La majoria dels imperis europeus en territoris asiàtics havien desaparegut a la dècada de 1950.

No obstant això, les decisions de les metròpolis en els processos descolonitzadors i les divisions artificials dels territoris han donat lloc a conflictes que, encara avui, continuen oberts.

1. Els processos de descolonització a Àsia van ser dels primers del segle XX. A pesar que alguns processos d'emancipació de les colònies van ser violents, destacats líders de la independència van impulsar moviments pacífics.
2. Durant la Segona Guerra Mundial, les colònies van adquirir una gran confiança en les seves capacitats d'autogovern però, en alguns casos, no van preveure els conflictes que podrien derivar-se de la independència.
3. Encara avui perduren conflictes que venen des de l'època de les descolonitzacions, que continuen latents i de vegades poc visibles entre els problemes mundials actuals, com és el cas del Caixmir.

Analitza un cas: l'Índia, un model de descolonització

1. Un protagonista, Mahatma Gandhi, i una política, la no-violència

El procés d'independència de l'Índia es va iniciar molt ràpidament, el 1917, i hi va destacar la figura d'un indi culte i carismàtic: Gandhi. Les seves accions el van fer mereixedor del títol de **mahatma**, que significa 'ànima gran'.

Com a membre d'una rica família hindú, va poder estudiar al Regne Unit. Va exercir d'advocat de la discriminada comunitat índia a Sud-àfrica i, de retorn a l'Índia el 1915, va promoure la independència de la colònia britànica amb accions de desobediència civil basades en la noviolència i la resistència pacífica.

Gandhi va mobilitzar grans masses, que van participar en accions com la paralització dels transports ferroviaris amb segudes a les vies, o la cèlebre **Marxa de la Sal**, com a protesta contra el monopoli britànic sobre aquest producte.

Per posar fi també a l'exclusivitat britànica sobre els teixits de cotó va proposar l'ús de les filoses, i ell mateix va canviar la seva manera de vestir, del vestit occidental al vestit tradicional hindú.

Les seves accions, així com les del Govern britànic contra Gandhi, van tenir gran impacte a Occident gràcies a l'excel·lent ús que feia dels mitjans de comunicació.

No obstant això, el procés d'independència indi resultaria complicat perquè sobre el territori convivien dues comunitats, la hindú i la musulmana, enfrontades per molts interessos.

No cal que la nostra no-violència sigui forta, però sí que sigui sincera. No hem de desitjar cap mal als anglesos ni als compatriotes nostres que cooperen amb aquells mentre fem professió de ser no violents [...]. Cal que ens donin la certesa que se senten completament segurs entre nosaltres i que ens considerin com a amics encara que pertanyem a una escola de pensament i a una política radicalment oposades.

MAHATMA GANDHI, *La jove Índia*

2. Guerra, independència, divisió

La presència del Japó a part d'Àsia durant la Segona Guerra Mundial havia debilitat la posició britànica a la zona.

El 1947, després d'anys de lluites entre les comunitats hindú i musulmana, la Gran Bretanya va concedir la independència, i es va dividir el territori en dos estats, l'Índia, de majoria hindú, i el Pakistan, de majoria musulmana. El transvasament de població d'un país a l'altre va resultar summament conflictiu.

Els enfrontaments a les noves fronteres entre hindús i musulmans van derivar en una espiral de violència que va desembocar en l'assassinat de Gandhi el 1948 per un extremista hindú.

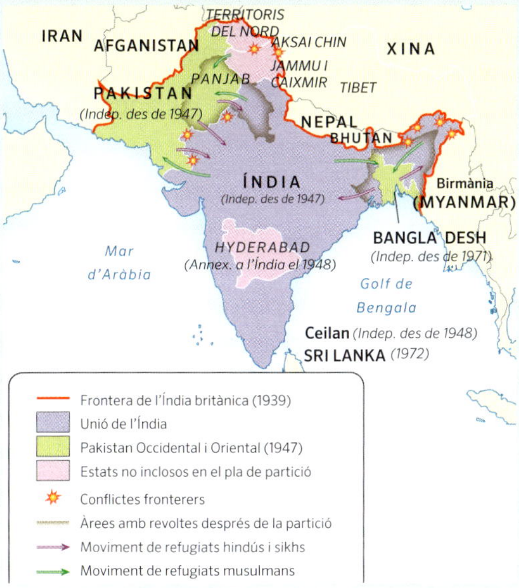

3. L'Índia i el Pakistan impulsen el desglaç en una reunió sorpresa

Nou pas en la normalització de les relacions entre l'Índia i el Pakistan. El primer ministre indi, Narendra Modi, es reuneix amb el seu homòleg pakistanès setmanes després d'haver acordat rellançar les converses de pau.

Els llaços bilaterals entre l'Índia i el Pakistan fa dècades que estan estancats pel conflicte de sobirania per la regió del Caixmir, origen de diverses guerres i disputes entre aquestes dues potències nuclears durant els últims setanta anys.

L'Índia i el Pakistan mantenen un enfrontament històric pel control de la vall del Caixmir, situada a l'Himàlaia. El 1947, tant l'Índia com el Pakistan van proclamar la independència del Regne Unit, però els dos països van reclamar íntegrament aquest territori. Aquest enfrontament els ha portat a tres guerres fins que el 2003 es va acordar un alto el foc que continua vigent, tot i que els dos països s'acusen mútuament de violar-lo. L'última escaramussa va tenir lloc l'agost del 2015, quan van morir una desena de civils i en van resultar ferits unes dotzenes més després d'un intercanvi de tirs a la zona fronterera.

elpais.com, 25-12-2015

RELACIONA

1. Quan es van expandir els principals imperis colonials europeus contemporanis? Què significava la colònia de l'Índia per al Regne Unit?
2. Quines van ser les raons que van portar les colònies d'Àsia i Àfrica a reclamar la independència? Per què el procés es va desenvolupar abans a Àsia?
3. En quins bàndols de la Segona Guerra Mundial van lluitar britànics i japonesos? Quina repercussió va tenir el conflicte per a l'Índia?

REFLEXIONA

4. Quina importància va poder tenir l'educació de Gandhi en el triomf del seu moviment?
5. Com explica Gandhi la política de la no-violència? Per què va triomfar un procés de resistència pacífica contra la metròpolis més poderosa de l'època?
6. Per què Gandhi creia important que els habitants de l'Índia se sentissin segurs durant el procés d'independència?
7. Observa el mapa. En quines raons es van basar els britànics per dividir l'Índia en dos estats? Creus que és adequat traslladar la població de lloc de residència per la seva religió? Per què? Quines altres solucions podries proposar?

INVESTIGA

8. L'assassí que va matar Gandhi va ser condemnat a mort. No obstant això, els fills del Mahatma van demanar que se li commutés la condemna. Per quin motiu? Van aconseguir evitar la condemna?
9. Organitzeu-vos en grups per elaborar un informe sobre el conflicte del Caixmir que reculli els antecedents, la situació actual i les vostres propostes per solucionar-lo. Quins problemes suposa el fet que un conflicte perduri tant en el temps?

DATES DECISIVES DEL FRANQUISME

1939. Victòria franquista en la guerra civil

1940. Entrevista de Franco i Hitler a Hendaia

1945. Derrota de l'Eix i aïllament del règim

1953. Tractats hispano-nord-americans. Fi de l'aïllament

1955. Espanya és admesa a l'ONU

1959. Pla d'estabilització

1962. L'oposició es reuneix al Congrés del Moviment Europeu de Munic

1963. Primer pla de desenvolupament

1965. Greus manifestacions universitàries contra el règim

1967. Llei orgànica de l'Estat

1973. Carrero Blanco, nou cap del Govern franquista, mor en un atemptat

1975. Mort de Franco

6. La dictadura franquista

Fonaments ideològics del franquisme

El règim que va governar Espanya des del 1939 fins al 1975 es va basar en la **concentració del poder** en mans del general Franco, en una duríssima **repressió** i en la barreja de **diverses ideologies**:

- El **nacionalsindicalisme** de la Falange Española, que era una versió del feixisme italià i del nacionalsocialisme alemany.
- El **militarisme**, que defensava el predomini dels militars en la vida política.
- El **tradicionalisme**, que considerava el règim com a hereu directe de la gran Espanya dels Reis Catòlics i els primers Àustria.
- El **nacionalcatolicisme**, que representava l'aliança ferma entre el règim i l'Església catòlica.

L'absència d'una autèntica constitució es va suplir amb unes **lleis fonamentals** que prohibien els partits polítics, tret de l'anomenat **Movimiento**, que esdevenia el partit únic i estava presidit per Franco. També es prohibien els sindicats lliures i de classe, que van ser substituïts per uns **sindicats verticals** en els quals s'enquadraven patrons i obrers per oficis.

Sense cap parlament escollit democràticament, es van fundar unes **corts**, els diputats de les quals representaven les institucions del règim o eren nomenats pel dictador. La seva funció era consultiva i es limitaven a aprovar les lleis proposades per la dictadura.

El primer franquisme (1939-1953)

Tot i no participar en la Segona Guerra Mundial, la **simpatia del franquisme cap als feixismes** es va fer molt evident amb l'enviament de la División Azul en suport dels nazis. Un cop finalitzada la guerra, el 1946, Espanya **no va ser admesa a l'ONU**, i la caiguda del règim de Franco semblava una qüestió de temps.

Aïllat internacionalment i amb un país arruïnat pels efectes de la guerra civil, el franquisme es va refugiar en l'**autarquia**. Aquesta doctrina econòmica, pròpia dels règims feixistes, consistia a fomentar el consum de productes nacionals per no dependre del mercat internacional. A més, va implicar el racionament: els aliments només podien adquirir-se d'una manera controlada mitjançant cartilles amb cupons que s'intercanviaven per productes bàsics. El resultat van ser els anomenats *anys de la fam*, caracteritzats per l'**empobriment** de la població i el creixement del **contraban** i del **mercat negre**.

El reconeixement internacional (1953-1959)

Les circumstàncies de la Guerra Freda i la política de blocs van canviar la situació internacional del règim. Els Estats Units van veure en l'anticomunisme de Franco un aliat útil enfront de l'URSS i, el 1953, van subscriure amb Espanya un **acord** que suposava l'acceptació en les relacions internacionals. Aquell mateix any es va signar un **concordat amb el Vaticà**, i el 1955 Espanya va ser **admesa a l'ONU**. Així va acabar el seu aïllament internacional.

Els plans d'estabilització i el desenvolupisme (1959-1973)

Després del reconeixement del règim pels Estats Units, l'ajuda nord-americana va contribuir a la millora econòmica. El 1959, arran de la substitució en els càrrecs de govern de militars i falangistes per economistes joves, els anomenats *tecnòcrates*, pertanyents majoritàriament a la congregació catòlica de l'Opus Dei, es va traçar un **pla d'estabilització** per al rellançament econòmic que va suposar l'inici de l'etapa coneguda com a *desenvolupisme*.

L'objectiu era el **creixement a qualsevol preu** i es basava en la mecanització de l'agricultura, la construcció de pantans per a una producció més gran d'energia, i la millora de les comunicacions. Paral·lelament es feien campanyes publicitàries per atreure turistes estrangers, que van començar a arribar en massa.

La conjuntura econòmica internacional favorable va contribuir a assolir un **alt índex de creixement** i un **augment del nivell de vida**, encara que aquest es va mantenir per sota del dels països de l'entorn. No es van tenir en compte, però, les **conseqüències negatives** a mitjà i llarg termini, com ara les desigualtats regionals i socials, o l'emigració massiva. Els moviments del camp cap a la ciutat van provocar problemes d'habitatge i barraquisme a les ciutats i la despoblació de les zones rurals. També hi va haver moviments cap als països més rics d'Europa. A més, el turisme va provocar l'inici de la construcció desfermada del litoral peninsular.

Amb la crisi econòmica del 1973, l'**economia espanyola es va enfonsar**. Aquest fet, sumat a la manca d'obertura política, va enfortir els moviments opositors al franquisme.

La construcció de pantans era un dels objectius del pla hidràulic.

Habitatges Bellvitge a l'Hospitalet de Llobregat. L'atracció de les ciutats, que oferien feina, comoditats i més accessibilitat a l'educació i la sanitat, resultava irresistible per a la població rural. Aquesta migració, però, va suposar l'abandonament de pobles i la sobreconstrucció i el barraquisme a les grans ciutats.

Adequació política del règim

Malgrat aquestes modificacions en la política econòmica, el franquisme no va fer mai canvis significatius en la manera d'exercir el poder. No obstant això, la nova situació durant la Guerra Freda va obligar el règim a un un canvi d'imatge de cara a l'exterior per mitjà de diverses mesures:

- **Creació del Tribunal d'Ordre Públic (1963)**. Les causes per motius polítics passaven a ser jutjades per la via civil i no per la militar, tal com s'havia fet fins llavors.
- **Llei de Seguretat Social (1966)**. Contenia disposicions favorables per als treballadors, com ara les pensions de jubilació i la sanitat pública.
- **Llei de premsa (1966)**. Feia desaparèixer la **censura prèvia**, encara que no tota la censura, que se seguia exercint sobre textos ja publicats. Aquesta circumstància va donar lloc a multes i segrestos de publicacions i, fins i tot, al tancament de diaris.
- **Llei orgànica de l'Estat (1967)**. Refonia en un sol text el contingut de les lleis fonamentals. Aquesta norma separava el cap de l'Estat del cap del Govern, encara que establia que els dos càrrecs serien exercits per Franco mentre ell volgués.
- **Llei de successió (1969)**. Atribuïa a Franco la facultat de nomenar el seu successor. En ús d'aquesta potestat, el Caudillo va nomenar el 1969 **successor com a cap de l'Estat** el príncep **Joan Carles de Borbó**, net d'Alfons XIII.

ACTIVITATS

25. Quines ideologies componien el franquisme a l'origen?
26. Quina era la finalitat última de les lleis fonamentals?
27. Quina posició calia esperar de les democràcies occidentals cap al règim franquista després de la Segona Guerra Mundial? Què va passar?
28. Què és l'autarquia? Quins efectes va generar?
29. Per què Franco va canviar la línia dels seus governs a partir del 1959?
30. Resumeix els efectes positius i negatius del desenvolupisme.
31. Quina llei va reunir les lleis fonamentals anteriors?
32. Per quina llei Franco va nomenar Joan Carles de Borbó successor com a cap de l'Estat?

Lluís Companys va ser afusellat per les autoritats franquistes el 15 d'octubre del 1940 al castell de Montjuïc de Barcelona.

LA REPRESSIÓ A CATALUNYA

Durant el franquisme es van obrir molts procediments per delictes de caràcter polític sobre la població sospitosa de no ser afecte al règim, uns procediments que podien acabar en penes de presó o de mort.

Període	Procediments	Penes de mort
1939-1945	75.170	4.191
1946-1952	2.451	88
1953-1958	643	11
1959-1965	322	2
1966-1969	101	2
1970-1975	132	3

Font: Procediments Judicials Militars de l'Arxiu del Tribunal Militar Territorial Tercer de Barcelona, 1939-1980, Publicacions de l'Arxiu Nacional de Catalunya.

Analitza la informació

- Quin període va registrar més procediments i penes de mort?
- Quina va ser la tendència dels anys següents?
- Hi ha algun moment en què tornin a augmentar els procediments i les penes de mort? Per què?

7. Catalunya sota la dictadura

La repressió franquista

A mesura que les tropes franquistes ocupaven Catalunya, les **detencions** de civils acusats de ser desafectes al nou règim va anar augmentant. Molts d'ells van ser afusellats després de **judicis sumaríssims**, com en el cas del president de la Generalitat, Lluís Companys, i d'altres van ser condemnats a llargues penes de presó.

La lluita contra l'anomenat *separatisme català* va ser un dels eixos del franquisme, i les **institucions catalanes** van ser les primeres de patir-ho. El 1938, en plena guerra civil, Franco va signar un decret que abolia l'Estatut del 1932. Un cop acabada la guerra, aquest decret va entrar en vigor a Catalunya i, de manera oficial, totes les institucions de l'autogovern català van quedar immediatament dissoltes.

La **cultura i la llengua catalanes**, així com els símbols propis del país, van patir una persecució total. El castellà va esdevenir l'única llengua de l'ensenyament, de l'administració i dels mitjans de comunicació. Qualsevol expressió de catalanitat va quedar reduïda a l'àmbit familiar.

La nova administració

L'administració franquista era profundament **centralista**. Es va tornar a dividir Catalunya en quatre províncies, ja que la Generalitat republicana havia reordenat el territori en nou vegueries.

L'**estructura administrativa** franquista a Catalunya es basava en:

- El **capità general**. Militar que ostentava la màxima autoritat a Catalunya. Tenia un paper institucional i no intervenia gaire en política.
- El **governador civil**. Representant del Govern a les diferents províncies i principal dirigent del partit únic (Movimiento) de la província. S'encarregava d'aplicar les polítiques del règim.
- Els **ajuntaments**. Peça fonamental per dur a terme les polítiques del règim. Un cop acabada la guerra, els alcaldes van ser escollits d'entre els que s'havien mostrat favorables a l'alçament militar. Durant tot el franquisme van ser triats a dit pel governador civil.

ACTIVITATS

33. Què va passar amb les institucions catalanes el 1939?
34. Quin tracte van rebre la llengua i cultura catalanes?
35. Qui era la màxima autoritat a Catalunya? Qui governava les províncies? Com es triaven els alcaldes?
36. Quines formes d'oposició al règim es van manifestar a Catalunya durant els primers anys del franquisme?
37. Quin sector econòmic va guanyar pes a Catalunya a partir de la dècada dels anys seixanta?
38. Quines conseqüències va tenir el desenvolupisme sobre la demografia catalana?

Les primeres mostres d'oposició a Catalunya

Davant aquesta nova situació, es va organitzar una primera resistència en diferents àmbits:

- La **resistència armada**. Va ser protagonitzada pels maquis, guerrillers anarquistes i comunistes que provenien de l'exili francès i que van actuar en diversos llocs de l'Estat, especialment al Pirineu, durant la dècada dels anys quaranta.
- L'**oposició política**. El 1940 es va formar el Front Nacional de Catalunya, que pretenia agrupar totes les forces catalanistes de l'exili.
- Les **reivindicacions econòmiques**. A la dècada dels cinquanta van iniciar-se unes quantes protestes davant la situació econòmica, sobretot per qüestions laborals. Les vagues eren aprofitades per denunciar la situació del règim.
- La **resistència cultural**. Va ser duta a terme, de forma clandestina, per institucions privades que, per exemple, editaven publicacions en català i feien cursos de llengua. Després de la tímida obertura del règim cap a les potències occidentals, hi va haver un cert relaxament de la persecució que va permetre més expressions culturals en català, malgrat que van continuar limitades.

El creixement econòmic i demogràfic de Catalunya

El **desenvolupament econòmic** de la dècada dels anys seixanta va ser especialment intens a Catalunya, que es va situar a un nivell europeu. Aquest progrés es va basar en:

- La **modernització de l'agricultura**. Es van introduir noves tècniques agrícoles i es va incrementar el grau de mecanització. La ramaderia extensiva va donar pas a una ramaderia intensiva estabulada.
- L'**augment i la diversificació de la indústria**. La indústria tèxtil va perdre importància respecte d'altres indústries, com ara la química i la metal·lúrgica.
- La **transformació profunda dels serveis**. L'increment del consum i, sobretot, del turisme estranger va provocar aquesta transformació. Molts europeus triaven Catalunya com a destinació turística pels preus barats i per la localització.

Com a conseqüència de tots aquests progressos, milers d'immigrants d'altres parts d'Espanya (Andalusia, Extremadura, Aragó, Múrcia, Galícia...) van instal·lar-se a Catalunya, que va experimentar un **creixement demogràfic** espectacular (gairebé va doblar la població en vint-i-cinc anys).

Però tal com va passar a la resta de l'Estat, el ràpid desenvolupament econòmic també va comportar a Catalunya efectes negatius, sobretot el **desequilibri territorial** produït arran de la immigració. Els nouvinguts van concentrar-se a Barcelona i la seva àrea metropolitana, que representaven prop del 80 % de la població catalana. Com a resultat d'aquesta situació, van sorgir el barraquisme i els barris perifèrics sense planificació urbanística ni serveis.

LA VAGA DE TRAMVIES

El 1951, el preu del tramvia de Barcelona va pujar considerablement, i la població va fer un boicot al transport. Amb els dies, aquesta oposició es va anar transformant en protestes i manifestacions, que el governador civil va intentar reprimir amb l'ús de la força.

Incident durant la vaga de tramviaires barcelonins.

Però l'èxit de la vaga va fer que l'augment del preu del transport fos revocat, i que el governador civil i l'alcalde de Barcelona fossin destituïts. Va ser el primer gran èxit de l'antifranquisme des de la guerra civil.

Analitza la informació

- Per què va tenir lloc la vaga?
- En quin context econòmic es va produir?

LA IMMIGRACIÓ A CATALUNYA (1975)

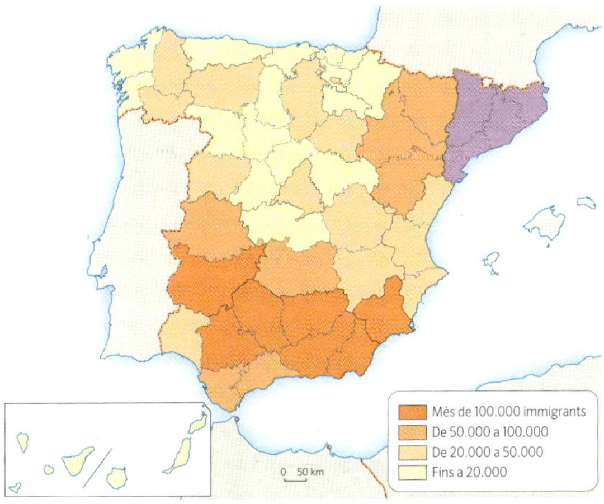

39 D'on provenien la majoria dels immigrants que van arribar a Catalunya a la dècada dels anys seixanta?

40 Quines conseqüències va tenir l'arribada de població immigrant a Catalunya?

INTERPRETEM ELS SÍMBOLS D'UN RÈGIM POLÍTIC

Tot moment històric té una **iconografia** pròpia, o conjunt d'imatges que el representen. Aquestes imatges adquireixen per a l'historiador una doble utilitat: d'una banda, constitueixen un **testimoni gràfic** d'alt valor documental; de l'altra, permeten analitzar els **valors** de l'època que les va produir.

Aquest segon contingut és particularment significatiu en el cas de les **dictadures** perquè, com que controlen els mitjans de comunicació, poden **manipular** lliurement les imatges amb la finalitat de fer arribar a l'opinió pública els valors que volen imposar. Així, **les masses són educades** en la ideologia del règim.

El franquisme va saber fer de les imatges un instrument pedagògic. Ara n'analitzarem alguns exemples.

1. Anàlisi de la imatge del líder

Les dictadures intenten **transmetre** una imatge del líder carregada dels **valors del mateix règim**, finalitat que contribueix a mitificar-lo.

En aquest obra, titulada Al·legoria de Franco i la Croada, *del pintor Arturo Reque Meruvia, es recullen alguns dels fonaments ideològics del règim franquista.*

Es representa Francisco Franco, abillat com un croat medieval, que dirigeix, amb la protecció de l'apòstol Jaume, les forces de la victòria: militars, legionaris, falangistes i, en un lloc destacat, un representant de la guàrdia mora.

En l'angle inferior dret, un frare simbolitza l'agraïment de l'Església cap a un nou salvador de la fe.

2. Estudi dels símbols polítics

Tenint en compte que el fonament del franquisme va ser la concentració de poder en Francisco Franco i la veneració de la seva persona, la imatge del dictador va ser tractada amb especial interès per l'aparell propagandístic.

Els símbols (gràfics, gestuals, etc.) d'un règim polític també transmeten **informació sobre la ideologia** del sistema.

El general Franco presideix la desfilada de la Victòria el 1942, que commemora el triomf del bàndol insurgent en la Guerra Civil.

En plena Segona Guerra Mundial, quan encara el triomf de l'Eix semblava assegurat, el règim franquista recorre a símbols com la salutació feixista, els uniformes militars i falangistes i l'anagrama de la paraula víctor, amb la qual s'aclama el vencedor, present a la tribuna on hi ha Francisco Franco.

3. Interpretació de les formes de legitimació

Alguns símbols, com les monedes, es fan servir per **justificar l'origen de l'autoritat** en el règim polític.

Cara. *L'efígie de Franco envoltada de la llegenda «Francisco Franco, caudillo de España por la gracia de Dios». La figura de Franco s'equipara a les monarquies absolutistes. En els dos casos, el poder s'obté «per la gràcia de Déu».*

Creu. *Adaptació pel franquisme de l'escut nacional, al qual s'afegeixen l'àguila imperial i el jou i les fletxes d'Isabel i Ferran: el franquisme entronca directament amb l'Espanya cristiana i imperial dels Reis Catòlics i els primers Àustria.*

4. Anàlisi de l'evolució de la imatge del Caudillo

La imatge del líder o del règim evoluciona al llarg dels anys per **adaptar-se a les noves realitats**.

En l'evolució de la imatge del Caudillo, es va anar veient cada vegada amb més freqüència vestit de civil en lloc de portar uniforme militar. Això es pot veure molt bé en les fotografies oficials de presentació dels governs successius: en aquestes fotografies desapareixen gradualment militars i falangistes, que són substituïts per tecnòcrates.

En les imatges dels últims anys, Franco tendeix a mostrar-se com un pacífic ancià dedicat als seus esports preferits, la caça i la pesca.

En els arxius fotogràfics dels anys 70 hi ha nombroses imatges de Franco en què surt retratat com un civil més.

POSA-HO EN PRÀCTICA

Observa aquestes dues imatges i respon a les qüestions que es plantegen a continuació.

1. En aquesta fotografia, unes dones cuinen. Porten un davantal amb el jou i les fletxes perquè pertanyen a la Secció Femenina de Falange, fundada per Pilar Primo de Rivera. Relaciona aquesta imatge amb la situació de la dona en el franquisme. Tingues en compte que segons el text més usat a les escoles del franquisme, l'*Enciclopedia Álvarez*, la funció bàsica de la dona era formar una família cristiana, patriòtica i exemplar.

2. Aquest era el llibre de lectures utilitzat a les escoles espanyoles dels anys cinquanta. S'hi veuen els símbols i imatges següents: l'escut amb l'àguila imperial, una armadura, el jou i les fletxes dels Reis Catòlics adoptat per la Falange, catedrals i fortaleses i una caravel·la.

   Analitza la simbologia de les dues imatges i relaciona-la amb els fonaments ideològics del franquisme.

QUÈ HAS APRÈS?

GUERRA FREDA I DESCOLONITZACIÓ

- **ELS SISTEMES I ELS BLOCS**
  - Blocs
    - Capitalista
      - Economia de mercat
      - Democràcia
      - OTAN
      - Liderat per ...
      - Altres estats adscrits: ...
    - Comunista
      - Economia planificada
      - Dermocràcia popular (totalitarisme)
      - Pacte de Varsòvia
      - Liderat per ...
      - Altres estats adscrits: ...
  - La Guerra Freda → Inicis
    - Bomba atòmica
    - Primers conflictes
      - Corea
      - Suez
      - ...
    - Coexistència pacífica
    - Màxima tensió
      - U-2
      - ...
      - Berlín

- **LA DESCOLONITZACIÓ**
  - Causes
    - Explosió demogràfica
    - ...
    - ...
    - ...
    - ...
  - Conseqüències
    - Per a les metròpolis
      - Conflictes polítics
      - ...
      - Arribada massiva de colons
    - Per a les ...
      - ...
      - Subdesenvolupament
  - El procés
    - Pròxim Orient
      - Antecedents: Sykes-Picot ...
      - Després de la Segona Guerra Mundial
        - Partició de Palestina i creació d'Israel
        - Guerres araboisraelianes
        - Camp David
    - ...
    - Índia i sud-est asiàtic
      - Colònies britàniques
      - Colònies franceses
      - ...

- **EL FRANQUISME**
  - Fonaments ideològics
    - Nacionalsindicalisme (Falange)
    - ...
    - ...
    - ...
  - Etapes
    - 1939-1953 → Postguerra: aïllament
    - 1953-1959 → ...
    - 1959-1973:
      - Plans d'estabilització
      - ...
  - Catalunya
    - Repressió
      - Política
      - Cultural
      - Social
    - Primeres formes d'oposició
    - Creixement econòmic → Industria i serveis
      - Immigració i augment demogràfic
      - Desequilibri ...

Repassa amb l'esquema

1. Copia l'esquema de la unitat i completa els textos que hi falten.
2. Llegeix i comenta el text següent:

   Hi va haver un temps en què estava orgullós de ser ciutadà britànic. Però he deixat de considerar-me com a tal. Aspiro encara a ser un ciutadà, no de l'Imperi sinó de la Commonwealth. Però no en una associació imposada a un poble per un altre poble.

   MAHATMA GANDHI, a CYRIL H. PHILIPS, *The Evolution of India and Pakistan 1858-1947*, 1962

   a. A quin episodi històric correspon el text?
   b. Què saps de Gandhi?
   c. Explica els termes històrics que surten en el fragment.
   d. Quina és la idea principal del text?
   e. Quines conseqüències van tenir aquestes idees?
3. Diverses colònies, quan van aconseguir la independència, van ser dividides en estats diferents. En quins casos va passar? Quines van ser les conseqüències?
4. El 1917, el Govern britànic va aprovar una declaració que seria comunicada per Lord Balfour, secretari del Foreign Office, a la comunitat jueva britànica. Deia això:

   El govern de Sa Majestat considera favorablement l'establiment a Palestina d'una llar nacional per al poble jueu, i dedicarà tots els seus esforços per a la realització d'aquest objectiu, amb el benentès que no es farà res que pugui afectar els drets civils i religiosos de les comunitats no jueves que hi ha a Palestina o els drets i l'estatut polític que els jueus tinguin a qualsevol altre país.

   ROBERTO MESA, «Declaración de Balfour», a *Palestina y la paz en Oriente Medio*, 1994

   a. Resumeix el text.
   b. Què va comportar aquesta declaració?
5. Llegeix aquesta frase de Sukarno, pronunciada en el discurs d'obertura de la Conferència de Bandung, i respon a les preguntes.

   Representa un nou inici en la història del món que líders de pobles asiàtics i africans puguin reunir-se als seus països per discutir i deliberar sobre assumptes d'interès comú.

   a. Per què és important Sukarno en l'etapa de descolonització?
   b. Quins acords es van prendre en la Conferència de Bandung?
6. Observa la fotografia i respon a les preguntes de sota.

   a. Quins personatges surten? A quina situació històrica correspon l'escena?
   b. Cuba es pot considerar com un dels països no-alineats? Per què?
7. Explica el significat dels termes següents:
   - nacionalsindicalisme
   - tradicionalisme
   - nacionalcatolicisme
   - militarisme
8. Ordena cronològicament aquests esdeveniments i indica l'any en què es van produir.
   - Llei orgànica de l'Estat
   - Pla d'estabilització
   - Concordat amb la Santa Seu
   - Mort de Franco
   - Admissió d'Espanya a les Nacions Unides
   - Atemptat contra Carrero Blanco
9. Observa aquesta fotografia de tres maquis a la Vall d'Aran el 1944 i respon a les preguntes.

   a. Qui eren els maquis? Com van vestits els tres personatges de la fotografia?
   b. Busca informació sobre la invasió de la Vall d'Aran del 1944. Per què va fracassar?
   c. Investiga altres accions dels maquis a Catalunya.

Mapa conceptual

Comprova el que saps

Por i Guerra Freda, són sinònims?

El director de pel·lícules com *E. T., l'extraterrestre* o la saga d'*Indiana Jones*, Steven Spielberg, va néixer l'any 1946, de manera que va créixer i va viure la infància en ple apogeu de la Guerra Freda. Llegeix aquest fragment de l'entrevista que va concedir amb motiu de l'estrena d'una de les seves últimes pel·lícules, *El puente de los espías*, on va poder parlar de les seves experiències personals.

Spielberg va passar la infància mirant al cel. No buscava l'E. T., ni tan sols pensava encara en ell. En realitat, intentava endevinar per on cauria la bomba atòmica. Pretenia avançar-se als russos, els enemics, albirar-la i col·locar-se dins d'alguna cosa metàl·lica, com la banyera o la nevera, tal com li ensenyaven a l'escola. A Indiana Jones li va funcionar en la seva última aventura. Però el futur mag del cinema també es guardava les espatlles, mirava a terra i als carrerons, buscant el rastre d'espies soviètics. En tot això va pensar quan va descobrir la història de James Donovan que explica a *El puente de los espías*: un advocat d'assegurances (en la cinta, Tom Hanks) triat pel Govern dels Estats Units per defensar un suposat espia rus a qui va haver d'intercanviar pel pilot americà del famós U-2 abatut en territori soviètic. Spielberg va pensar en la por que passava de petit en el clímax de la Guerra Freda: «Jo només sabia que Francis Gary Powers [pilot de l'avió de vigilància U-2] havia estat abatut per un míssil rus i l'havien arrestat [...]. Estava completament convençut que la fi del món era just girant la cantonada. Algú havia de cometre un error, prémer un botó i seria la fi [...]. Jo era un nen americà, i els americans eren els bons i l'URSS, els dolents. Això era el que el nostre president ens deia i el que els nostres professors ens explicaven.»

IRENE CRESPO, *Steven Spielberg, el último héroe*, *El País*, «Tentaciones», 28-11-2015

COMPRÈN EL TEXT

1. Com va ser la Guerra Freda per a Spielberg?
2. De què tenia por Spielberg quan era petit?
3. En quin moment va tenir lloc l'incident de l'U-2 i per què va ser tan important?
4. Quines mesures es van prendre per evitar que algú prémés per error un botó, com diu Spielberg que temia?
5. Indica quina de les afirmacions següents és vertadera i quina és falsa; en aquest últim cas, corregeix-la de manera que es converteixi en una afirmació correcta.
   a. La fi del món era una cosa que es veia com un fet improbable.
   b. Durant la Guerra Freda hi havia una intensa activitat d'espionatge en els dos blocs.
   c. Spielberg va viure turmentat tota la infància per la por que tenia a l'inici d'una guerra nuclear.
   d. La propaganda nord-americana intentava convèncer els nens que els soviètics eren els dolents.

RELACIONA LA INFORMACIÓ AMB L'ACTUALITAT

A més de les potències nuclears dels temps de la Guerra Freda, actualment hi ha diversos països que posseeixen aquest tipus d'armament. Potser el més perillós és Corea del Nord, tenint en compte l'hostilitat que ha manifestat en moltes ocasions contra els Estats Units i els seus aliats a Àsia.

6. Busca alguna notícia sobre el risc que suposa aquest règim per a la pau mundial. Quina relació hi ha entre Corea del Nord i la Guerra Freda?

El cap d'estat de Corea del Nord és actualment Kim Jong-un.

ENCADENA ELS TEUS CONEIXEMENTS

En la fotografia, Humphrey Bogart i Lauren Bacall encapçalen una protesta d'actors del Hollywood de l'època contra el Comitè d'Activitats Antiamericanes, presidit pel senador McCarthy, que pretenia desemmascarar comunistes en el món del cinema.

7. Quina relació hi ha entre aquest esdeveniment i el testimoni de Spielberg sobre la Guerra Freda?
8. Per què preferiria el Comitè perseguir i acusar famosos actors de Hollywood?
9. Quines circumstàncies històriques van permetre la impunitat amb la qual actuava el Comitè?

ORGANITZA LA INFORMACIÓ

Durant la Guerra Freda, el bloc comunista i el capitalista es repartien el món. L'esquema següent mostra els diferents grups de països segons l'òrbita geopolítica a la qual pertanyien.

10. Copia l'esquema i completa'l amb la informació que hi falta.

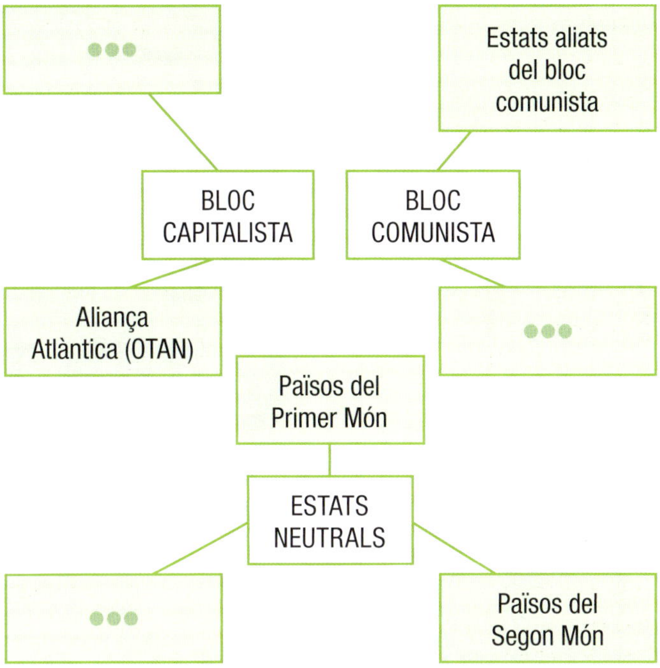

OBSERVA I SINTETITZA

11. Gràcies a la Guerra Freda, la dictadura franquista va aconseguir el reconeixement de les democràcies occidentals.
    a. Per què penses que va passar això?
    b. Si Espanya hagués continuat estant aïllada, el franquisme hauria durat tant de temps? Per què?
12. Relaciona cada vinyeta amb el seu moment històric per mitjà d'un titular que sigui descriptiu i redacta'n un resum breu.
13. Dibuixa una altra vinyeta per descriure la situació d'Espanya avui dia.

UNITAT 10

EL FINAL DE LA GUERRA FREDA

EN AQUESTA UNITAT APRENDRÀS...

- Com i per què es va acabar la Guerra Freda.
- Què va passar a l'Europa de l'Est després de la caiguda del comunisme.
- Quina era la situació en el món occidental les últimes dècades del segle XX.
- Què va caracteritzar la història de l'Amèrica Llatina al segle XX.
- Com va ser el final de la dictadura franquista i la transició política espanyola.
- Com va recuperar Catalunya l'autonomia política.

Mira més enllà

I després de la Guerra Freda, què?

La nit del 9 de novembre del 1989, després de l'obertura política de Gorbatxov i de la fugida de molts alemanys cap a l'oest, es va obrir el mur de Berlín, una barrera que durant prop de trenta anys havia estat el símbol de la Guerra Freda i de la repressió soviètica a l'Europa de l'Est.

Durant tot aquest temps, el mur havia estat infranquejable des del sector oriental i desenes de persones havien mort intentant travessar-lo.

- Quan s'havia construït? Amb quina finalitat?
- Què creus que devien sentir aquestes persones després de tants anys sense poder passar a l'altre costat de Berlín?

En aquell moment, al mateix temps que s'enderrocava el mur, les esperances de canvi a l'Europa de l'Est eren més grans que mai. En poc temps es va produir una transició pacífica en la majoria d'aquests països.

Però no només a l'Europa de l'Est hi havia senyals de canvi. Uns mesos abans, a la Xina s'havien produït protestes i l'ocupació de la plaça de Tiananmen a Pequín. No obstant això, com mostra la fotografia, aquestes accions van concloure amb una intervenció militar que va causar centenars de morts i va impedir qualsevol possibilitat de canvi polític.

- Creus que accions com la del manifestant de la fotografia aconsegueixen algun objectiu?
- Tot i la repressió, què van aconseguir els manifestants?

Els règims totalitaris limiten la llibertat dels individus i reprimeixen qualsevol intent de canvi que posi en perill el seu poder.

- A més d'utilitzar mitjans violents, a quins altres procediments recorren els governs totalitaris per mantenir-se en el poder? Tenen el suport popular? Com l'aconsegueixen?
- Es pot mantenir eternament la repressió sobre la població?
- Què fa canviar aquestes situacions de poder totalitari?

1. La caiguda del comunisme a l'URSS i a l'Europa oriental

Alguns ciutadans de Praga mentre intentaven aturar un tanc soviètic pels carrers de la ciutat l'agost del 1968.

Les febleses del bloc comunista

Després de la Segona Guerra Mundial, l'URSS havia imposat amb facilitat el seu sistema sobre l'est d'Europa. Les anomenades **democràcies populars** eren, teòricament, estats independents, però la submissió a Moscou era total.

En són exemples el cop de Praga, poc temps després d'haver-se acabat la guerra, que va impedir la instauració de la democràcia a **Txecoslovàquia**; la **revolució hongaresa** del 1956, quan els tancs del Pacte de Varsòvia van entrar en aquest país per sufocar la insurrecció que pretenia celebrar eleccions; i la **Primavera de Praga** del 1968, un intent reprimit de «socialisme en llibertat».

Durant els anys vuitanta, la lluita per treure's el jou soviètic del damunt es va concentrar a **Polònia** en mans del sindicat obrer **Solidaritat**, el qual, malgrat que va ser il·legalitzat pel Govern polonès, va continuar operant en la clandestinitat.

La perestroika i la glàsnost

El 1985, **Mikhaïl Gorbatxov** va ser elegit secretari general del Partit Comunista de la Unió Soviètica (PCUS). Era el primer dirigent de l'URSS que no havia viscut la Revolució Russa del 1917, per la qual cosa presentava una imatge neta, lliure de les disputes històriques.

Aquest polític rus, que s'identificava amb les idees de Lenin i amb la Nova Política Econòmica (NEP), va anunciar un **nou programa** basat en **dos principis**: la perestroika i la glàsnost.

- La paraula russa **perestroika** significa 'reestructuració'. Segons Gorbatxov, es tractava de dotar el sistema de més socialisme i més democràcia sense renunciar als principis bàsics del comunisme. El programa havia d'afrontar reformes polítiques i econòmiques.

  Pel que fa a la **política**, els canvis incloïen el reconeixement d'alguns grups d'oposició que podrien participar en eleccions democràtiques.

  En **economia**, la perestroika proposava una introducció controlada de l'economia de mercat per tal de facilitar la formació de cooperatives i de petites empreses privades.

- El terme **glàsnost** equival a 'transparència informativa'. Era el complement de la perestroika, i es va adoptar amb la intenció de suavitzar la censura de premsa i d'exercir un control menys estricte sobre la llibertat d'expressió.

Gorbatxov va intentar portar a terme unes propostes de distensió que no van ser seguides pels Estats Units, que sabien que l'URSS estava esgotada econòmicament pels enormes esforços de la Guerra Freda, sobretot per les exigències que li havia suposat la Iniciativa de Defensa Estratègica nord-americana (*guerra de les galàxies*).

També van ser elevadíssims els costos humans, materials i de prestigi de la **guerra de l'Afganistan** en la qual s'havia embarcat l'URSS; un error semblant al comès pels Estats Units en la Guerra del Vietnam.

GORBATXOV

1 Observa la caricatura de Gorbatxov, descriu-la i explica quina creus que era la intenció del dibuixant.

La caiguda del comunisme a l'Europa de l'Est

L'abril del 1986, un accident molt greu va destruir la **central nuclear de Txernòbil**, a Ucraïna. Les grans deficiències de manteniment d'aquesta instal·lació van causar un desastre humà i ecològic, i van posar en evidència l'endarreriment tecnològic, la burocratització i la desorganització del règim soviètic.

Un altre factor determinant de la caiguda del sistema va ser l'efecte de la perestroika sobre els països satèl·lit. En un **discurs del 1989**, Gorbatxov va dir que «**cada poble té dret a triar el seu destí**». D'acord amb una posició coherent amb aquesta idea, els soldats russos van començar a retirar-se dels països de l'Europa de l'Est, que van iniciar un procés de democratització i abandonament del comunisme.

L'acte més emblemàtic va ser l'**obertura del mur de Berlín** el novembre del mateix any. També es va produir la **retirada de l'Afganistan**.

Finalment, el 1990, Gorbatxov va tirar endavant una reforma de la constitució soviètica que posava fi al monopoli del PCUS i permetia una certa pluralitat política. Com a protesta, els sectors més conservadors van promoure un **cop d'estat** l'agost del **1991**. La temptativa va fracassar, però va precipitar la **caiguda de Gorbatxov**.

El mes de juliol d'aquell any s'havia dissolt el Pacte de Varsòvia i al desembre va desaparèixer la mateixa Unió de Repúbliques Socialistes Soviètiques (URSS). **La Guerra Freda s'havia acabat.**

ACTIVITATS

2. Quins van ser els principals senyals de rebel·lió en les democràcies populars?
3. Explica què va passar en algun dels casos de l'activitat anterior.
4. Què volen dir les paraules *perestoika* i *glàsnost*?
5. Com va debilitar l'URSS l'anomenada *guerra de les galàxies*?
6. La frase de Gorbatxov «cada poble té dret a triar el seu destí» va tenir una enorme difusió i transcendència. Per què?
7. Quin fet va precipitar la caiguda de la Unió Soviètica?

LA REUNIFICACIÓ ALEMANYA

A la tardor del 1989, els alemanys de tots dos costats del mur van començar a saltar i a enderrocar la barrera que els separava. Els soldats de la República Democràtica d'Alemanya (RDA), sense el suport explícit del Pacte de Varsòvia, no van actuar per evitar-ho. Moltes famílies que havien quedat separades per la Guerra Freda tornaven a retrobar-se dècades després. El Govern de la RDA estava desbordat i va dimitir. A la primavera del 1990 es van celebrar eleccions lliures a l'Alemanya de l'Est i, al cap de poc temps, es va signar el tractat de reunificació amb la República Federal d'Alemanya (RFA).

Tot i l'entusiasme generalitzat que hi havia per la reunificació, per a alguns alemanys de l'est va ser més aviat una integració del bloc oriental dins de l'occidental, ja que es va adoptar el sistema polític i econòmic de l'oest (democràcia i capitalisme) i es va mantenir el nou estat en les organitzacions a les quals pertanyia l'antiga RFA (Comunitat Europea i OTAN).

Actualment, malgrat que formin part d'un sol estat, les diferències regionals entre l'est i l'oest d'Alemanya persisteixen com a conseqüència del passat comunista de la part oriental: l'est té nivells d'atur més elevats i la renda *per capita* és més baixa.

La pel·lícula *Goodbye Lenin!* (2003) retrata els canvis que es van produir a l'Alemanya oriental, arran de la reunificació, i mostra els contrastos entre les dues realitats.

Analitza la informació

- Com es va produir la reunificació?
- Han assolit el mateix nivell de vida els habitants de totes dues zones? Raona la resposta.

2. L'URSS i l'Europa oriental després de la caiguda del comunisme

La caiguda del mur de Berlín i la reunificació d'Alemanya van posar fi a un dels conflictes més emblemàtics de la Guerra Freda i van donar origen a la **caiguda de les democràcies populars** de l'est d'Europa. Tot i que en algun d'aquests països el camí cap a la transició va ser violent, com ara a Romania a l'hivern del 1989, en la majoria dels casos va ser un procés consensuat.

Finalment, el 1991 es va disgregar l'URSS i va néixer la CEI, una **Comunitat d'Estats Independents** amb la qual es pretenia salvar alguns aspectes de la desapareguda Unió Soviètica. Però no tots els antics integrants de l'URSS van acceptar-ne la inclusió, i entre els que ho van fer no van tardar a sorgir conflictes, alguns dels quals van ser molt seriosos.

ACTIVITATS

8 Quins estats es van fracturar i quins es van unificar després de la caiguda del comunisme?

9 Elabora una taula de dues columnes i classifica els estats del mapa en aquestes dues categories:

- Pertanyents a l'antiga URSS.
- Antigues democràcies populars.

3. Els Estats Units i l'Europa occidental

Operació Tempesta del Desert en la primera Guerra del Golf (1991), després de la invasió de Kuwait per l'Iraq.

Els Estats Units al final de segle

La derrota de l'URSS es va considerar un gran èxit de la política de **Ronald Reagan**. Els Estats Units podien ser considerats els únics que manaven al món.

El 1988, a Reagan el va succeir en la presidència **George Bush** pare. Molts pensaven que era el moment de dissoldre l'OTAN, ja que havia desaparegut la seva antagonista, el Pacte de Varsòvia. Bush, però, va continuar la política d'intervencionisme en conflictes perifèrics igual que faria el seu successor, Bill Clinton.

D'aquestes intervencions, les més importants van ser la que va tenir lloc en la **guerra entre l'Iran i l'Iraq**, en la qual els Estats Units van intervenir a favor del segon, i la **Guerra del Golf**, quan el 1990 l'Iraq va envair Kuwait. En aquesta ocasió, amb el suport de l'ONU, es va obligar el dictador iraquià Sadam Hussein a retirar les seves tropes, però l'esforç bèl·lic es va mantenir després de derrocar-lo.

Ronald Reagan, president dels Estats Units del 1981 al 1989, i Margaret Thatcher, primera ministra del Regne Unit del 1979 al 1990.

Europa occidental

Als països de l'Europa occidental, les dècades finals del segle XX van estar marcades per:

- La **crisi del petroli**. Aquesta crisi econòmica, iniciada l'any 1973, va fer que els països productors reduïssin els subministraments de cru, de manera que Occident va veure frenada la productivitat.
- La **deterioració de l'estat del benestar**. Després de la Segona Guerra Mundial els estats van seguir una política segons la qual es convertien en garants d'un millor nivell de vida dels seus ciutadans en educació, sanitat i serveis.

  A partir dels anys vuitanta, els governs successius de **Margaret Thatcher** al Regne Unit van ser clau en aquesta deterioració de l'estat del benestar, ja que va aplicar una política neoliberal que valorava més la llibertat de mercat i els guanys del capital que les conquestes socials.
- La **fi de les dictadures grega, portuguesa i espanyola**. Cal assenyalar com a factor positiu la **desaparició a la dècada de 1970 d'aquestes tres dictadures** que havien perviscut al sud d'Europa.

! PER SABER-NE MÉS

A **Grècia**, l'any 1974, l'anomenada **dictadura dels coronels** va arribar a la fi a causa del frustrat intent d'annexió de l'illa de Xipre, de la crisi econòmica que vivia el país i de les protestes creixents de la societat civil.

El 17 de novembre d'aquest any es van celebrar les **primeres eleccions democràtiques**, en les quals va vèncer Nova Democràcia, el partit de **Konstandinos Karamanlís**. Amb el seu mandat es va restablir la Constitució del 1952, es van alliberar els presos polítics i es van legalitzar els partits. Per mitjà d'un referèndum, es va abolir la monarquia i es va proclamar la república com a forma d'estat.

- Quina forma de govern tenen avui Grècia, Portugal i Espanya: monarquia o república?

Manifestació a Grècia (1974).

El procés de la unitat europea

Debilitada per la guerra, Europa va entendre que havia de buscar la recuperació en la unió. L'any 1948 es va fundar el **Benelux**, unió duanera de Bèlgica, els Països Baixos i Luxemburg. El 1951 va néixer la **CECA** (Comunitat Econòmica del Carbó i de l'Acer), de la qual formaven part els tres països del Benelux més França, la República Federal d'Alemanya i Itàlia. Finalment, el 1957 es va crear la **Comunitat Econòmica Europea** (CEE), que agrupava els països membres de la CECA.

Pel **Tractat de Maastricht** del 1992, la CEE es va transformar en la **Unió Europa** (UE), un canvi de nom que responia a la major ambició dels objectius: CEE significa 'unió econòmica'; UE, 'unió', sense limitacions. El 1995 va entrar en vigor el **Tractat de Schengen**, pel qual es creava un espai comú europeu de lliure circulació de persones.

Treballa amb el mapa

10 Quins països van fundar la CEE? Quins hi pertanyien quan es va transformar en UE?

DES DE LA COMUNITAT ECONÒMICA EUROPEA FINS AL 1995

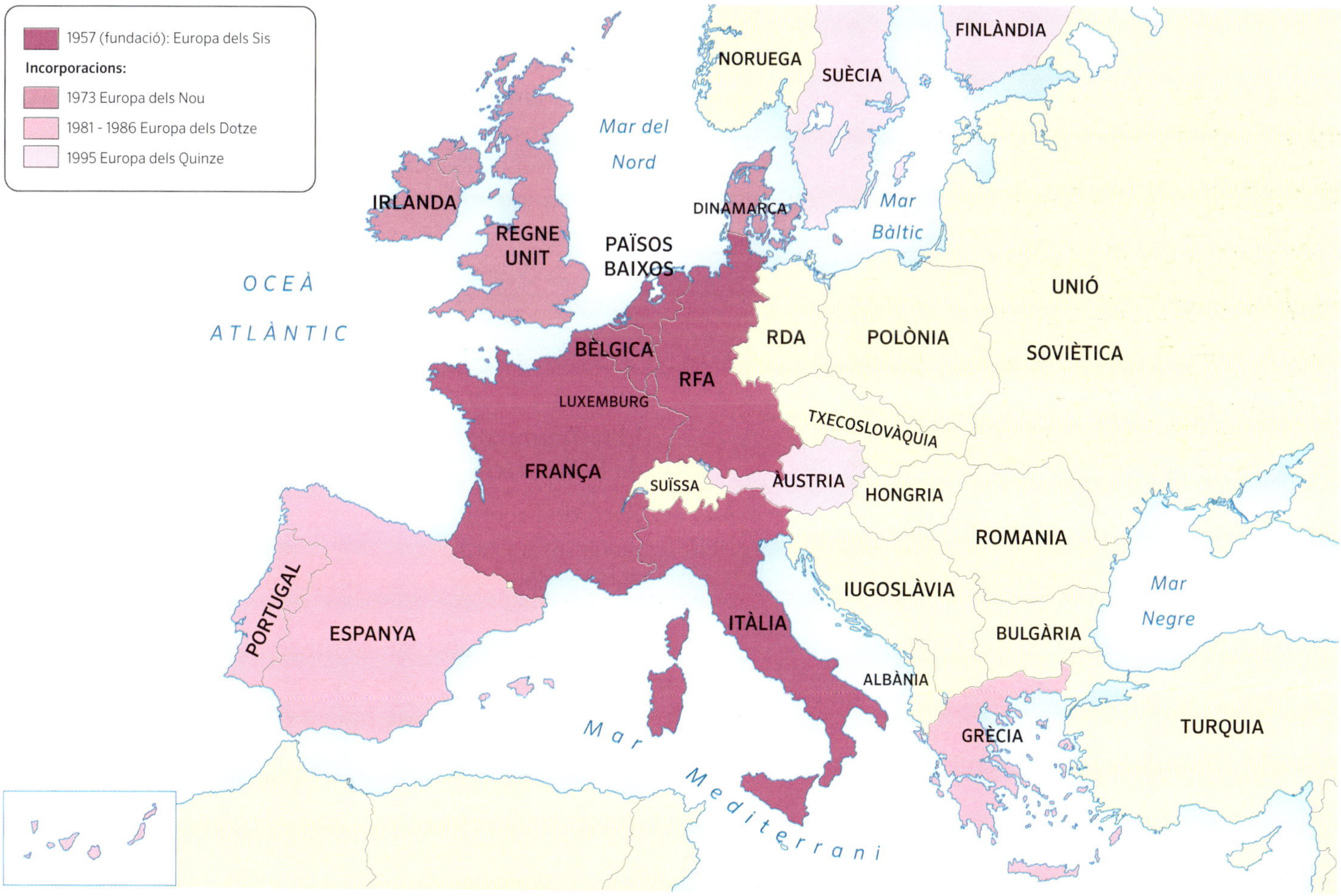

ACTIVITATS

11 Quina va ser l'actitud dels EUA després de la desaparició de l'URSS?

12 En què consistia l'estat del benestar? Quan va entrar en crisi?

13 Defineix aquests conceptes: *Benelux*, *CECA*, *CEE*, *UE*, *Tractat de Maastricht*, *Tractat de Schengen*.

14 Quins països europeus no pertanyien a la UE l'any 2000?

PARA'T A PENSAR

Les crisis internes, poden tombar una superpotència mundial?

El bon funcionament de l'economia i el benestar de la població són essencials per a la pervivència d'un sistema.

Per això, les crisis que afecten aquests àmbits poden arribar a tombar fins i tot una potència internacional.

1. La **perestroika** soviètica va introduir l'economia de mercat a l'URSS. No obstant això, les reformes no van poder frenar la crisi econòmica que arrossegava la superpotència des de feia dècades. L'accident de la central nuclear de Txernòbil del 1986, a més, va posar en evidència el sistema mateix davant de la seva població.
2. La **crisi del petroli** i les **polítiques econòmiques neoliberals** als països occidentals van deteriorar l'estat del benestar i van minar la confiança de la societat en el sistema capitalista.

Analitza un cas: els problemes interns dels sistemes comunista i capitalista

1. La crisi soviètica

Als anys vuitanta, la crisi a la Unió Soviètica era evident. L'economia i el desastre nuclear de Txernòbil van ser dos dels detonants de la caiguda de l'URSS. El punt de vista de l'historiador Bernard Chavance o els testimonis recollits per la premi Nobel de literatura Svetlana Aleksiévitx així ho manifesten.

Els sistemes socialistes s'enfronten a enormes dificultats econòmiques. La Unió Soviètica, en particular, no havia tingut mai fins a aquest moment una taxa de creixement tan dèbil des que es va instaurar la planificació centralitzada. Nombrosos indicis confirmen que es tracta d'una crisi econòmica oberta: successió de males collites, recessions en diversos sectors de la indústria, agreujament de l'escassetat, racionament dels productes alimentaris a les ciutats [...]. Les dificultats habituals del sistema s'han intensificat de manera visible, concretament pel que fa a l'eficàcia econòmica.

BERNARD CHAVANCE, *El sistema econòmic soviètic*, 1987

Els fets

Svetlana Aleksiévitx, premi Nobel de literatura el 2015, va recollir en l'obra *La pregària de Txernòbil: Crònica del futur* testimoniatges de supervivents del desastre nuclear.

El 26 d'abril del 1986, a la 1 h 23 min 58 s, una sèrie d'explosions van destruir el reactor i l'edifici del quart bloc energètic de la central elèctrica atòmica de Txernòbil, prop de la frontera bielorussa. La catàstrofe de Txernòbil es va convertir en el desastre tecnològic més greu del segle XX [...]. Després de Txernòbil, el país va perdre 485 llogarets i pobles, setanta dels quals estan enterrats per sempre [...]. A les regions de Gómel i Moguilev (les més afectades per l'accident), la mortalitat ha superat la natalitat en un 20 per cent [...]. Projectades a gran altura, les substàncies gasoses i volàtils es van dispersar per tot el globus terraqüi: el 2 de maig se'n va registrar la presència al Japó; el 4 de maig, a la Xina; el 5, a l'Índia, i el 5 i el 6 de maig, als EUA. [...]

El testimoniatge de Guennadi Gruixevoi, president de la Fundació per als Nens de Txernòbil

Recordo l'actitud que tenia aquells dies. Durant molt de temps no va haver-hi por; prop d'un mes vam passar esperant; que ens n'informarien d'un moment a l'altre: sota la direcció del Partit Comunista, els nostres científics, els nostres heroics bombers i soldats [...] una vegada més han dominat els elements. Han aconseguit una victòria mai vista. Han tancat la flama còsmica en una proveta. La por va aparèixer al cap de poc de temps.

SVETLANA ALEKSIÉVITX, *Veus de Txernòbil*, 2006

2. La crisi capitalista

Des dels anys setanta, el sistema capitalista ha experimentat diverses crisis en les quals tots els seus sectors socials s'han vist afectats.

El desabastiment de petroli, la recessió i l'atur han colpejat, en diferent mesura, tots els països occidentals.

Els gràfics són un mitjà per comprendre el fenomen.

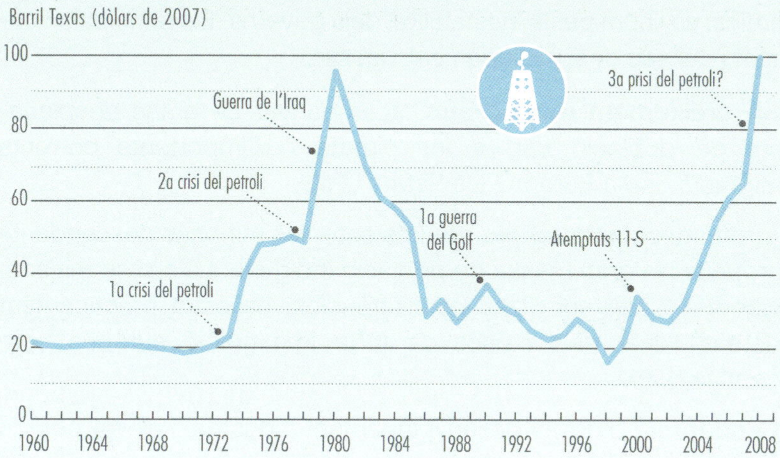

Font: Kiko Llaneras - *Euribor.com.es*

Un dels resultats crucials de l'atur massiu pot ser el fet que els joves s'aparten progressivament de la societat. Segons informes recents, aquests joves continuen volent treball, per difícil que els resulti obtenir-ne, i continuen aspirant també a tenir una carrera important.

Del discurs del secretari de l'OCDE el 1983

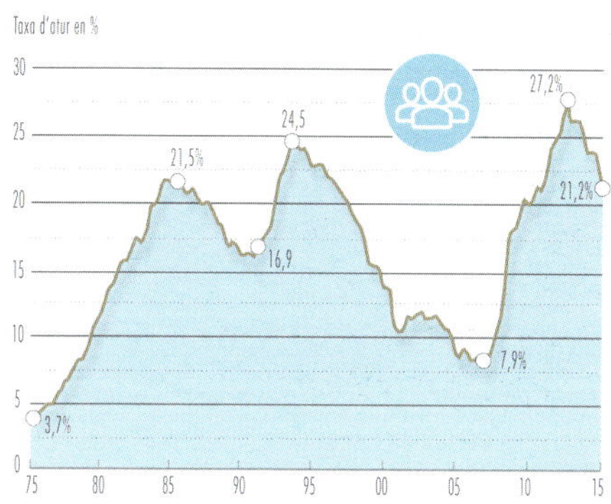

Font: Enquesta de població activa (EPA)

RELACIONA

1. Què va passar a Txernòbil el 1986? A quin país actual es trobava la central nuclear? Quines relacions manté aquest país actualment amb Rússia?
2. Segons els fets recollits en el llibre *La pregària de Txernòbil: Crònica del futur*, quins efectes va tenir l'accident de Txernòbil? Com va poder canviar la imatge que es tenia del poder soviètic tant a l'estranger com a la mateixa URSS?
3. Per què Guennadi Gruixevoi va tardar a assumir el problema? Què passava a l'URSS a mitjans dels anys vuitanta perquè es donés a conéixer a l'opinió pública la catàstrofe?
4. Explica el procés de desintegració de l'URSS. Quins altres factors, a més de la catàstrofe nuclear, van influir en el procés?
5. Segons els gràfics, estava lliure de problemes econòmics, l'Occident capitalista? A què va ser deguda la crisi del petroli? Quines polítiques van agreujar els problemes socials?
6. Qui era el dirigent soviètic en l'última etapa de l'URSS? Quins presidents van tenir els EUA les dècades de 1980 i 1990?

REFLEXIONA

7. Una crisi nuclear o una crisi econòmica, pot influir en l'evolució política d'un país? Creus que va ser l'economia la que va enfonsar l'URSS? Argumenta les respostes.
8. Amb quina situació actual podries comparar la informació de l'apartat 2? Justifica la resposta basant-te en el gràfic de l'atur.

4. L'Amèrica Llatina al segle XX

La Revolució Mexicana del 1910 va transformar radicalment la política i la societat d'aquest país.

Els condicionants del desenvolupament

Els imperis americans d'Espanya i Portugal havien desaparegut al segle XIX. Però la plena sobirania de la majoria dels països de l'Amèrica Llatina es va retardar fins al segle XX a causa dels **forts desequilibris** socials i econòmics, així com per la inestabilitat dels governs. Els principals condicionants del seu desenvolupament van ser:

- El fort **creixement demogràfic**, acompanyat de grans desplaçaments de població cap a les ciutats i d'importants corrents d'emigració cap a Europa i els Estats Units.
- Les profundes **desigualtats socials** entre les minories descendents d'europeus i la gran massa de població indígena. La classe mitjana, que podria haver suavitzat les diferències, ha estat pràcticament inexistent, llevat dels països de forta immigració europea com l'Argentina o Xile.
- Una **economia** d'escàs desenvolupament industrial i elevat pes de les activitats agràries, i molt **dependent** del capital estranger i dels interessos de les multinacionals.
- L'anomenada **diplomàcia del dòlar**, continuació durant el segle XX de la doctrina Monroe, la qual cosa ha suposat una forta ingerència nord-americana en les qüestions econòmiques i polítiques de països on té un gran interès estratègic.

La Revolució Mexicana

El 1910 va tenir lloc a Mèxic la revolució més famosa de l'Amèrica del segle XX. La centúria s'havia iniciat amb el govern de **Porfirio Díaz**, un dictador que va ocupar el poder durant trenta anys. Díaz va emprendre una reforma agrària que expulsava els camperols de les terres que havien treballat durant generacions. La reacció va ser la formació de guerrilles revolucionàries dirigides per cabdills populars, com **Pancho Villa** o **Emiliano Zapata**.

El triomf de la Revolució i l'expulsió de Díaz van suposar la instauració d'una democràcia controlada pel **PRI** (Partido Revolucionario Institucional), que es va considerar a si mateix hereu de la Revolució, encara que la seva trajectòria política posterior ha seguit camins molt dispars.

Les desigualtats socials a l'Amèrica Llatina són evidents entre la població indígena i les minories d'origen europeu.

Els sistemes populistes

Els efectes de la **crisi del 1929** es van deixar sentir amb força a l'Amèrica Llatina a causa de la dependència de la seva economia. Com a conseqüència d'això, hi va haver reaccions nacionalistes que, amb posterioritat a la Segona Guerra Mundial, van desembocar en sistemes populistes.

Els **populismes** són moviments polítics que, dirigits per un líder carismàtic, estableixen relacions paternalistes amb les classes treballadores.

El règim populista més representatiu va ser el **peronisme** de l'Argentina, liderat per **Juan Domingo Perón**. Aquest dirigent es va beneficiar d'una bona conjuntura econòmica, però el seu règim va anar derivant cap a una dictadura fins que va caure, el 1955. Anys després, no obstant això, el peronisme va viure una breu resurrecció.

El dictador xilè Augusto Pinochet.

Dictadures i democràcies

El règim de **Fidel Castro** a Cuba ha estat una de les dictadures més llargues de l'Amèrica Llatina. Però també n'hi ha hagut d'altres, generalment afavorides per la política intervencionista dels Estats Units, com la del general **Pinochet**, a Xile, que va derrocar amb un cop d'estat el govern democràtic de **Salvador Allende**, o la del general **Videla** i els militars a l'Argentina.

Llevat de Colòmbia i Veneçuela a l'Amèrica del Sud, i Mèxic i Costa Rica a l'Amèrica Central, tots els països llatinoamericans van tenir algun tipus de dictadura als anys centrals del segle XX. Totes aquestes dictadures es van caracteritzar per la **violació sistemàtica dels drets humans**, per l'assassinat d'opositors polítics i per les tristament cèlebres llistes de «desapareguts».

No obstant això, coincidint amb les transicions a la democràcia dels països del sud d'Europa, a l'Amèrica Llatina també hi va haver **processos de democratització** de manera que, a la fi del segle, només a Cuba i Haití es mantenien governs dictatorials.

Dos dels **casos de transició a la democràcia** van ser l'Argentina i Xile.

ACTIVITATS

15 Com va tenir lloc el desenvolupament de l'Amèrica Llatina al segle XX?

16 Totes les dictadures, especialment la xilena i l'argentina, han quedat lligades a un dels més cruels instruments de repressió, els «desapareguts». A què es refereix aquest terme?

ARGENTINA

Les primeres eleccions democràtiques a l'Argentina després de la dictadura de Jorge Videla van tenir lloc el 1983.

El nou president, **Raúl Alfonsín**, va ocupar el càrrec fins al 1991. Durant el seu mandat es van investigar els crims comesos durant la dictadura.

XILE

El 1990, el dictador xilè Augusto Pinochet va abandonar la presidència.

El seu successor, **Patricio Aylwin**, va ascendir al poder després de guanyar les eleccions, va consolidar la democràcia a Xile i va investigar els crims de la dictadura.

TENDÈNCIES DINS DEL FRANQUISME

Quan el règim franquista va entrar en crisi, van sorgir **dues tendències**:

- L'**immobilisme**. Els seus seguidors volien la continuació del règim després del dictador. Eren partidaris del «franquisme sense Franco».
- L'**oberturisme**. Els seus defensors creien que calien reformes per adaptar-se als nous temps. El successor de Carrero Blanco, Carlos Arias Navarro, va anunciar un tímid programa reformista que es va conèixer com *l'esperit del 12 de febrer*, per la data del 1974 en la qual es va divulgar.

Analitza la informació

- Explica amb les teves paraules el significat polític dels termes *immobilisme* i *oberturisme*.

5. La fi de la dictadura i la transició política espanyola

L'oposició al franquisme

Després que es desarticulés la resistència dels maquis durant la dècada del 1940, i arran del reconeixement del règim de Franco pels Estats Units el 1953, l'**oposició republicana** va quedar molt debilitada. La desunió entre els diferents partits, heretada de la guerra civil, va fer que el govern republicà a l'exili tingués molt poca efectivitat.

Als **anys cinquanta**, a tot l'Estat, l'oposició es va manifestar en vagues obreres aïllades i protestes estudiantils que eren durament reprimides. Però durant els **anys seixanta**, l'oposició va començar a organitzar-se. Va sorgir el sindicat Comissions Obreres i, per primera vegada, els grups opositors de l'interior i de l'exili es van reunir en la Conferència de Munic (1962), una trobada a la qual el franquisme es va referir despectivament amb l'expressió *contuberni de Munic*.

La crisi del franquisme

Franco, conscient del seu deteriorament físic, va nomenar el príncep Joan Carles de Borbó com a successor a títol de rei (Llei de successió, 1959). Era un intent de deixar-ho tot «lligat i ben lligat».

El 1973, Franco va cedir la presidència del govern a l'almirall Luis Carrero Blanco, tot i que ell va continuar com a cap de l'Estat. Però l'almirall va ser assassinat pel grup terrorista basc ETA, una circumstància que va posar en evidència la feblesa del règim.

D'altra banda, en la crisi del franquisme van confluir **factors internacionals**. A continuació se'n recullen els més importants:

CRISI ECONÒMICA DEL 1973

Les indústries europees van quedar greument afectades i els emigrants espanyols es van veure obligats a tornar. Com a conseqüència d'això, va augmentar l'atur i la conflictivitat laboral.

EXECUCIÓ D'OPOSITORS

La imatge internacional del règim es va deteriorar per l'execució del jove anarquista Salvador Puig Antich i els afusellaments, el setembre del 1975, de cinc membres d'ETA i del FRAP.

REVOLUCIÓ DELS CLAVELLS

L'alçament dels oficials intermedis de la jerarquia militar va derrocar la dictadura portuguesa el 25 d'abril del 1974. L'exemple del país veí va alimentar les esperances de l'oposició espanyola.

MARXA VERDA

En els últims dies de vida de Franco, el Marroc va organitzar una marxa multitudinària a través del desert amb la finalitat d'ocupar les possessions espanyoles al Sàhara.

La Transició: de la dictadura a la democràcia

El 20 de novembre del 1975 **va morir Franco**. Segons el que havia disposat el dictador, **Joan Carles I** va esdevenir rei d'Espanya. Aviat es va evidenciar que, tant per raons internes com externes, el manteniment del franquisme era impossible, i Espanya va iniciar la **transició cap a la democràcia**.

El primer president de govern nomenat pel rei, **Adolfo Suárez**, va tirar endavant la **Llei de reforma política** i va legalitzar els partits polítics, incloent-hi el Partit Comunista.

El 15 de juny del 1977 es van celebrar les primeres **eleccions lliures** després de la dictadura. La Unió de Centre Democràtic (UCD) va guanyar-les, i Suárez, el seu líder, es va convertir en el primer president escollit democràticament. Començava un període de col·laboració entre partits, que va culminar amb la redacció de la **Constitució del 1978**, la primera des de la del 1931. A partir d'aleshores va entrar en funcionament un **règim democràtic**.

Fruit del bon ambient polític que es vivia entre els diferents partits democràtics, el 25 d'octubre del 1977 es van signar els **Pactes de la Moncloa**. Amb aquest acord, els partits, els sindicats i els empresaris van fer un front comú davant la crisi econòmica que es vivia des del 1973 i van establir les bases de l'estat del benestar.

Des del 1982 es van succeir en el poder governs socialistes (PSOE) i conservadors (Partit Popular, anteriorment Alianza Popular). El **bipartidisme** dominarà la política espanyola en aquests anys de democràcia, malgrat la presència de partits nacionalistes i d'altres opcions polítiques que en els darrers temps han agafat més força.

La ponència constitucional el 10 d'abril del 1978.

ACTIVITATS

17. Quines característiques va tenir l'oposició a partir de la dècada dels anys seixanta?
18. Quins factors van contribuir a debilitar el franquisme?
19. Fes una cronologia amb els fets més destacats de la Transició espanyola (1975-1982).
20. Elabora una taula en què surtin tots els presidents de govern espanyols des del 1977 fins avui dia.

LA CONSTITUCIÓ ESPANYOLA DEL 1978

El Congrés dels Diputats, creat després de les eleccions generals del 1977, va formar una comissió encarregada de redactar un projecte de constitució. Exceptuant els nacionalistes bascos, en aquesta reunió hi havia representants dels diferents partits polítics, els anomenats **pares de la Constitució**, que van treballar en la redacció de les noves normes jurídiques durant més d'un any. Finalment, entre el juliol i l'octubre del 1978, el text va ser aprovat pel Congrés i pel Senat, i el 6 de desembre va ser ratificat en un referèndum.

La Constitució està formada per **cent seixanta-nou articles**, agrupats en **deu títols**; entre altres aspectes, defineix el model d'estat, els drets i deures dels ciutadans, l'organització política i l'organització territorial:

Títol preliminar (art. 1-9). **Art. 1.1**. Espanya es constitueix en un estat social i democràtic de dret.

Títol I. Drets i deures fonamentals (10-55). **Art. 14**. Els espanyols són iguals davant de la llei, sense que pugui prevaler cap discriminació per raó de naixement, raça, sexe, religió, opinió o qualsevol altra condició o circumstància personal o social.

Títol III. Les Corts Generals (66-96). **Art. 66.1**. Les Corts Generals representen el poble espanyol i estan formades pel Congrés dels Diputats i el Senat.

Títol VIII. L'organització territorial de l'Estat (137-158). **Art. 137**. L'Estat s'organitza territorialment en municipis, en províncies i en les comunitats autònomes que es constitueixin.

Analitza la informació

- Qui eren els pares de la Constitució? Digues-ne el nom i el partit polític que representaven.
- Tria un article de la Constitució de l'any 1978 i aprofundeix-ne en el contingut. Quin sentit i quines implicacions té?

Molts cantautors catalans, com Lluís Llach, van actuar com a revulsiu cultural i van formar el moviment anomenat *Nova Cançó*.

6. La recuperació de l'autonomia catalana

L'oposició al final del franquisme

Com a la resta de l'Estat, a Catalunya l'oposició al règim franquista es va **enfortir** notablement durant les dècades del 1960 i el 1970:

- En l'**àmbit polític**, les forces més actives van ser els moviments nacionalistes, sorgits de la petita burgesia catalanista i catòlica, i el Partit Socialista Unificat de Catalunya (PSUC), d'ideologia comunista.
- En l'**àmbit laboral** va destacar la defensa dels drets dels treballadors per part de les Comissions Obreres (CCOO), que van desplaçar la CNT com a principal força sindical opositora.
- En l'**àmbit universitari**, la lluita dels estudiants es va manifestar en grups com el Sindicat Democràtic d'Estudiants, creat a la Universitat de Barcelona el 1966.
- En l'**àmbit cultural** es van multiplicar les iniciatives (editorials, musicals, teatrals, pedagògiques, etc.) en defensa de la llengua catalana.

L'Assemblea de Catalunya

Totes aquestes tendències van confluir el 1971 en l'Assemblea de Catalunya, un moviment que aplegava tots els que reclamaven les **llibertats democràtiques**, l'amnistia per als empresonats per motius polítics i la recuperació de l'autogovern.

La detenció, a la darreria del 1973, de cent tretze delegats de l'Assemblea va provocar una **gran mobilització popular de protesta**, fet que va demostrar fins a quin punt el desig de democràcia s'estava estenent entre els ciutadans de Catalunya.

Mentrestant, per preparar l'imminent canvi de règim es van anar constituint diferents **partits i sindicats**: el Partit dels Socialistes de Catalunya (PSC), Convergència Democràtica de Catalunya (CDC), Unió de Pagesos, etc.

ACTIVITATS

21 Quines iniciatives culturals es van impulsar durant les dècades de 1960 i 1970?

22 Quina importància històrica va tenir l'Assemblea de Catalunya?

23 Busca informació sobre el sindicat Unió de Pagesos. Quin paper va desenvolupar en l'antifranquisme?

PER SABER-NE MÉS

Durant tot el franquisme es va prohibir la commemoració de l'**Onze de Setembre**. Després de la mort del dictador, els actes de la Diada de Catalunya van tornar a ser legalitzats. La primera celebració autoritzada va ser la de l'any 1976 a Sant Boi de Llobregat, convocada per l'Assemblea de Catalunya.

L'any següent, enmig d'un ambient de reivindicació a favor de la democràcia i l'autogovern, es va fer a Barcelona la manifestació més gran des de la finalització del franquisme per reivindicar «**llibertat, amnistia i estatut d'autonomia**».

Les diades del 1978 i el 1979 van estar marcades per la reivindicació de l'Estatut.

- Quina era la situació de la Diada durant el franquisme?
- Quines van ser les reivindicacions dels anys següents?

El retorn de la Generalitat

Pocs dies després de la mort de Franco es va constituir el **Consell de Forces Polítiques de Catalunya**, integrat per tots els moviments polítics que reclamaven la democràcia, l'amnistia per als presos polítics i la recuperació de l'autogovern perdut el 1939. Al mateix temps, al carrer, sovintejaven les **manifestacions** a favor de la democràcia.

El juliol del 1976, amb l'arribada d'Adolfo Suárez al poder, aquestes reivindicacions van començar a ser escoltades. Els partits van ser legalitzats, els presos polítics van ser alliberats i el president va rebre els representants dels partits catalans.

Per satisfer les aspiracions autonomistes, Suárez es va posar en contacte amb Josep Tarradellas, president de la Generalitat a l'exili des del 1954. El cap del Govern espanyol es va comprometre a restablir la Generalitat i a impulsar un estatut d'autonomia. D'aquesta manera, el **23 d'octubre del 1977** Tarradellas va tornar a Catalunya com a president de la Generalitat. Immediatament, Tarradellas va formar un **govern d'unitat** amb membres de totes les forces polítiques catalanes, que tenia com a objectiu principal la redacció d'un nou estatut.

El 1980 es van celebrar les primeres eleccions al Parlament de Catalunya i Convergència i Unió (CiU) les va guanyar. Des d'aleshores hi ha hagut **governs de CiU i PSC**, amb aliances amb altres forces polítiques. No obstant això, els darrers anys, aquests dos partits han cedit espai a altres formacions.

Les **relacions amb l'Estat** han passat per moments de col·laboració i d'entesa. Tot i això, les dificultats per fer el nou Estatut del 2006 i les retallades que el text va patir a les Corts i als tribunals espanyols han provocat que una gran part de la societat i de partits catalans es decantin per la via independentista.

Josep Tarradellas dirigint-se a la multitud des del balcó de la Generalitat el dia del seu retorn a Catalunya.

ACTIVITATS

24 Quin càrrec tenia Josep Tarradellas a l'exili? Quines condicions van propiciar-ne el retorn a Catalunya?

25 Fes una taula dels presidents de la Generalitat des del 1977 fins a l'actualitat. Quins partits els donaven suport?

26 Quin és l'Estatut vigent avui dia? Investiga'n el procés d'elaboració i aprovació.

L'ESTATUT DE SAU

El juny del 1978 es van reunir a **Sau** (Osona) vint parlamentaris catalans de totes les tendències polítiques per elaborar un nou estatut d'autonomia. La tasca fonamental de l'anomenada **Comissió dels Vint** va ser adaptar a la realitat catalana les exigències de la Constitució espanyola d'aquell mateix any. El procés de negociació a les Corts espanyoles va ser difícil, i es van haver de canviar articles ja aprovats. Finalment, l'Estatut va ser aprovat àmpliament pel poble català (referèndum del 25 d'octubre del 1979) i ratificat per les Corts el mes següent.

El text legal es va organitzar en **cinquanta-set articles** agrupats en **cinc títols**, que tractaven d'aspectes com l'organització territorial, la política, la llengua o les competències de la Generalitat:

Títol preliminar. **Art. 1.1**. Catalunya, com a nacionalitat i per accedir al seu autogovern, es constitueix en Comunitat Autònoma d'acord amb la Constitució i amb el present Estatut, que és la seva norma institucional bàsica. **Art. 3.1**. La llengua pròpia de Catalunya és el català. **Art. 3.2.** L'idioma català és l'oficial de Catalunya, així com ho és el castellà, oficial a tot l'Estat espanyol.

Títol Segon. **Art. 29.1**. La Generalitat està integrada pel Parlament, el president de la Generalitat i el Consell Executiu o Govern.

Analitza la informació

- Com defineix Catalunya l'Estatut? Quines llengües va establir com a oficials? Quines institucions constitueixen la Generalitat? Quins poders representen?
- Quines semblances hi observes respecte del procés d'elaboració de l'Estatut de Núria (1932)?

FES D'HISTORIADOR

ANALITZEM ELS FACTORS DE CONTINUÏTAT I CANVI EN UN PROCÉS HISTÒRIC

La Transició és un dels exemples més representatius de canvi polític de la història recent. Va ser possible gràcies a un delicat procés d'equilibri entre els **factors de continuïtat**, la ruptura radical de la qual alguns temien que pogués desencadenar la violència, i els **factors de canvi**, exigits per la societat espanyola i la comunitat internacional. Aquest procés es pot analitzar a través de fonts primàries i secundàries de molts tipus; entre aquestes fonts, els testimonis gràfics són molt nombrosos.

1. Anàlisi d'imatges que mostren les dificultats del canvi

Aquestes dues fotografies són un bon testimoniatge per **analitzar les dificultats** del canvi en un procés històric.

El 20 de desembre del 1973, una bomba d'ETA va assassinar el cap del Govern en aquell moment, l'almirall Carrero Blanco.

El 19 de juny del 1987, un atemptat d'ETA en un supermercat de Barcelona va causar la mort de vint-i-una persones i en va ferir quaranta-cinc més.

*Aquestes dues fotografies il·lustren un dels principals obstacles als quals va haver d'enfrontar-se la Transició espanyola: el **terrorisme**. Quan, el 1973, ETA va assassinar Luis Carrero Blanco, els ànims estaven tan exacerbats que els partidaris de la lluita armada ho van celebrar. Aviat, però, es va comprovar que, amb la caiguda del franquisme, el terrorisme no s'acabaria. Els atemptats van continuar i es van convertir en un seriós problema de la democràcia. Especialment feridor per a la sensibilitat col·lectiva va ser l'atemptat del supermercat Hipercor, de Barcelona, perquè evidenciava que l'acció sagnant no es dirigia solament contra polítics, policies o militars, sinó contra la ciutadania en conjunt.*

2. Examen d'imatges que presenten els factors del canvi

Les fotografies següents, no obstant això, il·lustren els **factors del canvi**.

Cimera de l'OTAN. Aquesta organització té la seu a Brussel·les (Bèlgica).

*L'**ingrés** d'Espanya a l'**OTAN**, el maig del **1982**, durant la presidència del govern de Leopoldo Calvo-Sotelo, d'UCD, va tenir l'oposició del PSOE. Aquest partit va organitzar la protesta entorn de l'eslògan ambigu «**OTAN: d'entrada, no**», que podia ser interpretat com un no a l'entrada o com un no… de moment.*

No obstant això, quan els socialistes van accedir al poder, l'octubre del 1982, van estar a favor de la convocatòria d'una consulta en la qual es demanés l'adhesió al tractat. Aquest canvi d'actitud es devia al convenciment del govern de Felipe González que la sortida de l'Aliança tindria conseqüències negatives per a Espanya, com per exemple l'aïllament respecte al món occidental o el retard tecnològic.

*El **referèndum** va tenir lloc el març del **1986** i va donar com a resultat el sí a la permanència en l'Aliança, amb un 53 % dels vots.*

L'1 de gener del 1986, Espanya va ingressar a la Comunitat Econòmica Europea.

*Espanya havia sol·licitat l'ingrés a la **CEE** al començament dels anys seixanta. Però la institució europea, que exigia als estats membres un sistema democràtic, en va rebutjar la sol·licitud.*

*Després de la mort de Franco, es va reiterar la petició, i les negociacions es van iniciar el 1979. El procés es va retardar pel temor d'alguns països comunitaris a la competència dels productes agrícoles espanyols. Finalment, l'**1 de gener del 1986**, Espanya es va convertir en membre de la CEE.*

*Els efectes de la integració van ser molt positius. En el moment de l'ingrés, el nivell econòmic del país estava per sota de la mitjana comunitària; per tant, va poder beneficiar-se dels **fons d'ajuda**. Això, però, va tenir **costos socials**, perquè la CEE va imposar processos de reconversió industrial, entre altres.*

*Més endavant, Espanya, com a membre plenament integrat, adoptaria l'**euro** com a moneda única.*

POSA-HO EN PRÀCTICA

Observa aquestes fotografies i explica els factors de canvi.

El 23 de febrer del 1981, el tinent coronel Tejero va assaltar el Congrés dels Diputats.

D'esquerra a dreta: Santiago Carrillo, Agustín Rodríguez Sahagún, Adolfo Suárez, el rei Joan Carles I, Felipe González i Manuel Fraga.

1. Per què van obeir els colpistes del 23-F les ordres del rei?
2. Què suposava l'intent de cop d'estat del 23-F com a factor de continuïtat?
3. Què va significar el fracàs del cop com a factor de canvi?
4. Quin valor, com a factors de continuïtat i canvi, té la fotografia dels líders polítics?
5. Quins partits polítics representaven els líders de la fotografia? Investiga-ho.
6. Redacta una ressenya breu sobre l'evolució política d'aquests líders.
7. Quins d'aquests partits continuen presents en l'actualitat política espanyola, amb les mateixes sigles o amb unes altres?

QUÈ HAS APRÈS?

EL FINAL DE LA GUERRA FREDA

- **L'URSS I L'EUROPA ORIENTAL**
  - L'URSS
    - Crisi econòmica
    - Gorbatxov
      - Glàsnost
      - ...
    - Accident nuclear a ...
    - Desaparició URSS
      - Any: ...
      - Comunitat d'Estats Independents
  - Les democràcies populars
    - 1989: obertura del mur de ...
    - 1991: dissolució del Pacte de ...
    - Caiguda dels règims comunistes
      - Processos violents: Romania i ...
      - Processos pacífics: Txecoslovàquia i ...

- **ELS ESTATS UNITS I L'EUROPA OCCIDENTAL**
  - Estats Units
    - Triomfador de la Guerra Freda
    - Política d'intervencionisme
    - 1991: Guerra del ...
  - Europa
    - 1973: crisi del ...
    - Crisi de l'estat del benestar
    - Fi de les dictadures
      - Espanya
      - Portugal
      - ...
    - Procés d'integració europea
      - ...: fundació de la CEE
      - 1992: Tractat de ... (UE)
      - 1995: Tractat de ... → Lliure circulació de persones

- **LLATINOAMÈRICA**
  - Condicionants del desenvolupament
    - Creixement demogràfic
    - ...
    - ...
    - ...
  - Sistemes polítics
    - Mèxic: ...
    - Argentina: ...
    - Cuba: ...
    - Xile: ...

- **ESPANYA I CATALUNYA**
  - Crisi del franquisme
    - Posicions del règim:
      - Immobilistes
      - ...
    - Arias Navarro: esperit del ...
    - 1975: mort de Franco
  - La Transició
    - Adolfo Suárez:
      - Cap de govern
      - Llei de ...
    - Constitució de ...
  - Recuperació de l'autogovern català
    - Oposició
      - Política
      - Laboral → CCOO
      - Cultural
      - Universitària
    - Assemblea de Catalunya
    - Retorn Generalitat → Josep Tarradellas
    - 1979: Estatut de ...

Repassa amb l'esquema

1. Copia l'esquema de la unitat i completa els textos que hi falten.

2. Imagina que ets Gorbatxov i que estàs exposant aquestes idees davant del Partit Comunista de l'URSS. Continua el discurs per justificar la necessitat de la perestroika i defensa els teus arguments.

L'URSS, la major productora mundial d'acer, matèries primeres, combustible i energia, estava afectada d'escassetat de béns [...]. Fins i tot, malgrat ser una de les majors productores de cereals alimentaris, es veu en la necessitat de comprar anualment milions de tones de blat. Tenim la proporció més elevada de llits d'hospital per habitant i, al mateix temps, els nostres serveis de sanitat emmalalteixen de notòries deficiències. Els nostres coets poden localitzar el cometa Halley i volar fins a Venus amb una precisió sorprenent [...] mentre que molts dels electrodomèstics de les nostres llars són de baixa qualitat.

MIKHAÏL GORBATXOV, *Perestroika*, 1987

3. Segons l'historiador Eric Hobsbawm, «internacionalment parlant, la Unió Soviètica era un país absolutament derrotat després d'una gran guerra, però sense guerra». Explica què volia dir.

4. Copia i relaciona aquests personatges amb els seus països.

Fidel Castro •	• Romania
Pinochet •	• Argentina
Ceausescu •	• Estats Units
Gorbatxov •	• Cuba
Bill Clinton •	• Xile
Juan Domingo Perón •	• URSS

5. Compara els textos següents:

El cap de l'Estat és el representant suprem de la Nació; personifica la sobirania nacional; exerceix el poder suprem i polític i administratiu.

Llei orgànica de l'Estat (1967)

La democràcia, a l'Estat espanyol, es basa en la supremacia de la llei, expressió de la voluntat sobirana del poble.

Article 1 de la Llei per a la reforma política (1977)

a. Situa cada llei en el context històric corresponent.

b. Qui era en cada moment el cap de l'Estat?

c. Explica les diferències en el concepte de sobirania.

6. Llegeix aquest text i situa el discurs en el seu context històric. Després, explica les idees que vol transmetre el rei amb el missatge.

Una figura excepcional entra en la història. El nom de Francisco Franco serà ja una fita de l'esdevenir espanyol a la qual serà impossible deixar de referir-se per entendre la clau de la nostra vida política contemporània [...].

Soc plenament conscient que un poble com el nostre, en ple període de desenvolupament cultural, de canvi generacional i de creixement material, demana perfeccionaments profunds. Escoltar, canalitzar i estimular aquestes demandes és per a mi un deure que accepto amb decisió.

Un ordre just, igual per a tots, permet reconèixer dins de la unitat del Regne i de l'Estat les peculiaritats regionals com a expressió de la diversitat de pobles que constitueixen la sagrada realitat d'Espanya.

Missatge de Joan Carles I a les Corts, després de prestar-hi jurament (22-11-1975)

7. Llegeix el discurs d'Eva Perón i contesta les preguntes.

En aquesta casa gran de la pàtria, jo soc com qualsevol altra dona en qualsevol de les innumerables cases del meu poble. Com totes elles, penso primer en el meu espòs i els meus fills [...]. És que em sento veritablement la mare del meu poble.

a. Quin tipus de règim va ser el peronisme? Quina característica d'aquests règims es percep en el text?

b. Quin concepte de la dona reflecteixen aquests mots?

8. Llegeix les reivindicacions de l'Assemblea de Catalunya i explica-les amb les teves paraules.

Nosaltres, catalans de diferents tendències i diversos sectors de la població, reunits en assemblea, [adoptem de manera unitària] una alternativa democràtica [al franquisme] basada en aquests punts:

1. L'amnistia general per als presos i exiliats polítics.
2. L'exercici de les llibertats democràtiques fonamentals.
3. El restabliment provisional de les institucions i els principis configurats en l'Estatut del 1932.
4. La coordinació de l'acció de tots els pobles peninsulars en la lluita democràtica.

Declaració de l'Assemblea de Catalunya, 7-11-1977 (adapt.)

Mapa conceptual

Comprova el que saps

POSA'T A PROVA

La unitat europea, avança o recula?

Llegeix atentament el text següent, que correspon al Tractat de Roma. A continuació, fes les activitats.

Sa Majestat el rei dels belgues, el president de la República Federal d'Alemanya, el president de la República Francesa, el president de la República Italiana, Sa Altesa Reial la gran duquessa de Luxemburg, Sa Majestat la reina d'Holanda.

Han decidit crear una Comunitat Econòmica Europea [...].

Article 1. Amb aquest tractat, les altes parts contractants institueixen entre si una Comunitat Econòmica Europea.

Article 2. La Comunitat té la missió de promoure, per mitjà de la instauració d'un mercat comú i el progressiu acostament de les polítiques econòmiques dels estats membres, un desenvolupament harmoniós de les activitats econòmiques en el conjunt de la Comunitat, una expansió contínua equilibrada, una estabilitat incrementada, una millora accelerada del nivell de vida i unes relacions més estretes entre els estats participants.

Article 3. A les finalitats enunciades en l'article precedent, l'acció de la Comunitat suposa [...]:

a) La supressió entre els estats membres dels impostos de duanes [...].

b) La fixació d'un aranzel comú i d'una política comercial comuna [...].

c) L'eliminació entre els estats membres dels obstacles a la lliure circulació de les persones, els serveis i els capitals.

d) La instauració d'una política comuna en el sector agrícola.

[...]

i) La creació d'un fons social europeu destinat a millorar les possibilitats d'ocupació dels treballadors i contribuir a millorar el seu nivell de vida.

Roma, 25-03-1957

Signatura del Tractat de Roma.

TREBALLA AMB EL TEXT

1. En quin context històric internacional es va signar el Tractat de Roma?
2. Quin era el seu objectiu?
3. Qui van ser els primers signataris del Tractat?
4. Què s'entén per *mercat comú?*
5. Quines altres polítiques comunes es van posar en marxa?

RELACIONA LA INFORMACIÓ

Llegeix el text següent:

Durant els anys cinquanta, molta gent, sobretot en els cada vegada més pròspers països «desenvolupats», es va adonar que els temps havien millorat de manera notable, especialment si els seus records es remuntaven als anys anteriors a la Segona Guerra Mundial. Un primer ministre conservador britànic va llançar la seva campanya per a les eleccions generals del 1959, que va guanyar, amb la frase «Mai no us ha anat tan bé», afirmació sens dubte correcta. Però no va ser fins que es va acabar el boom, durant els turbulents anys setanta, en espera dels traumàtics vuitanta, quan els observadors (principalment els economistes) van començar a adonar-se que el món, i en particular el món capitalista, havia travessat una etapa històrica realment excepcional, potser única.

ERIC HOBSBAWM, *Història del segle XX*, 1994

6. La frase «Mai no us ha anat tan bé» és del primer ministre britànic Harold Macmillan, i es referia a una societat que iniciava el seu estat del benestar. Existia la CEE quan la va pronunciar? I la UE?
7. La unitat europea, podia contribuir al manteniment i extensió del benestar dels europeus? Per què?
8. A quina crisi es refereix el text quan parla dels «turbulents anys setanta»? Com va poder afectar al desenvolupament de la unitat europea?
9. Es va detenir el procés d'annexions a la Comunitat Europea per culpa de la crisi? Si no és així, detalla quines annexions va rebre fins al final del segle XX.

AMPLIA ELS TEUS CONEIXEMENTS

10. Quins països s'han unit a la Unió Europea al segle XXI?
11. Esbrina quins altres països han sol·licitat l'adhesió a la UE però encara no han estat admesos.
12. L'euro es va fundar el 1999 amb onze països integrants de l'acord; el 2015 en són dinou. Esbrina quins van ser els primers i quins s'hi han adherit després.
13. Investiga l'evolució de l'acceptació de l'euro fins al moment present. Després, busca informació sobre l'estat de la seva cotització pel que fa a altres monedes internacionals (com, per exemple, el dòlar) en el moment present.
14. Quins problemes ha viscut la moneda única els últims anys?

Països que han adoptat l'euro com a moneda única.

OBSERVA I SINTETITZA

15. Com es representa a les vinyetes cadascuna de les fases del procés d'unió europea?
16. Per què creus que el procés s'ha alentit amb el temps?
17. Quins països de la Unió han arribat a plantejar-se abandonar-la? Esbrina els motius que addueixen els partidaris de deixar la UE en aquests països.
18. Busca informació sobre l'anomenada *Europa de dues velocitats*, proposada en el Tractat de Niça subscrit l'any 2001. Pots recollir-ne dades al lloc web de la Unió Europea.
19. Quina és la teva opinió sobre el futur de la unitat dels països dins de la Unió Europea? Raona la resposta i comparteix-la amb els companys.

BLOC II

EL MÓN ACTUAL

UNITAT 11 EL MÓN ENTRE ELS SEGLES XX I XXI: EVOLUCIÓ POLÍTICA

UNITAT 12 EL SEGLE XX

UNITAT 11

EL MÓN ENTRE ELS SEGLES XX I XXI. EVOLUCIÓ POLÍTICA

EN AQUESTA UNITAT APRENDRÀS...

- De quina manera la globalització afecta els estats des del punt de vista polític.
- Com ha evolucionat Europa al començament del segle XXI.
- Quins conflictes hi ha a Àsia actualment.
- Quins conflictes té Àfrica actualment.
- De quina manera evoluciona el continent americà.
- Com es pot resoldre un conflicte polític i armat.

Mira més enllà

Té límits la llibertat d'expressió?

Charlie Hebdo és un setmanari satíric francès que es distingeix per combatre el fanatisme mitjançant l'humor. Arran de la publicació d'unes vinyetes que alguns van considerar ofensives, els seus redactors es van convertir en el blanc del terrorisme, ja que diversos grups van «decretar-ne» la mort per blasfems.

El 7 de gener del 2015, dos homes emmascarats i armats van atemptar contra la seu d'aquest setmanari a París. A conseqüència de l'atac, van morir dotze persones i en van resultar ferides onze més, quatre de les quals en estat greu.

- Cal fer callar algú cada vegada que una altra persona se'n senti ofesa? Qui ha de fixar els límits de la llibertat d'expressió?
- Creus que la llibertat d'expressió enforteix la societat o la debilita?
- Europa és cada vegada més plural. Diries que aquesta diversitat suposa un enriquiment? Quins en són els avantatges i els inconvenients?

Els dies posteriors a l'atemptat, en solidaritat amb les víctimes es van produir manifestacions a tot el món amb el lema «Jo soc Charlie» (o «Nosaltres som Charlie»). A la fotografia pots veure la que es va fer a la capital francesa, concretament a la plaça de la República.

Aquesta plaça és un lloc habitual de concentracions cíviques i de manifestacions per les llibertats. La gran estàtua que la presideix simbolitza els ideals revolucionaris.

- Quins són aquests ideals?
- Per què es duen a terme allà les concentracions de repulsa del terrorisme?

«Si estenem la tolerància il·limitada fins i tot a aquells que són intolerants, si no estem preparats per defensar una societat tolerant contra els abusos dels intolerants, el resultat serà la destrucció dels tolerants i, juntament amb ells, de la tolerància.»

- Què vol dir aquesta frase de Karl Popper (1902-1994)?
- Aquest pensador es referia als totalitarismes del segle XX. A quins moviments actuals es podria aplicar?

1. La globalització i la crisi de l'estat

La globalització des del punt de vista polític

La globalització és el procés d'interconnexió i interdependència entre diferents societats. Es tracta d'un fenomen que s'ha accelerat les últimes dècades gràcies al desenvolupament de les **tecnologies de la informació i la comunicació** (TIC).

Des del punt de vista **polític**, aquest procés implica que els estats nacionals (estats nació) que es van desenvolupar al segle XIX hagin cedit protagonisme a altres entitats supranacionals com:

ONU	BM, FMI	OTAN, UE	ONG
L'**Organització de Nacions Unides** (ONU) i el seu **Consell de Seguretat**, que en els conflictes més recents ha posat de manifest la seva inoperància com a autoritat per damunt de tots els governs.	El **Banc Mundial** (BM) o el **Fons Monetari Internacional** (FMI), que negocien amb els governs i imposen polítiques econòmiques.	**Organitzacions que integren diversos països**, com l'OTAN o la Unió Europea. La UE assumeix funcions, com les duanes o l'emissió de moneda, que eren competencia de l'estat.	Les **organitzacions no governamentals** (ONG), institucions privades i al marge del control de qualsevol govern que assumeixen funcions amb finalitats humanitàries abans reservades a l'estat.

El secret bancari d'alguns països, com Suïssa, dificulta el control dels capitals procedents del frau, el blanqueig de diners o l'evasió fiscal.

La crisi de l'estat nació

La crisi de l'estat nació també és deguda a una erosió interna que mina els seus fonaments. El **procés** és **desigual**, i afecta especialment els països sorgits de la descolonització.

D'una banda, proliferen els **moviments separatistes**, que posen en qüestió les fronteres dels estats o, fins i tot, la seva existència. El fenomen és molt freqüent als països sorgits de la descomposició del bloc soviètic, així com a Àfrica i Àsia, però també passa en alguns llocs d'Europa.

D'altra banda, hi ha països en què el procés es manifesta en una **pèrdua de poder del govern central**. En certs casos es pot parlar d'un fracàs total de l'estat: són els anomenats **estats fallits**, que no han aconseguit assentar-se i viuen en un clima de guerra civil i inseguretat permanents. Amplis territoris queden fora del control governamental després de caure en poder de caps militars o senyors de la guerra, com en l'època feudal.

Una altra amenaça per a la sobirania dels estats és el poder de **xarxes mafioses** que actuen en qualsevol país del món; econòmicament operen a través dels **paradisos fiscals**, situats en països que atreuen els grans capitals i els diners negres, que sostreuen als estats els seus legítims ingressos en forma d'impostos.

Xoc o trobada de civilitzacions?

Després del col·lapse de la Unió Soviètica, van sorgir veus de politòlegs que proclamaven que la **fi de la Guerra Freda** implicava ni més ni menys que la **fi de la història**: acabat l'antagonisme entre els blocs, la democràcia liberal i l'economia de lliure mercat, representades pels Estats Units, s'estendrien per tot el món i iniciarien una **era de pau i progrés generalitzats**.

En canvi, lluny de confirmar-se aquestes esperances, els anys transcorreguts des del 1991 hem assistit a un augment de les **desigualtats entre rics i pobres** i a una escalada dels conflictes en moltes zones del món.

A més, el risc d'un **conflicte nuclear** no ha desaparegut. De fet, són molts més els països que tenen ara accés a la bomba atòmica o estan en condicions de fabricar-la; en alguns casos, com el de Corea del Nord, es tracta de règims totalitaris.

L'augment espectacular del nombre de **desplaçats** i la proliferació del **terrorisme**, ara de caràcter global, demostren que el món no és avui més pacífic que en els temps de la Guerra Freda; simplement, han canviat les formes de violència, i la seva exposició a través d'Internet s'ha convertit en una forma de multiplicar l'impacte.

Alguns analistes polítics han encunyat el concepte de **xoc de civilitzacions**: postulen que en el món del segle XXI els conflictes ja no es desenvoluparan entre estats nació com passava en els dos segles precedents, sinó entre grans àrees que comparteixen una mateixa tradició cultural.

Segons aquesta teoria, s'estarien enfrontant la **civilització occidental** i el **món islàmic**, i s'estaria gestant un altre conflicte que, en un futur pròxim, implicaria l'aliança entre l'islam i la Xina per prendre als Estats Units l'hegemonia mundial. No obstant això, són moltes les opinions contràries a aquesta concepció del món, ja que continua havent-hi nombrosos conflictes entre països dins d'una mateixa civilització.

Algunes tensions locals, com les que enfronten les dues Corees, poden donar lloc a conflictes oberts.

PER SABER-NE MÉS

Tan habituals són els **conflictes** que enfronten països dins d'una mateixa civilització com abundants són les **aliances** que uneixen grups de pressió i interessos que pertanyen a àrees culturals diverses; per exemple, la connivència dels conservadors nord-americans amb les elits dels emirats petroliers de la península d'Aràbia.

Presidents de diferents països en l'aliança supranacional de l'OPEP, reunits durant la cimera de l'any 2007.

- Quins penses que són els interessos que persegueixen les dues parts d'aquesta relació?

ACTIVITATS

1. Què implica la globalització des del punt de vista polític?
2. Explica què són els *estats fallits* i els *paradisos fiscals*.
3. Què vaticinaven alguns politòlegs després de la caiguda del bloc soviètic? S'han complert les seves previsions?
4. Quines organitzacions supranacionals poden assumir competències com el control de duanes o l'emissió de moneda? A quina entitat corresponien abans aquestes funcions?
5. Explica quina relació hi ha entre els paradisos fiscals i la crisi de l'estat.
6. Què es coneix com a *xoc de civilitzacions*? Quins fenòmens creus que confirmen o desmenteixen aquesta visió de l'actualitat?

PASSAT, PRESENT I FUTUR DE LA UE

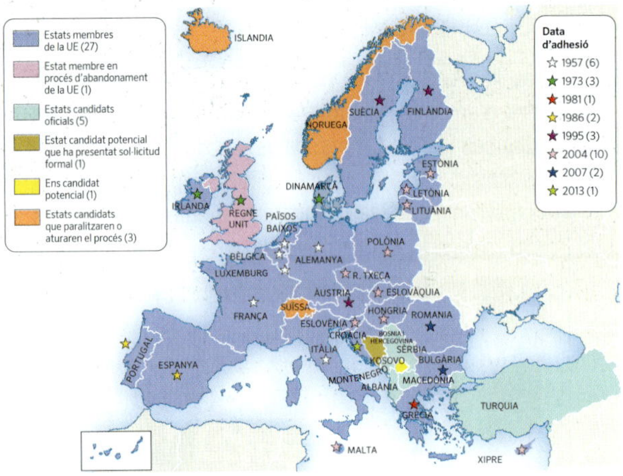

7 Quins estats insulars es van adherir a la UE el 2004? Quins països de l'antiga Unió Soviètica es van incorporar a la UE el 2004? Quins eren els països de l'antic bloc de l'est que es van unir a la UE el 2004 i el 2007? Quin és l'últim país que s'ha integrat a la UE?

8 Quins països han paralitzat l'adhesió a la UE? Quins n'han sortit?

9 Quins estats volen integrar-s'hi? On estan situats?

10 Si la UE fos un estat únic, se situaria en la tercera posició del món pel que fa a extensió. Investiga quins altres països continuarien estant al davant seu.

!

PER SABER NE MÉS

L'aparició de la moneda única, l'euro, adoptada ja per dinou països membres (que formen l'eurozona) i emprada com a mitjà de pagament per més de tres-cents milions de persones, va ser el pas més important per mirar d'assolir una integració econòmica dels diferents estats. Tanmateix, no tots els membres de la UE van adoptar l'euro com a moneda.

- Quins avantatges i desavantatges creus que té l'euro?
- Esbrina quins països de la UE no l'han adoptat com a moneda pròpia.

2. La nova Europa

Europa entre els segles XX i XXI

Un dels projectes més ambiciosos duts a terme al continent després de la Segona Guerra Mundial ha estat la **construcció d'una Europa unida**, que superés les velles rivalitats que van provocar greus conflictes durant la primera meitat del segle XX.

La caiguda del mur de Berlín i la fi de la Guerra Freda van donar un nou impuls a la idea d'unitat. De fet, les **ampliacions de la UE del segle XXI** han tingut com a característica la incorporació, sobretot, de països que fins al final de la Guerra Freda formaven part del bloc comunista (Eslovàquia, Eslovènia, Hongria, Polònia, la República Txeca, Bulgària, Romania i Croàcia) o estaven integrats dins la Unió Soviètica (Estònia, Letònia i Lituània).

Actualment, a més de Turquia, que negocia la incorporació des de fa dècades, hi ha altres països que hi han presentat la candidatura (la major part són dels Balcans).

A l'inici del segle XXI, la Unió Europea continua ocupant un **lloc de privilegi** des del punt de vista econòmic, tant pel volum global de l'economia com pel volum del seu mercat interior.

Però hi ha **obstacles** que encara no s'han pogut superar:

- El **fraccionament polític**, que fa que la Unió Europea estigui en un clar desavantatge respecte d'altres economies més avançades, com ara els Estats Units i el Japó, o de potències emergents, com la Xina i el Brasil. Per això, els seus líders són molt conscients de la necessitat d'avançar tant en l'**ampliació** de la Unió com en la **integració** dels seus membres.
- Malgrat el temps que ha transcorregut des de la desaparició del teló d'acer i l'extensió de la democràcia i l'economia de mercat, Europa continua **dividida pel nivell de riquesa**.

El fracàs de la Constitució europea

Durant dècades, les institucions europees han funcionat seguint la **regla de la unanimitat**; però aquest consens ha estat cada cop més difícil d'aconseguir a mesura que s'hi han afegit membres nous.

Per adequar la UE als nous temps i, sobretot, per afavorir la presa de decisions, el 2004 es va adoptar un projecte de tractat conegut amb el nom de **Constitució europea**.

Aquesta proposta havia d'augmentar els avantatges del Parlament Europeu i havia de facilitar-ne els acords. Però es va convertir en un fracàs que va obrir una greu crisi institucional, ja que el tractat **va haver de ser abandonat** després que França i els Països Baixos el rebutgessin per mitjà d'un referèndum.

Finalment, el 2007 es va adoptar un acord, el **Tractat de Lisboa**, que té com a novetat el fet que la UE adquireix personalitat jurídica pròpia, una condició que fa possible la signatura de convenis internacionals vinculants per a tots els estats membres.

Europa davant els nous reptes

L'esclat de la **crisi mundial el 2008** va fer créixer les diferències entre els socis comunitaris. L'eurozona va ser especialment colpejada per la **crisi del deute sobirà**: davant la pèrdua de confiança dels mercats en la capacitat de pagament dels països, aquests van haver de pagar uns interessos tan alts pel **deute** que van topar amb seriosos problemes de **liquiditat**.

Els estats més afectats van ser **Grècia**, **Portugal**, **Irlanda**, **Espanya** i **Itàlia**. Els tres primers van haver de ser rescatats, és a dir, van rebre préstecs de la UE i de l'FMI amb condicions dures que suposaven forts ajustos pressupostaris. A més, Espanya va haver de sol·licitar un rescat limitat per al seu sector bancari.

La crisi de l'eurozona va posar de manifest la fragilitat del projecte europeu, que ara s'enfronta, a més, a **nous reptes**:

- **Les diferències internes**. La constatació que dins d'Europa hi ha països que tenen interessos econòmics dispars i, fins i tot, enfrontats. S'ha avançat en la unió monetària, però no es pot dir el mateix de les polítiques fiscals o pressupostàries. Les tensions entre el nord i el sud (representades per les desavinences entre Alemanya i Grècia sobre el finançament del deute grec) van portar la UE a la vora del col·lapse el 2015, quan els grecs van rebutjar en referèndum l'últim pla proposat per Brusel·les. No obstant això, després de noves eleccions, el govern va haver d'acceptar les noves condicions.
- **La proliferació de partits antieuropeistes**, tant en l'extrema dreta nacionalista i xenòfoba com en l'esquerra anticapitalista. Alguns governs de l'est del continent han adoptat mesures contràries a l'esperit europeu en temes tan importants com les garanties de l'estat de dret o les polítiques d'igualtat.
- **La possibilitat que algun estat abandoni la UE**. El juny del 2016, el Regne Unit, per mitjà d'un referèndum, va decidir iniciar un procés d'abandonament de la Unió Europea.
- **La lentitud de reacció i la falta d'acord** en qüestions capitals, com va succeir en la crisi dels refugiats del 2015.

ACTIVITATS

11 Resumeix els esdeveniments més importants de la Unió Europea des del 1999 i elabora un esquema amb els principals reptes als quals s'enfronta.

12 Explica en què va consistir la crisi de l'euro. Per què creus que els interessos dels països del nord i del sud són, de vegades, contradictoris entre si?

13 Justifica per què la regla de la unanimitat, que deriva dels sis països fundadors, no resulta operativa avui dia.

14 Explica per què el fraccionament polític perjudica la Unió Europea en relació amb països com els Estats Units o la Xina.

A conseqüència de la política d'austeritat adoptada pel Banc Central Europeu per reduir el dèficit, en els països de l'eurozona amb economies més deprimides, com Grècia, s'ha estès un malestar social que paguen en les urnes els partits tradicionals.

EL BREXIT

El juny del 2016 es va fer al Regne Unit un **referèndum** sobre la permanència del país a la Unió Europea, que van guanyar els partidaris de sortir-ne. És el que es coneix com a *Brexit*.

Diversos factors van portar el Govern britànic a plantejar-se aquest referèndum:

- **L'escàs sentiment europeista**. Des de l'inici de la construcció europea, els britànics van mantenir una posició distant, i no s'hi van sumar fins al 1973.
- **El temor de la pèrdua de sobirania**. Els britànics sempre han temut la pèrdua de sobirania que implica la construcció europea, sobretot pel fet que moltes decisions es prenguin a Brussel·les i no a Londres.
- **L'especificitat britànica**. El Regne Unit no ha format mai part de l'eurozona i ha tingut sempre una posició divergent respecte a qüestions com el tractat de la lliure circulació, al qual no es va adherir.
- **La crisi econòmica del 2008**. Els seus efectes han provocat que una part de la població britànica no vulgui contribuir a finançar la UE.

Els partits antieuropeistes van aprofitar aquests factors per fer valer les seves tesis i imposar-se en el referèndum.

Analitza la informació

- Què vol dir *Brexit*? Per quines paraules angleses està formada?
- Quins factors van fer guanyar els partidaris de sortir de la Unió Europea?

3. Els espais conflictius a Àsia

El Pròxim Orient i l'Àsia central

El Pròxim Orient és el nom que rep la regió sud-oest d'Àsia, formada per diversos estats amb trets culturals i econòmics comuns, entre els quals predomina la **religió musulmana**. A la zona perviuen **conflictes ètnics i religiosos** importants (entre àrabs i perses, o entre turcs i kurds), i en els últims anys s'han incrementat la **persecució de les minories cristianes** i els **enfrontaments entre musulmans sunnites i xiïtes**.

En l'últim mig segle ha estat una de les **zones més conflictives** del món. Fins a la Primera Guerra Mundial, la major part de la regió formava part de l'Imperi otomà; més tard, va ser colonitzada pel Regne Unit i França. La descolonització es va produir després de la Segona Guerra Mundial, i des de llavors els conflictes no cessen en aquesta zona.

EL CONFLICTE ARABOISRAELIÀ

Els avenços en el procés de pau durant els anys noranta es van truncar després de l'assassinat de Yitzhak Rabin (1995), primer ministre israelià, i l'esclat d'una segona intifada o **rebel·lió dels palestins** (2000-2005). Malgrat que va crear-se una autonomia palestina, el conflicte ha continuat creixent per les divisions internes dels palestins i per la política d'assentaments jueus en territoris reclamats pels palestins. Aquest conflicte afecta també els països veïns, especialment el **Líban**.

LA LLUITA PEL PETROLI

La **importància estratègica** del petroli és un altre factor que desestabilitza la regió, on hi ha els jaciments mundials més grans, com ara el camp Ghawar a l'Aràbia Saudita i el de Burgan a Kuwait. Els **hidrocarburs** han enriquit els règims d'alguns països, i han contribuït a una influència elevada de sectors fonamentalistes. Els països occidentals han intervingut nombroses vegades a la zona per defensar els seus interessos, per exemple, a la Guerra del Golf (1991).

L'AUGE DEL FONAMENTALISME

El fonamentalisme islàmic s'ha convertit en una amenaça per a Occident, que ha respost al terrorisme amb intervencions militars: els **atemptats d'Al-Qaeda a Nova York** l'11 de setembre del 2001 van provocar, ni un mes més tard, el 7 d'octubre, l'entrada a l'**Afganistan** d'una coalició liderada pels Estats Units contra el règim dels talibans.

LES GUERRES DE L'IRAQ I SÍRIA

La **invasió de l'Iraq** per la coalició encapçalada pels Estats Units l'any 2003 va generar una desestabilització general a la zona. La **guerra civil siriana** ha donat lloc a un buit de poder. La proclamació, el 2013, de l'anomenat **Califat** o **Estat Islàmic** entre Síria i l'Iraq ha provocat onades de refugiats cap a Europa i noves amenaces terroristes al món.

El subcontinent indi

El subcontinent indi comprèn l'Índia i els països adjacents: el Pakistan, Bangla Desh, el Nepal, Bhutan i Sri Lanka. La seva població conjunta, equivalent a la de la Xina, representa el 20 % de la mundial. Encara que tots els països de la zona comparteixin una història i una civilització comunes, es tracta de **societats fracturades** per conflictes ètnics i religiosos que presenten **profundes desigualtats**.

El conflicte més significatiu és el que enfronta l'**Índia**, de majoria hindú, amb el **Pakistan** musulmà; tot i que es remunta a la **partició** que va seguir la independència de l'Imperi britànic el 1947, el problema s'ha agreujat per l'accés dels dos països a la **bomba atòmica**. L'origen de la seva enemistat és la regió fronterera del **Caixmir**, de majoria musulmana però integrada a l'Índia.

També han sorgit tensions amb l'altre país veí musulmà, **Bangla Desh**: per impedir la immigració, les autoritats hindús han emprès la construcció d'un **mur** a la frontera.

Malgrat la seva heterogeneïtat, l'Índia gaudeix d'un **règim democràtic** que la converteix en la democràcia més gran del món.

El conflicte del Caixmir ha originat diverses guerres i nombroses protestes amb xocs violents.

Dues potències oposades

Després de diverses dècades de creixement econòmic, la **Xina** és la **segona economia mundial** i pren aquest lloc al seu veí i rival per l'hegemonia a l'Extrem Orient, el **Japó**, que l'ocupava des del final de la dècada de 1960.

Les relacions entre els dos **gegants econòmics** són difícils per moltes raons, i es tradueixen en crisis successives derivades, en aparença, de la disputa pels mars adjacents. Els xinesos no obliden les **agressions japoneses** del passat i els japonesos veuen amb recel l'**expansionisme de la Xina**, que, encara que hagi adoptat una peculiar economia de mercat, continua sent una dictadura comunista.

D'altra banda, les **economies** dels dos països són complementàries, i tenen també interessos comuns, que són reflectits en la participació en la zona de lliure comerç amb l'**ASEAN**, una associació que engloba els estats del sud-est asiàtic.

Un altre **factor desestabilitzador** a la zona és l'**enfrontament entre les dues Corees**, sorgides arran de la divisió del país en la Guerra Freda. El règim comunista de Corea del Nord, totalitari i agressiu, té el suport diplomàtic de la Xina i amenaça periòdicament els seus veïns amb demostracions militars.

El gran exèrcit xinès és un bon exemple del poder creixent de la Xina.

ACTIVITATS

15 Què significa *Pròxim Orient*? Quins trets religiosos i històrics el caracteritzen?

16 Fes un esquema de les raons que converteixen el Pròxim Orient en un focus de conflictes.

17 Esbrina qui són els talibans.

18 Explica les causes de les friccions que hi ha al subcontinent indi.

19 La República Democràtica Popular de Corea (Corea del Nord) i la República de Corea (Corea del Sud) estan separades per una franja desmilitaritzada. Investiga com és i quan es va establir.

20 Observa aquesta caricatura i explica'n el significat.

21 Què saps de les zones més conflictives del món?

Quins grans canvis tenen lloc en el món actual?

Després de la fi de la Guerra Freda, el món va experimentar canvis profunds.

Han sorgit noves potències, que estenen la seva influència econòmica i política a altres latituds.

1. En les últimes dècades, diversos països han progressat des del subdesenvolupament fins a convertir-se en grans potències econòmiques. La Xina és la més important de totes aquestes potències emergents.
2. La crisi de l'estat nació no afecta tots igual. Tot i haver-hi focus de tensió en la perifèria, països com la Xina es beneficien d'una llarga tradició d'unitat política i cultural.
3. Després de la desintegració de l'URSS i la desaparició de la lògica bipolar de la Guerra Freda, altres potències, com la Xina, han omplert el buit de poder irrompent amb força en l'escena geoestratègica mundial.

Analitza un cas: la Xina, la gran desconeguda

Segons l'FMI, el 2014 el producte interior brut xinès (calculat en paritat de poder de compra) va superar el dels Estats Units. A pesar que el nivell de vida continua sent inferior en la potència asiàtica, l'última vegada que va passar una cosa així havia estat cent quaranta-dos anys abans, quan el 1872 l'economia dels Estats Units va avançar la del Regne Unit. Després de prop d'un segle i mig de lideratge americà, el centre de l'economia mundial es trasllada cap a l'est i sud d'Àsia, on viu el 55 % de la població del planeta i on s'acumula més d'un terç de la riquesa mundial. Què en sabem, però, de la Xina?

1. El poderós Imperi xinès

Una cultura mil·lenària

Si observem la història xinesa, crida l'atenció la seva continuïtat. Des del neolític, la Xina ha constituït sempre una part substancial de la població del planeta, i encara avui en representa el 15 %; a més, a diferència del que ha passat a Occident, on els períodes d'unitat política van ser l'excepció, a la Xina, unificada des del segle III aC, l'inusual han estat els períodes de divisió política.

Guerrers de terracota a la tomba de Qin, primer emperador de la Xina unificada.

El cultiu intensiu de l'arròs, afavorit per dics que controlaven les inundacions de les collites, per canals de reg i per un desenvolupat sistema de transport per alimentar les ciutats, requeria una planificació central, i es finançava gràcies a la recaptació d'impostos. Aquesta era la tasca dels emperadors, auxiliats per un eficaç equip de funcionaris.

Al segle XVIII, durant l'inici a Europa de la Revolució Industrial, els filòsofs posaven com a exemple de bon govern l'Imperi xinès.

El segle catastròfic (1839-1949)

Durant mil·lennis, la civilització xinesa havia viscut en un aïllament orgullós. Tot i que alguns invasors van aconseguir el poder, la necessitat de tenir funcionaris locals va facilitar que s'integressin en l'antiga i refinada civilització xinesa.

Al segle XIII, Marco Polo va conèixer el net del feroç mongol Genguis Khan convertit en un refinat monarca xinès.

El 1839 van arribar per mar nous «bàrbars»: eren potències europees interessades en les riqueses xineses, i que van aconseguir sotmetre i arruïnar la dinastia manxú. La Xina va perdre immensos cultius i va patir fams i guerres que van aniquilar vint milions de vides. Algunes colònies europees, com Hong Kong o Macau, no tornarien a mans xineses fins a les acaballes del segle XX.

El 1905 es van celebrar els últims exàmens imperials per a funcionaris, que tenien lloc des de l'any 606, i el 1911 va ser deposat l'últim emperador. La nova República de la Xina, però, no va detenir la decadència, aguditzada per tensions internes i per la intervenció del Japó, que va envair part de la Xina del 1937 al 1945.

2. Mao, l'emperador roig (1949-1976)

La proclamació de la República Popular de la Xina per Mao Zedong, el 1949, va suposar la fi de les intervencions estrangeres a la Xina. No obstant això, des del punt de vista econòmic i social el balanç de la dictadura totalitària imposada per Mao no és gens positiu.

L'any 1959, Mao va llançar el Gran Salt Endavant, que ha passat als annals com a exemple de planificació econòmica desastrosa i que va originar la major fam causada per l'acció de l'home.

Anys després, Mao va posar en marxa una campanya repressiva contra les elits intel·lectuals més capaces, fet que va precipitar una ingent pèrdua de capital humà. Va ser el que es coneix com a Revolució Cultural.

Mentrestant, la Xina comunista, emancipada de la tutela soviètica, adquiria estatus de gran potència gràcies al seu ingrés en el club nuclear i a la condició de membre permanent del Consell de Seguretat de l'ONU.

3. Les modernitzacions de Deng Xiaoping

A la mort del dictador, i després de derrocar els que intentaven mantenir la seva línia política, el poder va anar a mans d'un home que havia patit en carn pròpia la Revolució Cultural: Den Xiaoping. El seu programa consistia en quatre modernitzacions: el sistema econòmic, l'agricultura, el desenvolupament científic i l'exèrcit.

La Xina practicava un sistema inèdit: un govern controlat pel Partit Comunista permetia un capitalisme d'estat, autoritari però compatible amb les mesures econòmiques més liberals.

La modernització, però, no es va traduir en més llibertats: el 1989, el règim no va dubtar a utilitzar la força per ofegar una onada de revoltes similar a les que llavors estaven derrocant el comunisme a Europa.

El respecte als drets humans no és el que s'espera, i les condicions laborals són pitjors que en l'Occident capitalista. Però el miracle econòmic de prop de quatre dècades de creixement portentós avala l'èxit del model en aquest aspecte. La Xina ha emprès, aquesta vegada de veritat, un gran salt endavant.

RELACIONA

1. Llegeix els textos i defineix els termes:
   - funcionariat • República • colonització comunisme • dictadura

REPASSA I ANALITZA

2. Quina influència té la història de la Xina en la unitat interna de l'estat?
3. Quins van ser els èxits i els fracassos del règim maoista?
4. Quines creus que són les claus del gran creixement econòmic xinès? Quin és el preu pagat per la població?
5. A quines organitzacions mundials pertany la Xina? Quina importància penses que tenen aquestes aliances?

INVESTIGA

6. Investiga sobre algun cas d'incompliment a la Xina dels drets humans. Creus que a Occident passen casos similars? Argumenta la resposta.
7. Et sembla exportable a Europa el sistema polític i econòmic xinès? Per què?
8. Pregunta a diversos ciutadans d'origen xinès que coneguis: quines diferències culturals trobes amb Espanya?, quins avantatges trobes al nostre país?, quins desavantatges?
9. Escriu una redacció breu en què comentis les diferències entre els dos models, el xinès i l'europeu, en els aspectes següents:
   - Socials i demogràfics.
   - Econòmics i polítics.

LA POBLACIÓ D'ÀFRICA I EUROPA

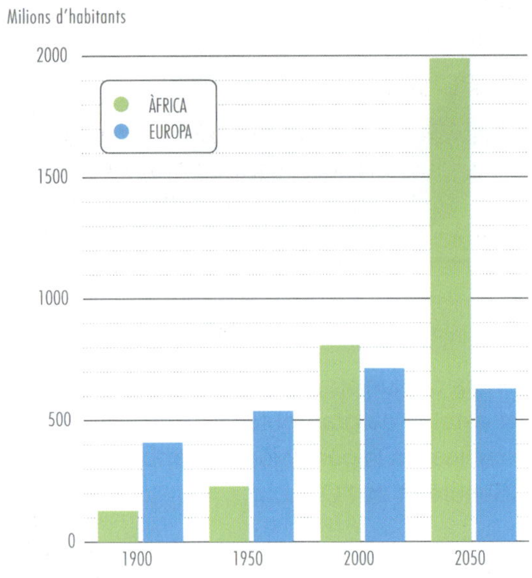

Font: ONU 2006

22 Sense esperança de feina ni condicions de vida dignes, fugint de guerres o dictadures, quina és l'única sortida per a molts africans?

23 Amplia el gràfic amb les mateixes dades de la resta de continents. Quina és la població mundial prevista per a l'any 2050?

4. Els espais conflictius a Àfrica

L'explosió demogràfica

El creixement demogràfic d'Àfrica és el més ràpid del món: el 1900, la població europea triplicava l'africana; ara estan pràcticament igualades, però es preveu que l'any 2050 siguin els africans els que tripliquin els europeus.

A pesar de l'elevada mortalitat infantil, d'epidèmies com la malària o la sida, o de brots de malalties tan letals com l'Ebola, aquesta explosió demogràfica és conseqüència d'un **descens de la mortalitat**.

Aquesta davallada no ha anat acompanyada d'una moderació de la natalitat. Les dones africanes registren la **taxa de fecunditat més alta** del món: entre sis i set fills per dona en països com Mali o el Congo, mentre que als països occidentals està per sota de dos.

A causa d'això, l'africana és la **població més jove** del planeta. En molts països, el grup d'edat menor de quinze anys suposa prop d'un terç del total; els estats es veuen incapaços de subvencionar l'educació de tants joves i l'economia no pot absorbir els nous contingents que accedeixen al mercat laboral.

Un present llastrat per les guerres

Fa unes dècades eren molts els que veien un **futur esperançador** per als nous països africans. Però la situació del continent (l'últim que s'ha descolonitzat) ha empitjorat tant des d'aleshores, que avui Àfrica passa pel moment més baix. Les causes d'aquest empitjorament de la situació són diverses.

CAUSES DELS CONFLICTES A ÀFRICA

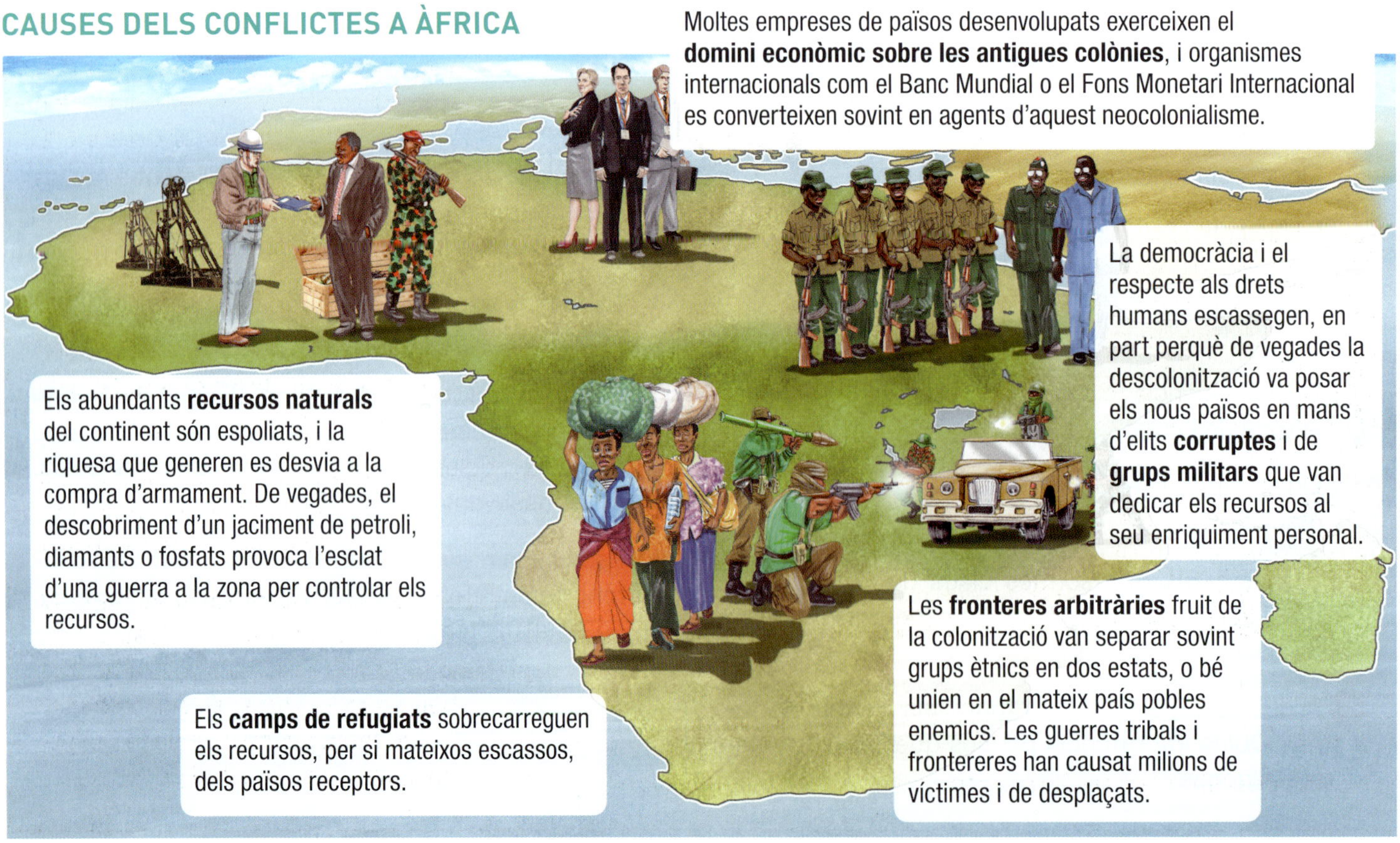

La Primavera Àrab

El 2010 es van iniciar a **Tunísia** una sèrie de **manifestacions de protesta** que després van estendre's per una gran part del món àrab.

L'oposició popular a governs dictatorials i corruptes va derrocar els **règims de Tunísia i Egipte** i va desencadenar una **guerra civil a Líbia** que va treure del poder el dictador Moammar al-Gaddafi.

Excepte a Tunísia, la **transició** a règims democràtics **va naufragar**, i en aquest context es van crear unes condicions favorables per a l'aparició de grups terroristes.

Actualment s'ha originat una **zona de desestabilització**, al marge de divisions frontereres, que comprèn bona part del **Sàhara** i el **Sahel** (les terres àrides situades més enllà del límit meridional del desert), en la qual operen grups **fonamentalistes**.

Aquesta situació ha provocat la guerra civil a Mali i amenaça la convivència entre religions en països situats tan al sud com Nigèria.

EL CONTINENT DE LA SET

Una possible etimologia del nom *Àfrica* prové del llatí *aprica*, que significa 'assolellat'. En aquest continent gairebé totes les zones climàtiques són càlides o temperades, i, encara que n'hi hagi alguna de plujosa (com l'equatorial), hi predomina la sequera.

El **desert avança** des de fa mil·lennis, però l'acció humana n'està accelerant el procés. A mesura que creix la població, disminueixen els aqüífers. És la «**crisi de l'aigua**», segons l'ONU.

Àfrica viu un **llarg cicle de sequeres** des del 1980. El llindar d'escassetat, estimat en 1.000 m^3 per persona i any, es va assolir a l'inici dels anys noranta. Sovint l'aigua no és potable i la pol·lució que presenta és una causa de mortalitat infantil. Els recursos hídrics han arribat a ser tan preuats, que les guerres del segle XXI seran probablement **conflictes per l'aigua**. Les tensions entre Etiòpia i Egipte a causa del cabal del Nil revelen la gravetat de la situació.

Analitza la informació

- Quins trets caracteritzen Àfrica des del punt de vista climàtic?
- Què és la crisi de l'aigua? Quines conseqüències té per a la població?

✓ FES VALER

La solidaritat

Àfrica és un dels continents amb més emigrants, refugiats i desplaçats. De vegades ens costa molt posar-nos en el lloc d'aquestes persones, però, per solidaritzar-nos-hi i entendre bé les circumstàncies per les quals han de passar, cal que ens aturem a pensar-hi.

- Què faries si al lloc on vius amb la teva família no hi hagués recursos per sobreviure ni poguessis trobar una feina? I si, a més, els grups violents arrasessin totes les poblacions pròximes per aconseguir el poder?

ACTIVITATS

24 Quina situació demogràfica hi ha al continent africà? Quines en són les causes? Quines conseqüències té aquest creixement tan ràpid?

25 Què significa *Primavera Àrab*? Quines conseqüències ha tingut?

26 Quines són les causes de la situació política dels països africans? Quins són els motius de les guerres tribals i frontereres?

27 Per què els recursos naturals no sempre contribueixen a la prosperitat dels països que els posseeixen?

28 El genocidi de tutsis a Ruanda el 1994 és l'exponent més destacat de les guerres tribals i frontereres que han assolat Àfrica. Busca informació sobre la guerra a Ruanda i explica com es va arribar al genocidi.

PER SABER-NE MÉS

Els conflictes a Llatinoamèrica

Les **guerres civils** a l'Amèrica Llatina han estat una constant durant la segona meitat del segle XX i principis del segle XXI. La majoria d'aquests conflictes enfrontaven guerrilles marxistes amb governs dictatorials, que rebien el suport de potències estrangeres, com ara els Estats Units.

La caiguda del bloc comunista i la instauració de règims democràtics van fer que moltes d'aquestes lluites s'anessin pacificant.

Un dels conflictes més llargs del continent ha estat el de **Colòmbia**, que ha enfrontat el Govern amb la guerrilla de les FARC, iniciat a la dècada dels anys seixanta i en procés de pacificació des del final del 2016.

- Investiga quins països de l'Amèrica Llatina van tenir un conflicte armat durant la segona meitat del segle XX i quina és la situació actual.

5. Amèrica, un continent dual

L'Amèrica Llatina: l'avenç de la democràcia

El 1980, la majoria dels països llatinoamericans tenien **règims dictatorials** i els drets humans eren violats constantment. Amb la represa de la democràcia a l'Argentina després de la dictadura militar (1983) i la fi del règim de Pinochet a Xile (1989), la **democràcia va avançar** a gairebé tots els països, encara que també van sorgir **moviments guerrillers** i **guerres civils**, com les de Nicaragua, el Salvador i el Perú.

No obstant això, **no hi va haver un progrés en assumptes socials i econòmics**. L'**economia neoliberal** que van implantar aquests règims militars havia portat un empobriment general que els governs democràtics no van poder o no van saber corregir.

Al llarg de la dècada dels anys vuitanta, el producte interior brut per habitant de la regió va baixar més del 8 %. A més, molts països van quedar afectats per la **hiperinflació** i les altes taxes de **desocupació**.

Durant les dècades següents, alguns països van assolir nivells de **creixement** considerables, com ara Xile i el Brasil. L'economia llatinoamericana es va anar recuperant, la qual cosa va comportar una tímida **reducció de la pobresa**.

Un dels problemes més importants dels països llatinoamericans avui dia és el volum del **deute extern** que suporten, ja que el pagament dels préstecs i interessos absorbeix una bona part del seu pressupost. L'FMI i el BM han imposat a aquests territoris polítiques de contenció de la despesa que han agreujat els problemes socials.

La situació actual d'Hispanoamèrica està marcada pels trets següents:

INTEGRACIÓ REGIONAL

Diversos processos d'**integració regional**, com ara **Mercosur**, la **Comunitat Andina** o el **NAFTA-TLCAN** (que agrupa Mèxic amb els Estats Units i el Canadà), intenten concertar polítiques comunes que contribueixin al desenvolupament econòmic de la zona.

DEMOCRÀCIA

La democràcia predomina al continent, encara que sovint tingui una escassa qualitat democràtica i una classe política **corrupta**. En alguns indrets han proliferat moviments **populistes**, com ara el chavisme (a Veneçuela), i en altres països encara hi ha **guerrilles**.

GRUPS VIOLENTS

El **narcotràfic** ha descompost el teixit social i polític de moltes comunitats. Actualment alguns països, com ara Mèxic, lliuren una guerra desigual contra els càrtels de la droga, mentre que la violència organitzada assola àmplies zones de Centreamèrica i el Brasil.

Els Estats Units després de la Guerra Freda

Malgrat el creixement de la Xina i la tornada de Rússia al panorama internacional, els Estats Units continuen sent la **primera potència** mundial, si bé en les últimes dècades han passat per **diverses fases**:

- **L'eufòria (1991-2001)**. Després de la desaparició de l'URSS, l'enemic durant la Guerra Freda, es va viure una etapa d'eufòria, amb la sensació que era l'única superpotència vencedora.
- **L'era de Bush fill (2001-2009)**. Aquest clima de confiança i d'optimisme es va trencar d'una manera abrupta el 2001 amb els **atemptats de l'11 de setembre** de Nova York i Washington, perpetrats sobretot per saudites (aliats tradicionals dels EUA). Aquests atacs eren dirigits pel també saudita **Ossama bin Laden**, que havia estat entrenat anys abans pels EUA en la guerra de l'Afganistan contra els soviètics.

  Aprofitant el pànic provocat per aquests fets, els Estats Units van iniciar l'anomenada **guerra contra el terrorisme**: d'una banda, amb el suport de l'ONU, van envair l'**Afganistan**, el règim talibà del qual havia donat suport a la xarxa terrorista Al-Qaeda; de l'altra, van promoure la invasió de l'**Iraq**, aquesta vegada sense el suport de l'ONU, ja que el govern iraquià, tot i que era dictatorial, no estava implicat en el terrorisme internacional.

  Paral·lelament es va produir un creixement de **moviments neoconservadors** (*neocons*), caracteritzats per fomentar una **política exterior agressiva** i per intentar eliminar alguns avenços socials de les últimes dècades.

  L'auge d'aquestes polítiques neoliberals i l'escassa regulació econòmica van fer esclatar una **crisi hipotecària** i la **fallida de la banca el 2008**, la més gran de la història, que va desencadenar una **greu crisi econòmica** global.
- **L'era d'Obama (2009-2017)**. La presidència de **Barack Obama** va obrir una nova etapa demòcrata marcada pels intents del president per introduir un incipient sistema públic de **cobertura sanitària**.

  La **política d'estímuls**, en contrast amb les cures d'austeritat prescrites per a Europa, va servir perquè els Estats Units tornessin amb rapidesa al **creixement econòmic**, tot i que no van aconseguir disminuir les **desigualtats** ni resoldre alguns dels problemes crònics de la seva economia, com ara el **deute extern**.

  Els intents de l'administració Obama d'oferir serveis públics van xocar amb la ferma **oposició dels republicans**, que, en tenir majoria al Congrés durant pràcticament tot el seu mandat, van poder frenar-ne moltes de les iniciatives.

  En les eleccions del 2016, una majoria de nord-americans va decidir donar suport al candidat republicà **Donald Trump**, un empresari multimilionari sense carrera política. Aquest fet s'ha interpretat com un **vot de càstig** per als polítics tradicionals.

Soldat nord-americà a l'Afganistan.

Barack Obama, president dels Estats Units entre el 2009 i el 2016.

ACTIVITATS

29 Explica els problemes principals als quals s'enfronta avui l'Amèrica Llatina. Quina relació tenen els problemes econòmics i socials del continent amb la seva evolució política?

30 Per què parlem d'Amèrica com un continent *dual*?

31 Per què l'eufòria dels Estats Units després del final de la Guerra Freda no estava justificada?

32 Explica els problemes principals heretats de l'era de Bush fill i com els va provar de resoldre Barack Obama.

33 Compara la política exterior dels republicans i dels demòcrates.

34 Resumeix els fets principals de la presidència de Barack Obama.

35 Per què creus que una majoria dels nord-americans van votar a favor dels republicans el 2016?

6. La resolució de conflictes polítics i armats

Els conflictes internacionals i interns

De vegades, els **conflictes polítics** que no es resolen d'una manera democràtica deriven en **confrontacions armades** que produeixen un cost elevat per als països que hi intervenen i per a les seves poblacions.

Cal diferenciar dos **tipus de conflictes**:

- Els **conflictes internacionals**. Al llarg de la història han estat freqüents les disputes entre països per tota mena de qüestions: territorials, religioses, per accedir als recursos naturals... La **diplomàcia** dels diferents països és l'encarregada d'intentar evitar que els conflictes s'agreugin i de buscar solucions pactades. Però quan la diplomàcia fracassa, cal la intervenció d'un tercer per mirar de posar-hi solució.
- Els **conflictes interns**. Els enfrontaments entre el govern d'un país i una part de la seva població han proliferat des de la fi de la Segona Guerra Mundial, especialment a l'Amèrica Llatina i a Àfrica. Aquestes desavinences poden ser de caràcter polític i econòmic, i cada cop més, ètniques i religioses.

Davant aquests conflictes hi ha hagut dues **maneres d'actuar** força diferenciades: d'una banda, la **intervenció** (un cop ha esclatat el conflicte), que ha estat l'acció predominant al llarg de la segona meitat del segle passat, i d'altra banda, la **prevenció** (abans que el conflicte derivi en violència), que ha guanyat força durant les darreres dècades.

L'Organització de les Nacions Unides

Després de la Primera Guerra Mundial, es pretenia crear una institució que ajudés els estats a dirimir les seves disputes per la via pacífica. Però la Societat de Nacions, creada el 1919, va fracassar pel poc convenciment dels mateixos estats. Va caldre la formació de l'**Organització de les Nacions Unides** (ONU), el 1945, per impulsar de nou aquesta idea.

Des d'aleshores, l'ONU ha assolit alguns **èxits** en la resolució de conflictes: ha pacificat disputes internes, com ara al Salvador, i internacionals; ha establert règims democràtics en països com Cambodja i Namíbia, i ha promogut els drets humans.

Però també ha sofert alguns **fracassos** importants, ja que a vegades la seva acció no ha estat suficient i, fins i tot, ha estat criticada per alguna de les parts en conflicte. El fet que les grans potències mundials tinguin el **dret de vetar** les resolucions aprovades pel conjunt dels estats ha restat fortalesa a l'ONU a l'hora de solucionar alguns conflictes més greus, com els de Síria i el Iemen.

Des de l'origen, l'ONU ha intentat prevenir guerres i conflictes, i amb aquest objectiu va impulsar la creació d'un **exèrcit multinacional** per interposar-se en zones de conflicte i poder aturar les hostilitats. Els membres d'aquest exèrcit, coneguts com a **cascos blaus** pel color del casc que porten, han intervingut en centenars de disputes arreu del món.

!

PER SABER-NE MÉS

El 1948, el **Partit Nacional** va arribar al poder a Sud-àfrica. Des de llavors va començar a aplicar-hi una política que va esdevenir un sistema de segregació racial anomenat **apartheid**.

Aquest règim racista va durar fins al 1990, any en què, arran de la pressió internacional i de l'ONU, el govern del Partit Nacional va començar a negociar la sortida del poder i l'abolició de les lleis de l'apartheid.

Una mostra de l'apartheid és aquest cartell, que indica les diferents àrees d'acampada per a blancs i per a negres.

Les primeres eleccions multiracials sud-africanes fetes el 1994 van atorgar la majoria absoluta al **Congrés Nacional Africà** (CNA) de **Nelson Mandela**.

El nou règim es va proposar resoldre el conflicte entre la comunitat blanca i la negra. Amb aquest objectiu va crear la **Comissió de la Veritat i la Reconciliació**, que oferia la possibilitat de confessar els delictes racials i de demanar perdó a les víctimes; a canvi, es rebaixaven les penes dels que confessaven. Així es va aconseguir que sortissin a llum tots els abusos comesos durant l'apartheid i, al mateix temps, que es reconciliessin les dues comunitats.

Tot i que no era la primera experiència d'aquest tipus, a partir de l'**exemple sud-africà** s'han creat altres comissions de la veritat a tot el món com a mitjà per tancar ferides obertes durant els conflictes. El Perú, l'Argentina, el Salvador, Haití o Timor Oriental en són altres exemples.

- Què era l'apartheid? Com era el règim que l'aplicava? Quant temps va durar?
- Què són les comissions de la veritat? Quins objectius es proposen? Creus que són una bona manera per reconciliar-se?

La mediació

Malgrat que és un sistema conegut des de fa anys, en les darreres dècades ha agafat força com a mitjà per resoldre conflictes. La **mediació** es basa en el paper d'agent negociador que realitza un tercer (altres estats, organismes o personalitats rellevants) sense que es jutgi cap de les parts.

Des del 2005, l'ONU ha impulsat la mediació en conflictes com el de Kenya, el 2007, i el del Sudan del Sud, el 2011. També ha establert **xarxes regionals de mediadors** amb la intenció de prevenir i solucionar els problemes abans que esdevinguin confrontacions armades.

L'Estat espanyol, com a membre de les Nacions Unides, ha estat actiu en la mediació entre països. En aquest sentit, l'any 2004 el president José Luis Rodríguez Zapatero va impulsar juntament amb Turquia, i amb el suport de l'ONU, la creació de l'**Aliança de Civilitzacions**. Aquest era un intent de superar els conflictes entre el món musulmà i Occident, que estaven en ple auge arran dels atemptats terroristes i de les invasions de l'Afganistan i l'Iraq.

Les organitzacions no governamentals

Les **organitzacions no governamentals** (ONG) que treballen en diferents països subdesenvolupats o en desenvolupament també han tingut un paper important en la resolució de conflictes. En aquest sentit, cal diferenciar diversos àmbits d'actuació:

- La **millora de les condicions de vida** dels habitants. Aquesta actuació ajuda a prevenir conflictes, sobretot de tipus econòmic.
- La **mediació** quan el conflicte ja ha esclatat. En tenir contacte amb la població, les ONG acostumen a gaudir de la confiança necessària de les diverses parts enfrontades.
- La **intervenció directa** en les zones de conflicte. Aquesta immediatesa permet a les ONG, com la Creu Roja Internacional, **pal·liar els efectes** que la guerra produeix sobre la població.

ACTIVITATS

36. Quins tipus de conflicte hi ha? Quins tipus d'actuacions es poden prendre per mirar de resoldre'ls?
37. Quin ha estat un dels objectius principals de l'ONU des del 1945?
38. Quins han estat els èxits i els fracassos de l'ONU? Per què hi ha països amb dret de veto?
39. Davant un conflicte, es pot intervenir-hi o prevenir-lo. Posa exemples d'intervenció i de prevenció.
40. Què és l'Aliança de Civilitzacions? Qui la va impulsar?
41. Quin paper poden desenvolupar les ONG?
42. Analitza un conflicte actual. Anota'n la causa principal, què es fa per intentar solucionar-lo i proposa, si cal, altres solucions.

EL CAS D'IRLANDA DEL NORD

Sovint passen desapercebuts i els noms no surten en la premsa, però els mediadors han assolit diversos èxits a l'hora d'establir la pau en conflictes que semblaven irresolubles. Un dels casos més rellevants ha estat el d'**Irlanda del Nord**.

Amb la població dividida entre **protestants** a favor dels britànics i **catòlics** irlandesos, des del 1969, Irlanda del Nord vivia una situació d'enfrontament entre grups armats de les dues comunitats, en què l'exèrcit britànic també intervenia. Fins al 1997 el conflicte va provocar més de 3.500 morts.

Un grup de soldats britànics després d'un atemptat de l'Exèrcit Republicà Irlandès (IRA) a Belfast.

Malgrat que les converses de pau es van iniciar entre diplomàtics d'Irlanda i del Regne Unit, no va ser fins a la intervenció del mediador nord-americà **George J. Mitchell** que es va crear un clima de confiança entre les dues parts. Aquest fet va possibilitar els **acords de Divendres Sant**, uns acords de pau signats a Belfast el 10 d'abril del 1998 pels governs irlandès i britànic i diferents partits polítics que posaven fi al conflicte nord-irlandès.

Analitza la informació

- Quin paper van tenir els mediadors en el conflicte d'Irlanda del Nord?
- Creus que la mediació és una bona eina per resoldre i evitar conflictes?
- Busca un altre conflicte que hagi estat resolt per mitjà dels mediadors i fes-ne un informe.

COMPAREM MAPES HISTÒRICS

La comparació de mapes històrics permet estudiar les influències que la posició geogràfica i política d'un territori té en el seu desenvolupament històric. L'estudi de la seva història a través de mapes pot ajudar a comprendre els problemes actuals.

1. Anàlisi de mapes històrics

Els països limítrofs, una posició estratègica, els recursos naturals, etc., poden fer d'un estat el centre de conflictes o interessos. Cal conèixer el context en què es troba per analitzar cada situació.

L'Iraq, situat al llarg del curs dels rius Tigris i Eufrates, ha estat sempre un territori cobejat per diferents imperis.

a. Els imperis otomà i persa al segle XVI

La vella enemistat entre els imperis otomà i persa va adquirir un matís religiós quan cadascun va adoptar una branca diferent de l'islam: sunnita i xiïta.

Des del segle XVI, l'Iraq va ser frontera entre les dues zones, i amb la decadència de l'Imperi otomà va començar l'interès de les potències colonials sobre la franja. El 1899, l'Imperi britànic va establir un protectorat a Kuwait, al sud de l'Iraq.

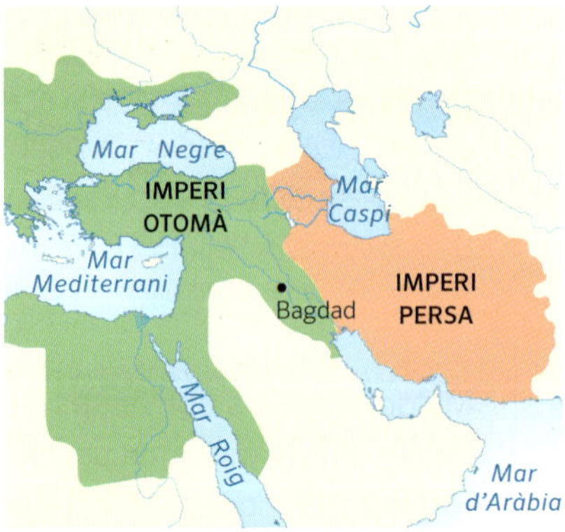

b. Els acords Sykes-Picot i el domini britànic

En plena Primera Guerra Mundial, França i el Regne Unit es van repartir les possessions otomanes a Àsia mitjançant els acords Sykes-Picot. L'Iraq es va convertir en una zona d'influència britànica, i el 1917 el Regne Unit va ocupar Bagdad.

El 1927 es van descobrir jaciments de petroli a l'Iraq, fet que va canviar el curs de la seva història.

Encara que nominalment independent des del 1932, el país va seguir sota influència britànica fins al 1941, quan un cop d'estat va posar al capdavant del país un govern simpatitzant de l'Eix. Com a resposta, el Regne Unit va envair l'Iraq el 1941.

El 1945, l'Iraq va entrar a formar part de les Nacions Unides. Kuwait va continuar sent un protectorat britànic fins al 1961.

c. Guerra Iran-Iraq (1980-1988)

A la dècada de 1980, el màxim enemic dels Estats Units al Pròxim Orient era l'Iran, on una revolta havia derrocat la monarquia corrupta del xa, i va imposar el règim teocràtic dels aiatol·làs, o clergues xiïtes. Els Estats Units van donar suport llavors a l'Iraq, tradicional enemic dels iranians, per limitar el seu poder a la zona. El resultat va ser una sagnant guerra amb prop d'un milió de morts.

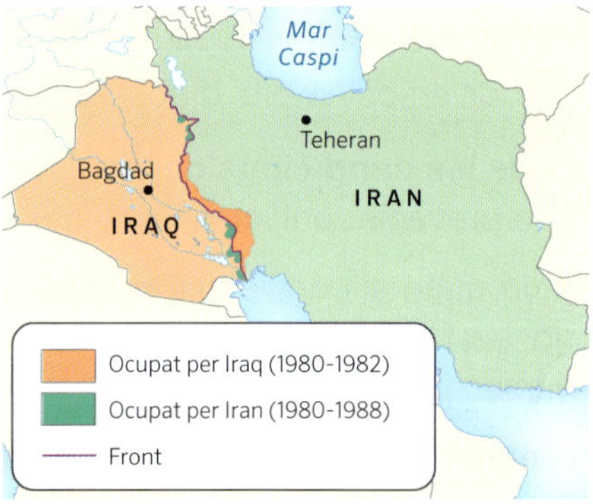

d. Invasió de Kuwait i Guerra del Golf (1991)

El 1991, les coses van canviar: l'Iraq va envair Kuwait, un emirat petrolier aliat dels Estats Units. Amb el suport de l'ONU, els EUA van posar fi al domini iraquià sobre Kuwait, però no van derrocar la dictadura de Sadam Hussein a l'Iraq.

Amb el govern d'aquest dictador, que havia aconseguit el poder el 1979, l'Iraq va viure una gran repressió sobre dos dels tres grups que formen la seva població: kurds i xiïtes.

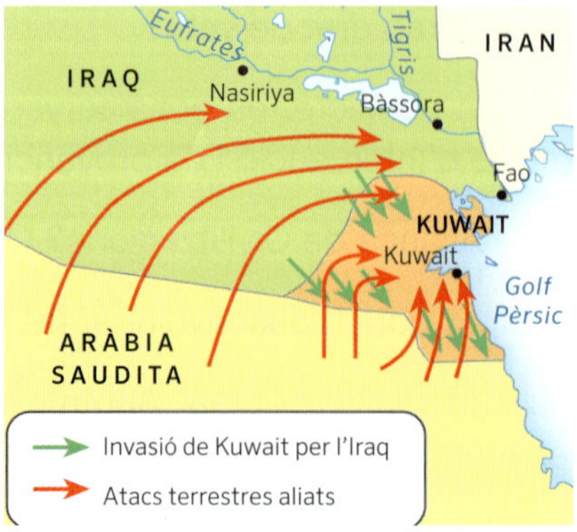

e. Intervenció nord-americana i britànica del 2003

L'any 2003, els Estats Units van tornar a atacar l'Iraq argumentant l'existència d'armes de destrucció massiva.

A pesar que l'ONU aquesta vegada no hi va donar suport, i en contra de les protestes multitudinàries que hi va haver a tot el món, la invasió es va dur a terme i va derrocar Sadam, que va ser capturat i executat.

En els anys següents, però, la pacificació de l'Iraq va resultar impossible. El terrorisme i la repressió van tacar de sang el país.

f. El «califat» terrorista

A la fi de l'any 2011, les tropes de la coalició internacional van abandonar l'Iraq, i van deixar així el país en mans del govern que havia sortit de les urnes en les eleccions celebrades d'acord amb la Constitució del 2005.

Per primera vegada, xiïtes i kurds van arribar a ocupar els llocs més importants de l'executiu, i van deixar en minoria els sunnites.

Bona part d'aquests, insatisfets amb el nou règim, al qual acusaven de col·laborar amb els invasors, van donar suport a grups islamistes sunnites.

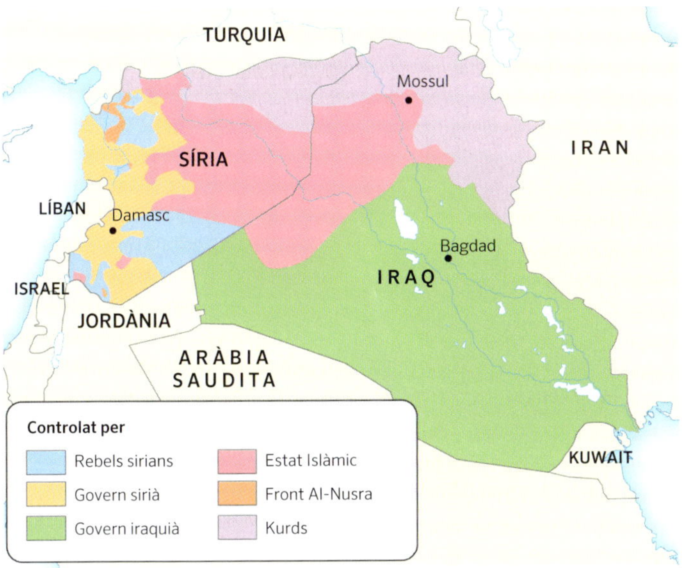

El 2013, i aprofitant el buit de poder deixat per la guerra civil siriana, un d'aquests grups va proclamar un califat a l'Iraq i Síria. Per primera vegada, un grup terrorista controlava un ampli territori, del qual a més extreia petroli i on cobrava impostos. Fins i tot ha arribat a encunyar moneda pròpia.

A més de lluitar per obtenir el control dels dos països, l'anomenat Estat Islàmic *manté per tot el món xarxes terroristes que duen a terme atemptats com el de la revista* Charlie Hebdo *o el de la sala de festes Bataclan, tots dos a París, durant l'any 2015.*

2. Comparació dels mapes i extracció de conclusions

Per arribar a comprendre els problemes que afecten actualment una zona com la que hem analitzat, és necessari comparar l'**evolució geogràfica representada** en els mapes i extreure'n una o diverses **conclusions** finals.

- *L'Iraq ha estat sempre una zona de gran interès estratègic. Les causes d'aquestes invasions han sigut la fertilitat dels rius, la situació geogràfica i el petroli.*
- *Els enfrontaments amb els perses (Iran) són una constant que s'ha repetit des de l'antiguitat fins al segle XX. Actualment, aquesta confrontació ha adquirit caires religiosos (lluites entre sunnites i xiïtes, aquests últims amb el suport de l'Iran).*
- *Els britànics han intentat exercir el control sobre l'Iraq des del començament del segle XIX fins avui dia.*
- *Els Estats Units han variat molt les seves relacions amb l'Iraq des del 1980.*
- *L'Iraq va ser governat per una dictadura, encapçalada per Sadam Hussein, des del 1979 fins al 2003.*
- *El 2013, en part de l'Iraq i Síria es va proclamar un govern terrorista, l'anomenat* Estat Islàmic. *Per primera vegada, un grup terrorista adquiria el control sobre un territori i s'organitzava com un estat.*

POSA-HO EN PRÀCTICA

Compara els mapes d'Israel i Palestina de la pàgina 204 (unitat 9) amb els mapes *a* i *b* de la pàgina anterior i analitza l'evolució de les fronteres d'Israel i dels territoris palestins en les diferents dates.

1. Quines semblances es poden trobar entre el cas palestí i l'iraquià?
2. Quines en són les diferències principals?

11 QUÈ HAS APRÈS?

EL MÓN ENTRE ELS SEGLES XX I XXI

- **LA GLOBALITZACIÓ POLÍTICA**
  - Actors polítics no estatals → ONU; ... i FMI; UE, OTAN; ONG
  - La crisi de l'estat nació
    - Moviments ...
    - Estats fallits
    - Xarxes ...
    - Paradisos ...
- **EUROPA**
  - Les ampliacions del segle XXI
  - L'aprofundiment
    - Fracàs de la ... europea → Tractat de Lisboa
    - Crisi del deute sobirà
  - Nous reptes
    - Tensions internes
    - Corrents ...
    - Possibles sortides d'estats membres → Brexit
    - Reaccions ineficients davant les ...

- **ÀSIA**
  - El Pròxim Orient i l'Àsia central
    - Conflicte ...
    - Valor estratègic del petroli
    - Invasions de l'Afganistan i l'Iraq
    - Auge del ...
    - Conflictes ètnics i religiosos
  - El subcontinent indi → Tensions entre ... i ...
  - Àsia oriental
    - Rivalitat entre ... i Japó
    - ASEAN
    - Factor desestabilitzador: ...
- **ÀFRICA**
  - L'explosió ...
  - Un present violent
  - La Primavera Àrab: èxits i fracassos

- **AMÈRICA**
  - Amèrica Llatina
    - Avenç de la ...
    - Reptes econòmics i socials
    - Processos ...
  - Estats Units → Després de la Guerra Freda
    - Eufòria
    - Era Bush fill
      - Atemptats de l'11 de setembre
      - Guerra contra el ...
      - La fallida de la ...
    - Era Obama
      - Polítiques contra la crisi
      - Sistema públic de cobertura sanitària
    - Era Trump

- **RESOLUCIÓ DE CONFLICTES**
  - Tipus de conflicte
    - Interns
    - ...
  - Tipus d'actuació
    - Intervenció
    - ...
  - Mediació → Irlanda del Nord, Kenya, Sudan del Sud
  - Acció de les ONG

Repassa amb l'esquema

1. Copia aquest mapa conceptual i completa la informació que hi falta.

2. Quins organismes supranacionals assumeixen en part aquestes funcions que abans corresponien als estats sobirans europeus?
   - Plans de defensa militar
   - Ajuda humanitària
   - Emissió de moneda

3. On es van produir aquests conflictes? Copia la taula i completa-la.

	Europa de l'Est	Antiga URSS	Pròxim Orient	Subcontinent indi	Àfrica
Genocidi de Ruanda	...	...	...	...	...
Guerra de Txetxènia	...	...	...	...	...
Guerra de Bòsnia	...	...	...	...	...
Conflicte del Caixmir	...	...	...	...	...
Estat Islàmic	...	...	...	...	...

4. Defineix els conceptes següents:
   - Estat fallit
   - Constitució europea
   - Paradís fiscal
   - Globalització
   - Crisi del 2008

5. Observa les imatges i redacta una frase que descrigui cada situació de les que es produeixen a Àfrica.

A

B

C

D

Mapa conceptual

Comprova el que saps

6. Els primers anys del segle XXI han estat especialment durs pel que fa a massacres terroristes. Busca informació sobre un d'aquests fets a escala mundial i fes-ne un informe amb les dades més destacades.
   a. On i quan es va produir?
   b. Qui va perpetrar l'atemptat?
   c. Per què es va triar aquest lloc?
   d. Quins fets posteriors han estat relacionats amb aquest esdeveniment?

7. Observa la imatge del camp de refugiats de Kalma situat a la regió de Darfur, i resol les qüestions de sota.

   a. Busca informació sobre el conflicte que es va produir el 2003 entre les ètnies negres i àrabs a la regió de Darfur del Sudan. Va ser un conflicte internacional o un conflicte intern? Per què?
   b. Quan i com va intervenir-hi l'ONU? Per què no ho va fer abans?
   c. Com es podrien evitar situacions semblants?

8. Llegeix el text i fes les activitats que hi ha tot seguit.

Els estats nació continuaran sent els actors més poderosos del panorama internacional, però els principals conflictes de la política global es produiran entre nacions o grups de nacions pertanyents a diferents civilitzacions. El xoc de civilitzacions dominarà la política global.

Samuel P. Huntington, *El xoc de civilització i la reconfiguració del nou ordre mundial*, 1996

   a. Després de més de vint anys, creus que aquesta afirmació continua vigent avui dia? Explica per què.
   b. Es produeixen actualment els conflictes sobretot entre nacions pertanyents a diferents àrees culturals? Busca'n exemples en un sentit i en l'altre.

POSA'T A PROVA

Quina és la situació de les dones afganeses?

Llegeix atentament el text següent i fes les activitats que es plantegen a continuació.

Només que arribeu un minut tard –deia–, començaré a caminar, ja ho sabeu.

La Laia havia d'insistir molt [al seu marit, Rashid], li havia de suplicar que allargués una mica el temps que els deixava amb l'Aziza [la seva filla; en un orfenat perquè no podien alimentar més que un fill, i en Rashid havia triat quedar-se amb l'home]. De vegades, camí de l'orfenat, en Rashid s'aturava i es queixava que li feia mal la cama. Llavors feia mitja volta i, lluny de semblar coix, començava a caminar cap a casa [...]. La Laila l'havia de seguir, indefensa, tremolant de ressentiment i havent de contenir una ràbia impotent. Un dia va dir a la Laia que no la hi portaria més. [...]

—Aleshores hi aniré jo sola —va respondre la Laila—. No em pots aturar, Rashid. Em sents? Em pots pegar, però hi continuaré anant.

—Fes el que vulguis, però no aconseguiràs passar per davant dels talibans. No diguis que no t'ho he advertit.

—Jo vinc amb tu —va dir la Mariam [l'altra esposa d'en Rashid]. La Laila no ho va permetre.

—T'has de quedar a casa amb en Zalmai. Si ens detenen... no vull que ho vegi.

I així, de cop i volta, la vida de la Laila va començar a girar al voltant de la necessitat de veure l'Aziza durant uns quants minuts. La meitat de les vegades mai no arribava a l'orfenat. Travessava el carrer, els talibans la veien i la cosien a preguntes [...]: «Com et dius?» «On vas?» «Per què vas sola, on és el teu *mahram*?» Si tenia sort, només li donaven alguns cops, una puntada de peu o una empenta. Altres vegades, s'havia trobat garrots de fusta, branques tendres, fuets curts, bufetades i, sovint, punys. [...] Però, normalment, la Laila es negava a cedir. Feia com si se'n tornés cap a casa i agafava una ruta diferent. De vegades l'aturaven, la interrogaven, la renyaven, dues, tres i fins i tot quatre vegades en un dia. Llavors plovien fuetades i les antenes tallaven l'aire i s'arrossegava fins a casa sagnant, sense haver vist l'Aziza. Aviat la Laila va començar a posar-se capes de roba de més a més, fins i tot quan feia calor, dos, tres suèters sota el burca, per esmorteir els cops. Però per a la Laila, la recompensa, si aconseguia passar per davant dels talibans, era valuosa. Aleshores podia estar-se tant de temps com volgués, hores, fins i tot, amb l'Aziza.

KAHLED HOSSEINI, *Mil sols esplèndids*, 2007

COMPRÈN EL TEXT

1. Després de llegir el text, redacta un resum en el qual expliquis la situació que es planteja en aquesta família.
2. A quin lloc o país del món podria passar aquesta escena? Justifica la resposta.
3. Quina situació política i social queda representada en la novel·la? Descriu-la tal com te la imagines a partir de la lectura.
4. Relaciona aquests termes amb la definició a la qual es refereixen:

burca	talibà	mahram

a. Membre d'un grup fonamentalista que va governar l'Afganistan del 1996 al 2001.

b. Parent pròxim, home, que acompanya una dona.

c. Peça que cobreix completament el cos d'una dona, del cap als peus, amb una reixeta per permetre la visió.

RELACIONA LA INFORMACIÓ

El fonamentalisme exigeix la submissió del conjunt de la societat a una doctrina, generalment religiosa, per damunt de qualsevol llei civil.

5. En l'episodi que es narra en el text, quins drets civils i llibertats queden suplantats per la imposició d'aquestes lleis fonamentals?

Moltes persones creuen que el fonamentalisme és exclusiu de l'islam; però, en l'origen, la paraula es va encunyar per anomenar un grup religiós cristià protestant que va sorgir al principi del segle XX als Estats Units.

6. Busca informació sobre corrents fonamentalistes en aquestes religions:

cristianisme

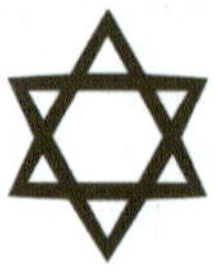
judaisme

hinduisme

INTERPRETA EL LLENGUATGE VISUAL

La forma que tenim cadascun de vestir-nos està justificada, en general, com una llibertat individual de les persones.

A més, l'aspecte físic pot oferir-nos molta informació sobre un individu en concret: l'edat, l'estat d'ànim, la posició social, si té algun càrrec important, etc.

7. Observa aquestes imatges i compara la informació que pots extreure de l'una i de l'altra.

ENCADENA ELS TEUS CONEIXEMENTS

8. Observa aquest gràfic sobre l'analfabetisme en les persones adultes.

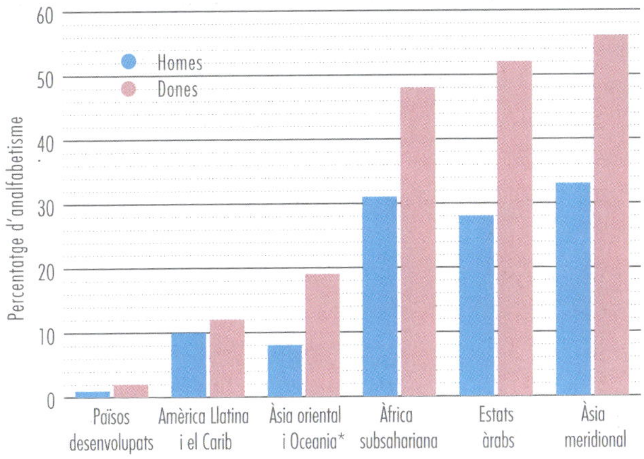

a. Qui es veuen més afectats per l'analfabetisme, els homes o les dones? A quines zones del món és més destacada aquesta diferència?

b. Quin desavantatge suposa aquesta situació per a les dones? A quines injustícies s'han d'enfrontar per no poder accedir a una educació adequada?

9. Actualment, l'educació és només un dels àmbits en què les dones pateixen aquesta desigualtat social. Quins canvis creus que hauria d'haver-hi en aquestes societats perquè la situació de les dones pogués igualar-se a la dels homes?

OBSERVA I SINTETITZA

10. Aquestes imatges s'han fet cada vegada més freqüents els últims anys. Descriu i explica aquestes escenes. De quins conflictes actuals procedeixen molts refugiats?

11. Explica quines són les raons per les quals fugen aquests refugiats i quins són, d'acord amb la Declaració Universal dels Drets Humans, els drets que tenen.

UNITAT 12

EL SEGLE XXI

EN AQUESTA UNITAT APRENDRÀS...

- A quins reptes s'enfronta la humanitat en el futur.
- Què són el veïnatge universal i la globalització.
- Que el món del segle XXI és un món desigual.
- Que les migracions són conseqüència de la desigualtat centre-perifèria.
- Quins són els nous models socials del segle XXI.
- Què són les revolucions tecnològiques.
- Quins nous formats i materials utilitza l'art modern.

Mira més enllà

Hi ha *murs de la vergonya* al segle XXI?

L'anomenat *mur de la vergonya* que dividia Berlín va caure el 1989, però hi ha altres murs que en van prendre el relleu.

Barreres que separen rics de pobres; ciutadans del primer món, que gaudeixen de plens drets, dels que no en tenen. Murs de formigó, tanques, filferros espinosos o concertines, com els que marquen la frontera entre els Estats Units i Mèxic, les ciutats espanyoles al nord d'Àfrica o els confins de la Unió Europea als Balcans. Com el mur que aïlla Bangla Desh de l'Índia, que separa els pobres dels que encara ho són més. Camps minats, com els que divideixen les dues Corees des de fa set dècades. Murs invisibles, però molt reals, com els que no es poden creuar sense arriscar la vida, a les faveles del Brasil o als guetos de l'Amèrica del Nord.

Un dels que més mereixen el nom de *mur de la vergonya* és el que des del 2002 separa els palestins i els israelians a Cisjordània.

- Quin conflicte enfronta israelians i palestins?
- Creus que es pot solucionar amb un mur?

Un artista ha pintat sobre el mur el que es coneix com a *trompe-l'oeil*, és a dir, una pintura que enganya la mirada de l'espectador.

- A través del mur es veu un paisatge paradisíac. Què és?
- Quin missatge tracta d'expressar l'artista?

Aquest mur crea un *apartheid*, una segregació com la que hi va haver a Sud-àfrica per separar la població negra de la blanca. L'artista utilitza la ironia per cridar la nostra atenció sobre aquesta injustícia.

L'artífex d'aquests grafits és Banksy, un prestigiós autor d'art de carrer (*street art*). Les obres d'aquest misteriós artista, la vertadera identitat del qual ningú no sap del cert, solen introduir elements poètics amb d'altres de més contestataris, amb un esperit de protesta i pacifisme.

- Creus que les obres com aquesta expressen més bé la realitat actual que les pintures que s'exposen en galeries i museus? Per què?

1. El tercer mil·lenni

EVOLUCIÓ DE LA POBLACIÓ MUNDIAL

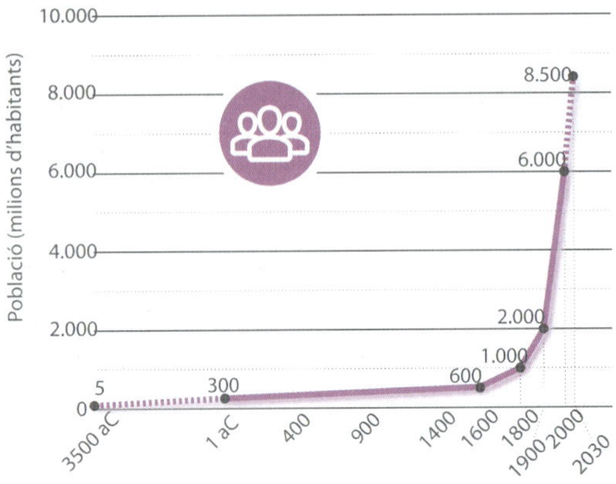

1 En quin segle té lloc el canvi en el ritme de creixement de la població? Amb quina fita històrica coincideix? Creus que els dos fets estan relacionats? Explica-ho.

L'acceleració de la història

Analitzant en perspectiva tota la història de la humanitat, es pot apreciar la gran **acceleració d'esdeveniments** en els últims segles. Cada vegada hi ha més canvis i més de pressa.

Aquesta noció d'acceleració es pot percebre, per exemple, en un gràfic de creixement demogràfic des de l'antiguitat. Però també en gràfics de producció d'aliments, de generació de riquesa o de desaprofitaments en les últimes dècades.

Això mateix passa amb pràcticament qualsevol variable quantificable associada a la nostra presència a la Terra. En un gràfic tindríem una corba que en molt poc de temps s'enlairaria com més va més verticalment. A la pràctica, sabem que un creixement d'aquest tipus no pot prolongar-se indefinidament, tenint en compte que **els recursos del planeta són finits**.

Per tant, aquesta acceleració haurà de detenir-se d'alguna manera. Si som intel·ligents, ho farem de manera suau i gradual, utilitzant **formes sostenibles d'aprofitament** dels recursos; però també és possible que sigui de manera sobtada i catastròfica, o fins i tot que aquesta aturada condueixi a un cataclisme global.

EL FUTUR SEGONS UN HISTORIADOR

Eric Hobsbawm, un dels historiadors contemporanis més importants, resumia d'aquesta manera els canvis més significatius de les últimes dècades, i la seva projecció en el futur:

> Resulta impossible parlar del futur polític del planeta llevat que tinguem present que vivim una època en què la història (i per *història* entenc el procés de canvi en la vida humana i en la societat i l'impacte de les persones en l'entorn global) s'ha accelerat a un ritme vertiginós. La història avança avui a una velocitat que amenaça el futur de l'espècie humana i del medi natural. [...]
>
> A mitjan segle passat vam ingressar en una nova etapa de la història universal que va comportar la fi de la història tal com l'hem coneguda en els últims deu mil anys, és a dir, des de la invenció de l'agricultura sedentària. I no sabem cap a on ens dirigim. [...]
>
> He intentat esbossar [...] les línies mestres d'aquesta ruptura sobtada i dràstica de la història universal. Són evidents en les transformacions tecnològiques i en els processos de producció. N'hi ha prou amb pensar en la velocitat a la qual ha tingut lloc una revolució en el terreny de les comunicacions que ha liquidat les qüestions d'índole temporal i espacial.
>
> ERIC HOBSBAWM, *Guerra i pau al segle XXI*, 2007

Analitza la informació

- Quina actitud mostra l'autor cap al futur? És optimista o pessimista? En què es basa?
- Enumera els canvis més importants que esmenta Eric Hobsbawm per a les pròximes dècades.
- Busca algun exemple de pensador del segle passat que veia el futur amb preocupació i els vaticinis apocalíptics del qual no s'han complert.

Els reptes del futur

Els éssers humans ens enfrontem a diversos reptes:

- **Demogràfics**. Els neomalthusians, hereus de les teories que Thomas Robert Malthus va defensar al segle XVIII, afirmen que el **creixement** demogràfic al ritme actual és **insostenible** perquè la població creix més ràpidament que els recursos.

  A més, els **moviments migratoris** s'acceleren. Hi ha un èxode rural a escala planetària que buida els espais rurals en favor de ciutats convertides en immensos suburbis. També s'han intensificat les onades de desplaçats per raons econòmiques o les de refugiats per raons polítiques, que intenten creuar el mur, el fossat o el mar que els separa d'una vida millor.

- **Econòmics**. L'economia mundial continua sotmesa a **crisis periòdiques** que no es poden evitar. La **globalització** fa que qualsevol problema a la Xina o als Estats Units repercuteixi en les borses de tot el món i, posteriorment, en el nostre mercat laboral.

  En una era d'opulència, en què per primera vegada es produeixen més aliments dels que es necessiten, una part de la humanitat es mor per malalties vinculades al sobrepès, mentre que n'hi ha que es moren de fam.

- **Socials**. El procés d'urbanització ha desembocat en un **suburbi global**, un gegantesc barri d'**infrahabitatges** en el qual ja viuen més de mil milions de persones. Autèntiques **megalòpolis** de la misèria han crescut del no-res, com la ciutat de Lagos, a Nigèria, que va passar de tres-cents mil habitants el 1950 a ser una conurbació de vint-i-un milions.

  Mai abans les desigualtats no havien estat tan grans ni havien crescut tan de pressa. La meitat de la riquesa del planeta es concentra en unes poques mans.

- **Polítics**. S'han difuminat els límits entre la guerra i la pau. Abans les guerres eren monopoli dels estats; avui hi ha **conflictes armats** contra **grups terroristes** o **càrtels de narcotraficants** més poderosos que molts governs. Els arsenals de la Guerra Freda continuen operatius, mentre es dissenyen noves armes de destrucció massiva: cada vegada són més els països que desenvolupen armament nuclear.

  Mentre uns lluiten pels drets bàsics en dictadures, les democràcies consolidades es veuen minades pel desprestigi dels polítics i el desinterès ciutadà. El gran repte és impulsar un govern mundial que no sigui tirànic ni instrument dels més poderosos.

- **Ambientals**. Els combustibles fòssils s'acabaran en poques dècades. Moltes matèries primeres s'estan exhaurint i molts espais naturals desapareixen davant de la pressió humana. Només hi pot haver **futur** si és **renovable i sostenible**.

- **Culturals**. El repte és aconseguir una **cultura global** que reculli les aportacions de totes les civilitzacions, sense imposar-ne unes sobre les altres i sense convertir-se en l'instrument d'un poder econòmic o polític. A més, hem de **conservar el llegat** dels nostres avantpassats sense malgastar les oportunitats que ens brinda el futur.

ACTIVITATS

2. Elabora un esquema que resumeixi els reptes més importants que té al davant la humanitat.

3. Any 2050: imagina que tens un càrrec polític important i que has d'enfrontar-te a molts dels reptes que vas estudiar quan eres adolescent. Tria'n un i enumera almenys cinc mesures que posaries en marxa amb l'objectiu de millorar la vida dels ciutadans pels quals treballes.

4. Elabora un dossier amb imatges i textos dels reptes del futur.

PER SABER-NE MÉS

Segons l'economista i demògraf britànic **Thomas Robert Malthus** (1766-1834), «quan no ho impedeix cap obstacle, la població dobla cada vint-i-cinc anys i creix de període de període en una progressió geomètrica. Els mitjans de subsistència, però, en les circumstàncies més favorables, augmenten només en progressió aritmètica».

- Per què les previsions catastrofistes de Malthus no es van complir en l'Anglaterra victoriana? Per què, si no es van complir llavors, les seves tesis tornen a estar d'actualitat?

2. Globalització econòmica i cultural

Les cimeres del G-20 (el grup de les vint potències industrials i emergents més importants del planeta) atreuen les protestes de molts grups socials que estan en contra de la globalització.

El veïnatge universal

A la dècada de 1960 va començar a utilitzar-se l'expressió *veïnatge universal* per referir-se a la societat que s'estava transformant per la influència dels mitjans de comunicació de masses, com la televisió o les comunicacions via satèl·lit. L'arribada de **noves tecnologies**, i especialment d'**Internet**, ha intensificat aquest fenomen.

La idea que hi ha al darrere d'aquesta expressió és que les **tecnologies de la informació i la comunicació** (TIC) eliminen les distàncies i les barreres entre societats i creen una **societat homogènia** en què la informació i el coneixement no coneixen fronteres.

Com que facilita el **moviment de persones o d'idees**, la globalització ha fet créixer els intercanvis. Aquest augment de la interconnexió afavoreix el desenvolupament de valors humans compartits i l'aspiració a unes condicions bàsiques de prosperitat. Un exemple concret d'aquest fet es troba en els centenars de milers de persones que cada any tracten d'entrar a Europa fugint de la misèria o de les guerres i injustícies que pateixen als seus països.

Però també s'han globalitzat els **problemes mediambientals i sanitaris**: no havia estat mai tan difícil com ara aïllar una epidèmia en una regió concreta, ni tan fàcil com ara alterar les condicions naturals del planeta.

A més, els **problemes de seguretat** també es fan globals: les xarxes delictives o terroristes globalitzades obliguen les societats a fer front a perills fins ara desconeguts.

Centre comercial de Dubai. Els grans centres comercials són els millors exponents de la societat de consum global. L'occidentalització en el consum, però, no significa necessàriament la transformació dels costums locals.

Globalització cultural

La globalització afecta també la cultura. En el passat, les comunicacions entre les diferents àrees culturals eren difícils i lentes. En canvi, avui un gran nombre de persones estan interconnectades i s'influeixen mútuament a gran velocitat.

En tots els àmbits de la **vida quotidiana** s'aprecien aquestes relacions d'**interdependència a escala global**: per a un adolescent espanyol, el paisatge de Nova York o Los Angeles, la cuina italiana o xinesa o l'estètica japonesa dels *manga* poden resultar més familiars que les formes de vida rurals que perduren al costat de la seva localitat.

Fins ara, en la majoria dels casos aquesta globalització cultural ha estat sinònim d'**occidentalització**, quan no d'**americanització**. Però aquesta tendència ha despertat la resistència de les cultures locals, que reaccionen refermant els seus trets diferencials. De vegades es reacciona de manera violenta, com en el cas dels **fonamentalismes**.

Per al futur, alguns experts auguren una **societat global**, en la qual ja no predominin els trets culturals d'Occident, sinó una mescla de totes les cultures de la Terra. D'altres preveuen una humanitat composta per un **mosaic de cultures**, amb una base econòmica i tecnològica comuna però amb trets i valors propis. Així, la singularitat es convertirà en un recurs cultural cada vegada més valorat.

Globalització econòmica

Des del punt de vista econòmic, la globalització es defineix com el **procés** pel qual les empreses, els mercats i totes les activitats econòmiques en general tendeixen a expandir-se més enllà de les fronteres d'un país i aconsegueixen **dimensions mundials**. Una de les conseqüències immediates és l'**augment del comerç i dels intercanvis**, així com el desenvolupament de les xarxes de transport i comunicació, dels viatges i els moviments migratoris.

La **deslocalització** és un fenomen lligat a aquest procés: consisteix en el trasllat de la producció des d'un país desenvolupat a un altre en via de desenvolupament. La raó principal sol ser l'aprofitament de costos laborals més baixos. També hi influeixen altres factors, com l'obtenció d'avantatges fiscals, la disponibilitat de matèries primeres i una legislació mediambiental més permissiva.

La deslocalització es manifesta en els països desenvolupats a través d'un flux de mà d'obra des del sector secundari fins al terciari. Aquest fenomen també es coneix com a **desindustrialització** i va acompanyat d'un augment significatiu de l'atur.

Una altra característica de l'economia globalitzada és el **fraccionament de la producció**: cada vegada és més freqüent que els components d'un producte es fabriquin en països llunyans, es muntin en un altre i es comercialitzin en qualsevol lloc del món.

ACTIVITATS

5 Què significa l'expressió *veïnatge universal*?

6 Quins efectes de la globalització et sembla que són positius? I negatius?

7 Quines conseqüències ha tingut la globalització per a la cultura?

8 Per què creus que moltes empreses traslladen la producció a països més pobres? Quins abusos es toleren en molts d'aquests països?

9 Quines activitats econòmiques s'aprofiten més bé dels avantatges que ofereix la globalització?

D'ON VE LA BARBIE?

La nina Barbie, creada al final dels anys cinquanta, està considerada com el símbol de la internacionalització de la cultura nord-americana. Venuda a tot el món, el seu vestuari i complements s'han anat adaptant al gust de les modes i dels consumidors, fins al punt que la ira d'alguns grups fonamentalistes al Pròxim Orient va obligar a crear-ne una versió, diguem-ne, més «islàmica» per a aquests països. La Barbie és, sens dubte, la nina que representa més bé l'*american way of life*, el màxim exponent de l'estil de vida americà.

No obstant això, aquesta nina és també un excel·lent exemple de globalització econòmica. Els motlles i la pintura són els únics elements de la producció de la més americana de les nines que es produeixen als Estats Units. El plàstic i els cabells es produeixen a Taiwan i el Japó; la República Popular de la Xina proporciona els vestits, i l'acoblament de les peces té lloc també aquí, o a Indonèsia i Malàisia. Finalment, s'exporta des de Hong Kong a tot el món.

Quan un consumidor compra aquesta nina en algun lloc del món, el cost dels materials suposa únicament el 6,5 % del preu total. Pel que fa a la mà d'obra (els diners que han cobrat els obrers que han intervingut en el procés de fabricació), representa a penes… un 3,5 %! La resta (el 90 % del preu) són costos de disseny, administració, transport i distribució, màrqueting i publicitat, i el benefici de l'empresa, que es queda pràcticament tot als Estats Units.

RONE TEMPEST, «*Barbie and the world economy*», a *Los Angeles Times*, 22-9-1996

Analitza la informació

- Observa les etiquetes de la roba o dels jocs que hi ha a casa teva. On s'han fabricat?
- El fet que un objecte estigui fabricat en un país d'Àfrica o Àsia, significa que els beneficis que en produeix la comercialització reverteixen en les economies d'aquest país? Raona la resposta.

3. Un món desigual

El tret més destacat del món del segle XXI és la **desigualtat**. Aquesta desigualtat genera inestabilitat i un flux constant de persones, informació, béns i capitals entre tots els racons del món.

Les desigualtats resulten especialment visibles en **dues dimensions**: demogràfica i econòmica.

Desigualtat demogràfica

Les societats que habiten les diferents zones del món mostren característiques demogràfiques molt diferents entre si.

Europa o el Japó tenen poblacions envellides, amb baixa natalitat i llarga esperança de vida. A l'altre extrem, els països més subdesenvolupats d'**Àfrica**, **sud d'Àsia** i l'**Amèrica Llatina** registren altíssimes taxes de natalitat, una societat de base molt àmplia, amb molts joves, i una esperança de vida més curta.

Aquestes diferències fan pensar en un futur en què zones que fins ara han representat una part molt reduïda de la humanitat en els últims segles, com Àfrica, passin a ser zones molt poblades.

D'altra banda, és previsible que augmentin els fluxos migratoris cap als països més envellits, el creixement natural dels quals s'ha estancat des de fa temps.

Desigualtat econòmica

Cada cop és més gran la **concentració de la riquesa** en unes poques mans, mentre creix el nombre de **desposseïts**. Potències emergents com el Brasil, Rússia, l'Índia, la Xina i Sud-àfrica (BRICS) aspiren a competir amb les nacions més desenvolupades.

No obstant això, en molts casos són gegants econòmics amb peus de fang, perquè gran part del seu creixement depèn del preu de les matèries primeres o de fonts d'energia no renovables.

A més, en termes de riquesa per habitant, aquests països mostren valors molt per sota dels països més desenvolupats d'Europa, l'Amèrica del Nord i Àsia.

Més lluny encara d'aquestes xifres hi ha els països més pobres del món, la major part dels quals localitzats a Àfrica. És molt comú que la seva **pobresa** sigui deguda a la inestabilitat política dels seus governs, a la corrupció generalitzada de les seves classes dirigents i a la falta de bones pràctiques de govern global que a través d'institucions fortes controlen els abusos comesos per les **grans multinacionals dels països més rics**.

Aquest **mapa és anamòrfic**: la grandària dels països no representa la superfície real sinó que és proporcional a la població.

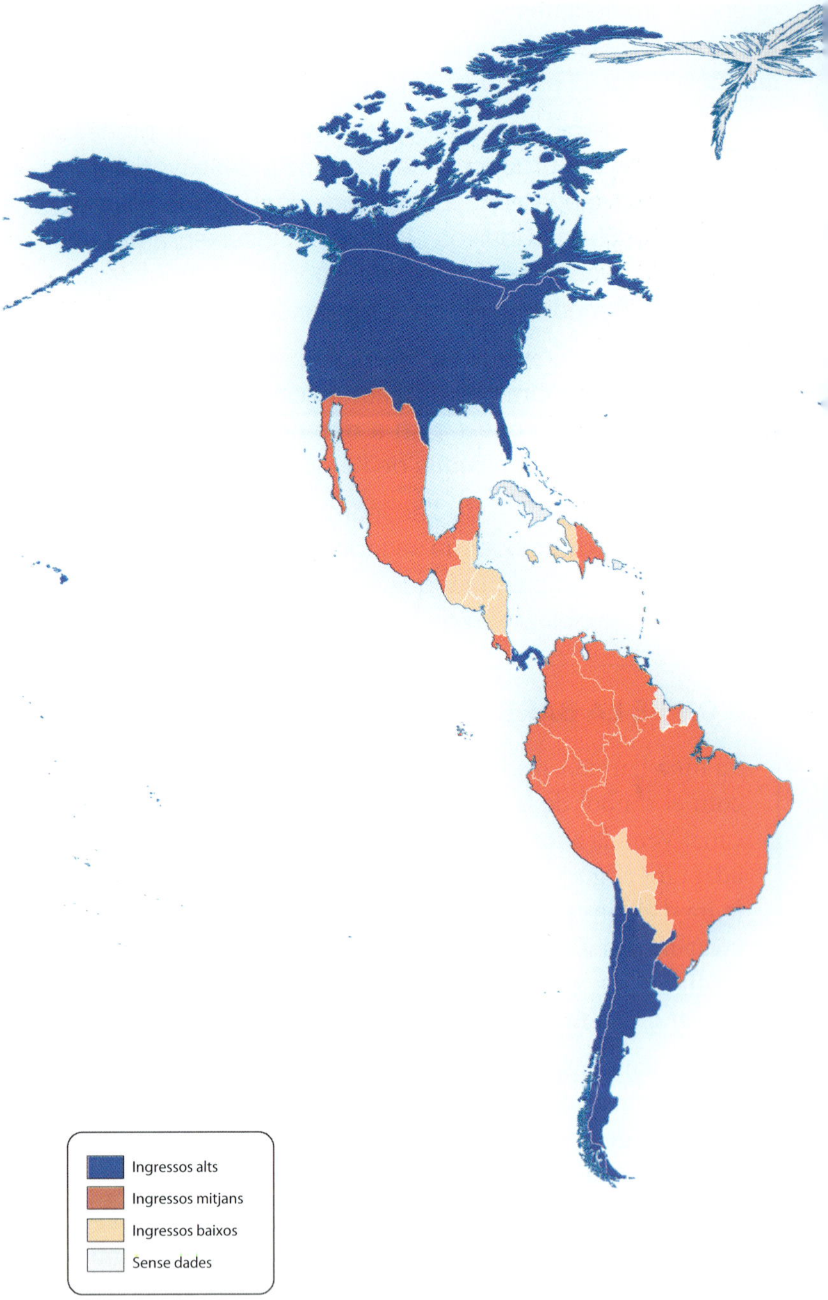

Treballa amb el mapa

10 A quines regions del món hi ha més països pobres? On es concentra la major part de la població mundial?

11 Creus que hi ha alguna relació entre població i riquesa per habitant? Els països rics solen tenir poca població o estan molt poblats? Per què?

POBLACIÓ MUNDIAL I RENDA PER PERSONA

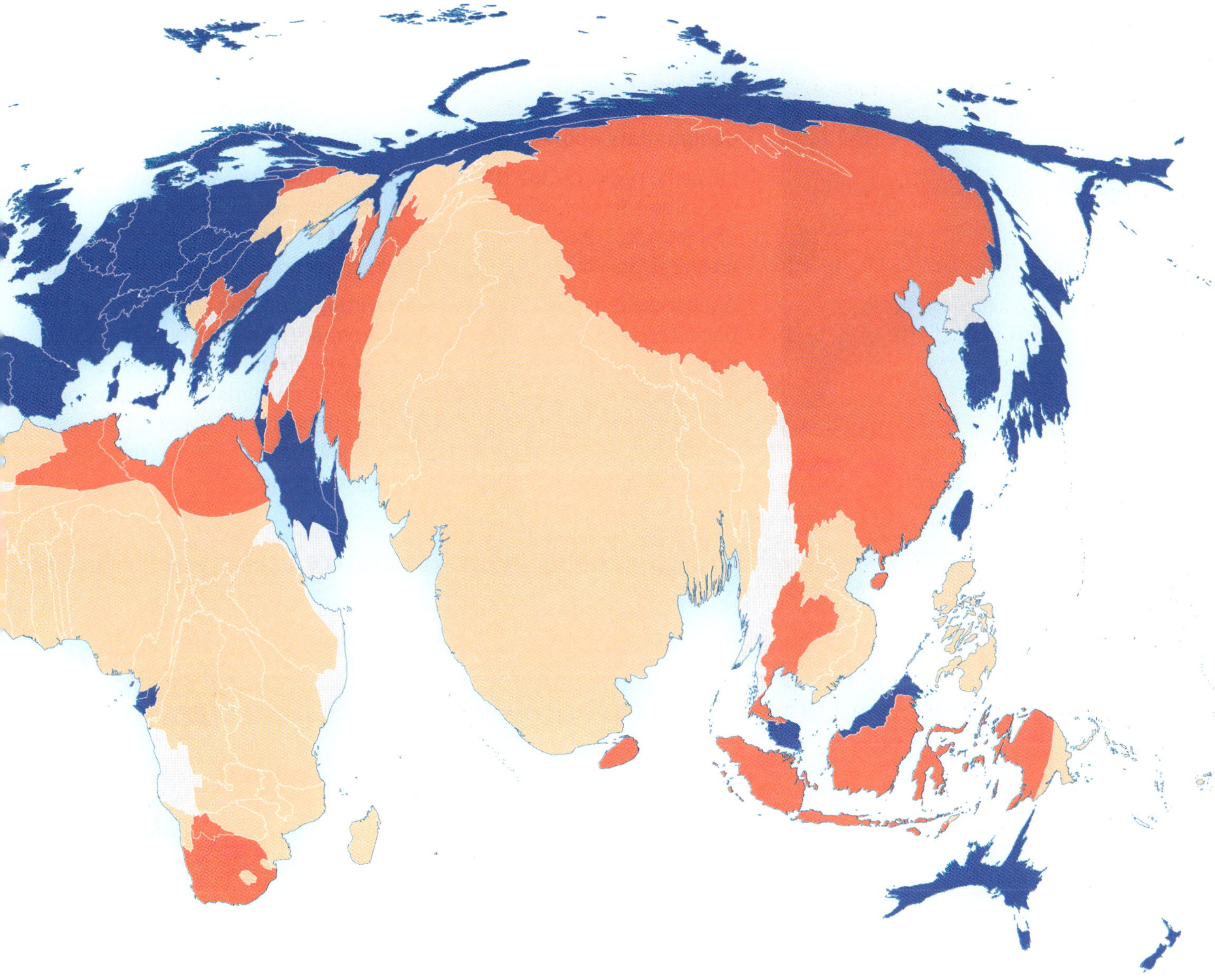

ACTIVITATS

12 Enumera les causes demogràfiques i econòmiques de la desigualtat.

13 Descriu com es manifesten les desigualtats econòmiques i demogràfiques en el mapa del món.

14 Visita virtualment la capital d'algun dels cinc països més poblats del món. Després, tria'n una i fesne una fitxa informativa amb les dades que consideris més importants.

4. Les desigualtats econòmiques

Moltes matèries primeres procedeixen de països pobres, les poblacions dels quals no sols no se'n beneficien a l'hora de comercialitzar-les sinó que a més treballen en condicions molt perilloses per a la salut.

La divisió internacional del treball

Després de la Segona Guerra Mundial, el món va experimentar un creixement econòmic sense precedents que, per primera vegada, no afectava tan sols un grup de països, sinó tot el planeta, encara que no en la mateixa proporció. A conseqüència d'això, han augmentat les **desigualtats econòmiques** entre països i classes socials.

La participació de les diferents zones del món en el progrés general s'efectua seguint l'esquema de la **divisió internacional del treball**, és a dir, cada regió del planeta s'ha especialitzat en una tasca econòmica concreta, i és aquesta tasca la que li proporciona un lloc en el context global.

Aquest sistema implica un **intercanvi desigual** que afavoreix que els països rics siguin cada vegada més pròspers i que els pobres no surtin de l'estancament. La raó és que les **matèries primeres** (tret d'excepcions, com les energètiques) tenen en el mercat un valor molt inferior al dels béns manufacturats. Els beneficis més elevats s'aconsegueixen dels **béns d'alta tecnologia** o dels **serveis financers**, pràcticament inexistents en els països subdesenvolupats.

Desigualtats entre el centre i la perifèria

L'anomenat **sistema-món capitalista**, que és el resultat de la globalització econòmica, podria dividir-se en **tres grans zones**:

- **Centre**. Està constituït pels països més desenvolupats, especialitzats en la prestació de **serveis** i en la producció de béns d'**alta tecnologia**. La seva població gaudeix d'un alt nivell de vida i atreu migracions d'altres regions. Dins d'aquest grup hi ha els Estats Units, el Canadà, Austràlia, Europa, el Japó i altres països desenvolupats d'Àsia, com també alguns països **exportadors de petroli** que es beneficien del valor estratègic dels hidrocarburs.
- **Semiperifèria**. Està formada per països amb nivells mitjans de desenvolupament, mà d'obra barata i abundància de recursos naturals. Concentren l'activitat econòmica en el **sector secundari**, i el seu desenvolupament és desigual i dependent del centre. En formen part molts països de l'Amèrica Llatina i de l'Àsia meridional i oriental.
- **Perifèria**. Està formada per països **exportadors de matèries primeres**, subdesenvolupats, i amb gran part de la població dedicada a l'agricultura de subsistència. La violència endèmica afecta molts d'aquest països. En aquest grup hi hauria els estats més pobres de la Terra, la major part situats a l'Àfrica subsahariana.

Tant en els països rics com en els pobres, l'atur i la marginació impedeixen crear societats sense desigualtat.

Aquesta desigualtat econòmica no es dona únicament entre països, sinó també a l'**interior de les societats**. Generalment, les societats més pobres són a més les més **desiguals**, i en aquestes les diferències entre les minories riques i la majoria sense a penes recursos són abismals.

Als països desenvolupats hi ha una diferència fonamental entre els estats que segueixen el **model europeu**, de més homogeneïtat social, i els que segueixen el **model nord-americà**, en què les desigualtats entre rics i pobres són més grans.

Els moviments migratoris

Les desigualtats econòmiques generen tensions socials i moviments migratoris. En les últimes dècades, les migracions no han parat de créixer a tot el món.

Molts desplaçaments estan provocats per les guerres o les persecucions polítiques i religioses. Els principals receptors dels **refugiats** són els seus països veïns, que sovint no disposen de mitjans per atendre'ls. Les guerres a Síria, l'Iraq, l'Afganistan o Líbia han provocat l'arribada massiva de refugiats a la Unió Europea.

En altres ocasions, encara que no hi hagi persecució, la població dels països subdesenvolupats busca **millorar la seva situació econòmica i social** traslladant-se als països més rics. Entre les zones del món on aquestes migracions són més significatives hi ha la frontera sud dels Estats Units i la frontera meridional i oriental de la Unió Europea al Mediterrani. Però també hi ha un considerable flux d'emigració des dels països musulmans subdesenvolupats cap a les zones petrolíferes del golf Pèrsic.

Les principals **causes** d'aquests moviments migratoris són:

- El creixement de les **desigualtats econòmiques**. Al principi de la dècada de 1960, el 20 % de la humanitat era trenta vegades més ric que el 20 % més pobre. A la fi del segle XX, aquesta diferència s'havia més que doblat: els ingressos del 20 % més ric de la població eren unes setanta-cinc vegades superiors als del 20 % més pobre.
- El **desenvolupament demogràfic** dispar del nord i el sud. Mentre als països desenvolupats les societats tendeixen a **envellir**, els països pobres viuen una **explosió demogràfica** que produeix una gran massa de població jove però sense possibilitats educatives ni laborals als països d'origen.
- Els **mitjans de comunicació de masses**, que porten a tot el món la imatge idealitzada de l'estil de vida dels països rics, miratge que suscita en la població dels països subdesenvolupats el desig de formar part d'aquesta suposada realitat.
- El **descens dels preus de transport**, que ha facilitat els viatges, al mateix temps que la generalització de la concessió de passaports ha fet possible la sortida dels països d'origen.

L'anhel de moltes persones de millorar la seva sort ha propiciat l'aparició de **xarxes mafioses** dedicades al **tràfic de persones**. Una de les conseqüències d'aquest fenomen és el percentatge creixent d'**emigrants clandestins i il·legals**.

Molts immigrants han intentat arribar a Espanya després de pagar les màfies i posant en risc les seves vides per travessar les tanques frontereres que separen el nord d'Àfrica de les ciutats espanyoles de Ceuta i Melilla.

ACTIVITATS

15 En què consisteix la divisió internacional del treball? Quines conseqüències té?

16 Descriu cadascuna de les zones econòmiques que componen el món capitalista.

17 Per què les desigualtats econòmiques entre rics i pobres són cada vegada més profundes?

18 Quina relació hi ha entre desenvolupament econòmic i igualtat social?

19 Què fa que tinguin lloc les migracions econòmiques sud-nord?

Refugiats iraquians, sirians i afgans al filat de la frontera entre Macedònia i Grècia el 3 de desembre del 2015.

FES VALER

El compromís per un món millor

Al llarg de la història, els éssers humans han hagut de lluitar contra una multitud de situacions difícils, moltes de les quals estan relacionades amb l'injust repartiment dels recursos.

Actualment, s'ha de tenir esperança en un futur millor, però no des d'una posició passiva, sinó confiant en l'impuls del nostre compromís amb l'acció i la nostra creativitat per buscar i trobar noves solucions.

Algunes sufragistes reclamant el vot per a les dones a Cleveland, Ohio, el 1912. Des del començament del segle passat, les dones han lluitat per aconseguir el dret de vot.

5. Els models socials

Cap a la igualtat de drets

En la segona meitat del segle XX, als països democràtics es va produir un moviment a favor de la igualtat de drets de tots els col·lectius. El procés més important, per l'enorme transcendència que va tenir per a més de la meitat de la humanitat, va ser el de la **igualtat de gènere**.

Les dones occidentals havien conquerit, almenys sobre el paper, la majoria dels drets cívics i polítics durant la primera meitat del segle XX, però calia aconseguir l'equiparació en els **àmbits social**, **laboral** i **familiar**.

El **feminisme** es va desenvolupar amb força a partir dels anys seixanta a Europa i l'Amèrica del Nord, al mateix temps que les dones accedien per primera vegada a estudis superiors i començaven a ocupar llocs de responsabilitat en les organitzacions.

No obstant això, actualment, en molts **països subdesenvolupats** les dones, a més d'estar privades d'igualtat social, suporten una clara **discriminació jurídica**. La situació és especialment greu en **societats tradicionals** o de tipus **integrista** en què perviuen costums que atempten contra la integritat física de les dones i els neguen els drets humans més elementals.

LA IGUALTAT DE GÈNERE

Per evitar la discriminació social i jurídica, les constitucions democràtiques fixen les **bases d'una societat igualitària**. La Constitució espanyola i l'Estatut de Catalunya les recullen, entre d'altres, en els articles següents:

CONSTITUCIÓ ESPANYOLA (1978)

Art. 14. Els espanyols són iguals davant de la llei, sense que pugui prevaldre cap discriminació per raó de naixement, raça, sexe, religió, opinió o qualsevol altra condició o circumstància personal o social.

Art. 23.1. Els ciutadans tenen el dret de participar en els afers públics, directament o per mitjà de representants lliurement elegits en eleccions periòdiques per sufragi universal.

Art. 32.1. L'home i la dona tenen dret de contreure matrimoni amb plena igualtat jurídica.

ESTATUT DE CATALUNYA (2006)

Art. 4.3. Els poders públics de Catalunya han de promoure els valors de la llibertat, la democràcia, la igualtat, el pluralisme, la pau, la justícia, la solidaritat, la cohesió social, l'equitat de gènere i el desenvolupament sostenible.

Art. 19.2. Les dones tenen dret de participar en condicions d'igualtat d'oportunitats amb els homes en tots els àmbits públics i privats.

Art. 45.3. Els poders públics han d'adoptar les mesures necessàries per garantir els drets laborals i sindicals [...], la creació d'unes condicions dignes al lloc de treball, de no-discriminació per raó de gènere.

Malgrat aquests esforços, queda **molt camí per fer** cap a la igualtat de gènere: de cada cent empreses grans de la Unió Europea, només tres tenen al capdavant una presidenta; a més, les europees treballen tretze hores més per setmana en feines domèstiques que els europeus, i fora de casa cobren dos euros menys cada hora per fer les mateixes tasques.

Analitza la informació

- Per què és important que totes les persones siguin iguals davant de la llei?
- El sufragi universal, beneficia únicament les dones? Explica per què.
- Què opines sobre el fet que a Europa les dones guanyin menys que els homes per fer la mateixa feina?

Canvis generacionals i dinàmica social

Al llarg del segle XX, en la major part dels països desenvolupats l'**esperança de vida** de les persones ha augmentat fins a superar els setanta anys. A conseqüència d'això, ha crescut la proporció de població envellida i s'ha accentuat el contrast entre les diferents generacions que conviuen alhora al si de la societat.

Després de la Segona Guerra Mundial es van fer freqüents els **moviments juvenils** reivindicatius, sovint agrupats entorn d'estils musicals o modes. A la dècada de 1960 van proliferar els **moviments estudiantils** que adoptaven posicions polítiques compromeses, com l'oposició a la Guerra del Vietnam als Estats Units o els moviments de protesta del 1968 a París i Praga.

Si fins fa poc les modes o els valors perduraven dècades, i fins i tot segles, ara assistim a un canvi accelerat que genera tensions però que produeix també **societats dinàmiques** en un procés constant de canvi i adaptació.

Les estructures socials han canviat els últims anys. Això pot ser visible en l'àmbit familiar: les **famílies** extenses han deixat pas a altres de més reduïdes i diferents de les tradicionals.

Integració o multiculturalisme

La **complexitat de les societats contemporànies**, accentuada pels fenòmens migratoris, ha propiciat l'existència dins d'una mateixa societat de **grups socials diversos**, amb tradicions culturals diferents i, de vegades, antagòniques.

Davant d'aquestes situacions, les autoritats han aplicat diferents **polítiques** que s'han saldat amb resultats dispars i, en general, insatisfactoris. Es poden resumir en **dos grans grups**:

- Les **polítiques d'assimilació i aculturació**, que intenten integrar els grups més heterogenis; aquestes iniciatives fomenten que la llengua i la cultura majoritària es converteixin en el model que ha de seguir la societat en conjunt. El model ha generat tensions de rebuig per part dels grups minoritaris.
- Els plans per **mantenir comunitats dispars dins de la societat** respectant tant com sigui possible els seus trets distintius. En aquests casos, el problema ha vingut sobretot del sorgiment de guetos, o **comunitats segregades**, en les quals és difícil la integració i en què a vegades es poden gestar extremismes polítics i religiosos.

ACTIVITATS

20. En què consisteix el feminisme? Enumera algunes de les conquestes socials de les dones al llarg del segle XX.
21. En quines societats pateixen les dones més discriminació?
22. Quines raons demogràfiques expliquen la importància dels moviments juvenils?
23. Per què diem que les societats contemporànies són dinàmiques i canviants? Posa'n algun exemple.
24. Quin tipus de problemes genera la complexitat de les societats actuals? Quines respostes s'hi han articulat?
25. Fes un informe sobre un dels moviments de protesta del 1968.

A pràcticament totes les grans ciutats dels països rics hi ha barris amb una elevada concentració de població immigrant.

PARA'T A PENSAR

Quins problemes ens preocupen del futur segons la ciència-ficció?

La història estudia el passat per explicar el present. De vegades es pot intuir la direcció que prendran els esdeveniments, però els historiadors no són endevins. Imaginar el futur no és una funció de la història, sinó de la ciència-ficció: els escriptors, els cineastes o els dissenyadors de jocs es guanyen la vida anticipant fets. Ignorem si alguna de les seves fantasies es farà realitat, però del que estem segurs és que la ciència-ficció parla de les pors i els anhels propis dels humans. Així doncs, per entendre el present, mirem al futur.

1. El procés de canvi climàtic originat per l'activitat humana pot modificar tant el paisatge que pot posar en perill l'existència del món tal com el coneixem.
2. La quarta revolució industrial podria enfrontar els humans amb les màquines intel·ligents. Els progressos de la robòtica susciten temors i debats sobre límits ètics, però també progressos que ja formen part de les nostres vides.
3. A pesar dels descobriments mèdics, cada vegada ens preocupa més l'aparició de noves malalties contagioses. La genètica obre perspectives sobre la curació de moltes malalties, però també desperta la por de la manipulació del nostre ADN.
4. La desigualtat socioeconòmica entre països —fins i tot en les mateixes societats— i les injustícies que aquesta diferència genera suposen un repte cada cop més urgent.

Analitza un cas: les fantasies del futur com a imatge dels reptes actuals

1. Apocalipsi actual?

Moltes visions futuristes són catastrofistes. A l'hora de triar el cataclisme, però, els gustos canvien.

Durant la Guerra Freda es van rodar nombroses pel·lícules sobre un apocalipsi nuclear. N'és un exemple *Doctor Strangelove* (S. Kubrick, 1964), un referent del gènere, que fa en clau de comèdia un retrat de la Guerra Freda i l'apocalipsi nuclear. Altres films, com *Akira* (K. Otomo, 1988), van anar més enllà i van exposar un futur postapocalíptic després d'una nova guerra mundial.

Avui dia predominen els desastres climàtics i ecològics: *Waterworld* (K. Reynolds, 1995) presenta un món submergit per la pujada del nivell del mar; a *El dia de demà* (R. Emmerich, 2004), l'escalfament global causa una nova glaciació; *El incidente* (N. Shyamalan, 2008) narra l'extinció de la humanitat com a conseqüència d'un mecanisme de defensa de vegetals acorralats, i *Interstellar* (C. Nolan, 2014) planteja la necessitat de buscar refugi en altres mons després de la mort de la Terra.

El cas més evident d'evolució és la saga *Mad Max*: en la primera pel·lícula (1979), una catàstrofe nuclear deixava els supervivents a mercè de bandes de motoristes; en la darrera (2015), un cataclisme ecològic s'intueix després d'un paisatge assedegat.

2. Màquines: amigues o enemigues?

Les màquines intel·ligents són un altre tema recurrent de la literatura d'anticipació. Quan l'escriptor txec Karel Capek va encunyar la paraula *robot* el 1920, el terme servia com a metàfora de la deshumanització del treballador, tal com denunciaria Fritz Lang a *Metròpolis* (1927) o Charles Chaplin a *Tiempos modernos* (1936).

Després de la Segona Guerra Mundial, però, el desenvolupament dels ordinadors va suscitar el temor que un dia les màquines tindrien el control: els robots es van convertir llavors en éssers inquietants.

Isaac Asimov, escriptor de novel·les de ciència-ficció, havia establert l'any 1942 tres normes per a la robòtica, amb que pretenia assegurar l'harmonia entre els humans i les màquines del futur.

Malgrat aquestes lleis, però, moltes pel·lícules del gènere van imaginar un futur en conflicte amb els robots: *2001: Una odissea de l'espai* (S. Kubrick, 1968); *Blade runner* (R. Scott, 1982); *Jo, robot* (A. Proyas, 2004); *A. I. Inteligencia artificial* (S. Spielberg, 2001); *Ex Machina* (A. Garland, 2015).

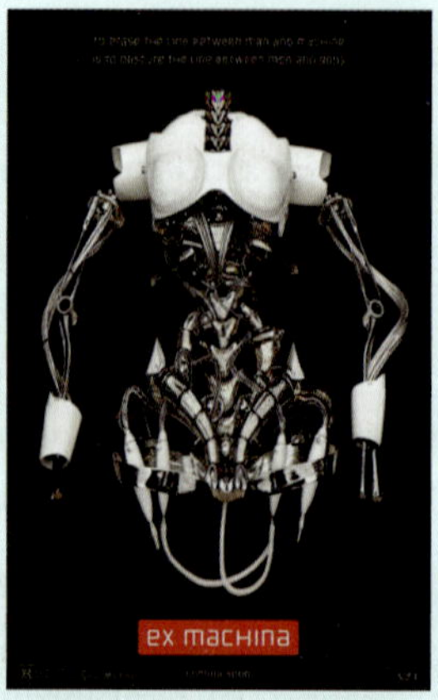

El desenvolupament extrem d'aquesta idea també surt en la trilogia de *Terminator* i de *Matrix*, de les germanes Wachowski, en què el nostre present no és sinó una fantasia creada per màquines vampíriques.

Amplia els teus coneixements sobre ciència-ficció

3. Virus, zombis i genètica

Els guions sobre pandèmies han proliferat a partir d'alertes com les provocades per la grip aviària o el virus de l'Ebola, que serveixen d'inspiració a pel·lícules com *12 monos* (T. Gilliam, 1995), *Soy leyenda* (F. Lawrence, 2007) o *Contagi* (S. Soderbergh, 2011).

Un cas interessant és el del cinema de zombis: originàriament es tractava de pel·lícules de terror protagonitzades per morts animats per mitjà de vudú; avui, l'element màgic ha desaparegut i els zombis són malalts infectats per virus.

Un altre camp biomèdic molt cinematogràfic és el de la manipulació genètica, que trobem a *Gattaca* (A. Niccol, 1997) o a *L'illa* (M. Bay, 2005). La inspiració prové de la novel·la *Un món feliç*, d'Aldous Huxley (1932), que especulava amb un futur en què la humanitat està dividida en classes genèticament predeterminades: una cosa gens diferent del món imaginat a *Divergent* (N. Burger, 2014).

4. Els extraterrestres existeixen... Som nosaltres

La por de l'altre, de l'estranger, d'allò que és diferent, inspira el cinema sobre extraterrestres. H. G. Wells va publicar el 1897 la gran novel·la de marcians *La guerra dels mons*, de la qual deriven múltiples versions per al cinema i la televisió, i fins i tot paròdies com *Mars attacks!* (T. Burton, 1996).

Però la imatge de l'invasor despietat posseïdor d'una tecnologia invencible, que ho arrasa tot en el seu afany per dominar i que solament és detingut pels gèrmens no retrata els inexistents habitants del planeta vermell, sinó una cosa molt més real: l'expansió imperialista de l'home blanc pels tròpics.

Tant les agressions feixistes dels anys trenta com els temors de la Guerra Freda van propiciar nombroses variacions sobre el tema de la invasió alienígena.

Una de les adaptacions recents més interessants del gènere és *Districte 9* (N. Blomkamp, 2009): uns nàufrags extraterrestres pateixen la segregació i els prejudicis en un suburbi sudafricà; probablement es tracta de la visió més realista sobre els suburbis del Tercer Món, i un clàssic de la ciència-ficció.

El joc de l'Ender (G. Hood, 2013), basada en una novel·la homònima, explica les conseqüències d'una guerra contra els alienígenes que porta la societat a preparar els seus nens per a una nova confrontació.

REFLEXIONA I ANALITZA

1. Cadascun d'aquests subgèneres de la ciència-ficció reflecteix una preocupació real del món actual. Quins altres gèneres fantàstics coneixes que siguin projeccions dels temors, de les necessitats o dels anhels humans?
2. Quin gènere de ficció diries que reflecteix millor les preocupacions de la teva generació? Justifica la resposta.
3. Enumera els reptes principals del món actual i busca còmics, pel·lícules o llibres que en parlin. Després, explica la relació que hi ha entre uns i altres.
4. Coneixes alguna novel·la, pel·lícula o còmic de ciència-ficció que sigui versemblant? Resumeix-ne l'argument i explica per què ho seria.

CREA

5. Algunes pel·lícules de ciència-ficció presenten utopies, això és, visions del futur idealitzades en les quals els problemes se superen o desapareixen.
   a. Com seria el món en la teva utopia?
   b. Quina seria la teva distopia, és a dir, la pitjor expectativa possible? Escriu un argument per a una pel·lícula en el qual reflecteixis aquestes preocupacions dins del gènere de ciència-ficció.

INVESTIGA

6. Busca informació sobre Isaac Asimov, esbrina quines eren les normes per a la robòtica que va establir el 1942 i interpreta si s'han complert. N'han aparegut de noves recentment?

ALGUNES FITES TECNOLÒGIQUES

1946. Primera computadora

1957. Satèl·lit *Sputnik*

1958. Primer microxip

1961. Primer vol espacial tripulat rus

1969. Primer vol tripulat a la Lluna (EUA)

1971. Primeres calculadores portàtils

1976. Primeres sondes a Mart

1977. Inici de la venda massiva d'ordinadors personals

1989. Primer prototip d'Internet

1990. Telescopi espacial Hubble

2003. Primer astronauta xinès

2004. Arribada de la sonda Huygens a Tità

2005. Descobriment de restes d'aigua a Mart

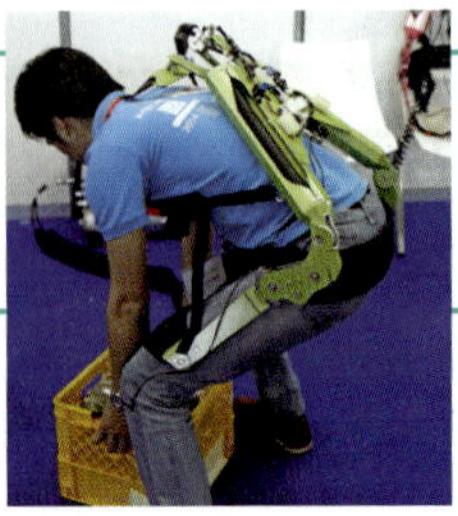

2007. Surt al mercat el primer *smartphone*

2016. Ús d'un exosquelet per alçar pes

6. Les revolucions tecnològiques

La tercera i la quarta revolució industrial

A partir de 1945, hi va haver un gran impuls tecnològic, que comunament es qualifica com a **tercera revolució industrial**.

Els nous avenços tenen l'origen en les noves vies d'investigació lligades a tecnologies com les telecomunicacions, el transport aeri, l'astronomia, l'energia nuclear, la genètica i la bioenginyeria, i la informàtica. El gran repte per al futur és la substitució dels combustibles fòssils per **energies netes i renovables**.

Actualment comença a parlar-se de la **quarta revolució industrial**, associada als avenços en robòtica. Es tracta d'un nou escenari en què els robots seran capaços de fer molts treballs manuals i repetitius que ara duen a terme els humans, la qual cosa podria fer desaparèixer milions de llocs de treball a tot el món.

La carrera espacial

L'inici de la competència entre els Estats Units i l'URSS per explorar l'espai va estar molt relacionat amb la Guerra Freda. L'antagonisme entre les dues superpotències es va traslladar a aquest terreny, on van competir per demostrar la seva superioritat tecnològica.

Després de la fi d'aquest període de tensió, la rivalitat ha donat pas a la **col·laboració entre les agències espacials** dels Estats Units, Rússia, Europa i la Xina.

La carrera espacial ha proporcionat diverses **aplicacions pràctiques** en el desenvolupament de nous tipus d'armament i l'ús de satèl·lits artificials, com els utilitzats en la telefonia mòbil o en els navegadors per GPS (sigles en anglès de *sistema de posicionament global*).

La revolució digital

L'impacte de la **informàtica** en les nostres vides es coneix com a **revolució digital**.

Encara que els primers ordinadors van començar a funcionar després de la Segona Guerra Mundial, als anys setanta van sortir al mercat els primers ordinadors personals, o PC (*personal computer*), que van introduir la informàtica en cases i oficines. Paral·lelament, es van perfeccionar els llenguatges i els programes. El seu impacte sobre l'administració i la gestió econòmica va ser decisiu.

El 1990 es va popularitzar la **xarxa Internet**, també anomenada *WWW* (*World Wide Web*, en la denominació anglesa) o *web*, que va permetre un flux d'informació sense precedents en la història. El desenvolupament d'**Internet**, un sistema d'interconnexió de xarxes informàtiques, va suposar un canvi radical en el tractament d'informació.

A més de transformar el concepte de comunicacions o d'oci, Internet està revolucionant els processos econòmics: l'intercanvi d'informació està substituint l'intercanvi de béns o objectes físics. Aquest procés **de desmaterialització** de l'economia es du a terme diàriament amb la música, les pel·lícules, els diaris digitals, etc.

Reptes per a un creixement sostenible

El creixement demogràfic ha donat lloc a l'aparició de nous reptes que tenen a veure sobretot amb el **desenvolupament sostenible** o la **sostenibilitat**, és a dir, amb la idea que el creixement econòmic ha de ser compatible amb el deure moral de llegar a les generacions futures un planeta habitable. No sols escassegen els recursos energètics o algunes matèries primeres, sinó que fins i tot l'aigua s'està convertint en un bé cada vegada més preuat.

Al mateix temps, l'acció humana està provocant canvis d'enorme magnitud al planeta. Als anys vuitanta es va descobrir en l'atmosfera el **forat d'ozó** causat per l'ús de certs gasos industrials. L'acció decidida dels governs signataris del Protocol de Mont-real (1989) va posar el problema en via de solució.

Als noranta es va fer cada vegada més evident la gravetat d'un altre problema gros: el del **canvi climàtic** derivat de l'efecte d'hivernacle que generen els gasos procedents de la combustió. Els acords presos en la Conferència de París del 2015 suposen una fita en la lluita contra l'escalfament global.

No és l'únic perill mediambiental que amenaça el futur, però: també ens ha de preocupar la desaparició de la biodiversitat, la contaminació dels oceans o la dificultat de la gestió dels residus radioactius. A diferència del que passava en el passat, aquests **problemes adquireixen actualment una escala global** i no poden solucionar-se sense l'esforç comú de tots.

ACTIVITATS

26 Què és la tercera revolució industrial?

27 En què va consistir la carrera espacial?

28 Explica quina transcendència han tingut els avenços de la carrera espacial en la teva vida quotidiana.

29 Què es coneix com a *revolució digital*?

30 Defineix què és el desenvolupament sostenible.

31 Què saps sobre els avenços tecnològics?

L'ACORD DE PARÍS DEL 2015

Després del Protocol de Kyoto, el pas més important en el combat contra el canvi climàtic ha estat l'Acord de París del 2015. Un dels seus èxits més destacats ha estat fixar un objectiu i tenir en compte les diferències entre països desenvolupats i subdesenvolupats.

1. Aquest acord [...] té per objecte reforçar la resposta mundial a l'amenaça del canvi climàtic, en el context del desenvolupament sostenible i dels esforços per erradicar la pobresa, i per a això:
   a. Mantenir l'augment de la temperatura mitjana mundial molt per sota de 2 °C respecte dels nivells preindustrials, i prosseguir els esforços per limitar aquest augment de la temperatura a 1,5 °C respecte dels nivells preindustrials. Es reconeix que això reduiria considerablement els riscos i els efectes del canvi climàtic.
   b. Augmentar la capacitat d'adaptació als efectes adversos del canvi climàtic i promoure la resiliència al clima [la capacitat del clima per tornar a l'estat anterior a la Revolució Industrial] i un desenvolupament amb baixes emissions de gasos d'efecte d'hivernacle, de manera que no arrisqui la producció d'aliments.
   c. Elevar els corrents financers a un nivell compatible amb una trajectòria que condueixi a un desenvolupament resilient al clima i amb baixes emissions de gasos d'efecte d'hivernacle.
2. Aquest acord s'aplicarà de manera que reflecteixi l'equitat i el principi de les responsabilitats comunes però diferenciades.

Polítics i líders dels països representats en l'Acord de París del 2015 celebrant els objectius pactats.

Analitza la informació

- Afecten de la mateixa manera els compromisos d'aquest acord els països desenvolupats que els països subdesenvolupats? Explica per què.
- Què pots fer tu per combatre el canvi climàtic?

7. L'art i la cultura

Cua al Museu del Prado per visitar l'exposició de Goya oberta entre final del 2014 i maig del 2015. Les exposicions temporals d'art atreuen gran quantitat de públic als museus.

L'art i la cultura popular

En les últimes dècades, les noves tecnologies han permés la **reproducció d'obres artístiques** de diferent tipus, innovacions que han facilitat l'accés d'un gran nombre de persones a les obres d'art.

La **fotografia**, per mitjà de pòsters o llibres, ha portat l'obra dels grans mestres a totes les capes socials. La **música gravada** ha permés la popularització d'estils abans minoritaris. El **desenvolupament del transport** de viatgers ha fet de monuments i museus focus d'atracció per al **turisme de masses**. Les **exposicions temporals** permeten la contemplació simultània d'obres procedents de diferents col·leccions.

Tots aquests canvis han propiciat una transformació en **el concepte d'art**, ja que s'han anat esborrant les diferències entre diferents formats. D'altra banda, l'obra original s'ha convertit en objecte d'**especulació financera** (subhastes, drets de reproducció i inversió), perquè confonen art i negoci, o fins i tot art i objecte quotidià.

Cada vegada és més difícil definir què és art i què no ho és, i aquest **relativisme** es manifesta en l'atenció que es concedeix a fenòmens que abans es consideraven aliens a la creació artística, com **la moda**, la **gastronomia** o la **publicitat**.

LES ARTS PLÀSTIQUES I ELS NOUS FORMATS I MATERIALS

L'arquitectura

A la dècada de 1950, alguns dels grans arquitectes de la primera meitat de segle desenvolupaven les seves últimes propostes als Estats Units, amb obres com el **museu Guggenheim de Nova York**, de Frank L. Wright, o l'**edifici Seagram**, de Ludwig Mies van der Rohe. Van ser aquests mestres els que van obrir la via a **nous llenguatges**, però també van sorgir **crítiques a l'arquitectura moderna**.

En les **últimes dècades** s'ha desenvolupat una infinitat de propostes arquitectòniques i ha sorgit una gran varietat d'estils, entre els quals hi ha l'**escola *high-tech***, que aprofita els avantatges que ofereixen les noves tecnologies.

El **desconstructivisme** és un altre estil arquitectònic que es caracteritza pel disseny fragmentat, la manipulació de les superfícies (generalment metàl·liques) i la utilització de geometries complexes de caràcter corbat. Es tracta d'edificis de gran impacte visual; la seva imatge produeix la sensació d'un caos impredictible i, al mateix temps, ordenat.

Un exemple del desconstructivisme és el **museu Guggenheim** de Bilbao, obra de **Frank Gehry**, que es va obrir al públic el 1997. Aquest centre cultural i d'oci simbolitza una ciutat que ha deixat enrere el seu passat industrial.

ACTIVITATS

32 Com ha canviat el concepte d'art avui dia? Per què?

33 Escull algun dels moviments artístics esmentats i prepara una presentació en què comentis tres obres representatives.

34 Què ha influït més en la teva vida, els canvis en les arts plàstiques o en l'arquitectura? Explica la resposta posant-ne algun exemple concret.

35 Què t'atreu més de l'art de les últimes dècades?

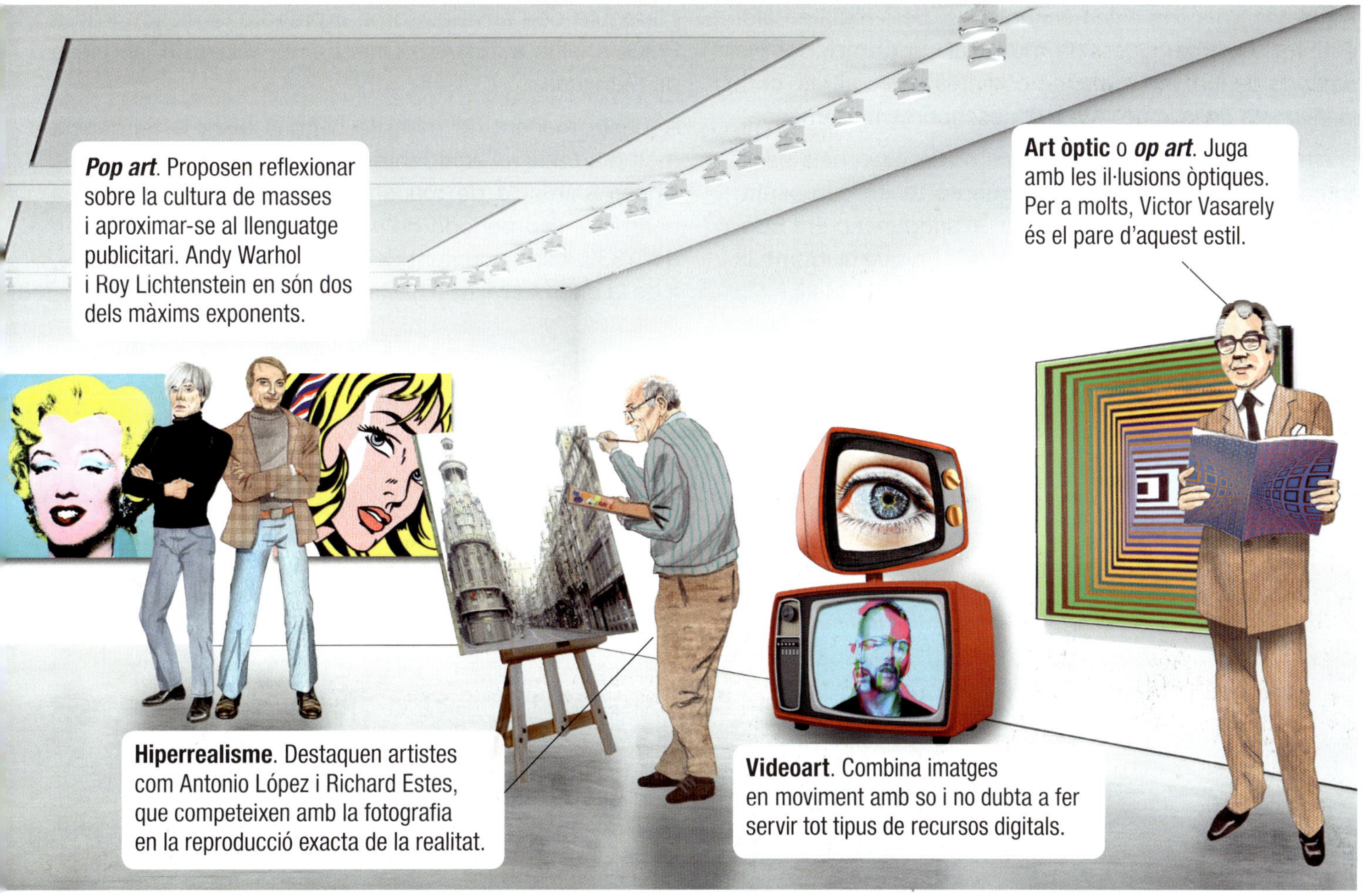

ESCOLLIM DATES CLAU I DIVIDIM LA HISTÒRIA EN PERÍODES

Segur que alguna vegada has editat una fotografia digital i has utilitzat la funció de retallada, que et permet millorar la imatge descartant-ne les parts que no convinguin. Fins i tot, si la resolució és suficient, pots extreure un retrat d'una foto de grup, o convertir en paisatge el fons d'una imatge. El resultat és que, després d'haver-la manejat d'aquesta manera, la vista capta coses molt diferents de les que percebia en la imatge originària. I l'únic que has fet ha estat *retallar*, aïllar-ne, un detall.

A l'hora d'escriure la història, els especialistes es troben amb un problema semblant. No es pot treballar directament sobre el passat, sinó sobre la *imatge* d'aquest passat que ens han transmès els documents o les restes arqueològiques.

El passat, però, és un continu que es perd en la nit dels temps. On hem de traçar-ne el tall, fixar la fita que ens permeti estudiar un període del passat de manera eficaç i profitosa?

1. Definició d'eres i edats

Tradicionalment, el temps es comptava a partir d'un **fet transcendental**, indicant els anys transcorreguts des d'aquest fet. Per exemple, l'any tal després de la fundació de Roma, o el 1394 de l'hègira (migració de Mahoma des de la Meca fins a Medina). Aquest tipus de divisions, però, era purament convencional.

Per això, els historiadors han preferit dividir la història en **edats** a partir de fets que consideren capitals. Per exemple, tradicionalment l'edat mitjana era el període que transcorria entre la caiguda de l'Imperi romà d'Occident (476) i la fi de l'Imperi d'Orient (1453).

Aquestes divisions estan acceptades, però resulten discutibles; així, per què s'ha d'utilitzar un **criteri**, com la caiguda de l'Imperi romà, en comptes d'uns altres, com la invenció de la impremta o el descobriment d'Amèrica?

D'altra banda, aquestes divisions no resulten útils per a tothom, ja que en **altres cultures** no tenen cap sentit. Per exemple, en el cas del Japó, el *shogunat* o era Edo, s'estén des del 1603 al 1868, període en què hi irromp la influència occidental per mitjà de la Revolució Meiji.

2. Mirada diferent

De vegades, **alterar les divisions clàssiques** de la història ens obra perspectives noves i interessants.

Apliquem aquest principi a les guerres mundials. Alguns historiadors parlen no de dues guerres, sinó d'una «llarga Guerra dels Trenta Anys» que va afectar pràcticament tot el planeta i que comprendria **dues fases** bèl·liques separades per una espècie de «treva».

Quins serien els límits d'aquestes fases? Si mirem més enllà, veurem que, encara que el conflicte acaba a Europa l'any 1918, el món no arriba a estar «pacificat» fins que s'acaba la guerra civil russa el 1921. I a penes transcorreguts deu anys es torna a prendre la metxa: i no a Polònia, sinó a l'Extrem Orient amb la invasió japonesa de Manxúria.

Aquesta manera de mirar la història evita la tendència molt marcada a l'eurocentrisme. Per exemple, la història xinesa s'articula de manera molt diferent de l'europea perquè el seu període de màxima decadència comprèn del 1839, començament de les guerres de l'opi, al 1949, fi de la guerra civil que havia seguit a la invasió japonesa.

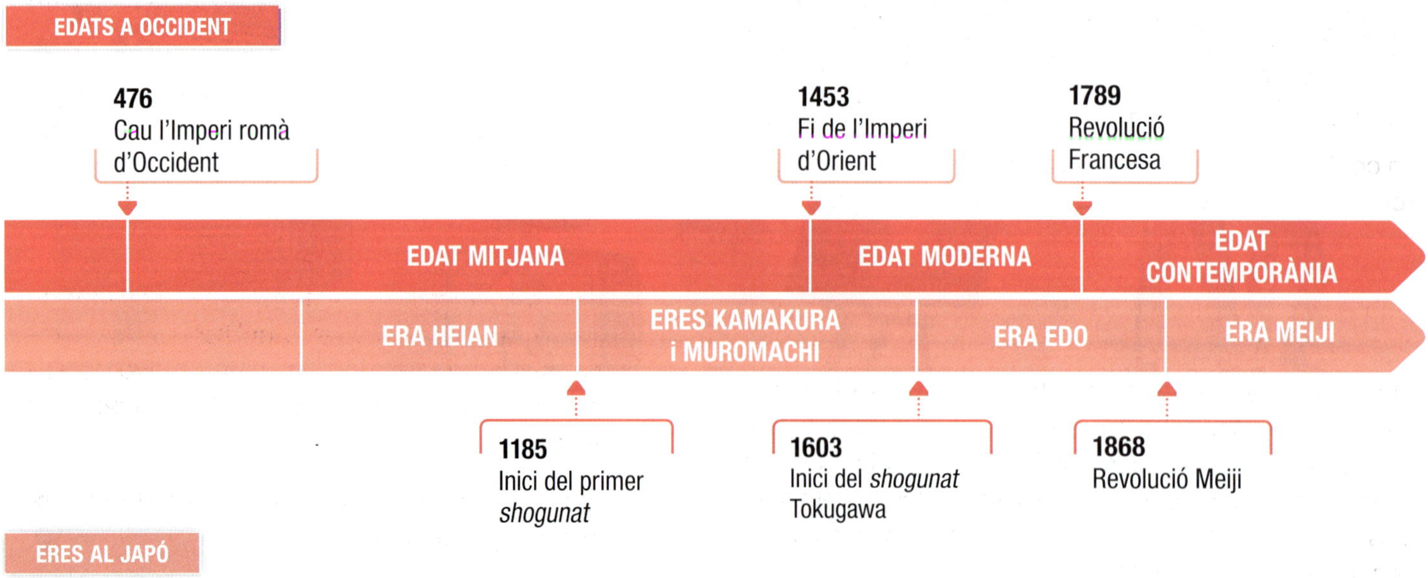

3. Delimitació de dècades i segles

Una altra forma habitual de comptar el temps és per **dècades o segles**. Per exemple, es parla dels anys vint i trenta del segle XX. En aquests dos casos, casualment, la divisió és pertinent perquè coincideix pràcticament per complet amb **dates clau**: 1919, Pau de París; 1929, crac borsari; 1939, invasió de Polònia. És molt més discutible, però, parlar dels anys seixanta, ja que aquests anys en realitat «s'allarguen» fins al 1973, quan irromp la crisi econòmica.

Aquesta forma convencional i arbitrària de dividir el temps s'accentua si parlem de **segles o mil·lennis**. No obstant això, la història és molt més complexa i no es deixa tancar pels capritxos del calendari.

Per exemple, és probable que hagis sentit dir que el segle XIX va començar el 1800 i va acabar el 1899; doncs bé, ni tan sols aritmèticament és correcte, ja que des del punt de vista del calendari les dates són 1801 i 1900; i no perquè hi *falta* un any *zero*, sinó per la senzilla raó que una centena de nombres enters va de l'1 al 100.

Des del **punt de vista de la història**, però, encara és menys correcte: el «segle» de les revolucions i l'expansió de la civilització europea pel món va durar en realitat més de cent anys: va abastar almenys des del 1776, any de la declaració d'independència dels Estats Units, fins al 1914.

En contrast, alguns historiadors han encunyat l'expressió «curt segle XX», que aniria des del 1914 fins al 1991; és a dir, des que comencen els enormes canvis que genera la Primera Guerra Mundial fins que s'acaba la Guerra Freda amb la desaparició de l'URSS (la potència nascuda, precisament, d'aquesta guerra).

Aquest «segle» de vora setanta-set anys es divideix, a més, en dos períodes asimètrics: el de la Guerra dels Trenta Anys, amb els dos conflictes mundials, i un altre de quaranta-sis en el qual l'hostilitat de les superpotències coincideix amb la descolonització, el creixement econòmic i l'avenç tecnològic.

POSA-HO EN PRÀCTICA

Tots els historiadors estan d'acord a assenyalar la importància política de la data del 1991.

No obstant això, des d'altres punts de vista (econòmic, tecnològic, social), hi ha altres dates que podrien molt bé marcar l'inici del segle XXI.

Escull els esdeveniments recents que segons el teu criteri marquen el començament d'una nova era.

1. Què et semblen les dates del 2001 i el 2008? Justifica la teva elecció.
2. Des que vas néixer, quin és segons la teva opinió l'esdeveniment històric més rellevant, i per quin motiu?
3. Documenta't sobre la història recent del teu barri o localitat, i parla amb els adults que la coneguin.

   A continuació, elabora un esquema cronològic, ordenant la seva història en *períodes* separats per *fites* o fets clau.

   Per exemple, una fita podria ser la construcció d'una urbanització o d'una autopista; l'obertura (o el tancament) d'una fàbrica, d'un institut o de l'ambulatori; un canvi en la política local, o, simplement, l'aparició d'alguna moda o invent (pensa en l'abans i el després del telèfon mòbil, per exemple).

   Busca noms que siguin descriptius de cadascun d'aquests períodes.

QUÈ HAS APRÈS?

EL SEGLE XXI

- **EL TERCER MIL·LENNI**
  - L'acceleració de la història → Cada vegada hi ha més ... i més ...
  - Els reptes del futur
    - Demogràfics
    - Econòmics
    - ...
    - Polítics
    - ...
    - Culturals

- **GLOBALITZACIÓ**
  - El veïnatge universal → Les TIC creen una societat sense ...
  - Globalització cultural → Genera
    - Processos d'occidentalització i ...
    - Societat global o mosaic de cultures
  - Globalització econòmica → Efectes
    - Deslocalització
      - ... costos laborals
      - Matèries ... barates
      - Legislació ambiental dèbil
    - Fraccionament de la producció

- **DESIGUALTATS ECONÒMIQUES**
  - Divisió internacional del treball
    - Augment de les desigualtats econòmiques
    - Intercanvi ...
  - Desigualtats centre-perifèria
    - Centre desenvolupat
    - Semiperifèria en desenvolupament
    - Perifèria ...
  - Els moviments migratoris

- **DESIGUALTATS DEMOGRÀFIQUES**
  - Poblacions ... i joves
  - Migracions

- **MODELS SOCIALS**
  - Cap a la igualtat de drets
    - Igualtat de gènere i feminisme
    - Situacions més greus en:
      - Societats ...
      - Règims integristes
  - Canvis generacionals i dinàmica social → Moviments juvenils i ...
  - Polítiques davant de la diversitat
    - Integració: polítiques de ... i aculturació
    - Multiculturalisme: comunitats ...

- **LES REVOLUCIONS TECNOLÒGIQUES**
  - La tercera i quarta ...
  - La carrera espacial
  - La revolució digital
  - Reptes per a un creixement ... → Conferència de París, 2015

- **L'ART I LA CULTURA**
  - Les arts plàstiques
    - Expressionisme abstracte
    - *Pop art*
    - ...
    - ...
    - Minimalisme
    - Nous formats
      - Art natura
      - ...
      - Art de carrer
  - Arquitectura
    - Escola *high-tech*
    - ...

Repassa amb l'esquema

1. Copia l'esquema de la unitat i completa els textos que hi falten.

2. Copia i relaciona aquests conceptes:

American way of life •	• Intercanvi desigual
Perifèria •	• Societats envellides
Migracions sud-nord •	• Americanització cultural
Divisió internacional del treball •	• Exportació del treball i de matèries primeres

3. Indica si les oracions següents són vertaderes o falses, i corregeix les que siguin falses:
   a. La deslocalització produeix llocs de treball de qualitat en els països on es traslladen les indústries, i a penes alteren la societat en els països d'origen.
   b. Avui dia, els països més rics s'especialitzen en la producció de béns industrials.
   c. La globalització té efectes positius en la lluita contra la delinqüència i en el medi ambient.

4. Ordena cronològicament aquests invents o fites tecnològiques de la segona meitat del segle XX i indica l'any en què van tenir lloc:
   - microxip • ordinadors personals • calculadora
   - Internet • computadora • retransmissions via satèl·lit

...	...	...	...	...	

5. Classifica aquestes obres segons que pertanyin al *pop art*, al minimalisme, a l'art de carrer o a l'hiperrealisme, i defineix els trets característics d'aquests moviments artístics.

a.

b.
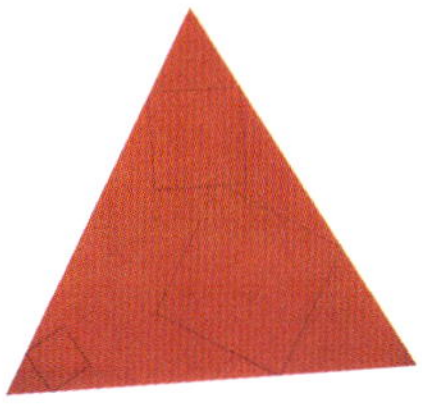

c.

d.

6. Llegeix l'afirmació següent, feta el 1949 per Simone de Beauvoir, una de les grans figures del feminisme contemporani:

> Ningú no neix dona: s'hi torna. Cap destí biològic, psíquic, econòmic no defineix la figura que representa dins la societat la femella humana; el conjunt de la civilització elabora aquest producte intermedi entre el mascle i el castrat que rep el qualificatiu de femení.
>
> SIMONE DE BEAUVOIR, *El segon sexe*, 1968

   a. Què vol dir Beauvoir amb aquestes paraules?
   b. Reflexiona sobre la idea que «ser dona» depèn de canvis culturals. Podries establir quines disparitats hi ha entre diferents concepcions de la dona en cultures o èpoques distintes?

7. El nen de la fotografia es deia Iqbal Masih. Havia estat esclau des de molt menut i va ser assassinat el 1995 pel fet de liderar la lluita dels nens que, com ell, són venuts per les seves pròpies famílies per treballar, en condicions inhumanes, en la indústria del seu país, el Pakistan.

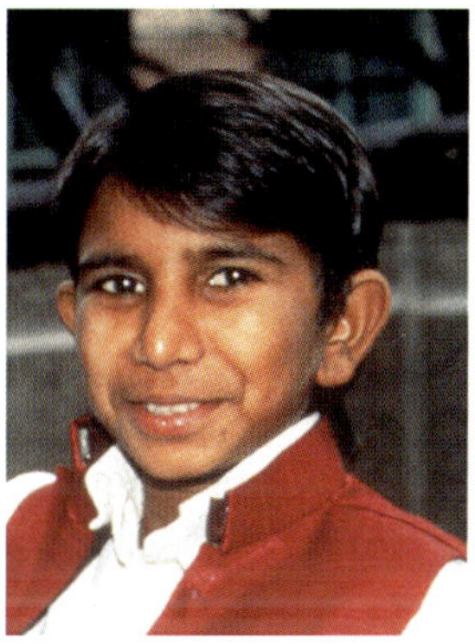

   a. Busca informació sobre la vida de l'Iqbal i la lluita d'aquests nens contra l'esclavitud moderna.
   b. A Catalunya podria haver-hi un cas semblant a aquest? I a Espanya? Per què?

8. Observa aquesta foto, que reflecteix les desigualtats econòmiques en el si d'una societat desenvolupada.

Els països rics són igualitaris? Quines polítiques apliquen aquests països davant d'aquesta situació de desigualtat?

Mapa conceptual

Comprova el que saps

POSA'T A PROVA

El futur ja ha arribat?

El text següent pertany a una novel·la d'anticipació, és a dir, que especula sobre com serà l'avenir. Es va publicar el 2011 i presenta el que llavors era un futur pròxim, el 2019. Llegeix atentament el fragment i fes les activitats que es plantegen a continuació.

Tens vint-i-nou anys. Bé. L'edat perfecta. No treballo amb gent de més de trenta-cinc.

—Per què?

—Perquè seria una estupidesa. Seu aquí. [...] Saps com funciona la Cura?

—[...] Sí —vaig respondre—. Crec que sí. Sé com la van descobrir i he llegit tot el que he pogut sobre el tema, com tothom. En conec els pros i els contres. Però no sabria dir què és cert i què no ho és.

—Saps com funciona la teràpia genètica?

—En tinc una lleugera idea.

—Bé. De totes maneres, t'ho explicaré encara que sàpigues de què va. El procés requereix prendre una mostra del teu ADN; llavors, buscarem i alterarem (seria més exacte dir «desactivarem») un gen concret en el teu ADN i, a continuació, el tornarem a introduir en el teu cos per mitjà d'un vector, que en aquest cas serà un retrovirus [...]. Quan surtis d'aquí, el virus haurà començat a duplicar el nou codi genètic [...]. D'aquí a sis mesos, haurà ocupat la totalitat del teu organisme i haurà detingut l'envelliment. La resta, a partir d'aquest moment, és cosa teva. [...] Contesta'm una pregunta: per què ho fas?; per vanitat?

—[...] No vull morir-me. M'aterreix la mort. Tinc por que no hi hagi res més enllà i que aquesta vida sigui l'única que tindré. Per això soc aquí. [...]

—Això és el que busqueu tots. Fins els que creuen en l'existència del cel [...]. Però, insisteixo, no hi ha un antídot contra la mort, encara que la gent l'anomeni així. És un tractament contra la vellesa. Encara més: si la teoria de Malthus és correcta, la teva mort està assegurada. És possible que passi d'aquí a 100 anys o fins i tot d'aquí a 10.000. Però moriràs i no serà agradable, perquè el que et garanteix la Cura és que no tindràs una mort natural i tranquil·la.

DREW MAGARY, *Eterna joventut*, 2012

COMPRÈN EL TEXT

1. Resumeix el contingut de la conversa. Què saps dels dos interlocutors?
2. En què consisteix la Cura de la qual es parla en el text? Et sembla que la manera en què es descriu el tractament és fantasiosa, o pot ser versemblant?
3. Indica si les afirmacions següents són vertaderes o falses, i corregeix les que siguen falses:
   a. La Cura és un tractament que impedeix la mort.
   b. Aquest tractament és un encanteri màgic, obtingut gràcies a mitjans sobrenaturals.
   c. El doctor assegura al protagonista que podrà viure deu mil anys.
   d. El protagonista vol sotmetre's al tractament per raons estètiques.

RELACIONA LA INFORMACIÓ

4. El doctor invoca Malthus per advertir el protagonista sobre el futur. Per què una *cura* com la que proposa la novel·la agreujaria el problema que va predir Malthus?
5. Malthus va fer les seves previsions en l'Anglaterra del segle XVIII, i es va equivocar perquè no va tenir en compte els avenços en les tècniques agràries i l'existència d'immenses zones del món per explotar. Llavors, per què els economistes i demògrafs es prenen avui tan seriosament les seves teories?
6. La taxa de mortalitat és més baixa en els països en desenvolupament que en els més rics. Per què? Què té a veure això amb el que diu el doctor en el text?
7. Imagina que es descobrís un tractament que *curés* la vellesa. Et sembla que seria una bona notícia? Justifica la resposta.

ENCADENA ELS TEUS CONEIXEMENTS

Fins i tot sense un tractament, sense una cura com la descrita en l'obra *Eterna joventut*, l'esperança de vida ha augmentat espectacularment en tots els països, també en els més subdesenvolupats. Avui un africà espera viure més que un europeu del 1900, i la mortalitat infantil allà, encara que molt elevada, és inferior a la que hi havia en els països més avançats d'aquell temps.

8. Imagina com es vivia quan l'esperança de vida no superava els quaranta anys. Quines coses devien ser diferents?

   Quins factors han fet que en els dos últims segles l'esperança de vida hagi augmentat i la mortalitat infantil hagi descendit?

9. En la novel·la *El segle primer després de Béatrice*, l'autor, Amin Maalouf, planteja que es trobarà un mètode barat per triar el sexe dels fills. La relació en els naixements entre homes i dones és avui pràcticament d'1:1. Penses que es mantindria aquesta relació? I en altres cultures? Quins efectes tindria trencar aquesta relació?

   Coneixes països del món on ja hi ha una profunda desigualtat entre els sexes? A què és deguda?

ORGANITZA LA INFORMACIÓ

10. Partint de la hipòtesi de la novel·la *Eterna joventut*, analitza les conseqüències que suposaria trobar un mètode per no envellir.

CONSEQÜÈNCIES D'UN MÓN SENSE GENT VELLA

- Demogràfiques •••
- Econòmiques •••
- Socials •••
- Polítiques •••
- Culturals •••

11. A partir d'aquestes conseqüències immediates, desenvolupa una hipòtesi de futur. Com creus que continua l'argument? Serà un futur utòpic (una espècie de paradís terrenal) o distòpic (com una apocalipsi)?

HIPÒTESI

- Món utòpic •••
- Món distòpic •••

OBSERVA

12. A quin tipus de demografia corresponen les dues primeres vinyetes? Quins et semblen que poden ser els efectes d'un món amb un desequilibri demogràfic tan fort?

13. Descriu els aspectes demogràfics visibles en la tercera vinyeta.

14. Alguns demògrafs afirmen que el creixement de la població mundial s'estabilitzarà l'any 2050.

    Busca informació sobre aquestes previsions demogràfiques i analitza les possibles causes que farien que la població mundial no superés els set mil milions.

Direcció del projecte: A. Moya, M. Nicolau
Coordinació del projecte: E. Grimal, J. Rambaud
Edició del projecte: V. Blanco, E. Costa, J. L. Domínguez, A. Gallego, A. Martín, J. Rambaud, J. Tébar
Autoria: C. Cortés, J. Fernández-Mayoralas

Coordinació tècnica i de disseny: T. Omedes
Disseny de la coberta: Duró
Disseny d'interiors: Mònica Campdepadrós
Il·lustració: Jacinto Rodriguez Montoro/ ARXIU SM; El Bello Quebrado / Pelorroto; Pedro Antonio Rodríguez Hurtado, Ramón Colera Cañas, Jaume Bosch, Ala de Mosca, GlezBros, Daniel Maté Corrales, ARXIU SM

Col·laboracions
Per al text: M. Sendra
Per a la correcció: C. Rabat, J. Vila
Per a l'edició gràfica: V. Matilla
Per a la maquetació: Tractament i Ajuda Gràfica, S.L.
Per a la fotografia: Sonsoles Prada, Javier Calbet, Juan Baraja, Yolanda Álvarez, Montse Fontich / ARXIU SM; PATRIMONIO NACIONAL, Generalitat de Catalunya, Pedro Carrion Juarez, Ariel Alejandro Gómez, Ministerio de Educación, Cultura y Deporte (MECD), Editorial Joventut, The Modern Library, Ediciones Minotauro, Adam Carr, Kennedy Miller Productions, NASA; F. Bouillot / CONTACTO; Fonollosa, R Raventos Klein / PRISMA; Bridgeman Images / Aci / ACI; Robert Capa / International Center of Photography / MAGNUM PHOTOS; Bridgeman Images / Age Fotostock / AGE FOTOSTOCK; EFE; SCALA; FIRO FOTO; ORONOZ; G TRES ONLINE; CORBIS; ALAMY IMAGES; PUNCH CARTOONS; ENCICLOPÈDIA CATALANA; INGIMAGE; THINKSTOCK; CORDON PRESS; 123RF; SHUTTERSTOCK; Institut d'Estudis Fotogràfics de Catalunya; iStock; GETTY IMAGES; ILLUSTRATED LONDON NEWS;MUSEO DEL PRADO; ALBUM; ARXIU SM

Totes les activitats d'aquest llibre s'han de resoldre en un quadern a part.

Primera edició

ISBN: 978-84-661-4241-0
Dipòsit legal: B-5676-2017
Imprès a la UE / *Printed in EU*